中国社会科学院创新工程学术出版资助项目

中/国/管/理/模/式/案/例/丛/书

中国企业信息化管理案例

周小虎 陈 芬 编著

Information Management Case

Chinese Enterprise Study

经济管理出版社
ECONOMY & MANAGEMENT PUBLISHING HOUSE

图书在版编目（CIP）数据

中国企业信息化管理案例/周小虎，陈芬编著. —北京：经济管理出版社，2014.4
ISBN 978-7-5096-2985-7

Ⅰ. ①中… Ⅱ. ①周… ②陈… Ⅲ. ①企业信息化—企业管理—案例—中国 Ⅳ. ①F279.23

中国版本图书馆 CIP 数据核字（2014）第 037402 号

组稿编辑：陈　力
责任编辑：杨国强
责任印制：司东翔
责任校对：超　凡　王纪慧

出版发行：经济管理出版社
（北京市海淀区北蜂窝 8 号中雅大厦 A 座 11 层　100038）
网　址：www. E-mp. com. cn
电　话：（010）51915602
印　刷：三河市延风印装厂
经　销：新华书店
开　本：787mm×1092mm/16
印　张：22
字　数：429 千字
版　次：2014 年 4 月第 1 版　2014 年 4 月第 1 次印刷
书　号：ISBN 978-7-5096-2985-7
定　价：48.00 元

《中国管理模式案例研究》丛书编委会

编写说明

为了系统研究和总结中国30多年来的企业管理成功经验，特别是通过对中国企业管理新环境、新视野、新理念、新思维、新方法、新工具进行案例研究，总结和归纳中国式管理模式理论和实践，中国企业管理研究会特别成立了中国管理案例研究中心。该中心以“根植中国管理实践、繁荣管理案例研究”为宗旨，以我国丰富的企业管理、政府管理、社会管理实践为研究对象，深入开展高水平的管理案例研究，积极拓展与国内外知名学府等组织的合作，构建中国管理案例研究的信息交流平台，为我国管理案例研究的繁荣和中国管理的发展贡献力量。

《中国管理模式案例研究》系列丛书是作为中国管理案例研究中心成立后组织编写的首套丛书。该丛书第一辑是在中国社会科学院经济学部组织的中国企业国情调研项目的基础上，选取了部分在管理实践中具有典型特征的企业，邀请了国内知名的管理学家和部分管理学院院长再次调研整理，按照管理案例形式重新撰写，并添加部分案例后集结成册。中国企业国情调研项目始于2006年，由陈佳贵研究员和黄群慧研究员主持。项目通过对我国典型企业生产经营的基本情况和各种企业经营行为分析，研究我国企业在管理中面临的问题，对于科学制定国家经济发展战略和宏观调控经济政策，提高宏观调控经济政策的科学性、针对性和可操作性，具有重要的意义。同时，通过“解剖麻雀”的典型调查，长期跟踪调查企业的发展，详尽反映企业的经营状况、改革与发展情况、各类行为和问题等。迄今为止，该项目已经针对50多家企业开展了调查研究，这些企业调查成果也为管理学科研究积累了很好的案例研究资料。

我们希望丛书的出版能够系统研究和总结中国改革开放30多年来的企业管理成功经验，特别是通过对中国企业管理模式进行案例研究，推进对中国式管理模式理论进行总结和归纳，为中国管理理论研究提供实例参考，为中国管理科学的发展做出贡献！

中国管理案例研究中心

主任　黄群慧　黄速建

2013年7月

总 序

——把握世界发展趋势 加快中国管理学创新

一百年前，以泰勒制为代表的古典科学管理理论的出现具有划时代的意义，从此理性开始代替经验，管理学作为一门科学开始登上历史舞台。此后，管理科学随着时代而不断发展，新观点、新方法、新工具不断出现，逐渐形成了“管理理论丛林”。于是，管理思想和管理理论在不断演变中逐渐得以丰富和发展。

管理学经过百年发展形成了巨大的知识积累，这些管理知识如何为中国管理学创新提供有效的经验和借鉴，中国管理学又如何结合中国文化和社会情景进行创新发展，这是中国管理学者所关注的焦点。在此，我有几点不成熟的想法与大家分享：

第一，“持续创新”是管理学百年发展的主要特征。

回顾管理学百年发展历程，有研究者认为，整个管理学的百年发展史可以分为四个阶段：科学管理阶段；人际关系与行为科学理论阶段；“管理丛林”阶段；以企业文化理论等为标志的“软管理阶段”。这四个阶段的划分虽可商榷，但基本反映了百年管理学从“以物为本”到“以人为本”的基本路径。

在“科学管理阶段”，管理理论的着重点主要放在通过对工人动作、行为的规范，以科学的工具和科学的方法来提高劳动效率。

在“人际关系和行为科学理论”阶段，更偏重于对管理行为本质的思考，并将工作场所视为一个社会系统。管理者为追求效率而使用的管理方法，均与组织中对人的关心相联系。

在“管理丛林”阶段，各种管理理论纷呈，美国管理学家哈罗德·孔茨就提出了“十大流派”。

20世纪80年代，以“企业文化理论”、“学习型组织”理论等为代表的“软管理阶段”，是与技术和社会变化密切相关的。随着互联网兴起和知识经济的产生，人力资本在企业竞争中的作用日益凸现，管理学的发展趋势转向更注重于无形的组织文化氛围、组织框架内的成员学习以及更深层次的价值观塑造。

概括讲，管理学百年发展的主要特征是"现实不断发展，理论持续创新"。

第二，中国管理学百年发展经历了三个阶段。

第一阶段是1949年前的"管理学萌芽"阶段。在这一阶段，随着国内民族企业发展，很多企业开始引进西方企业管理的思想，但是还保留了一些东方传统。例如，民国时期的棉纺专家穆藕初，曾几次拜访过被后人尊称为"科学管理之父"的泰勒。1916年，中华书局出版了由穆藕初翻译的泰勒著作《科学管理原理》。此外，还有张謇在南通、荣氏兄弟在无锡创建民族企业，卢作孚创办民生公司、侯德榜等人创建纯碱厂，等等。这些人大都抱有"实业救国"的思想，强调"洋为中用"、"中学为体，西学为用"。

第二阶段是1949~1978年的"管理学初步形成"阶段。在这一阶段，我国社会主义企业管理学初步形成，并建成了独立的、比较完整的社会主义工业体系和国民经济体系。20世纪50年代，我国企业管理主要以学习借鉴苏联模式为主，在全国范围内系统引进了苏联的整套企业管理制度和方法，强调集中统一领导，推行苏联的"一长制"模式和"马钢宪法"，在计划管理、技术管理、经济核算制等方面奠定了生产导向型管理的基础。20世纪60年代初开始，为克服照抄、照搬苏联管理方法的缺点，针对管理学存在的问题，结合国情，我国开始探索与建立社会主义企业管理模式，"鞍钢宪法"、《工业七十条》就是当时具有代表性的成果。

第三阶段是1979年至今的"融合发展"阶段。1979~1992年，我国企业管理模式开始从生产型转向生产经营型，学习国外管理学知识的重点从苏联转向美、日、欧等发达国家，管理学在学科建设、学术研究、教育培训等方面都有很大发展，我国管理学进入全面"恢复转型"阶段。1983年，袁宝华提出我国企业管理理论发展的16字方针——"以我为主，博采众长，融合提炼，自成一家"，为建立有中国特色的管理理论和管理模式指明了方向。在1992年之前，主要是以引进和学习国外先进经验和方法为主。1992年以后，在社会主义市场经济条件下中国管理学发展更加强调"两个注重"，即注重对先进理论的引进，注重中国经济体制改革的特殊国情。在管理学研究方面，我国学者开始追踪国外管理学研究前沿，国际管理学权威期刊逐渐为国内学者所熟悉。中国管理学研究的规范性得以增强，实证研究方法受到重视，越来越多的管理学研究成果发表于国外顶级学术期刊。总体上，这是一个管理学学科体系不断完善、研究水平不断提高的阶段。

第三，未来中国管理学发展面临新的挑战。

从外部环境看，中国管理学创新面临着市场环境和技术环境的双重不确定性。当前，国际金融危机深层次影响持续显现，世界经济的不确定性明显增强。欧洲主权债务危机还在蔓延，美国经济延续弱势复苏势头，新兴经济体经济增速明显放缓，贸易保护主义抬头。世界经济增长方式、全球产业结构和工业生产方式都在发生深刻变革。

同时，信息网络、生物、可再生能源等一些重要科技领域显现革命性突破的先兆。人工智能、机器人和数字制造等新技术在工业生产领域的应用推广提速。“第三次工业革命”成为人们热议的话题。数字化、智能化、定制化和柔性化成为世界工业生产方式变革的发展方向。伴随着工业生产方式的变革，还将带来企业发展战略、组织结构和业务流程颠覆性变化。

第四，中国管理学创新需要正确处理的三个关系。

一是正确处理理论引进和本土现实的关系。西方的管理学思想和方法为中国管理学提供了研究基础，中国的企业家和管理研究学者从中学习了很多。但是，单纯的理论引进还不能满足本土现实的需要。中国是制造业大国，但是我国制造业面临着产业创新不足、劳动力成本提高等问题，传统制造业发展模式已愈来愈难支持制造业的发展。因此，需要实现具有中国本土特征的管理理论和实践创新，从而提升中国企业的创造力和竞争力。在中国管理学未来的发展中，既要立足区域特征和制度特点，也要辅以严谨的方法论支撑大规模的经验研究，使中国管理学研究在国际上受到认可，同时具有强有力的解释和解决问题的能力。

二是正确处理基础理论研究和现实热点研究的关系。现有基础理论研究重视不够，其中一个典型现象是，在商学院的教学、研究中，战略、组织、文化一类课程较为受到重视，而对于生产运营、技术创新等课程的关注程度不高。一些新的管理概念，例如蓝海战略、长尾战略、基业长青等迅速受到业界和学者的关注，但是人们在关注这些热点的同时，还需要重视基础理论层面的研究，还应该进一步强调加强企业基础管理工作。

三是正确处理学院型教育和实践型教育的关系。1990 年，MBA 教育获得国务院学位委员会批准，我国九所大学开始试办 MBA。经过 20 多年的发展，MBA 教育有了长足发展，为经济发展做出了贡献。但在实际发展中，“学院型”教育的色彩较为浓厚，“实践型”教育的特色还显不足。作为专业学位教育，强调的是如何以解决实际问题为中心开展教育。MBA 教育如何做到真正面向企业、贴近实践将是未来必须思考和回答的一个问题。

中国经济快速发展的背后是中国企业丰富的实践，这为管理学理论研究提供了广袤和肥沃的土壤，为国际学术话语体系中“中国元素”的丰富提供了历史机遇。可以预见，未来的中国管理学研究将会更加丰富多彩，也将会更加国际化。

中国企业管理研究会会长　陈佳贵

2012 年 12 月 26 日

目录

第一章
企业信息化管理现状与趋势

第一节 信息化管理概述

随着全球化加剧和信息技术的不断发展，信息化已经成为当今世界的发展趋势。当今，人类社会正处于由工业社会转为信息社会的变革期，信息经济将逐步占据国民经济的主导地位，以计算机、微电子和通信技术为主的信息技术成为社会发展的技术动力。全球信息化正在引发当今世界的深刻变革，重塑世界政治、经济、社会、文化和军事发展的新格局。加速信息化发展，已经成为世界各国的共同选择，企业的信息化尤为关键。然而实施企业信息化并不是一项简单的工程，企业需要从价值观念到战略，再到运营手段、组织结构，再到实施方法或技术手段与之相适应，否则将会适得其反。目前，国内外对该问题的研究并不充分，尤其是基于我国企业信息化实际数据的投入产出效益分析的实证研究相对匮乏。

一、信息化含义

信息化管理在不同场合中拥有其不同的含义，根据 1997 年召开的首届全国信息化工作会议，将信息化和国家信息化定义为："信息化是指培育、发展以智能化工具为代表的新的生产力并使之造福于社会的历史过程。国家信息化就是在国家统一规划和组织下，在农业、工业、科学技术、国防及社会生活各个方面应用现代信息技术，深入开发广泛利用信息资源，加速实现国家现代化进程。"与智能化工具相适应的生产力，称为信息化生产力。信息化管理包括政府信息化、产业信息化、农村信息化、企业信息化等方面。

政府信息化是指主要为了迎接信息化的到来，利用信息技术、通信技术、网络技术、办公自动化技术，对传统政府管理和公共服务进行改革的过程。通过政府信息化，可以大大提升政府管理的有效性，满足社会以及公众对政府公共管理和公共服务的期望，促进社会经济的发展。政府信息化的核心价值是其所具有的透明度和政府治理与社会、民众的互动；其基本目标是改善政府的公共服务。具体来说，电子政府把曾经只能在真实空间里行使的政府职能，通过数字化的方式延伸出去，可以将原来需要大量的人力来处理的行政事务，在数字化设备和虚拟空间中轻松甚至自动地进行，从而使政府、社会与民众的交流、互动变得十分容易，政府系统的反映、决策及沟通能力也会大大提高。

产业信息化作为国民经济各部门和社会活动各领域全面发展和普遍采用的现代信息技术手段，使社会经济的发展正在实现从以物质与能量为经济结构的重心，向以信息与知识为经济结构的重心的转变，这个转变能够极大地提高社会劳动生产力，增强综合国力和国际竞争力。产业信息化不等同于企业信息化，它是指以信息技术改造和提升产业，围绕"四流三周期"，即物流、资金流、业务流、价值流和产品生命周期、企业生命周期、产业生命周期，构造以信息化带动其他要素流动的产业关联，对资源优化配置、整合，对过程优化重组。当然，它的运行核心是企业信息化，宗旨是减少产业成本，防范和减少不确定性。

农村信息化是通信技术和计算机技术在农村生产、生活和社会管理中实现普遍应用和推广的过程。农村信息化是社会信息化的一部分，它首先是一种社会经济形态，是农村经济发展到某一特定过程的概念描述。它不仅包括农业信息技术，还应包括微电子技术、通信技术、光电技术等在农村生产、生活、管理等方面普遍而系统应用的过程。农村信息化包括传统农业发展到现代农业进而向信息农业演进的过程，又包含在原始社会发展到资本社会进而向信息社会发展的过程中。农村信息化将沿着集成化、专业化、网络化、多媒体化、普及化、综合化和全程化的方向发展。

本书将集中通过企业信息化管理案例讨论企业信息化的成功经验和失败教训。

二、企业信息化含义

（一）企业信息化管理的概念

企业信息化是指在企业管理的各个活动环节中，充分利用现代信息技术建立信息网络系统，使企业的信息流、资金流、物流、工作流集成和整合，不断提高企业生产、管理、销售的效率和水平，实现资源的优化配置，进而提高企业经济效益和竞争能力的过程。

（二）企业信息化管理的内涵

通常认为，企业在管理领域应用信息技术都属于信息化管理，但不是一般意义上的信息技术应用，而是对以往单一职能或多个职能的信息系统的有机集成，是更高层次的全新的管理革命和创新，其核心在于运用信息技术将先进的管理思想和方法融入企业的管理实践。它是通过对企业业务管理流程进行基于先进管理思想和方法的全面调整“再造”，借助信息技术使企业的信息流、物流、资金流、工作流在新的、更有效的动作平台上实现有机整合，实现资源优化配置，从而提高效率和效益，增强核心竞争能力。管理的信息化使企业具备了真正市场意义的竞争力内涵。

（三）企业信息化管理的必要性

在经济的不断完善和发展的过程中，企业间的竞争越来越激烈，要想使企业在市场经济的大潮中立于不败之地，就要建立具有及时、准确、全面和适用的信息化系统，利用现代信息技术，有效地开发和利用信息资源，以改善企业管理，提高企业竞争力和经济效益。

首先，企业信息化管理是新形势下企业再创优势的关键所在。制度、管理、技术三大创新是企业生机与活力的渊源所在。其次，企业信息化管理是企业综合竞争力的基础，对市场具有快速反应能力是企业成功的法宝，实施企业信息化管理是提高市场反应能力的最基本手段，这正逐渐成为共识。企业信息化管理是解决企业管理难点的突破口。实践证明，通过持续实施信息化管理将能有效地解决或是缓和这些难题，推动企业管理的创新。

三、信息化管理意义

（一）对企业组织结构的调整

企业信息化管理可以改进组织的结构，将原本多层次、多等级、结构臃肿、横向沟通困难的传统组织结构调整为信息沟通及时、市场反应迅速、调动组织成员积极性的新型组织结构，使信息可以正确而流畅地在基层生产单位与企业决策层中传递。同时，信息化管理还可以起到优化业务流程的作用，企业在研究其管理体系并了解生产经营流程之后，可以融入国内外先进的管理思想，借助计算机集成制造系统和计算机辅助设计，实现人力、财力、物力和技术等的资源优化。从而使企业与供应商、销售商之间的联系更加紧密，还可以充分利用国内外大量优质信息资源来把握产品技术与市场走向，以提高企业的快速反应能力和抗风险能力。

（二）加强信息技术含量，促进产品多样化

企业的信息管理技术可以保证企业内、外部信息在企业中准确、快捷地流动，为决策提供依据，其关键是实现设计信息、生产信息、管理信息的有效整合。在企业信息化管理中主要运用到了三大方面的技术：以 ERP 为代表的后台技术、CRM 为代表的前台技术和虚拟技术。ERP 即企业资源计划，主要作用在于可以管理企业内部运营的所有业务环节，并将这些信息连接起来，使各种业务的信息可以实现集成与共享。CRM 是指客户关系管理，它是联系企业内外信息的桥梁，通过建立良好的客户关系，可以提升客户的满意度，获得最新的客户需求。依托信息技术利用 CRM，可加强对客户的了解并为客户提供更加到位的服务。同时，虚拟企业信息管理的目的是使数据和控制信息能够在虚拟企业网络中正确流动。虚拟企业通过集成各成员的核心能力和资源，在管理、技术、资源等方面拥有得天独厚的竞争优势，通过分享市场机会和顾客，实现共赢的目标。

（三）降低企业成本，提高企业竞争力

借助信息化管理，企业可以降低采购成本、决策成本等。一般来说，企业产值的一半以上都是采购成本，因此企业可以借助降低采购成本、强化采购质量来赢得发展。实

现信息化管理后，采购过程可以更加透明和清晰，帮助采购人员选择和评价。利用严格细致的信息化手段对决策成本进行管理，可增强产品在市场中的竞争力，提高企业的知名度，同时避免决策给企业带来的巨大损失，这为保证企业做出最优决策、获取最佳经济效益奠定了基础。

第二节　国外信息化管理研究概述

一、国外企业信息化发展进程

20 世纪 90 年代以来，以计算机技术为代表的信息技术在企业的经营、管理、设计和制造中得到日益广泛深入的应用，促使发达国家的企业迅速由生产过程自动化向企业信息化转变，对提升企业的核心竞争力起到巨大的推动作用。目前，在发达国家的大公司中，企业信息化水平已达到相当高的程度，认真研究和分析国内外企业信息化的现状和特点，可以使我国在推进企业信息化过程中少走弯路，加快发展。

第二次世界大战之后，以美国、日本和英国为代表的发达国家开始了对企业信息化的探索。特别是美国，由于“二战”后经济衰退，传统产业内部再没有出现重大的新技术，传统工业部门产量总体上呈下降趋势，在世界的产量份额也同步降低，逐步丧失了在世界的领先地位。但是美国的信息产业在美国经济中的比重不断提高，在 20 世纪 70 年代初其产值已占到 GDP 的 50%，信息产业已经成为美国的第一支柱产业。在这一情况下，从 70 年代开始，美国对传统产业进行了信息化改造，改造的目的在于应用战后新技术革命的成果，将信息技术推广到各个部门和领域，使传统工业部门再工业化，升级为技术密集型产业，给传统产业带来生机和活力，促进国民经济向更高的技术层次转化。信息技术不断向传统产业渗透，成为美国传统产业重新焕发生机的主要推动力。类似的情况也在其他地方上演，日本由于石油危机，而英国也由于其自身传统企业竞争力的不断下降纷纷走上了信息化的道路。

在发达国家不断实践信息化强国的过程中，政府扮演了一个积极促进的角色，让企业信息化更加彻底和完善。在企业信息化发展初期，尤其需要国家政策引导和资金投入，在实施过程中及时总结经验教训，根据实际情况，调整战略步骤。无论是美国、日本还是英国，虽然在具体做法上有所区别，但是都在推进企业信息化的过程中，做出了一系列重大的决策加快企业信息化的进程：政府有意识地去营造有利于技术扩散的环境，同时在必要的一些领域进行相关的支持研究工作，如加大国家对信息技术基础领域的研究。自 20 世纪 80 年代以来美国、英国及日本都开放了本国的电信市场，引入了竞争，加快了信息化的基础设施建设。同时，从各国推进企业信息化的进程来看，企业的信息化与信息产业的发展是经济发展进程中两个不同的侧面，但信息技术对传统产业的改造及企业的信息化与各国信息产业的发展水平密切相关，强大的信息产业是推动企业信息化的重要力量，所以美国、日本、英国政府在国民经济信息化的过程中，一方面加快了信息技术的扩散，另一方面也在不断推进本国信息产业的发展及技术进步。

二、国外企业信息化模式

依据政府和市场发挥作用的程度区分，目前国外推进信息化项目建设存在三种典型模式，即北美模式、亚洲模式和欧洲模式。

（一）北美模式

北美模式的信息化建设主要以美国、加拿大为典型代表。这些国家的信息化建设主要以市场为主导，依靠完善的市场机制和较好的产业基础实现信息产业、电子商务等经济和社会信息化领域的建设和发展，政府做好相关政策法规环境的建设，主要介入电子政务的建设，通常不制定信息化全局性战略，不设全局性的信息化主管部门，政府对信息化各领域不同程度的分而治之。

以美国为例，美国虽然是个超级经济大国，但 500 人以下的中小企业在美国经济中扮演着极为重要的角色。因此，美国有关政府部门采取了各种措施来推动中小企业信息化的发展。为了增加中小企业获得贷款和信贷的机会，截至 2000 年美国小企业管理局向小企业提供累计达 770 亿美元的贷款和信贷。据统计，美国 1999 年花费 100 亿美元用于实施中小企业电子商务计划。但更为重要的是，小企业管理局的各种资金援助计划填补了按正常条件无法获得私人贷款的小企业的信贷缺口；在政府和国会制定政策法规时，为小企业说话，使政策法规对小企业的发展不会产生不利影响；同时，为小企业利用信息技术争取税收优惠。例如，1999 年，克林顿政府提出了“全球电子商务纲要”，主张官方应减少不必要的限制，帮助民间企业发展以促进 Internet 商业竞争。1998 年 6 月 23 日，美国白宫推出《Internet 税收自由法案》，提出 3 年内暂免 Internet 访问税，并且，针对无形商品（如电子出版物、软件）免征税款。同时，为了鼓励客户网上购物、消费，增强客户网上交易的安全感，美国联邦交易委员会建立了 Internet 实验室，对 Internet 上日益增多的欺诈行为采取行动。美国与加拿大的执法部门还建立了 Consumer Sentinel 数据库，记录了数万名消费者对电话推销者、邮购公司和 Internet 商品的投诉。

（二）亚洲模式

亚洲模式的信息化建设主要以日本、韩国、新加坡为典型代表。这些国家的政府全面参与和推动信息化各领域的建设，信息化建设通常主要依靠政府行政力量和公共资源的推动，注重制定有利于信息化建设的政策法律，通常制定信息化的全局战略，设置全局性的信息化主管部门。

在企业信息化方面，日本企业要比美国晚行一步，但大有奋起直追之势。日本从 20 世纪 80 年代初建立了日本中小企业事业团信息中心，并与中央及地方政府、群众团体和有关单位、机构互相支援，密切合作，加强交流，共同发展。日本政府还加快网络建设步伐，加强和完善支援中小企业机构的跨区域合作，实现信息共享；构筑广泛的信息发布和接收系统，将各国立、公立研究机构的研究成果、新技术及各种经营信息通过网络提供给中小企业，实现信息资源共享。

另外，为制定日本高度信息化社会发展的综合政策、协调国际合作，2000 年，日本政府专门成立了信息通信技术战略总部，并明确提出了优先发展日本信息技术的新战略：将信息技术革命作为动力，加快恢复和发展经济，推进经济结构改革，增强国际竞争力。政府还制定或修改了一些有关法律和法规。

在 IT 产业的发展路径上，新加坡和中国的“共同语言”或许是最多的。在新加坡的 IT 产业版图中，中小企业具有压倒性的优势。中小企业具有灵活、专业化等优势，但往往在国际化和把握产业发展大方向上有所欠缺，有时候眼光不够长远。而新加坡资讯通信发展管理局（IDA）由于长期致力于对战略发展方向的关注和研究，“站得比较高”，可以推动中小企业的战略转型和结构调整。IDA 并不认为自己比企业更聪明，在决策中也追求“PPP”（人民、私人企业、公众利益的联合）利益的统一，其任何一项政策的出台，都建立在广泛征求私人企业意见和市民代表意见的基础上。与此同时，IDA 的政策制定往往偏重于指导性和宏观框架，提供给企业发挥和创新的空间很宽泛，尽量减少给企业以现实的政策压力。为了推动中小企业的发展和创新，IDA 也提供了一系列诸如资金支持、政策支持等优惠措施。

在 IDA 为新加坡 IT 产业勾画的蓝图中，进军海外市场成为“突围”狭小的本土市场的不二选择。IDA 将东盟、中国、中东和美国视为下阶段需要重点发展的目标市场。有趣的是，本次 IDA 邀请国外记者造访新加坡，邀请范围也基于这一目标市场。IDA 透露，电子政务、智能交通、物流、金融服务以及医疗保健将成为其重点推荐产业。

IDA 是行业的推广者，它积极鼓励国外资讯通信企业进入新加坡，与当地企业建立伙伴关系。总之，作为政府的“首席信息官”，IDA 对服务方面的各类创新进行甄别、确立概念并实施管理，从而为新加坡电子政府方案的落实提供支持。

（三）欧洲模式

欧洲模式的信息化建设主要以英国、芬兰为典型代表。这些国家的政府对信息化建设的介入程度介于北美模式和亚洲模式之间，政府和市场共同发挥作用，推动相关领域的信息化建设。通常政府首先利用行政力量有意推动特定领域的信息化建设，建立健全相关政策环境，投入公共资源，待较为成熟后政府逐步淡出，转为主要市场机制来持续推动。

英国作为欧洲主要发达国家，十分清楚地知道在信息时代，信息技术是决定在经济上成功与否的关键因素。为此，早在 20 世纪 90 年代末英国政府将国家的信息化建设放在十分重要的位置，提出到 2002 年，使英国成为世界上最适合发展电子商务的地方，到 2005 年实现全民上网和政府服务全部上网的三大奋斗目标，为此采取了一系列措施。

1998 年 5 月，英国首相布莱尔在“我们的信息时代：政府的观点”中首次宣布了要使英国处于全球信息技术的领先地位的这一战略决策。1998 年 12 月，政府发表了白皮书《我们的未来：建立竞争的知识经济》，进一步明确了英国信息化建设的目标：2002 年英国要成为全球最适合电子商务发展的地方。2002 年，实现 150 万家微（9 人以下）、中（50~249 人）、小（10~49 人）型企业联网。2002 年，大概 100 万家微、中、小型企业实现网上交易。2002 年，英国的小型企业在信息化方面要处于西方七国的领先地位；B2B 和 B2C 电子化的比率要在西方七国中处于领先地位。2005 年，英国的 IT、电子、通信产业的产量和增长率要在七国中处于领先地位。2002 年，政府 100%低值物品实现电子买卖。英国与工业界、网络用户以及法律单位一起，努力创建一种对非法和有害内容的自约束机制。

三、国外企业信息化优势

（一）强化信息化管理体制的结构和功能

各国中央层面推进信息化建设时，基本都确定了决策机构、协调机构、管理机构和执行机构，并且设有审计监察机构和由外部专家组成的咨询机构，四层两翼的结构，功能比较完善。

（二）注重中央同地方的统筹与协调

信息化推进体制是与各国政治体制相适应的，尤其体现在中央政府与地方政府在推进信息化建设的关系上。

（三）信息化管理体制随信息化推进而不断健全和完善

各国的信息化推进体制虽然具有一定的稳定性，但并不是一成不变的，而是根据信息化建设的发展阶段以及推进体制运作的实际效果进行适时地调整和完善，并不断强化其作用。

（四）政府机构内部普遍设立首席信息官

在重要的政府部门设置首席信息官，不仅有利于国家相关战略规划的贯彻实施，也有利于更好地推动部门信息化建设工作。

（五）确立科学合理的运作机制

信息化建设管理普遍实施监督评估机制、定期汇报机制、咨询顾问机制和通用项目管理机制有机结合。

第三节　国内信息化管理研究概述

自2006年以来，全国各地都在强调信息化带动工业化的发展战略，力求实现跨越式发展。而需要真正实现企业的信息化，首先应从基础抓起，具体分为办公自动化、业务管理、信息服务等。

一、国内信息化发展现状

随着信息化发展战略和信息化"十一五"专项规划的贯彻实施，中国正在信息化进程中大踏步前进。根据中华人民共和国国务院信息化工作办公室2006年3月17日发布的《中国信息化发展报告2006》和该办公室翌日举行的新闻发布会上提供的信息，中国信息化发展已在经济领域、社会领域、电子政务建设、信息基础设施建设和信息安全建设等方面取得很大成效。

从经济领域来看，据新闻发布会上国务院信息化工作办公室有关负责人介绍，信息化对促进中国经济增长方式转变、推动传统产业升级改造和提升产业竞争力方面的作用正在逐步显现。"十五"期间，中国电子信息产业规模扩大了2.3倍，对GDP增长的贡献率达到8.8%。2005年，电子信息产品出口占全国外贸出口总额的比重超过1/3。目前，中国97%的地、市级和80%的县级农业部门都设有信息化管理和服务机构，农业信息员发展到18万人，初步建立了从上到下的农业信息化队伍。

从社会领域来说，在教育、文化、劳动和社会保障、环境保护和灾害预警等社会公共领域，中国的信息化建设正日益完善：逾九成的高校、约60%的中小学和35%的中职学校基本建成校园网；第一个下一代互联网主干网已建成开通并试运行，接入了近70所高校；"大学数字博物馆建设工程"已完成了18家大学的数字博物馆建设；数字化藏品资源总量已超过 10 万件，服务于高校教学、科研和社会科普；网络教育已成为中国高等教育和终身学习体系的重要组成部分，截至 2005 年底，网络高等教育累计注册 420 多万人；"十五"期间，中国每天接受气象服务的公众超过 10 亿人次，手机气象短信用户已达 3300 万。在灾害预警这一公共领域，基于网络技术的灾情即时交流系统目前已在国家有关部门投入使用，省级救灾系统于 2005 年 8 月投入运行，并在地、市开展试点，最终将实现从中央到省、市、县的实时沟通。

在电子政务建设方面，我国国家电子政务总体框架已初步形成。2006 年 1 月 1 日，中央政府门户网站正式开通，当日的点击量就达到 4048 万。截至 2005 年底，中国政府域名注册量超过 23700 个，政府网站近 12000 个。随着内容的不断丰富和功能不断完善，政府门户网站已逐步成为中国政务公开的重要窗口。

我国企业信息化虽然取得了一定的成果，但企业信息化规模、层次和总体水平与发达国家还存在很大差距。我国企业信息化的现状可以概括如下：

（1）基本认识普遍提高，重视程度相差较大。现如今，国内大部分企业都能够认识到信息化建设有其必不可少的重要性，但仍有少部分企业认为信息化只是一个噱头，从而拒绝实施信息化管理。

（2）基础应用的普及面较宽，重大信息工程建设相对滞后。一些中小企业仅仅从形式上对企业进行信息化改造，如数据存储、更新等，真正需要信息化的生产管理环节并没有运用有效的信息手段，导致信息化管理不能发挥其应有的作用。

（3）新成长企业建设起点高，老企业信息化基础相对薄弱。新生企业可以较好地认识信息化的重要性，从而积极进行信息化建设，形成了普及面广、认识度深、硬软件全面的良好氛围。但同时，老企业由于改造困难、领导层重视不够等原因，使其信息化基础相对薄弱。

（4）效益好的企业、外向型企业、具有国际市场开拓能力的大中型企业信息化需求较为强烈，效益不好、竞争领域相对狭窄以及小型的企业信息化需求相对不旺。

（5）信息化水平和普及程度因行业、地区经济发展水平而存在差异。相对来说，东部沿海城市比内陆地区信息化水平高，高新计算机信息产业比传统生产制造行业能更好地运用信息化管理带来的优势。

（6）重大信息工程建设的模式各异，从开发利用手段看，自主开发、联合开发、委托开发、全套引进等多种形式并存。

（7）信息化发展势头良好。随着信息时代的到来，企业实现信息化已经是必然的趋势。激烈竞争的现代市场经济，要求企业必须具有敏感的市场反应能力、快速决策能力和强有力的实施能力。而企业要满足这些需求，就必须建立自己的信息化管理方法以满足新时代的需求。

二、国内信息化发展模式

“一个依托，两个平台，三大管理”即以数据信息网络技术为依托，构建内网、外网“两个平台”，实现扁平化、人本化、信息化的“三大管理”目标。建立实效性、实用性、互动性、全方位和全过程的信息管理平台，以信息为平台，以管理为结果，再造管理，以新的模式重新配置资源，使管理迈向系统化、扁平化和科学化的路径。

（一）一个依托

信息网络技术创建系统的进程，既是企业实现信息化的过程，也是对管理模式进行再造的过程。现代信息管理模式及手段的推行，对企业管理中一些原有的管理思想、管理方法及管理行为是一次有力冲击，可以促使企业员工转变管理观念、思维方式和行为方式，增强整体配合意识。

（二）两个平台

企业内部需要建立内网和外网两个平台，内网负责规范模式和统一管理，外网实现贴近用户和提供服务。在现有 OA 系统基础上建立内部管理平台系统，为各种业务系统提供统一的信息平台，将原有的分级管理向统一管理转变。把信息资源合理、科学、规范配置，直接在 IE 浏览器下实现企业的动态管理，实现信息资源的共享性，支持高层决策、中层控制和基层运作的需要。外网以用户为中心，以服务为载体，将所有用户纳入同一网络平台，将原来的分类管理向统一管理转换，用户凭卡号即可以进入系统对所属名下信息和费用进行一键查询、交费操作。同时，利用这一平台向用户公布便民惠民活动、广告宣传等消息，使之更贴近于用户、服务于用户。

（三）三大管理

企业可以借助信息化管理实现：扁平化管理，提高协同作战能力；人本化管理，深度发掘资源潜力；建立现代管理模式。因此，企业可以对信息进行收集、传输、加工、存储、更新和维护，以达到提高经济效益、工作效率和管理水平的目的，为管理者决策服务，最大限度地向社会提供优质服务，获得更大的社会效益和经济效益。系统给企业带来的益处不仅表现为运行后的成效，还表现为系统建设过程本身就是整顿的过程，也是完善管理基础工作的过程。

三、国内信息化发展趋势

信息化建设分为两大阶段：技术资源管理阶段和信息资源管理阶段。信息资源管理是为了克服技术信息管理的缺陷而发展起来的一种新的企业信息管理模式，更加重视从宏观、从战略高度对企业信息流进行管理，强调面向组织、更有效地支持高层战略决策，而不只是在操作级、管理级实施信息管理。其中，信息资源管理阶段有以下几个发展趋势。

（一）企业业务流程变革趋势

企业业务流程是企业战略目标层层分解后的具体细化，是企业经营不偏离企业战略和完成战略目标的保障。业务流程重组（BPR）是企业生产经营过程中一组连续、相互关联的活动，BPR 是企业管理创新的一种基本形式。BPR 的核心思想是以价值链和其战略环节为依托，以市场—客户的需求和满意度为目标，不断地对企业原有的业务流程进行根本性的重新再思考和彻底的再设计，从而使时间、成本、质量、服务、速度和环境这些反映供应链管理和企业竞争力的要素得以明显的改善和提高，以适应市场竞争的需要。随着信息技术的深入应用，现代企业业务流程的变革将呈现为对业务流程制度岗位描述及管理的规范化，企业内部经营产供销流程整合运作的一体化、并行化，业务监控管理的自动化、智能化和企业业务反应的敏捷化等发展趋势。

（二）企业管理组织变革趋势

企业管理组织变革是在业务流程变革的基础上进行的，组织结构的设计必须满足业务流程的要求，为业务流程的运行提供组织上的保障。信息技术的广泛应用实现了企业内部信息传递由单向的“一对多式”向双向的“多对多式”转换，使得企业传统的“金字塔”式直线型组织架构中负责收集和传递信息的中间管理层失去存在的必要，组织结构的扁平化将成为一种趋势。同时，由于信息获取的快速和方便性，企业的最高管理层可以在最短的时间内了解到企业各方面的具体情况，把握企业最前沿的各种信息；可随时做出有利于企业发展的判断，并对多个现场进行指导，扩大高层领导的管理跨度，使得企业可以根据内部或市场信息化程度的区别来决定企业的组织规模，包括企业的纵向规模和横向规模。此外，信息网络技术的发展和信息技术的共享为企业在更大范围的合作提供了可能性，虚拟企业的出现打破了传统企业组织机构的界限和层次，使得企业的传统边界出现了模糊。总的来说，企业组织变革将呈现架构扁平化、规模适度化、边界模糊化的发展趋势。

（三）企业组织文化变革趋势

企业组织文化就是企业在长期的生产经营活动中，在社会和民族文化基础上所形成的共同价值观念、行为准则、传统作风等，是一种具有企业个性特色的信念和行为方式。企业的成长基于企业组织中人的成长，人的成长基于个人的思想和信念，而组织中个人的信念和理想需要企业的创造和领导。这也就是说，企业组织文化通过造就人而造就企业，所以组织成员是企业组织的核心，也是企业组织文化的创造者和实现者。信息技术作为一种文化载体，不仅自身代表了一种先进的文化理念，在影响企业组织成员的同时，也通过组织成员的行为和思想影响了企业组织文化，从企业管理应用的多个方面直接或间接地促进企业组织文化的提升，并推动了企业业务流程变革和组织变革的发展。随着信息技术的全球化发展，传统工业经济时代带有地域性民族偏向和歧视的企业文化正逐渐从标准化、单一化向全球化、多元化发展。在知识经济时代，知识和信息成为企业真正的资本与首要的财富，因此，追求组织内的民主和平等，重视信息和知识的价值，崇尚知识创新，尊重组织内人的价值，充分发挥组织团队合作精神，快速反应的学习型组织文化将是企业组织文化发展的必然趋势。

（四）企业经营模式变革趋势

信息促使全球市场的一体化发展，使得企业的竞争由生产能力的竞争已经转向生产能力加上流通能力的竞争，导致企业研究的核心转向如何提高流通能力。否则，一个企业的生产能力再大，产品再多，也不可能很快地将这些产品进入流通领域，转换成商品进入消费者手中。企业的经营模式将从以批量化为核心的“产业中心主义”模式，逐渐转为以“客户关系管理”为前台的重要支撑，企业关注的焦点也由过去关注产品转移到关注多样化、个性化的客户需求上来。在信息经济社会，传统的先实行单一批量生产再靠庞大销售队伍推销产品的旧思路已不适用，取而代之的是发展个性化信息和个性化商品，以提供多样化的和更具个性化的产品和服务，进一步强调了基于客户需求的按订单制造、按订单设计和按库存生产的大规模柔性生产方式，从而最大限度地满足市场需求，降低产品成本、提高规模效益。企业将顾客变为合伙人，让顾客参与产品设计和生产，使得产品更具个性化，产品营销也由此演变为“一对一”销售，这样不仅体现在组织结构的简化，而且体现在经营复杂性的控制，并在企业的价值链（采购、生产、营销等业务单元）、供应商与顾客之间建立一个更灵活、更易控制的管道。

第四节 基于中国情境的信息化管理

一、大型企业的信息化之路

（一）实现信息化的必要条件

大型企业正常运行是离不开项目管理的，其应把日常工作作为项目来进行管理，是长期性的管理方式。为了使信息化管理在大型企业中发挥有效的作用，需要具备一些重要条件。

1. 建立企业数据资源库

作为企业高层管理人员，首先应清楚企业有什么样的资源。企业项目管理需要各职能部门进行无界化的资源管理与资源共享。在此基础上建立企业各部门的所有资料的资源库，将所有承接的项目都放在里面，以供接到新项目时作为理论和技术背景，提供有利的依据。

2. 标准化的工作流程

大型企业要进行企业项目管理组织模式应实现三方面的标准工作流程：项目遴选流程；项目工作流程；项目资源配置流程。

项目遴选流程要求企业在筛选项目时应体现成本效益原则，要做到成本最低，收益最大。

项目工作流程要求做到两点：

（1）要有一支团结高效的项目工作团队，一支具有顽强拼搏精神、一战到底的队伍。企业应做到运用“以人为本”的企业理念形成巨大的感召力和凝聚力。努力做到“靠事业吸引人，靠感情团结人，靠待遇留住人”。对员工要尊重、信任、关心和爱护，建立以激励为中心的员工保障机制。

（2）浓厚的企业文化氛围，要让每个员工把企业当做家，体会家的温暖，在这样的氛围中形成企业的独到精神，让每位员工为之奋斗。

项目资源配置流程要求对每个项目进行评估并确定其投资报酬率，以从人力、物力及财力方面合理进行资源分配。

3. 有效的沟通渠道

企业项目管理中的有效沟通是对企业外部及内容双层的有效沟通。要建立有效沟通的渠道，要将信息及时传递到企业内部及企业客户，做到信息通畅。同时，还可以在每个时点上对项目进行成本、质量和时间三个维度的全方面及时监控。最重要的是项目管理理念在企业中的推广。同时，项目管理专业技术对于企业项目管理也是必不可少的。

（二）信息化为企业管理带来的变革

随着信息技术的不断发展，企业的内外部环境出现较大的变动。其中，管理理念、部门结构、管理措施、营销模式等都会出现较大的变动，而信息化技术有力地推动大型企业进行管理上的革新。

1. 革新企业的战略目标

信息技术的广泛应用，使人们的时空观念出现较大的变动。通过信息技术，人们之间的距离逐渐缩短，国家及地方之间的时空界限逐渐变得模糊，企业之间的竞争逐渐从单一的区域竞争转向全球化的竞争。企业不仅可以在自身区域内进行资源的配置，而且可以通过信息化技术在世界其他地方进行资源的配置，占领世界市场，提高企业产品的知名度。企业的战略目标从区域竞争转向全球化竞争，其产品质量与服务也逐渐国际化。信息化技术在革新企业战略目标的同时，在一定程度上提高了企业的整体竞争水平，提高了企业的经济效益。

由于信息化技术的不断发展，世界范围内的信息出现跨地区及跨国界发展。信息的流动为企业提供了巨大的商机，尤其是电子商务的应用，为企业提供了巨大的商机，大大缩短企业与顾客之间的距离。企业通过信息技术，探索出新的发展思路、新的技术以及新的工艺等，从而提高企业产品的效率，为企业创造更多的发展机会，对企业市场的开拓有着非常重要的意义。

2. 革新企业的管理模式

管理属于模糊性的概念，其重要性是不容置疑的。在信息化时代，如何管理才能真正地促进企业的长效发展，是企业每一个管理者在管理工作中必须面对的问题。传统的企业管理模式主要为人为管理，人为管理不仅效率低，而且容易出现各种各样的问题，或者出现各种各样的矛盾。信息化技术广泛应用，能有效地改善人为管理中存在的诸多问题，简化人为管理的操作程序。同时提高企业管理的效率，使企业由人为管理转向信息化管理，提高企业管理的自动化水平，提高企业的经济效益。人力资源管理是企业管理工作中的重中之重，其涉及的内容复杂、繁多，因此难以进行科学的管理。信息化技术的出现，对简化人力资源管理工作有着重要作用，能够提高企业人力资源管理的自动化水平，使企业人力资源管理工作迈上一个新的台阶。

3. 革新企业的生态环境

随着通信技术的进步和网络效率的提高，信息化企业不能只提供各种产品和服务，还必须懂得如何把自身的核心能力与技术专长恰当地同其他各种有利的竞争资源结合起来，以弥补自身的不足和局限性。目前，战略联盟已成为企业间加强竞争合作的基本组织形式。战略联盟是企业之间为了实现某一共同的目的而以协议或联合组成新机构的方式而形成的联盟，它是一种松散的、动态的和开放的企业间组织形式。企业间组建战略联盟，可以发挥各个企业的竞争优势，共同进行市场预测、共同开发设计新产品、共同生产制造、共用所有企业的销售渠道进行产品营销，实现联盟企业的利润最大化。战略联盟可以让联盟中的所有企业共同承担设计、开发新产品的成本费用，提高企业的抗市场风险能力，加速新产品融入市场的步伐，通过共同规避风险、共摊成本，实现企业经营利润最大化，从而提高其各自的核心竞争力。在现代企业的生存竞争战略选择中，排他已被合作所取代和包容，企业间的合作由一般合作模式转向供应链协作、网络组织、虚拟企业、国际战略联盟等形式。

二、中小型企业的信息化之路

与大型企业相比，中小企业的信息化相对来说起步较晚，根据调查，在中国，约有半数的中小企业在不同程度上开展了信息化建设，从总体上来说，这个数字是相对偏低的，表明我们现阶段对信息化的作用认识不足。这样的问题需要企业管理者尽量多地了解和参考信息化建设的成功案例，并积极与其他企业进行交流，共同认识到信息化建设对于产业发展的重要促进作用，共同营造信息化建设的氛围。除此之外，中小企业高层还应对整个公司和全体员工产生影响，避免出现决策者领导变革，而员工没能领会变革的精髓的现象。而企业与企业之间，同样需要互相影响与合作。数据显示，从事计算机服务及软件业的企业在信息化建设方面应用得更深入，也发展得更好，而制造业、商业服务业及餐饮业等行业依然需要更多的投入和提升。不同的业务范围，造成了信息化发展程度的不统一，而如果行业之间相互协作，就可以利用信息化手段促进双方的业务发展，同时也可以推动信息化在各个行业之间的普遍应用。

（一）中小型企业信息化特点

（1）一次性投入资金少。受到规模、资源限制，在软件、硬件方面，中小企业不可能一次性对信息化做大的资金投入。

（2）要求短期回报。中小企业不像大型企业一样，计划几年后的收益，更希望的是短期内取得明显效果。

（3）对产品的稳定性和实用性要求很高。大多数中小企业没有成体系的高端技术团队，一旦软件或硬件出现问题，就可能对公司造成意外的损失，因此产品的稳定性就显得格外重要。而实用性则是指上手度、操作难易程度等，交互页面和操作程序越直接简单越好。

（4）对产品个性要求高。中小企业在选择产品时，不可能投入太多资金来定制开发，因此会提出各种特殊的个性需求，希望能找到恰好符合自身业务需要的产品。

（5）对产品灵活性要求高。相对于大型企业来说，中小企业的变化更加频繁，还有部门调整、机构分支、迅速扩张等，这些都需要产品能很快适应变化，随时满足企业的需求。

正因为中小企业信息化产品具有这些特点，所以一个中小企业用户满意的信息化产品应该在产品性能、质量、营销和服务等方面都不断创新。真正从用户角度出发，不断创新，提供满足特定需求的服务，才能够得到中小企业用户的认可。只有大量这种用户满意的产品不断出现，不断升级，中小企业信息化市场的爆发期才会到来。

（二）中小型企业信息化的优势

中小企业与大型企业相比在信息化的过程中是有一些独特的优势的。例如：

（1）决策管理优势。中小企业内部信息沟通渠道比较畅通，管理者容易把握市场变化的信息，并迅速做出决策。中小企业决策管理上的优势使中小企业能够重视电子商务的应用，认识到电子商务给企业带来的巨大利益，因而能够迅速做出应用电子商务的决策。

（2）组织优势。同样由于规模较小，企业员工便于统一思想。同时，容易在企业内部形成“学习型组织”，提升员工对新技术的接受程度，最终使电子商务自上而下为企业每个成员所接受。

(3) 意识优势。与大企业相比，电子商务为中小企业提供了与其“同台竞技”的信息化平台，因此主观上更容易应用电子商务来拓展企业的经营空间、改进企业的服务水平、提高企业的经营管理水平。

(4) 创新优势。因为中小企业抵御风险的能力较差，必须不断地创新才能在市场竞争中生存。因而难以开展多元化经营，而是从事专业化的生产经营方式，创造自己独特的核心竞争力，把规模上的劣势转化为创新上的优势。

(5) 政策优势。国家已经颁布多项政策文件支持企业电子商务的发展，例如国务院办公厅发布的《关于加快电子商务发展的意见》等。根据国际电子商务的发展和我国外经贸发展的需要，外经贸部也对信息化建设及国际电子商务应用予以高度重视，将其作为加快实现政府管理和服务现代化的重要举措之一。国家经贸委《关于鼓励和促进中小企业发展的若干政策意见》要求各级政府充分利用计算机、互联网等先进技术手段，逐步建立健全向全社会开放的中小企业服务体系，为中小企业获取政策、技术、人才信息和市场提供方便。

(三) 中小型企业信息化的劣势

1. 信息化成本较高

现阶段，我国 IT 厂商主要提供 PC 机、显示器、终端等产品。虽硬件设备的费用较之前有了很大的降低，但是能够提供给企业从售前咨询，到提供易实施、模组化的方案，再到方案的实施，直至售后的运营维护，能提供一条龙服务的 IT 厂商少之又少。而这些才是信息化实施的关键所在，这样一个过程，被迫分拆开来，中间所造成的费用成本也是相当大的一个数字。这是导致企业信息化成本高、建设周期长、后期维护与协调困难的重要原因。另外，软件功能的冗余往往也是造成项目投资浪费的一个重要原因。

2. 信息化规划不完全

信息化不仅仅只是结果，企业信息化更是过程，一个需要长期予以关注的企业重点项目，而这样一个关系企业未来发展的重点项目，有相当一部分企业忽视了信息化规划这样一个重要的步骤，以为企业信息化只要简单地找到软件供应商，配备相应的硬件设施，由信息化实施顾问全权实施即可，在这之前也只是做了针对软件提供商所提供软件的简单的调研，更有甚者干脆不调研便直接上线。这样做的结果会有两个：一是软件恰巧暂时符合了企业的发展需求，管理者误以为这就信息化成功了，然而，个中的隐患会在之后的企业发展中显现出来，而到时再来对信息化做新的调整，这期间所花费的时间精力暂且不提，花费的成本才是企业关注的重点；二是在上线不久之后就即刻显现出不适合，当下就可以对信息化策略做调整，这相比较而言可能造成的成本浪费较小，但对于企业来讲也会造成不小的冲击。所以，集合以上几点来看，企业信息化规划还是很有必要的。

3. ERP 个性发展局限

由于企业间的独特差异是软件工程人员难以全面理解的，因为计算机工程人员与企业管理者的思维并不相同。大部分企业管理者并不充分理解计算机工程的理念和流程，而作为项目实施方的软件、系统集成公司，同样很难全部理解客户商业思维的所有环节和其中的内在关系。人们希望借助 IT 来提升企业管理，但对于实施方而言，充分理解客户目前的管理尚有难度，就更不要说超越性的管理理念了。所以，目前大多数的项目都必须依靠中间人——咨询顾问来解决客户与技术人员的沟通问题。因为产品要通用，所以必须有很好的复用性；要有好的复用性，所以软件要模块化，这就需要把很多功能封装在一个模块中。所以，人们需要用其中任何一个功能，都必须购买整个模块。更为可怕的是：要保证这一功能的运行，就必须保证整个模块正常运行。为此，人们不得不花大力气去操作本来并不需要的工作，而逐渐将之认为是想当然的。于是，我们看到很多 ERP 项目实施后，人们的工作量不但没有减少，反而增加了，而整个企业的绩效却并不见提高。

（四）中小型企业信息化的对策

1. 重视管理的作用

具体来说，在管理方面首先要意识到，由非信息化管理到信息化管理的过程中，企业内部的各个层级结构、业务流程都将发生改变，自动化水平的提高，必然会使企业发展的步伐有所变化。例如一些环节被省略或者合并，一些职位需要增减或者变更，管理手段上更需要灵活地贴合新的信息化体系。最基本的一点体现在数据处理方面，在 IT、互联网应用进入到企业之后，信息的获取、数据的存储和处理方式都进入了高速模式，费时费力的传统模式显然不能适应快节奏的市场竞争，而现代的信息化手段不仅节约时间，相对于传统方式来说更加安全和精确。这些数据应用在绩效管理、客户信息、财务收支等方面，可以将公司的管理水平和业务进程推向更高的水平。同时也出现一些问题，很多中小企业在建设信息化机制过程中，没有专业的计算机人才进行规划统筹，或者只是引进了某一种软件来管理数据，这样的信息化只是浮在表面上，并不能真正渗透到整个运营当中，结果依旧不能切实帮助企业发展。如果工作人员对于新的技术不熟悉或者应用不正确，反而会为公司造成不必要的麻烦和损失。因此，企业决策者在采用信息化技术时，一定要把握整体大局，注意加强内部员工能力的提升并加强管理。在建设初期，可以参考一些在信息化方面做得很成功的企业，总结经验，在应用的过程中逐渐找到适合本公司企业文化和运营模式的形式和策略。

2. 引入专业复合型人才

企业需要创新型的专业人才，这里所谓的专业，指的并非学历或者证书，而是真正了解企业的需要，能够将原有的资源与新技术相结合的复合型人才。传统企业的管理者通常对自己行业的情况了如指掌，而对于如何搞好信息化，并不是所有人都有确定的方向和思路，因此选好帮手就显得尤为重要。这种复合型人才需要的是单科知识和多维知识的复合，网络知识和实战能力的复合，专业知识和市场开拓能力、资本运作能力的复合，企业管理能力和国际商务运作经验的复合，这对于一般的计算机和IT从业人员是很难做到的，因此人才缺失也成为影响中小企业信息化发展的重要因素之一。

3. 寻找优质的供应商

IT方案提供商如何在企业信息化这个问题上正确引导和帮助企业理顺内部管理和生产流程，使企业真正意识到信息化能带来怎样的好处，是企业实现信息化的一个前提条件。有一些IT方案提供商只是把自己产品的优势和功能摆在企业面前，单纯地去推荐自己的产品，以产品卖出为目的。他们看重的只是自身产品的市场占有率及同行业之间的竞争，而不是实实在在从企业利益的角度出发，真正帮助企业改进生产管理上的缺陷，使自己的产品能与企业的生产特点相符合，起到帮助企业提高生产效率的目的，这也给中小企业信息化埋下了失败的伏笔。所以IT方案提供商应该改变服务意识，真正做到以企业为中心，而不是以自身的产品为中心。IT方案提供商实际上对于中小企业信息化的实施具有指导与辅助的作用。一个好的IT方案提供商可以优化中小企业的工作流程，帮助他们更好地理解信息化的内涵与实施信息化战略。

参考文献

[1] 张聪慧，郭伟. 企业信息化投资价值与绩效关系的实证分析 [J]. 工业工程，2010，13 (6).

[2] 汪玉凯. 中国政府信息化与电子政务 [J]. 新视野，2002 (3).

[3] 吴隆礼，王顺昊. 浅谈中小企业的信息化管理 [J]. 企业导报，2012 (8).

[4] 林坤毅. 刍议企业信息化管理中存在的问题及对策 [J]. 消费导刊，2009 (8).

[5] 周磊，盖卫东. 论企业信息化管理的重要意义 [J]. 经济研究导刊，2010 (36).

[6] 安筱鹏，陈凌虎.国外企业信息化的进程及启示 [J]. 中国科技论坛，2002 (3).

[7] 同童. 物流的奥妙——UPS公司的运营模式 [J]. 世界博览，2005 (8).

[8] 黄敏，高明. 中美企业信息化对比分析研究 [M]. 大连：东北财经大学出版社，2004 (5).

[9] 佚名. 国外企业信息化呈现三大趋势 [J]. 数据通信，2006 (4).

[10] 李平. 造纸企业永不停息的信息化步伐 [J]. 中国制造业信息化，2006 (6).

[11] 饶芸. 关于企业信息化管理模式的探讨 [M]. 科技广场，2010.

[12] 汪星明.企业信息化管理 [J]. 新视野，2002 (2).

[13] 徐险峰. 论以信息化带动工业化 [M]. 成都：西南财经大学出版社，2006.

[14] 李哲峰，孙晖. 浅谈企业信息化管理的现状和对策 [J]. 东方企业文化，2012 (1).

[15] 陈小宁. 企业信息化管理变革的趋势与战略研究 [J]. 企业活力，2010 (5).

[16] 孙硕. 优化信息化管理机制促进政府能力建设 [J]. 中国行政管理，2013 (4).

[17] 张蕾. 企业项目管理概述 [J]. 中国管理信息化，2012，15 (8).

[18] 陈延寿. 论企业信息管理思想的发展 [J]. 企业技术开发，2006，25 (2).

第二章 企业信息化模式

第一节　阿里巴巴的 B2B 平台规模化模式

一、公司简介

（一）公司基本情况

阿里巴巴集团是全球电子商务的领先者，是中国最大的电子商务公司。自 1999 年成立以来，阿里巴巴集团茁壮成长，截至 2008 年上半年已拥有多家子公司：

（1）阿里巴巴 B2B 公司（www.alibaba.com）——阿里巴巴集团的旗舰公司，是国内领先的 B2B 电子商务公司，服务于中国和全球的中小企业。

（2）淘宝网（www.taobao.com）——亚洲领先的个人网络购物市场。

（3）支付宝（www.alipay.com）——中国领先的在线支付服务。

（4）阿里软件（www.alisoft.com）——服务于中国中小企业的以互联网为平台的商务管理软件公司。

（5）中国雅虎（cn.yahoo.com）——国内领先的搜索引擎和社区。

（6）阿里妈妈（www.alimama.com）——中国领先的网上广告交易平台。

（7）口碑网（www.koubei.com）——中国最大的生活搜索平台。

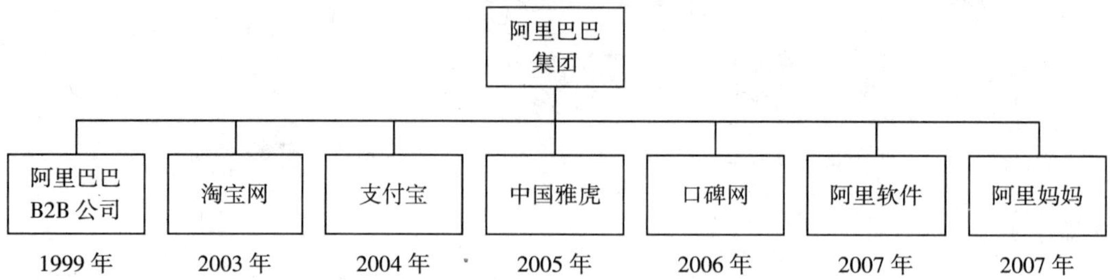

图 2-1　阿里巴巴集团子公司

2008年6月，中国雅虎和口碑网整合，成立雅虎口碑公司，正式进军生活服务领域。它以全网搜索为基础，为生活服务消费者打造出一个海量、方便、可信的生活服务平台——雅虎口碑网。

阿里巴巴B2B公司是阿里巴巴集团的旗舰公司，是全球电子商务的领先者和中国最大的电子商务企业，其电子商务业务主要集中于B2B的信息流，是电子商务服务的平台服务提供商。阿里巴巴B2B着力于营造电子商务信任文化，其独具中国特色的B2B电子商务模式为中小企业创造了崭新的发展空间，在互联网上建立了一个诚信的商业体系。公司的总部位于中国杭州，在中国超过30个城市设有销售中心，并在中国香港、瑞士、美国、日本等设有办事处或分公司。

（二）B2B公司业务里程碑

1999年，阿里巴巴集团成立。

2000年10月，推出“中国供应商”服务以促进中国卖家出口贸易。

2001年8月，为国际卖家推出国际站“诚信通”会员服务。

2002年3月，为从事中国国内贸易的卖家和买家推出中国站“诚信通”服务。

2003年11月，推出通信软件“贸易通”，让买方和卖方通过网络进行实时沟通交流。

2007年3月，中国交易市场推出客户品牌推广展位服务。

2007年9月，在三个主要地区推出阿里软件外贸版，在中国交易市场推出黄金展位服务。

2007年10月，与中国建设银行及中国工商银行合作为中小企业提供商业贷款。

2007年11月，阿里巴巴成功于港交所主板上市。

2008年4月，中国交易市场推出“Winport旺铺”服务，其企业营销分析平台不仅可以分析企业网站的浏览量，还能进一步分析访客的来源、访问比率以及对访客浏览企业产品习性、使用搜索关键字习性等做深入的分析。

2008 年 8 月，中国交易市场推出“出口到中国”服务，帮助国外中小企业将商品出口到中国。

2008 年 11 月，国际交易市场推出新一代出口产品——“出口通”。

2009 年 2 月，推出“春蕾计划”，全面升级服务，更有效地帮助内贸企业获取商机。

2009 年 2 月 14 日，阿里巴巴旗下公司阿里妈妈成功与返还网合作。

2010 年 7 月，阿里巴巴集团宣布将现有子公司的业务升级为阿里国际业务、阿里小企业业务、淘宝网、天猫、聚划算、一淘和阿里云七个事业群。

2010 年 12 月，成功收购汇通快递，阿里巴巴进入物流行业。

2011 年 6 月，阿里巴巴集团将淘宝网分拆为三个独立的公司：淘宝网、淘宝商城和一淘，以便更精准和有效地服务客户。

2012 年 1 月，淘宝商城宣布改名为天猫，加强其平台的定位。

2012 年 3 月 29 日，阿里云新一代手机工程机对外曝光，该款手机除了采用 4.3 屏幕、双核 CPU 外，并在应用里嵌入云市场，增加手机与电商的紧密度。

2012 年 5 月 21 日，阿里巴巴与雅虎就股权回购一事签署最终协议，阿里巴巴用 71 亿美元回购 20%股权。

2012 年 6 月 20 日，阿里巴巴退出港股市场，正式实现私有化。

2012 年 8 月，阿里资本投资 4000 万美元于陌陌，B 轮融资估值 2 亿美元。

2012 年 9 月 18 日，阿里巴巴集团宣布，雅虎 76 亿美元的股份回购计划全部完成。这也标志着阿里巴巴集团在过去 12 个月中总额超过 120 亿美元的并购和融资宣告成功。

2013 年 1 月 10 日，阿里巴巴宣布了一项重大的结构调整计划：除支付宝、阿里金融、阿里云等业务外，整个阿里巴巴集团被拆分为 25 个事业部。

2013 年 3 月 11 日，阿里巴巴集团董事局宣布，任命陆兆禧为阿里巴巴集团 CEO，于 2013 年 5 月 10 日生效。届时，现阿里巴巴集团董事局主席兼 CEO 马云将辞去 CEO 职位，专任董事局主席。

2013 年 4 月 29 日，阿里巴巴通过其全资子公司阿里巴巴（中国），以 5.86 亿美元购入新浪微博公司发行的优先股和普通股，占新浪微博公司全稀释摊薄后总股份的约 18%。中国最大的电商平台与最大的社交平台正式宣布“联姻”。

2013 年 6 月 13 日，阿里巴巴集团正式推出“余额宝”业务，将其金融版图从信贷、支付扩展到理财。

二、阿里巴巴的平台战略

在市场经济成熟的美国，各行业前三大公司掌握着绝大多数的市场和资源，基本上所有的电子商务都是为这些大公司服务的。但中国99%的企业都是中小企业，市场经济环境与美国迥然不同，这决定了中国要发展电子商务就只能为中小企业服务，它不应该是美国电子商务的B2B（Business To Business）概念，而应是商人对商人（Businessman To Businessman）的模式。通过互联网建立商务网站，可以帮助中国企业出口，也可以帮助国外企业进入中国。另外，中小企业和民营经济是推动中国经济高速发展的重要力量，中小企业使用电子商务是一种趋势。因此，1999年，阿里巴巴正式创立，其使命是“让天下没有难做的生意”。

阿里巴巴的电子商务业务主要集中于B2B的信息流，是电子商务信息服务的提供商。阿里巴巴实行会员制度，主要开展“诚信通”会员和“中国供应商”会员有偿服务。会员企业可以通过网站阅读行业新闻，了解行业市场动态，及时掌握供求状况，查询和发布供求信息。会员采购商和供应商通过阿里巴巴网站进行自由供需对接，达成企业间的合作与贸易。阿里巴巴作为平台提供者，不介入会员企业间的交易行为。

阿里巴巴的国外、阿里巴巴的国内、一淘、淘宝、天猫、聚划算、云计算七家公司被称为阿里巴巴内部的“七剑”，“七剑下天山”，建立平台经济，为所有的小企业提供建立一个机会的平台。

（一）天猫的平台化战略

对于天猫来说，2012年和2013年的“双11”大战奠定了一个事实：天猫的平台战略，已经与从自营起家的京东、苏宁易购、当当等拉开差距，天猫要从单纯销售平台，上升为消费者连接平台，帮商家打造品牌，强化和消费者的连接。天猫接下来的核心工作是：帮助商家强化与消费者的连接。对于商家价值来讲，天猫定位将从一个单纯的“sales platform”销售平台，上升为一个“consumer connection platform”的消费者连接平台。

1. 关于C2B：预售模式将融入天猫购物路径中

基于整个阿里巴巴集团对于电子商务产业的判断，电子商务不仅是B2C、C2C，最终是C2B，是消费者导向的供给。阿里巴巴目前已经有了预售频道，所以预售的业务是指希望单店进行产品销售，越来越多融入到这个模式。目前只是一个频道，但是未来会融通在整个天猫的购物路径中。天猫不想只是做聚合页面，放几样所谓的预售的东西。更希望的是：第一，给广大的商家提供所谓预售的工具，让每个店铺都能够预售；第二，这个工具只是一个产品的应用，最重要的是后面的商业规则。这些商业规则里面，反映了 C2B 的特点，让商家真正能够把新产品做到以销定产，同时加入部分个性化元素。所谓的 DIY，就是把属性放细，让消费者对属性进行选择。这个是作为第一个价值点做的事情，简单地开店也需要变化，消费者需要什么，商家可以用天猫的工具有目的地给消费者提供其所需要的产品。

2. 关于供应链：帮助商家建立全链路供货分销体系

利用供货分销体系来帮助商家，特别是品牌商或者大渠道商建立一个有规划的、天猫内的紧授权、全链路的供货分销体系，在供货分销体系给商家提供两个价值。

第一个价值是分销商招募，因为天猫乃至淘宝有很多的中小卖家，他们有非常好的电子商务网络运营能力，却未必有好商品。这里面具备这些所谓很草根但非常知道互动怎么做的卖家，他们能够成为一个好的分销商。所以，这样的体系的建立可以提供更多的数据支持和筛选。

第二个价值最重要，是基于天猫的平台，为所有上游供货商或者品牌商，提供一个管理分销渠道的数据工具。在供货分销体系下，店铺的数据如果要做上游的下线，当然有义务把经营上游产品的结果分享给上游供货商或者品牌商，不然就不要进入这个体系。进入体系就要授权天猫作为第三方平台来提供一个第三方认证的结果，并给到上游供货商。这个结果不仅仅是销量，更多的是过程指标，最终走到 CRM 的数据，则分销商的店铺积累的数据也应该是上游品牌商的数据，这样的话，真正形成了“1+N+N”的网络经销体系。

这个体系会从天猫延伸到淘宝，即在天猫内部建立一个有序的、有真正的货品规划和营销规划的紧授权链路的体系，加上配套的一个仓储物流体系，建立一个网络的供货分销体系，形成百花齐放局面。

3. 关于消费者互动：培育商家和消费者互动的整合营销土壤

作为消费者连接平台的核心，在第三点上要反映的是连接（Connection），而 Connection 的核心是互动。C2B 是一种互动形式，天猫是一个品牌导向的市场，在这里面，品牌传播和最终品牌的商品销售可以连接起来。很多品类都是以情感来营销的，是驱动人的情感需求。天猫可以把这两件事情联系起来，形成一个整合的营销方案。天猫希望能够和商家一起探索不一样的道路，追求更长的发展以及品牌共同的成长。

4. 关于无线和 O2O：探索无线化天猫，打通线上线下

怎样真正地把线上和线下打通？这里面的核心是融合，而融合关键节点是无线，因

为无线可以把有形和无形结合在一起。目前，天猫在探索做一个无线化的天猫，而不是天猫的无线化。天猫的无线化只是把天猫上 PC 购物体验搬到手机上，或者搬到平板上，但更大目标是真正能够利用手机和平板，将用户和商家一起来建立完全新的用户路径，这个用户路径应该是不分屏幕上和线下的，应该是融汇在一起的。

5. 关于商家后台 IT 能力：聚石塔服务

聚石塔是开放的电商云工作平台，其价值在于汇聚了整个阿里系的各方资源优势，实现"云+SAAS 模式"的打通，通过资源共享与数据互通创造无限的商业价值。

聚石塔服务使得卖家买卖更安全。首先，卖家在淘宝或者天猫交易的全过程数据都在天猫的数据环境中，保障买家交易数据和卖家的业务数据在阿里安全的网络环境里，让系统不再受黑客的攻击，同时利用子账号平台，让卖家的员工能在权限和角色对等的情况中做到真正的各司其职，保障人员的数据安全。其次，使得商家管理更简单，让 IT 不再成为后端管理的瓶颈，多系统集成更方便，以解决卖家多系统切换和数据不通导致的烦琐的操作流程和问题，同时大促 IT 资源支持弹性伸缩，保障大流量时的系统质量，保证数据的及时和完整性，保证后台的处理速度及稳定性，让大促时的订单能以最快的速度处理，让卖家的每一个客户都能准确地收到货物。最后，使得商家服务更安全，后端 IT 瓶颈解决后，卖家将有更多的资源投入到前端的服务和营销上，对于客户的服务会更加专注，同时利用后端资源的打通，客户的相关喜好和行为数据能更好地为营销所用，营销系统以及进销存系统产生的数据又能让客户管理提供更多理据，数据环环相扣，良性利用，让买家享受到更好的服务和体验。

（二）"菜鸟网络"平台战略

2013 年 5 月 30 日，阿里巴巴集团、银泰集团联合复星集团、富春控股、中国邮政集团、中国邮政 EMS、顺丰集团、天天、"三通一达"（申通、圆通、中通、韵达）、宅急送、汇通，以及相关金融机构共同宣布，"中国智能物流骨干网"项目正式启动，合作各方共同组建的"菜鸟网络科技有限公司"（以下简称"菜鸟网络"）在深圳正式成立。

菜鸟网络计划首期投资 1000 亿元，希望在 5~8 年的时间，努力打造遍布全国的开放式、社会化物流基础设施，建立一张能支撑日均 300 亿元（年度约 10 万亿元）网络零售额的智能骨干网络。

利用先进的互联网技术，建立开放、透明、共享的数据应用平台，为电子商务企业、物流公司、仓储企业、第三方物流服务商、供应链服务商等各类企业提供优质服务，支持物流行业向高附加值领域发展和升级，最终促使建立社会化资源高效协同机制，提升中国社会化物流服务品质，打造中国未来商业基础设施。

我国物流行业95%以上处于第一或第二层业态，即处于美国20世纪70年代的水平，从事的是物流最为基础的环节，竞争充分的同时，受到多种压榨，利润微薄，经营惨淡，而唯一舒服的快递行业也可能被挤压。尽管当前已有“营改增”这个促进国内物流业向第三、第四层进化的催化剂，但这种催化还远远不够。相比较京东的开放平台，“菜鸟”平台才是真正的社会化大物流平台。“菜鸟网络”首先通过在全国几百个城市以“自建+合作”的方式建设物理层面的仓储物流中心即地网CSN，然后利用物联网、云计算等技术，建立基于这些仓储设施的数据应用平台，并共享给电子商务企业、物流公司、仓储企业、第三方物流服务商以及供应链服务商即天网。“菜鸟网络”真正做到了物流、资金流和信息流全面向第三方开放，没有自营商品更没有自建物流，真正社会化。我们解读“菜鸟”的思想架构，认为其开放平台最伟大。我们认为，“菜鸟网络”的开放平台是要构建下一代商业模式、消费模式、生活模式。“天网”主要是商业网络，圈住所有的B2B、B2C客户，减少商业链条，实现供应商和消费者无缝融合；“地网”主要是打造线下的物流网络/供应链网络，依靠社会化分工，提供标准、仓储、干线运输等社会资源可自由接入的平台，将商户圈住，从而抓住用户。大数据平台是“天地合一”核心平台，这不仅是互联网思维向传统行业渗透的另一个尝试，也是阿里的数据金矿价值的持续释放方式，其思想远超京东、苏宁、易迅自建网络。

“菜鸟网络” 将催化、加速物流一体化融合发展趋势。“菜鸟网络”构建的是一个前所未有的开放大平台，这也符合马云一贯的“平台化”思路，在“菜鸟网络”这个平台上，业务模式不再是阿里巴巴简单的B2B，也不再是天猫简单的B2C，而是“B2B2C”的大融合，参与各方将实现信息共享和资源共享，而物流基础环节将延伸至采购管理、订单管理、库存管理、商品管理等供应链管理的各个环节，立刻跃升到供应链管理，并且是世界级水平的供应链管理，因而我们认为“菜鸟网络”的推进将催化、加速物流一体化的大融合。

三、阿里巴巴的金融战略

阿里巴巴的战略不仅在平台方面得到了很好的延伸，其在金融方面的版图慢慢从支付、信贷扩展到理财，阿里巴巴在金融方面的渗透会越来越深入。

（一）安全的电子支付工具——“支付宝”

支付宝（Alipay）最初作为淘宝网公司为了解决网络交易安全所设的一个功能，该功能为首先使用的“第三方担保交易模式”，由买家将货款打到支付宝账户，由支付宝向卖家通知发货，买家收到商品确认后指令支付宝将货款放于卖家，至此完成一笔网络交易。

为解决电子商务支付环节的安全问题，2003 年 10 月，阿里巴巴首先在淘宝网推出了独立的第三方支付平台——“支付宝”，正式进军电子支付领域。

“支付宝”的运作流程是：买家在确定购物后，先将货款汇到支付宝，支付宝确认收款后通知卖家发货，买家收货并确认满意后，支付宝汇款给卖家完成交易。买卖双方通过支付宝进行交易不收取任何费用，在交易过程中，支付宝作为诚信、中立的第三方机构，起到了保障货款安全及维护买卖双方利益的作用。

2005 年 2 月，支付宝又推出了“全额赔付”制度，对于使用支付宝而受骗遭受损失的用户，支付宝将全部赔偿其损失。支付宝又将全额赔付制扩展至阿里巴巴，以及所有采用支付宝支付工具的电子商务公司。主动全额赔付以保障用户利益，在国内电子商务网站尚属首例。这一制度一方面显示了阿里巴巴解决电子商务支付问题的决心，也表现出对“支付宝”产品的绝对信心。

支付宝是运用互联网开放、分享、平等、自由的技术和理念，让金融数据可以自由安全流转，并为全球中小企业和消费者服务的一个系统。

（二）阿里信用贷款

阿里贷款是阿里巴巴金融面向小微企业的融资服务品牌之一，阿里信用贷款是“阿里贷款”品牌下推出的针对微小、小型企业的一款无须任何抵押、无须任何担保的纯信用贷款产品，主要针对阿里巴巴 B2B 平台上的小微企业。阿里巴巴旗下的阿里巴巴金融，依托于阿里巴巴网站 10 多年庞大的电子商务数据库建立了一套贷款风险控制机制，包括贷前风险评估、贷中风险监控预警和贷后风险处理等标准流程。阿里贷款的全套产品和流程，其理论基础是将小企业的电子商务经营数据映射为传统经营业态的折算公式和动态图景，帮助银行解决小企业信息不透明等障碍，帮助小企业解决融资难等问题。目前主打产品为：阿里信用贷款。放贷依据为会员在阿里巴巴平台上的网络数据，贷前调查团队通过视频调查得出的企业财务、非财务评价，以及外包实地走访信息。

从贷款申请、贷款审查、贷款发放到贷款回收，全部采取网络线上模式操作，将电子商务行为数据更深入地应用到企业融资中。审核速度快，适合小企业。

表 2–1 阿里信用贷款

贷款额度	5 万~100 万元
贷款期限	12 个月
贷款利率/计息方式	固定贷部分：按月等额本息还款，贷款 10 万元用 1 年到期结清，实收利息约 10016 元 循环贷部分：按日计息，随借随还，额度循环使用，日利率 6‰

阿里信用贷款的申请条件：

（1）阿里巴巴中国站会员或中国供应商会员，具有一定的操作记录（获贷时需是诚信通或中国供应商会员）。

（2）申请人为企业法定代表人或个体工商户负责人，年龄在 18~65 周岁，且是大陆居民。

（3）工商注册地在浙江省、上海市、江苏省，且注册时间满 2 年。

（4）近 12 个月总销售额不小于 150 万元。

（三）理财新产品：余额宝

图 2–2 理财新产品："余额宝"

2013 年 6 月 13 日，阿里巴巴集团正式推出"余额宝"业务，将其金融版图从信贷、支付扩展到理财。据支付宝发布的数据显示，截至 2013 年 7 月 1 日，仅仅 18 天时间，"余额宝"中货币基金用户人数超过 250 万人，吸资规模达 66 亿元，"余额宝"一跃成为国内用户最多的货币基金。"余额宝"是阿里巴巴提出"平台、金融、数据"战略后迈出的重要一步。

余额宝的"利息"是用户通过购买货币基金产生的投资收益，其运作流程为：在基金公司将其基金直销系统内置到支付宝网站中，用户将资金转入余额宝的过程中，支付宝和基金公司通过系统的对接，为用户提供基金开户、基金购买等一站式服务，用户选择使用余额宝内的资金购物支付，相当于赎回货币基金。整个流程简单快捷、易于操作。与余额宝进行首期合作的基金公司是天弘基金。

除了支付宝、阿里信用贷款以及余额宝之外，阿里巴巴的金融业务还不断向担保、基金和保险等方向发展，其触角或还会伸向更多的金融行业。

（四）合作共赢构建电子商务生态圈

全球范围内的企业间竞争，不仅表现为以争技术、争资金、争市场为主要内容的个别竞争，而且表现为争夺合作伙伴、共谋发展的结盟竞争。结盟竞争指的是有关企业从合作发展的基点出发，以互利互惠为原则，通过签订结盟协议而建立起来的合作伙伴关系。结盟的目的在于扩充实力，增强生存能力。结盟竞争是有别于个别竞争的另一种竞争策略和方式。电子商务作为一种具有革新性力量的销售业态，更需要在其生态系统的培育和维护上投入更多的时间、精力和成本。阿里巴巴在这方面也可谓是不遗余力。阿里巴巴的成功在于发挥自身优势并与众多企业合作共赢，构建电子商务生态圈。正如马云所说，阿里巴巴集团将协同最广泛的合作伙伴，共同构建和完善电子商务的基础设施，共同培育一个开放、协同、繁荣的电子商务生态系统。

交易诚信和安全支付是保证电子商务顺利发展的关键因素之一。自从 2003 年推出“支付宝”以来，阿里巴巴已经与包括国内工商银行、农业银行、建设银行、招商银行、广东发展银行、民生银行、中信银行、兴业银行、交通银行、光大银行和上海浦发银行等各大商业银行以及中国邮政、VISA 国际组织等各大机构建立了深入的战略合作。这些行为，一方面使得支付宝的使用范围更加广泛，另一方面也促进了中国网上银行业务的新发展。此外，为了让更广范围的企业放心使用支付宝，并提升支付宝的市场覆盖率和影响力，2005 年，支付宝公司与国内六大知名互联网渠道商签署了合约，共同进行支付宝的电子商务安全解决方案的全面推广。

为了推动物流服务，2006 年 11 月，阿里巴巴与中国邮政达成合作意向，推出新产品“e 邮宝”，EMS 成为最大的支付宝推荐物流服务提供商。为了让客户更方便地进行网上交易，2007 年 4 月，阿里巴巴与微软在软件领域展开战略合作，通过阿里巴巴平台向中小企业用户提供“按需付费”的在线企业管理软件服务。之后，阿里巴巴又与方正科技建立战略合作伙伴关系，共同推广搭载“电子商务即时通软件阿里旺旺”和“中小企业版电子商务软件”系列机型。为了推动电子商务的健康发展，阿里巴巴的合作触角还伸向了学校。2008 年，联合全国众多高等院校共同发起“明日网商孵化计划”，向在校大学生推行电子商务应用常识，造就了兼具“商务”和“技术”才能的复合型电子商务人才。一系列的“合纵连横”，不仅使得阿里巴巴旗下的不同业务获得了长足的发展，同时也让更多的合作伙伴进入到电子商务生态链条。

四、阿里巴巴的数据战略

2005 年，阿里巴巴开发出主要供内部运营人员使用的数据产品——淘数据，阿里巴巴由此进入了数据化运营阶段。此时，阿里巴巴在大数据方面关注的重点是怎么利用平台上海量的消费者和商家数据来改进自身经营，大数据仅仅局限于内部。2009 年，阿里巴巴的大数据应用开始走向外部，让淘宝商户分享。2011 年，阿里巴巴开发数据魔方，通过淘宝数据魔方平台，商家可以直接获取行业宏观情况、自己品牌的市场状况、消费者在自己网站上的行为等情况。2011 年 4 月，“页面点击”诞生，它可以监控每个页面上每个位置的用户浏览点击情况。紧接着，天猫携手阿里云、万网宣布联合推出聚石塔平台，为天猫、淘宝平台上的电商及电商服务商等提供数据云服务。

阿里巴巴由此从数据化运营向运营数据方向发展，那么如何让大数据更好用？阿里巴巴是如何实现这种转变？阿里巴巴从以下六个地方入手：确保数据安全（保护商家和个人的隐私）、保证数据的质量（去除虚假数据）、实现各个部门数据标准的统一（如转化率）、让原始数据变得更精细化（更符合商家的应用情景）、获得外部数据（如并购新浪微博，和其他平台合作、购买数据信息等）、建立数据委员会。具体做法如下：

1. 去除源头污染，净化数据质量

自阿里巴巴数据委员会建立以来，数据质量就成了部门的核心工作，阿里巴巴认为数据质量是大数据的命门，如果将大数据比作水流，来自任何支流的数据，如果质量有问题，都会使整个数据有问题。由于淘宝等平台上的数据往往良莠不齐，不少数据虚假，带来很大的噪声干扰。“有时，在淘宝平台上，对于一个人，我们会看到两个手机，一个 iPad，三张信用卡，五个淘宝账号，收集数据时，以为是多个人，但实际上就是一个人。但如果依照这个数据，商家可能就将红包给了一个不活跃的账户。”为此，阿里巴巴试图剔除虚假的数据，让收集的数据能反映真实的消费情景。比如上面的案例，就要鉴定所有这些账户、信用卡等是否为同一个人所有。再如，阿里巴巴经常要做产品界面测试，有时临时修改界面，如果多出一个按钮，就会带来大量误点击操作，数据收集时，就会得到很多失真的用户行为数据。阿里巴巴的数据人员目前的工作就是要将这些失真的数据剔除，或者将数据还原到真实的场景。

2. 打破分割，统一数据标准

统一数据标准，就是让净化后的数据流得以汇集。阿里巴巴下属各个部门业务重点不同，对数据的理解不同，因此数据标准往往各不相同，比如转化率。要将这些数据汇集成大数据之海，必须统一标准，这也是阿里巴巴数据委员会目前重点推行的项目。

3. 精选+加工——让数据精细化

“目前，我们需要的用户数据，平台还给不了。”阿里平台上的一个企业如是说。很多企业希望阿里巴巴能将用户属性的标签分得更细（不仅仅按男、女用户，还进一步按不同消费特点、收入细分）。小也化妆品创始人肖尚略认为，“平台数据的细分是基础，细分好，企业才能用好”。数据就像炒菜的食材，不同细致程度的食材炒出的菜，口味不一样。

如何让数据精细化？阿里巴巴根据各个商家的应用场景，将原始数据打上更细致、对商家更有参考价值的标签。以淘宝平台为例，一方面收集用户信息时，专注对商家更实用的内容，比如对于大学生用户，除了搜集他们的地址信息外，还通过其他渠道搜集其房租的租金，从而了解对方的消费水平，然后将这些数据提供给相应的商家；另一方面根据商家的应用情景，对数据材料做初加工。“例如，如果我们筛出一个人是否戴眼镜，戴多少度的数据，就对卖眼镜的商家起到了很大作用。”再如，如果一个人去母婴超市买东西，不一定能证明他有孩子，但如果这个人是女性、年纪又合适，这个人有孩子的可能性就很大。不断加入的其他证明信息，会让这个消费者的数据变得越来越精细化。

在数据精细化思路下，2011 年底，阿里巴巴的支付宝平台开发黄金等产品，阿里巴巴团队处理了 1 亿多活跃的消费者数据后，拿出 500 个变量，试图用它们来描述消费者，最终让企业能够随时调用变量，获得用户信息，比如某一类包含使用信用卡数量和手机型号等具体信息的客户数目。2013 年，天猫开始研发适用于天猫商家的 CRM 系统，通过对会员标签化，让商户了解店铺会员在天猫平台的所有购物行为特点。

4. 海纳百川，纳入更多外部数据

在阿里巴巴平台上，大多时候收集的是顾客的显性需求数据，如购买的商品和浏览等数据，但顾客在购买之前，可能会通过微博、论坛、导购网站等流露出隐性需求。仅仅做好自己的大数据是不够的，还要纳入更多外部数据。

2011 年以前，阿里曾尝试通过收购掌握中国互联网的底层数据。2013 年 4 月，阿里巴巴收购新浪微博 18%的股权，获得了新浪微博几亿用户的数据足迹。2013 年 5 月，阿里巴巴收购高德软件 28%的股份，分享高德的地理位置、交通信息数据以及用户数据。而其他并购，包括对墨迹天气、友盟、美团、虾米、快的、UC 浏览器，都不离数据。通过这些并购，阿里在试图拼出一份囊括互联网与移动互联网，涵盖用户生活方方面面的全景数据图。

5. 加强数据安全的管理

很多淘宝卖家希望阿里巴巴能加大数据开放的步伐，对于阿里平台来说，这并不是一件容易的事情，因为这关乎商家和消费者的隐私。商家不希望竞争对手获得自己的机密信息，消费者也不希望被更多干扰。阿里内部专门成立了一个小组，来判断数据的公开与否，把握“谁应该看什么，谁不应该看什么，谁看什么的时候只能看什么”。

6. 组织体系支持——建立数据委员会

阿里巴巴的数据来自各个部门，无论是数据材料的质量、精细化的保证，还是数据安全，都不是单个部门能完成的，需要全局性安排，迫切需要一个上层组织结构。但是成立什么样的组织机构合适？在阿里巴巴看来，数据的工作实际上主要还是由各个部门负责，毕竟它们把控着源头，另成立一个凌驾于各部门之上的中央数据管理机构，容易让各个部门把责任直接推卸给新机构。2013 年，阿里巴巴成立了虚拟组织——数据委员会，委员会包括底层数据负责人、支付宝商业智能负责人、无线商业智能负责人和一名数据科学家，数据委员会更多地以协调会的形式，来指导、协调各个部门形成合力，实现从大数据运营到运营大数据的转变。

五、案例点评

电子商务活动包括四流，即信息流、商流、资金流、物流。阿里巴巴结合实际摸索出一套独一无二的模式，将电子商务活动在这四个方面发挥得淋漓尽致，成功地闯出了一条属于自己的电子商务道路。

第一，抓住信息流，打出品牌知名度。信息流是传递商品的信息。传统商业需要昂贵的店面，要占用大量资金，每年还会有巨额折旧。电子商务则是用电子信息代替实物信息，节省了巨额的信息传递成本。更为重要的是，通过互联网进行信息传递不受时间和空间的限制，可以在瞬间将某种商品的信息传到世界各地，最终促成用户之间达成交易。阿里巴巴灵活地把握住电子商务这个信息流优势，在短短几年内成为全球知名品牌，成功拥有全球 200 多万网络商人。阿里巴巴的电子商务业务主要集中于 B2B 的信息流，是电子商务信息服务的第三方平台提供商。诚信通会员和中国供应商会员可以通过网站阅读行业新闻，了解行业市场动态，及时掌握供求状况，查询和发布供求信息。会员采购商和供应商通过阿里巴巴网站进行自由对接，达成企业间的合作与贸易。阿里巴巴作为平台提供者不介入会员企业间的交易行为。为了适应经济全球化的需要，阿里巴巴网站分为中文、国际英文和日文网站，后来又增加淘宝网和支付宝网站共5个站点。阿里巴巴中文网站是阿里巴巴主要的信息服务平台及主要业务来源，网站将企业登录汇聚的信息整合分类成30个行业和8个信息栏目。网站根据中小企业不同需求，设立不同的分类服务标准，提供各种免费服务和不同级别的有偿服务。在服务方式上，阿里巴巴也非常细致。每一位会员发布的每一条信息，都有行业专职信息编辑对其进行加工和处理，以给会员提供高质量、高附加值的信息服务，减少垃圾信息和虚假信息。在百万会员的网站服务上，阿里巴巴越来越突出专业、细分的服务手段和方式，并推出了个性化的服务。

第二，在资金流方面，重点解决交易信用问题。互联网发展到今天，网上结算问题已有多种解决方案，交易双方没有必要再通过现金或支票等实物货币进行支付，但网络交易存在的最大问题是信用。阿里巴巴成功之处就是完善网上信用交易机制，推出诸如“支付宝”、“诚信通”等电子货币代替实物货币，不仅可以节省货币印制和流通费用，而且通过自身品牌的影响力使得交易更加安全可靠。

第三，网上交易，降低物流成本。互联网出现后，不仅信息流、商流、资金流基本可以在网上传递，就连一部分商品的物流也可以用互联网代替。阿里巴巴成功实现了网上交易、网下配送。阿里巴巴模式还有利于完善物流的路线和集散模式，使物流更合理，物流成本更低。

B2B成就了阿里巴巴，使其达到了规模化、效益化，并在综合B2B平台上占据寡头地位。阿里巴巴成功的经验告诉我们：满足目标顾客主体需要的商业模式就是好的商业模式。

1. 重视宣传，不断造势，提高公众的注意力，成为电子商务市场的领导者

公众的注意力是网站的最大资源，谁能吸引更多的关注，谁就能拥有更大的价值，吸引更多的投资。诺贝尔经济学奖获得者赫伯特·西蒙曾说过：随着互联网的发展，有价值的不再是信息，而是注意力。英特尔公司前总裁格罗夫认为整个世界将会展开“眼球”争夺战，谁能抓住更多的“眼球”（注意力），谁就能成为21世纪经济的主宰。但是注意力的拥有并不像传统的购买力资源那样易于保持，网站的任务不仅仅是吸引注意力，而且还需要把注意力保持住，也就是培育浏览者对网站的忠诚度。全球每4分钟便有一个新的网站诞生，如何在众多网站中脱颖而出，赢得网民的青睐变得至关重要。因此，成功的电子商务企业不仅要具有知名度（即注意力），同时还应该提高市场信誉度。

教师出身的马云非常明白这个道理。一方面通过各种媒体宣传企业的理念，让成功

的诚信通会员现身说法，每年举行网商大会，把国内外的网商联合起来；另一方面不断接受中央电视台等相关媒体的采访并到各地演讲，借助央视二套相关栏目赞助大学生创业大赛和一些公益性的节目。另外，通过福布斯评选，提升阿里巴巴的品牌价值和融资能力。

2. 低会员准入门槛，聚集网络人气

阿里巴巴的定位是为国内中小企业提供网上做生意服务的第三方交易平台。阿里巴巴的业务发展和实施计划包括三个阶段：免费阶段，通过前 3 年（1999~2002 年）的全面免费政策，积累信息资源和网站人气及访问量；收费阶段，从 2002 年 3 月 10 日开始，在免费政策积累资源的基础上推出收费会员服务，中国站的收费服务项目为“诚信通会员”；交易阶段，诚信通会员积累到了一定的数量之后，从 2005 年 1 月开始，针对诚信通会员之间的在线交易提供更深层次的服务，比如在线库存拍卖、交易结算服务等。

在起步阶段，网站放低会员准入门槛，以免费会员制吸引企业登录平台注册用户，从而汇聚商流，活跃市场，会员在浏览信息的同时也带来了源源不断的信息流并创造无限商机。阿里巴巴会员多数为中小企业，免费会员制是吸引中小企业的最主要因素。在市场竞争将日趋复杂激烈的情况下，中小企业当然不肯错过这个成本低廉的机遇，利用网上市场抓住企业商机。企业活跃于网上市场，反过来为阿里巴巴带来了各类供需，壮大了网上交易平台。

3. 突出诚信目标，努力打造信用体系平台

电子商务的特点，有许多方面不利于与消费者建立信任关系，比如网络的虚拟环境导致交易双方的信息不对称，其他消费者不良体验的影响等。要想克服这一阻碍 B2B 发展的“硬伤”，必须突出诚信目标，打造信用体系平台。阿里巴巴通过“诚信通”服务来建立阿里巴巴网上信用。阿里巴巴的“诚信通”服务是一个交互式网上信用管理体系，将建立信用与展示产品相结合，从传统的第三方资信认证、合作商的反馈和评价、企业在阿里巴巴的活动记录等多方面，记录并展现企业在电子商务中的实践和活动。

针对阿里巴巴的不同会员，采取不同的措施以推进诚信建立。对于阿里巴巴的免费会员，主要是采用事前和事后两种监督方法，由阿里巴巴信息编审部门、诚信社区和服务人员，对可疑信息进行盘查处理。对于诚信通会员，其信用情况主要通过企业身份认证、证书及荣誉、会员评价、经验值的几个方面体现。同时，通过诚信通指数把上述值量化，供浏览者参考。阿里巴巴不直接介入会员之间的贸易纠纷或者法律事务，通过提供评价体系以及社区的一套投诉和监督系统来约束所有诚信通会员的行为。针对“中国供应商”会员，阿里巴巴委托华夏国际企业信用咨询有限公司对“中国供应商”会员提供 A&V 信用认证。2005 年以前，公司委托邓白氏国际信息咨询有限公司为“中国供应

商”会员提供对国外企业的信用调查服务；2005 年改由奥美资讯提供。

4. 市场定位准确，构建符合国情的 B2B 服务模式，为客户提供全方位的服务

从概念上说，阿里巴巴只是一个 B2B 贸易平台，但它有其独创性，符合中国当前国情。1999 年初，当全球互联网所做的电子商务都在为全球顶尖的 15%大企业服务时，生长在私营环境中的马云，深知中小企业的困境，它们规模小，销售渠道窄，商品需求信息缺乏，急需开拓国际市场，但却无力负担昂贵的差旅费和广告费或在其他地方开设办事处的费用。阿里巴巴为了满足这一需求，“弃鲸鱼而抓虾米，放弃那 15%大企业，只做 85%中小企业的生意”，将自己的网站定位于“为全球的中小企业通过互联网寻求潜在贸易伙伴，并且彼此沟通和达成交易”，独创式地推出了主要面向中小企业提供 B2B 进出口信息服务的模式，旨在宣传推广这些企业的产品，为其形象和产品进行展示，使其降低成本，创造销售机会。

多年来，阿里巴巴始终坚持以“让天下没有难做的生意”为己任，秉承“从客户赚到的 100 元中分享 5 元才合理”、“只有客户的成功才是阿巴巴真正的成功”、“我们的目标是要做到比顾客更了解他们自己的需求”等企业理念，高度强调客户第一，关注客户的关注点，为客户提供建议和资讯，帮助客户成长，急客户所急、想客户所想。这种准确的目标定位，是阿里巴巴获得成功的关键。

通过对阿里巴巴电子商务的分析，可以说电子商务是一个朝阳行业，也是一个机会和变数共存的行业，企业要想在这样的环境下生存，最重要的就是要找到适合国情的商业模式，找到比顾客更了解顾客需求的商业模式。

阿里巴巴一系列的行动标志阿里巴巴将彻底打破电子商务平台游戏，围绕云计算、大数据、移动互联网等创新商业形态，正式开启从电子商务平台型企业转型为运营数据服务型企业的旅程。自阿里巴巴提出“平台、金融、数据”战略以来，阿里巴巴“动作频繁”，从淘宝分拆到入股新浪、高德，以及近期“菜鸟”工程和“余额宝”，无一不是围绕新战略在布局。作为国内互联网领域领军企业，阿里巴巴战略转型同样昭示了互联网产业发展的新特点。

首先，移动互联网等新兴流量入口成为互联网领域竞争焦点。一直以来，谁掌握了流量，谁就掌握了互联网的核心动力。随着移动互联网领域发展，以社交网络、地理信息、智能语音等为代表的新兴流量入口，成为未来互联网领域的竞争焦点。如阿里巴巴以 5.86 亿美元入股新浪微博，获取社交网络带来的新流量和更充分的数据交互，从而更精准、更好地提供服务；苹果公司舍弃谷歌地图，开发自有的苹果地图，以更好地利用用户位置、行程目的地、驾车和购物习惯等数据获取更多的商业价值；谷歌公司推出新一代语音搜索应用 Google Now，并在其安卓操作系统中将语音交互借口开放给所有的

应用开发者，意图将互联网领域流量入口的掌握延伸到移动互联网。

其次，跨界经营将成为互联网领域常态。随着互联网和移动互联网成为信息传播和信息沟通的基础工具，愈来愈多的互联网企业凭借积累的用户优势开始跨界经营。如阿里巴巴发展支付宝、“余额宝”业务涉及金融行业，实施“菜鸟工程”，大力发展物流信息服务；腾讯官方证实微信 5.0 将推出微信支付，实现线上线下支付对接，正式开展电子商务业务。但值得注意的是，尽管互联网企业相继实施跨界经营，获取额外收益，最主要的是进一步优化自身的服务，提高用户黏性，让体系内的生态更为健康。

数据正成为整个社会的重要资源，充分利用并挖掘数据价值，实现巨大社会、经济效益已成为全球共识。尤其在以用户规模制胜的互联网和移动互联网领域，大数据正成为企业业务持续创新的原动力。如阿里巴巴将实体类商品消费数据、服务类商品消费数据以及金融相关数据等所有数据进行整合，并相继推出了淘数据、数据魔方、卖家云图等一系列数据产品，为客户提供数据分享、数据交流、数据分析等服务。同时也正是大数据，使得阿里巴巴跨界金融、物流等行业成为可能。如阿里巴巴小微信贷业务就是通过积累的数据评价客户的信用，根据信用为客户提供贷款服务的。可见，当互联网上的用户代表了互联网市场时，用户数据分析决定了未来市场洞察，也决定了企业的核心竞争力。

参考文献

[1] 洪思成. 阿里巴巴何以领跑电子商务［J］. 企业改革与管理，2009（12）.

[2] 宋沛军. 阿里巴巴盈利模式——以阿里巴巴（HK.1688）为例剖析 B2B 电子商务公司盈利模式［J］. 电子商务，2009（10）.

[3] 沈青. 浙商电子商务企业商业模式创新研究——以阿里巴巴公司为例［J］. 江苏商论，2008（11）.

[4] 马小红. 基于价值链的第三方 B2B 平台发展战略研究——以阿里巴巴公司为例［D］. 中国地质大学硕士学位论文，2011.

[5] 曾广朴. 对我国电子商务发展的研究——以阿里巴巴网站为例［J］. 商场现代化，2008（24）.

[6] 中华人民共和国工业和信息化部，http：//www.miit.gov.cn/n11293472/n11293877/n11301602/n12222003/n12238789/12244609.htm.

[7] 商业评论网，http：//www.ebusinessreview.cn/articledetail-162293.html.

[8] 51 资金项目网，http：//cy.51zjxm.com/chuangyezixun/20130110/26534_3.html.

第二节　长安汽车自主创新型信息化模式

一、公司简介

长安汽车源自于1862年，是中国近代工业的先驱，隶属于中国兵器装备集团公司，位居中国汽车行业第一阵营。现有资产680亿元，员工近50000人。

公司总部位于重庆长江和嘉陵江两江汇合处，拥有重庆、北京、江苏、河北、浙江、江西6个基地，15个整车和发动机工厂，具备年产汽车200万辆，发动机200万台的能力。多年来，长安汽车一直位居全国工业企业500强、中国制造企业100强、中国上市公司20强，重庆市工业企业50强之首。

公司始终坚持“科技创新，关爱永恒”的核心价值，以“美誉天下，创造价值”为品牌理念，致力于用科技创新引领汽车文明，努力为客户提供令人惊喜和感动的产品和服务。经过多年发展，现已形成轿车、微车、客车、卡车、SUV、MPV等低中高档、宽系列、多品种的产品谱系，拥有排量从0.8L到2.5L的发动机平台。截至目前，已成功推出逸动、CX30、CX20、悦翔、奔奔、欧诺等一系列经典自主品牌车型，广受市场追捧和消费者的喜爱。2010 年，长安汽车自主品牌产量排名世界第 13 位、中国第 1 位。2011 年，品牌价值达到 305.15 亿元，位居中国最有价值品牌前 10 位。

公司坚持走“以我为主，自主创新”发展道路。已建立中国重庆、中国上海、中国北京、中国哈尔滨、中国景德镇、意大利都灵、日本横滨、英国诺丁汉、美国底特律“五国九地”的研发格局；制订了长安汽车产品开发流程（CA-PDS），获得了管理创新一等奖；拥有专业研发人员 6000 余人，高级专家 200 余人，外籍人才 300 余人，10 人入选国家“千人计划”。长安汽车研发实力排名中国汽车行业第一。

公司坚持以“绿色、科技、责任”为己任，大力发展新能源汽车。率先推出中国第一辆产业化的混合动力轿车，并成为国务院机关事务局唯一示范运行车。2009 年，长安纯电动汽车成功下线。2012 年，长安 E30 纯电动汽车成功实现中国电动车带电第一撞，并达到五星安全标准，树立了行业新标杆。长安汽车在新能源汽车的研发、产业化、示范运行方面，走在了全国前列。

公司先后与铃木、福特、马自达建立战略合作关系，成立长安铃木、长安福特马自达汽车、长安福特马自达发动机等中外合资企业，拥有蒙迪欧、福克斯、嘉年华、马自达、天语、雨燕、新奥拓等多款产品。

如今的长安在自主创新的道路上越走越顺畅，实力越来越强，取得了一系列令人信服的成果。2009 年和 2011 年，在国家发改委等五部委对 729 家国家认定企业技术中心的认定评价中，长安汽车的自主研发实力连续两次居中国汽车行业第一位。2011 年，国际汽车制造商协会（OICA）发布全球品牌汽车的销量排名，长安汽车以 168 万辆的自主品牌销量居全球第 13 位、中国第 1 位，连续八次成为中国汽车行业的第一自主品牌。2012 年 9 月，第 18 届“中国最具价值品牌”百强榜在英国揭晓，长安汽车品牌价值升至 346.3 亿元，居第 9 位。日前，国家发改委办公厅公布了 2013 年国家认定企业技术中心评价结果：长安汽车以 93.7 的高分，夺得汽车行业第 1 名。这是继 2009 年、2011 年长安汽车在此项评比中荣登汽车行业榜首后，连续第三次拔得行业头筹，远远领先于同为第一阵营的其他车企。同时，长安汽车也是唯一一家获得优秀评级的汽车企业。

长安汽车正以“引领汽车文明，造福人类生活”为使命，以“打造世界一流汽车企业”为愿景，高举自主大旗，勇担社会责任，坚定不移推进事业领先计划，努力向世界一流企业迈进。

二、长安汽车的信息化建设历程

长安汽车十分重视企业信息化建设工作，1995 年在国家科技部、中国兵器工业总公司和重庆市的支持下，列入国家 863/CIMS 应用示范工程，开始系统的企业信息建设，累计投资 6400 万元。初步建立了覆盖整个公司产品设计、生产、销售、财务、管理等关键业务流程的计算机网络系统，开发和实施了大量的计算机应用系统。

公司的信息化建设大致可以划分为三个阶段：

（一）第一阶段：计算机代替手工作业（1991~2000 年）

长安汽车在“八五”、“九五”期间进行了大量的信息化建设，1991 年财务部门开始实施电算化，企业逐渐进入信息化时代，1995 年被国家列入 863/CIMS（计算机集成制造系统）示范应用企业，1996 年制造部门开始实施 MRP 和 JIT，1999 年在销售部门完成库存、订单、发运的计算机系统运行。在这个时期，长安汽车建设了 38 个计算机系统，这 38 个应用系统，从单个系统来看，都是优秀的，对长安汽车的前期发展起到了很大的作用，但因整体规划不够明确，还是存在很多问题。

第一阶段信息化建设具有以下特征：没有考虑企业发展战略的需要，对信息系统建设缺乏整体规划，只要业务部门有需求，IT 部门就想办法满足，基本上是“头痛医头，脚痛医脚”的状态；没有对业务进行整体的梳理，基本上是计算机代替手工作业，难以适应业务改变和扩展的需要；提高了作业效率，为企业的发展起到了很大的作用；集成性差，各系统之间相对独立，异构平台很多，标准代码应用差，无法实现最大程度的信息共享和系统升级；安全性差，没有建立信息系统安全体系；物流、资金流、信息流无法统一，难以做到事前预测、事中控制、事后分析。

（二）第二阶段：信息系统高度集成（2000~2007 年）

2000 年是长安汽车信息化建设的一个分水岭。因为业务战略的转变，长安汽车此前建立的 38 个不同的信息系统开始无法满足新的需求。2000 年，长安汽车围绕兵装集团提出的“由求生存向求发展转变”战略部署，坚持走军民品同步发展的道路，制定了“3337”发展战略，力争把长安建设成为具有国际竞争力的大型企业集团。具体内容包括：

（1）在公司发展上实现“三步走”。规划纲要将公司的中长期发展过程划分为三个阶段：2002~2005 年为第一阶段，主要目的是“夯实基础”；2006~2010 年为第二阶段，主要目的是实现“规模百万化”；第三阶段是 2011~2020 年，主要目的是实现“百年长安国际化”的宏伟目标。

（2）重点建设“三大基地”。公司目前已形成三大重要的生产基地：重庆基地、南京基地和河北基地。三大基地的产品、发展规模和发展方向各不相同。三大基地遥相呼应、相互配合、相互支持，初步形成国际性大公司的战略框架。

（3）建立“三大平台”。为了支持公司的发展，需要建立三大平台：产品开发平台、生产制造平台和营销服务平台。对于制造企业而言，产品开发是龙头、生产制造是核心、营销服务是重点，紧紧抓住这三大平台的建设，将会为公司的持续发展提供可靠的保障。

（4）实现七个突破。为了实现“三步走”战略，需要实现七项突破：在战略联盟上突破、在人力资源开发上突破、在资本运营上突破、在供应商体系上突破、在产业链延伸上突破、在品牌经营上突破、在管理创新上突破。

2000 年，长安汽车围绕公司“3337”战略制定信息化的总体规划，提出 24 字方针：战略导向、总体规划、需求牵引、分步实施、效益驱动、重点突破。同年成立了“长安信息科技股份有限公司”（现在的亨格信息），助力长安汽车信息化建设。2001 年，长安汽车决定用两大集成的信息系统替换原有的所有系统，即 ERP 系统采用 ORACLE 公司的 11i 电子商务套件；PDM 系统采用 PTC 公司的 Winchell 系统。

长安汽车在 2001 年 12 月 5 日召开 ERP 项目启动大会，ERP 系统实施正式启动，拉开了长安汽车信息化建设新的帷幕。长安汽车第二阶段主要实施了以下系统：公司集成的网络、系统平台建设；ERP 制造系统（MRP、BOM、物流需求计划、车间、库存、采购、质量、成本）；ERP 销售系统（订单、库存、发运）；ERP 财务系统；DMS 销售（采购、库存、销售）；DMS 维修（维修服务管理、三包结算管理、质量信息采集、授权管理）；DMS 备件；销售辅助决策系统；客户关系管理及呼叫中心；供应商协同管理平台；物流管理系统；设备管理系统；人力资源系统；条码追踪系统；质量管理系统；PDM 系统；CMP 系统（协同管理平台）。信息化建设的重心放在改善和优化 OTD 和 PDS 两大主流程上。

2000~2007 年是长安集团信息化大规模建设阶段，这个阶段信息化建设具有以下特征：信息系统建设统一规划，基本建成以 ERP、PDM、CMP 为基础架构的信息系统，实现了信息系统平台的统一；信息系统基本覆盖了企业的核心业务环节（生产、销售、财务、采购、客户关系管理、售后、人力资源、质量、研发、办公），大规模平台建设告一段落；实现了物流、资金流和信息流的统一，信息系统高度集成的目标初步达到；初步贯彻了精益IT的原则，软硬件单一品牌，系统高度集成，安全策略集中统一部署，产生信息“孤岛”的行为得到控制。

（三）第三阶段：“管理+IT”阶段（2007年至今）

2006年，长安汽车成立管理信息部（撤销原信息中心），在原IT系统管理的基础上，增加管理创新、流程优化改进、信息安全保障等职能。长安汽车在新的市场竞争背景下，2007年提出“三行动一工程”，即亮剑行动、雷霆行动、超越行动、管理及人力资源提升工程，全面实施国际化提升战略，学习福特、马自达的管理体系，通过系统的管理对标和研究，形成了具有长安特色的“管理+IT”的信息化管理和建设新模式。

长安汽车在深入研究公司管理体系，收集公司各信息系统运行质量的基础上，实施了一批管理提升和系统优化项目，主要包括：主数据集中管理系统建设项目，改善工程变更带来的数据混乱；建设整车厂和经销商一体化的CRM系统，确保CDOS管理模式得以实现；建设共享的知识管理系统，降低人员流失对公司知识财富的损失；改善经销商订单预测系统、订单排产系统、产品目录系统、运输管理系统，建立OTD运行效率监控体系，提高OTD运行的效率；清理公司管理流程并优化，建设流程E化项目，改善和提高管理流程执行效率；建设公司骨干网络链路容余备份和数据级灾备系统，确保公司业务运行的连续性和应用系统的安全；建设系统性能监控系统，文档保护与数据安全管理系统，安全风险评估系统，并规范网上行为管理，形成了长安汽车信息系统和服务的安全体系；建设汽车产业链协同设计平台，汽车产业链协同电子商务平台，汽车后市场与汽车金融服务平台，支撑长安汽车汽车产业链纵深发展。

第三阶段信息化建设是长安汽车公司信息系统应用深入，融合管理创新、流程固化和E化的阶段。长安汽车新时期的信息化建设具有以下特征：主数据集中管理系统建设项目，改善工程变更带来的数据混乱；基本实现“管理诊断—找准问题—管理提升—IT实施”的“管理+IT”的信息化管理和建设模式。

长安汽车通过成立涵盖管理创新、流程改进、IT管理、安全体系建设业务的管理信息部，在学习、借鉴国内外先进公司的管理经验基础上，深入、全面的研究公司的管理体系，建立了较为完整的管理创新机制和激励机制，梳理公司业务管理流程，进行优化和固化，建设相应的IT信息系统进行流程E化支持业务流程的有效运作，并进行必要的效能监察，实现了“管理+IT”的融合创新模式。

三、长安汽车的主要信息系统

目前，长安汽车的信息化建设共分三大块：①以 PDM（产品数据管理）系统为主，包括长安汽车工程研究院实施的 CAD/CAE/CAPP 子系统和生产制造部门的 CAM 系统，已在长安汽车得到广泛应用。PDM 是对汽车开发流程的管理和产品数据的管理，其他的 CAD/CAE/CAPP/CAM 等子系统在其专门的领域发挥作用。各系统各司其职，之间按照层次关系进行无缝连接，协同工作。②以 ERP 系统为主，包括 DMS 系统、CRM 系统、MES 系统、SCM 系统等来规范和运行企业的管理流程，并有效地实现与销售商和供应商之间的协同。2001 年，长安汽车采用了全套的 Oracle 电子商务套件，替换已有的所有系统。③整个企业内部的协同管理平台（CMP 系统），这部分信息化建设是由脱胎于长安汽车信息部门的亨格信息来完成的。目前，集团和各个分公司的很多流程审批都是在这个系统内完成的，它很好地实现了企业内部的高度协同管理。

长安汽车的 ERP 系统涉及了计划管理、物料清单、采购、车间管理、库存管理等主要业务。长安汽车的 ERP 系统是以财务管理为核心的，其核心系统流程有三个：一是生产制造到成本流程，二是销售到收款流程，三是采购到付款流程。

通过建立 ERP 系统，长安汽车整合了各种资源，实现了信息流、物流、资金流“三流合一”，一方面提高了公司经营管理的整体效率；另一方面强化了管理手段，提高了管理水平，并最终降低成本，创造效益，公司面貌焕然一新。具体表现为：

（1）彻底改变了以前信息不能共享的局面，建立了财务、销售、制造三大子系统集成的统一管理平台。财务结算核算周期大大缩短，财务人员的职能更多地转向管理、分析，使财务管理真正做到事前预测、事中控制、事后分析，为决策提供可靠依据。同时，财务活动延伸到业务端，使财务可以通过系统追索到任一笔交易，进行业务活动的监控。这样就建立起了以财务管理为核心的管理模式。

（2）信息水平的提升也为物流管理与运作模式的不断完善奠定了基础。有信息系统的支撑，通过引入第三方物流，实施供应商管理库存（VMI），不仅优化了内部物流，提高了物流效率，降低了物流成本，而且改变了过去“厂家交货到工厂就是工厂物资”的结算方法，实现了工厂零库存的目标。

（3）ERP 和 DMS（分销管理）的结合，使公司全面掌握了销售渠道与零售管理，并能掌握每个最终用户资料，可以更合理地调配营销资源，有效降低库存。

（4）通过数据挖掘技术，建立了商业智能系统。每天公司老总一打开电脑，就能看到公司生产经营的主要技术指标（包括每天的损益表）。这些技术指标还可以根据公司设定的目标值进行报警，同时这些数据还可以层层向下查看，直到看到原始数据为止，使决策者能够及时掌握生产经营状况，从而做出正确决策。

总之，借助 ERP 系统，长安汽车的经营管理更加规范、透明，物流管理与运作效率和水平大幅提高，市场反应速度加快，企业竞争力增强，经济效益显著提升。

四、长安汽车信息化取得的初步效果

（一）经济社会效益

长安汽车通过持续的信息化建设，取得了巨大的经济社会效益，据 IDC 2003 年评估报告，长安公司信息化建设经济社会效益如下：

（1）2003 年，长安汽车因为实施 ERP 带来的直接经济效益 1.89 亿元，每年节省成本及提高产量的收益为 1.8 亿~2.1 亿元。

（2）项目的投资回收期为 4~5 个月。

（3）2003~2005 年三年的投资回报率为 664%。

（4）公司总体运行效率提高、质量控制得以改善、加快新产品上市周期。

（5）协助管理层做出更及时的、以财务数据为基础的决策。

（6）销售公司的市场部门有了更实时准确的库存和销售数据，从而保证了市场分析的及时性与准确性。

（二）为“百年长安、自主品牌”战略提供支撑

通过持续的信息化建设，长安汽车为设在中国重庆、中国上海、意大利、日本的产品研发中心提供产品研发手段支持，为产品协同设计提供研发环境，大幅缩短产品研发周期。

（三）打造强势供应链战略得到了稳步推进（略）

（四）促进业务模式的变革

（1）管理模式的变革——以财务管理为核心。以财务为核心的管理模式，支持公司的总体战略决策。财务人员的职能更多地由财务核算转向财务管理、分析。财务管理对业务活动真正起到了事前预测、事中控制、事后反馈的作用。财务活动延伸到业务端，使财务可通过系统追溯到任一笔交易，可以对业务活动进行监控。

（2）核算方式的变革——以标准成本替代实际成本。由实际成本的存货计价方式，改成标准成本的存货计价方式，以量管理现场作业，以价评估整体作业绩效。制造、销售业务端管量，财务管价，有效地区分管理责任，提升了管理水平。设定了采购价格差异、盘存差异、生产量差、实际与暂估的差异、成本更新的差异等多种差异，通过有效控制产生的差异，实现目标管理。

（3）结算方式的变革——实施落地数结算。长安汽车在整车没有下线之前，所有零部件都是供应商的，第三方物流代供应商进行管理，只有汽车下线，长安公司才与供应商进行结算后。实施了落地数结算后，真正做到投入和产出的一一对应。按汽车落地（下线）的数量通过BOM表倒推零部件使用的数量，作为与配套厂家结算的数量。

（4）物流方式的变革——引入三方物流。企业的存货和配送全部交给第三方物流，企业不负责存货的管理，充分利用专业物流公司仓储、配送和管理方面的优势，有效地提升管理和降低物流成本。

（5）决策方式的变革——决策数据化和科学化。现在每天决策者一打开电脑，就能看到制造、销售、财务等企业生产经营的主要技术指标，这些技术指标可以根据我们设定的目标值进行报警，同时这些数据还可以层层向下查看，直到看到原始数据为止，这样使决策者能够及时掌握企业经营状况，从而做出科学决策。

（6）产品开发方式的变革——异地同步设计。长安公司在中国重庆、中国上海、意大利、日本四地建有研发中心，四地的数据利用专线每天对接两次，以保持数据同步；四地实施异地同步设计，节约开发周期。

（7）预算管理方式的变革——系统控制预算。预算自上而下，确保了企业总体战略目标的实现；企业的每一项开支都要有预算，没有预算就没有钱花，确保所有费用控制在预算范围之内；真正做到事前预测、事中控制、事后分析。

（8）市场管理方式的变革——市场情况实时掌握。及时掌握各省总公司、分子公司和经销商的进销存，实现对市场的有效把握。适时地掌握每一个地区，甚至每一个商家的启票、销售、库存情况，也可以随时查询到每一个品种在市场的表现情况。掌握长安汽车的社会库存情况，及时采取相应的商务政策，加快市场的反应速度。

（9）IT 投入思路的变革——精益 IT。高度集成的信息系统模式：同一基础数据架构、同一数据模型、完整的业务流程、安全的信息共享；尽量少的客户化程序；集中服务器架构；高度透明的硬件平台。.

（10）IT 投入产出效益最大化。长安汽车通过在汽车生产管理和信息化建设方面的努力探索和实践，获得了多项荣誉，2003 年获得国家创新成果一等奖，2005 年 11 月在上海由世界供应链信息协会中国供应链信息协会举办的评比中获得“最佳解决方案奖”，2006 年 12 月 2 日获中国第一 IT 传媒计算机世界传媒集团的“项目成就奖”。

五、案例点评

众所周知，中国汽车业要实现跨越必须在核心技术上有所突破，必须要始终坚持走自主创新之路，着力提升自主研发能力。目前，长安汽车建立了中国重庆、中国上海、中国北京、中国哈尔滨、中国景德镇、意大利都灵、日本横滨、英国诺丁汉、美国底特律“五国九地、各有侧重”的研发格局。马军透露，长安汽车已经实现了“五国九地”研发中心 24 小时网络化异地协同开发。相信，随着长安汽车的世界级梦想的推进，信息化将发挥更大的作用。正如张宝林总裁所说：“通过我们技术能力的提升来持续提升我们产品的品质，来持续优化我们的成本，最终打造出优秀的产品，形成企业的核心竞争力。”

多年来，长安汽车一直是中国汽车自主型信息化一个榜样。长安汽车信息化的可贵之处不仅在于它们应用信息技术改造提升传统产业，还在于它们利用信息化推动企业的研发，更在于它们自主信息化实践。2011 年，“中国汽车电子基础软件自主研发与产业化联盟”正式成立，长安汽车是联盟最重要的发起单位之一。

长安汽车在国内外有众多的产业基地、分子公司，对应的信息系统相当庞大。长安汽车的信息化应从三个层面来把握：第一，集中部署的系统要“一线贯通”，如 ERP；第二，不能“一线贯通”的产品要求统一标准，如数据标准必须统一；第三，一些基本的动作管理可自建，如档案管理。

“一线贯通”是长安汽车信息化建设的大原则。采用“一线贯通”的方式推进信息化，无论是从未来的企业信息平台架构统一、运营成本控制的角度，还是从业务一体化管理来考虑都非常有益。采用“一线贯通”的产品，有利于企业信息平台架构的统一，而统一的架构有利于企业信息化的可持续建设。此外，综合成本因素考虑，“一线贯通”的产品在采购议价时会更有优势。

更重要的是，“一线贯通”意味着规范、标准，规范标准体现出效率。长安汽车正在推行一体化管理，公司目前正在搭建所有的标准模板，以便于下一步的业务发展。建立标准模板之后，将更利于远程投放，无论投放的是“模式”，还是产品、品牌，将便于投放之后的管理。如果没有标准的业务流程，业务管理也不可能统一。如同产品的标准化会使产品的制造成本变得更低，运营的标准化也会降低运营成本。“一线贯通”地推行信息化不仅有利于对异地工厂的管理和控制，更有利于公平、公正地评价在异地的任何一个分支公司的业绩。

长安汽车将坚持“一线贯通”的信息化推进方式，无论是对旗下自主品牌公司、兼并重组公司还是合资公司，只要能够推行进去，都会采取“一线贯通”的方式，并保持此策略不变。

信息化本身是一个持续不断的过程。在这个过程中，不断有问题出现需要解决。在取得了诸多成绩的同时，长安汽车信息化同样面临着挑战。目前挑战来自两个方面：一个如何保证信息的安全与共享，另一个是如何保障24小时的运营。

随着软件应用越来越多，运用范围越来越广，信息安全成为一个重要问题。长安汽车信息系统采用的是集中管理的方式，如果发生信息泄露就是大问题。而如果不集中管理就不能共享，不能共享则造成成本升高以及绩效评价不公平。这一矛盾对长安汽车信息化形成了挑战。

对于保障24小时运营，长安汽车目前是“两地三灾备”的策略，即同城有两个灾备中心，异地有一个灾备中心。如何在全国11个城市去部署运用，是长安汽车的另一大挑战。

机遇则来自长安汽车更大的发展野心。2010年10月31日，长安汽车发布了全新的品牌标识，并宣布2020年的战略目标是实现年产销600万辆，成为世界级的汽车企业。

企业的信息化建设不仅是一个技术问题，也是一个体制问题。只有企业信息化建设的机制理顺，该项工作才能不折不扣地发挥作用。长安汽车的信息化工作能够很好地开展，在很大程度上得益于企业领导的重视，得益于企业信息化建设机制的顺畅和有效。目前，国内很多企业的信息化建设还处于起步阶段，只有充分重视信息化建设和管理，理顺企业信息化建设机制，努力促进管理和IT的有效结合，才能像长安汽车一样在信息化建设和管理方面取得卓越的成效。

管理大师彼得·德鲁克在《管理未来》中告诫企业经营管理者：“管理者的世界一直不稳定，演出必须进行下去，捕捉新机遇，进行有效的创新活动，才是长久生存之道。”在当今风云变幻的全球化和国际竞争中，中国企业与国外先进企业间的最关键的差距不是硬件创新，而是软件的创新和研发，只有信息化的主动创新才能实现我国企业持续自主创新，才能持续发展。我们衷心期待志存高远的长安，在自主创新的道路上更上一层楼，打造世界一流企业，创造新的卓越与辉煌。

参考文献

[1] 长安汽车公司官方网站，http：//www.changan.com.cn.

[2] 李珊. 三方面信息化建设支撑长安创新——访长安汽车（集团）有限责任公司管理信息部部长丁厚平 [J]. 中国制造业信息化，2008（12）.

[3] 江宏. 信息系统支撑下的长安汽车物流系统 [J]. 物流技术与应用，2005（5）.

[4] 毛付俊. 搭建微车商务平台——长安汽车公司信息化建设扫描 [J]. 每周电脑报，2000（31）.

[5] 尹家绪. 信息时代的长安公司经营战略模式及战略实施 [D]. 重庆大学硕士学位论文，2001.

[6] 罗志荣. 自主创新打造第一品牌——解析长安汽车 150 年基业常青的密码（三）[J]. 特别关注，2012（12）.

[7] 苏明芳. 汽车制造业企业信息化绩效评价体系研究 [D]. 重庆工商大学硕士学位论文，2009（5）.

[8] 长安汽车 CIO 马军：信息化需勇气与智慧 [EB/OL]. CIO 时代网，2011（3）.

[9] 中华人民共和国工业和信息化部，http：//www.miit.gov.cn/n11293472/n11293877/n11301602/n1222 2003/n12238774/12286212.html.

第三节 神华战略性信息化模式

一、企业基本情况

神华集团有限责任公司（以下简称“神华集团”）是中央直管的53家国有重要骨干企业之一。神华集团以能源为主业，实施煤矿、电厂、铁路、港口、煤制油与煤化工一体化开发，跨地区、跨行业、产运销一条龙经营，是全球最大的煤炭企业，在国民经济中占有重要地位。中国神华品牌在《财富》中文网发布的2013年中国企业500强排行榜中排名第21位，营业收入为34396914元；《财富》中文网发布了2013年财富世界500强企业最新排名中排名第178位。

神华集团负责统一规划和开发，实行矿、路、电、港、航一体化开发，产运销一条龙经营，并开展与上述产业相关的国内外投融资、贸易等业务；开发和经营房地产、物业管理以及科技开发等相关实业。神府东胜煤田位于陕西省榆林地区和内蒙古自治区鄂尔多斯市境内，属世界八大煤田之一，已探明煤田含煤面积3.12万平方公里，地质储量达2236亿吨。目规划面积3481平方公里，地质储量354亿吨。该煤田赋存条件好，煤质属低灰、特低硫、特低磷、中高发热量，为优质动力、冶金和化工用煤，也是国家有关部门推荐的城市环保洁净煤。

2001 年底，黄骅港基本建成投产，标志着拥有 4000 万吨煤炭生产能力、810 公里铁路、3000 万吨港口吞吐能力的神华一期工程已基本建成，建设工期提前 3 年，投资节约 10%。

2002 年，神华集团商品煤销售 7773 万吨，主营业务收入 258 亿元，还本付息 56.02 亿元，利润总额 23.19 亿元，集团综合实力大幅度提高。神华集团已连续两年在国务院五部委对全国 169 家中央企业进行综合效绩考评中居全国煤炭行业第一位。

2005 年 6 月 15 日，中国神华能源股份有限公司在香港成功上市，2007 年 9 月回归 A 股。2012 年 8 月 8 日中国神华成功举行 2012 年度 A 股、H 股反向路演。神东煤炭分公司是中国神华能源股份有限公司的骨干煤炭生产企业，负责中国神华能源股份有限公司在内蒙古自治区南部、陕西省北部交界地带神府东胜矿区，以及山西省保德煤矿的开发建设。公司已取得矿权开发总面积 661 平方公里，总地质储量 89.9 亿吨。截至 2007 年，共完成投资 288 亿元，建成特大型现代化高产高效煤矿 10 个（11 个矿井），以及洗选加工、外运装车、设备维修等配套设施，形成千万吨矿井群的生产格局，建成国内第一个亿吨级现代化大型煤炭生产基地。

2010 年，神华集团生产原煤 3.52 亿吨，百万吨死亡率 0.025，商品煤销售 4.41 亿吨，自营铁路运量完成 3 亿吨，发电 1600 亿度，港口装船完成 1.13 亿吨，营业收入 2170 亿元，利润总额 575 亿元。

多年来，神华集团国有资本保值增值率一直保持行业领先水平，企业经济贡献率连续多年居全国煤炭行业第一、年利润总额一直在中央直管企业中名列前茅，安全生产保持世界先进水平。

面向未来，神华集团“十二五”的发展战略是“科学发展，再造神华，五年经济总量再翻番，建设具有国际竞争力的世界一流煤炭综合能源企业”，积极推进本质安全型、质量效益型、科技创新型、资源节约型、和谐发展型“五型企业”建设，努力把神华集团打造成具有国际竞争力的世界一流煤炭综合能源企业。具体目标是，2015 年比 2010 年的经济总量翻番，成为世界煤炭综合能源领域品牌最好、影响力最大的国际化公司。

二、信息化建设工作情况与经验

信息化是神华集团实施“三步走”战略的发展要求，按集团的战略目标，截至 2020 年，神华要达到煤炭产量 3.1 亿吨，煤炭液化生产成品油 3000 万吨，电厂装机容量 5000 万千瓦。同时，主要行业领域将进一步拓展到煤炭、电力、铁路、港口、航运、煤炭液化等行业，并涉足科技、金融、经贸、房地产等领域，市场遍及国内外。显然，以传统的、手工式的管理手段根本无法满足集团决策需要。同时，由于环节多、产业链条长，运行成本控制也会成为一个十分突出的问题。通过信息化建设，提高集团的信息化水平，是解决这一问题的根本途径。

1996 年，神华集团开始了信息化建设工作。多年来，基本建成了从包头—神木—朔州—黄骅的连通三省一区的全光纤数字通信信息专网。实现了集团总部至矿区、铁路、港口、电厂等神华主要子公司之间近 2000 公里的光纤数字信息传输。并且在神东煤炭公司、国华电力公司、包神铁路公司等子公司开展了矿井综合自动化改造工程、EAM 项目、P3 系统以及 TIMS 系统等管理信息系统的建设，取得了明显的经济效益和社会效益。

（一）基础信息网络平台

神华集团基本建成了从包头—神木—朔州—黄骅的连通三省一区的全光纤数字通信信息专网。实现了集团总部至“神华一期工程”主要子公司之间近 2000 公里的光纤数字信息传输，为进一步提高生产与管理的自动化、数字化、网络化水平奠定了基础。

集团通信网属于企业专用通信网，拥有包神、神朔和朔黄三段铁路总长 1034 公里的长途干线光纤数字通信网路。通信网路以自建 SDH155Mb/s 或 SDH622Mb/s 光纤数字传输系统为主，以租用电信公网数字电路为辅构成全集团基础网络平台，并利用基础传输网络平台建立了专用通信网络、企业信息网络以及多媒体传输网络。

截至 2005 年底，共敷设光缆 5 万芯公里，电话总装机容量 6 万多门，拥有 10 万个公网电话号码资源，神华专网设备包括 SDH 光数字同步传输、程控电话交换机、路由器、千兆、百兆网络交换机、计算机服务器等。集团综合信息网络按照语音、视频、数据网络的三网合一原则，建设了专网电话通信、视频会议系统，以及包括生产、经营、财务、调度、安全等集团主要业务的信息网络系统。

（二）煤炭生产综合自动化技术

从 1999 年底开始，集团公司组织实施了神东矿区矿综合自动化改造工程，于 2000 年 11 月改造完成。目前，该系统在控制规模和自动化程度上达到了国内领先、世界先进水平。通过自动化改造，实现了从辅助运输、供配电、水泵风门控制、洗选加工、装车外运等煤炭生产全过程的综合自动化，井下取消了全部生产辅助系统的岗位工。目前，神东公司千万吨级矿井的人员都在 300 人以下，通过综合自动化改造提高工效近 30%。

（三）管理信息系统

1. 金财网络工程

集团公司金财网络工程按照“具体规划、分步实施、单位落实、逐步到位”的原则组织实施。其设计思想是建立三级数据库（集团—子公司—子公司二级单位），同时建立三级处理平台，逐级采集、上报、汇总及分析。

金财网络工程主要由预算及其控制、资产管理、现金流管理、会计报表编辑、信息手册编辑、实时反映及查询、决策支持及预测分析以及个性化处理等子系统构成。

2. EAM 系统

企业资产管理（Enterprise Asset Management，EAM）系统，主要适用于对高价值生产设备的维护、保养、跟踪等。它以提高设备资产可利用率、降低企业运行成本为目标；以优化企业维修资源为核心，通过信息化手段，合理安排维修计划和相关资源及活动，实现了设备的全生命周期管理，大幅度降低了运营成本，从而提高企业的经济效益和市场竞争能力。

3. P3 系统

在集团新建电厂建设工程中，采用 P3 系统对工程的进度和资源进行动态管理。以工程进度为主线，加载图纸、设备交付进度和相应的分解合同费用，使图纸交付、设备到货和资金准备与工程进度有机地结合在一起。通过 Intranet 信息发布平台，每周在公司内网上发布，能够达到有效控制工程进度，准确确定图纸交付、设备到货时间，合理准备建设资金的目的。

4. TMIS 系统

神华包神铁路公司组织开发的铁路运输管理信息系统（以下简称“TMIS 系统”），通过采用计算机网络、信息处理及系统集成等技术，实现对包神铁路列车确报、运输计划等业务需求的计算机化处理，建立了以运输调度为核心，以车站运输信息为基础的信息管理系统，系统包括列车确报管理、现在车管理、货运计划与货运制票、十八点统计、运输调度、运输综合信息查询、中心处理、系统维护及车号识别系统八个子系统。TMIS系统实施后，实现了信息资源共享，优化了各岗位和部门的作业程序，提高了工作质量，保证了安全生产，提高了运输组织及调度指挥水平，提高了工作效率，产生了明显的经济和社会效益。

（四）集团内/外网站

从1998年开始，神华集团建立了神华内、外部网站，为集团公司提供全方位的动态信息服务，并以此为依托实现了内部报表、刊物、集团公文的无纸化办公。

集团各部门均在神华内网上建立了自己的网页。神华内网与各子公司均建立了链接。神华内网成为集团公司联系各子公司、服务全体员工的桥梁和纽带，成为集团内部信息沟通的中枢。

三、神华集团信息化建设的总体思路

（一）神华集团信息化建设的总体目标

实施新的发展战略迫切需要推进信息化战略，而加快信息化建设可以提高企业的竞争力。信息化总体规划的制定和实施，是业务流程再造、提高发展质量、提高管控能力的战略选择。

信息化建设与业务需求相结合是神华集团信息化建设的总体思路，通过构建产运销协同调度平台、人财物资源整合平台、一体化纵向管理平台的“两横一纵”信息化平台实现对集团管控能力、资源整合能力、业务协同能力、专业管理能力、本质安全管理能力、集约化管理能力以及综合管理能力的七大业务能力的支持，最终实现再造神华。这是神华集团信息化建设的总体目标。集团公司本着“规划先行、分步实施”的思路，信息化建设的具体目标是建设管理信息化体系，通过业务流程再造，提高管控能力。

信息化平台中两大横向平台分别是产运销协同调度平台和人财物资源整合平台，一大纵向平台即一体化纵向管理平台。产运销协同调度平台主要对全集团的煤矿作业、电力作业、铁路作业、港口作业、航运作业、煤化工和煤制油作业进行协同、调度管理及现场管理。人财物资源整合平台集成了ERP系统、电子商务平台、煤质管理系统、CRM

系统、煤炭资源管理系统、SRM 系统。一体化纵向管理平台则是通过数据中心、通信网络、IT 服务管理、企业集成总线、内容管理平台、数据仓库、门户、安全管理、灾备中心、集中身份管理等软硬件信息基础架构，实现决策支持系统的应用和纵向业务信息的穿透。

（二）管理目标

（1）核心是企业整体持续竞争力最大化。

（2）实现有效的集约化的集团化管理。

（3）提高决策能力，从经验管理提升到科学管理。

（三）建设目标

信息化建设远景目标：打造数字化企业，提高企业核心竞争力和综合竞争力。具体如下：

（1）加强信息管理，为信息化的集团管理奠定基础。

（2）理顺业务流程，促使信息在集团内部可控制地充分流通。

（3）建设竞争性情报体系和决策支持系统为领导提供服务。神华集团的信息化建设主要分为四个层次，即信息网络平台建设、生产过程自动化、管理信息化和决策支持信息化。

（4）建成“北京—肃宁北—黄骅港—大柳塔—包头—北京”的环型核心传输骨干网络，最小带宽 155M。

（5）基本建成以五个核心节点（神华、神东、黄骅、包神、朔黄）为基础的神华集团广域网，在 5 个核心节点采用高速传输网络设备，实现 155M~622M 的业务流量。

（6）建设神华集团广域网的安全与管理系统，根据需要对 IP 地址进行统一规划，设立三个数据存储备份中心（北京集团本部、神东、黄骅港）。

（7）进一步推广生产过程控制自动化和 EAM 等管理信息系统在神华集团的应用，开发综合调度信息系统、办公自动化系统、人力资源管理系统、计划统计信息系统等专项管理信息系统，探索 CRM、SCM、ERP 系统以及电子商务在神华集团实施应用之路，逐步消除企业“信息孤岛”，实现集团管理信息数据充分共享，为神华集团实现数字化、信息化管理、提升企业整体竞争能力奠定坚实基础。

（8）建设神华内部综合信息数据库和外部竞争性情报资源数据库，建立重大项目投资决策支持模型和经营分析、预测模型，为集团领导提供信息服务。

根据集团编制的《神华集团信息化建设总体规划》，2004~2010 年，集团投资近 4 亿元打造“数字神华”，通过信息化建设全面提升神华企业的核心竞争力。

四、神华集团信息化系统建设实施的原则和业务准备

伴随神华集团的跨越式发展，面对更高层次、更具挑战的竞争，神华集团在“十二五”开局之际提出了“建设具有国际竞争力的世界一流煤炭综合能源企业”的发展目标。以 SH217 工程为标志的集团信息化建设也由此开启了平台化、大规模、高速度的新篇章，迈入了跨越型、内涵式、深层次发展的新阶段。神华集团的集约化管理、专业化协同、一体化经营等特有的管控模式和业务的多元性决定了神华信息化建设涉及面广、影响大、任务重，具有长期性、艰巨性、复杂性和系统性的特点。如何保证 SH217 工程顺利实施，是当前需要研究的重要课题。

（一）意义

作为“再造神华”、“创建国际一流”的基础工程、加速工程和提升工程，SH217 工程是顺应信息技术发展趋势、转变神华经济发展方式、贯彻落实神华发展战略的内在要求、必然选择和重要举措，是一次弃旧迎新、改造自身肌体的管理革命。

这场变革要取得成功，就要充分了解集团的业务现状。业务与信息化并举是 SH217 工程的总体思路，构筑神华集团“两横一纵”三大信息平台，提升神华集团的管控能力、资源整合能力、业务协同能力、专业管理能力、本质安全管理能力、集约化服务能力和综合管理能力，是信息化建设的最终目标。围绕这七大业务能力，SH217 工程遵循“先优化、再固化”的建设思路，从管理规范入手，逐步实现管理制度化、制度流程化和流程信息化。管理制度化是加快推动经济发展方式转变的根本保障，SH217 工程将实现集团一体化的制度体系建设，满足集团全面协调可持续发展的内在要求。在此基础上，SH217 工程还将推动各业务实现制度流程化，进一步提高集团管理的规范化水平。流程信息化是通过信息化手段，落实 SH217 工程建设过程中提出的各项管理提升要求，固化业务流程，打通跨业务信息链条，支撑神华集团的集约化经营。

（二）关键因素分析

业界成功经验证明，高素质的队伍和规范化的项目管理是信息化建设项目取得成功的充分条件，业务需求明确是信息化建设项目取得成功的必要条件。

1. 业务需求和工作方向

集团公司本着“规划先行、分步实施”的思路，在2010年度启动了流程优化和信息化总体规划项目，从企业经营目标和业务发展方向把握信息需求和功能需求，建立了全局协调一致的信息框架和系统整体模型，明确了业务活动之间的信息交互，破除了总部与二级单位之间、总部各职能部门之间的壁垒，形成了横向协同、纵向贯通的端到端的流程体系。在此基础上，确定了集团信息化建设的目标、发展阶段、建设重点、总体方案、所需资源和实施方案，为信息系统的开发实施提供了依据。

2. 以业务为导向的工作原则

神华集团信息化建设不仅是技术层面的建设，更是依靠信息化这个手段、平台和方法，加快整个产业链、产品链、供应链、服务链的集成创新、集成经营，实现管控模式和业务运营模式的变革信息化建设，这离不开业务部门和子（分）公司的积极主动参与。集团公司将规划建设的项目群分解为业务管理能力提升项目、业务能力提升配套信息化项目、信息化建设配套管理提升项目三类，并指定相关业务部门担当项目的责任主体，主导项目组工作，神华信息公司和其他专业队伍密切配合，确保信息化建设与实际业务的有机结合并落到实处。

3. 建立统一协调的工作机制

针对SH217工程涉及企业数量多、行业跨度大、建设周期长、实施难度大的情况，神华集团公司组织成立了SH217工程项目指导委员会和工程项目群管理办公室（PMO），集团党组主要领导多次召开专题会议对信息化建设进行部署，分管领导通过周项目协调会进行系统安排和过程指导，为推进神华信息化建设提供了组织保障、协调机制和智力支持。神华信息公司作为负责集团信息化建设的专业公司，先后集中了215人参与到集团信息化建设上来，在2011年上半年投入人员达到330人，为SH217工程提供了有力的支撑。

4. 科学规范的项目管理方法

成功的信息化建设对项目管理有着严格的要求。SH217工程项目群管理办公室（PMO）制定了架构、需求、人员、计划、配置、质量、绩效等22项管理制度，建立了每周例会汇报机制，按照周、月、季度、年对项目进行监控和考核。集团通过需求及解决方案组、计划与综合组进行日常的全方位管理，利用专业化的项目管理工具（包括配置、问题和风险、需求、测试工具），有效地推进项目进展。神华信息公司作为主要实施单位，在严格执行PMO管理要求的同时，还推行每日“例会”、看板管理等业界最佳实践；规范单元测试，推进每日构建和持续集成；通过技术管理委员会对重点技术方案审核把关；过程检查质量和进度，实现“计划到日、责任到人、跟踪到天”，确保工作进度和交付品的质量。

（三）系统建设

SH217 工程涵盖了神华集团各业务领域，业务部门在 SH217 工程中扮演着不可或缺的角色。要确保信息化建设符合业务需求和管理实际，进一步提高管理效率，离不开业务部门的密切配合、高度参与。

1. 在集团流程优化与信息化总体规划的框架下开展工作

在前期的规划中，设计了集团公司的总体业务能力框架，并梳理了集团总部各业务领域的业务流程，明确了集团各部门同下属子（分）公司的业务边界，作为 SH217 工程各项目组设计业务蓝图、确定业务需求的基本依据。各项目组以及相应的业务部门深刻理解上述规划成果的内涵，在总体规划的框架下设计业务蓝图、确定业务，并结合实际进行具体调整和优化，与集团公司整体业务能力框架保持一致。

2. 把握所负责项目在 SH217 工程中的定位

在多项目并行实施的情况下，各项目的业务范围划分是首要解决的问题。应用系统的功能划分是利用成熟套装软件的功能，减少二次开发，实现业务整合，减少集成难度为原则，从集团公司整体利益出发所得出的结论。在这一过程中，项目（或应用系统）的业务范围与牵头实施该项目的业务部门的职责范围可能并不完全一致，这需要各项目组和业务部门依据《SH217 工程总体解决方案及实施主计划》，把握本项目业务范围及与其他项目和业务部门之间的关系，服务于神华集团大局。

3. 充分发挥自身专业优势和主观能动性

信息化总体规划是一张蓝图，集团公司现在的工作是将蓝图细化为路线图，将路线图细化为具体实施路径和方案措施。这就需要业务部门和全体参战人员充分发挥主观能动性，针对业务提升、流程优化和信息化需求等提出专业意见。同时，对于与总体业务架构、应用架构和技术架构发生冲突的具体业务问题，应主动与 PMO 沟通，保证项目方案和 SH217 整体方案协调一致，使局部提升有效地转化为整体提升。

4. 做好业务需求梳理工作

业务需求梳理是信息系统建设的前提条件。建议项目组和业务部门在梳理业务需求的过程中关注三点：①业务需求要满足各类使用者未来的实际需要（面向蓝图）；②业务需求梳理要建立在业务规范化的基础上；③业务需求要具有全局观，能够同其他项目相互衔接。

总之，为确保以 SH217 工程为代表的神华集团信息化建设工作顺利推进，各业务部门作为主导实施方，按照已明确的工作目标和本部门在整个项目中的定位，着手开展相关的业务梳理和流程标准化工作，为系统全面实施做好准备。项目实施单位要以项目管理的方式，运用系统工程的方法，加强组织协调和过程管理，在既定框架下扎实开展工作，严格控制交付物质量、人工使用率，确保项目取得满意的成果。

五、神话集团数据中心建设实践

（一）神华集团四阶段建设历程

随着神华集团信息化进程的推进，集团数据中心的发展已经历了数据存储中心、数据处理中心和数据应用中心 3 个阶段，现在正向第 4 个阶段——数据运营服务中心迈进。这 4 个阶段的演进路线如图 2–3 所示。

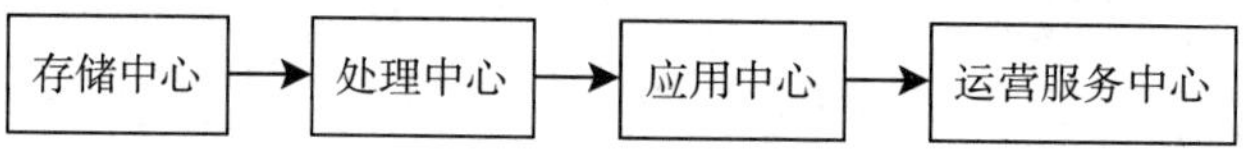

图 2–3　四阶段演进路线

存储中心阶段：从 20 世纪 90 年代末期到 2000 年，数据中心主要承担数据存储和数据管理早期，主要作为 OA 机房和电子文档的集中管理场所。

处理中心阶段：2001~2005 年，数据处理中心阶段。此时，基于局域网的 EAM 系统、TMIS 系统等其他应用系统开始普遍应用，开始承担核心计算的功能。此阶段的典型特征是：面向企业核心计算；数据单项应用；企业开始组织专门的人员进行集中维护；对计算的效率及对企业运营效率的提高开始关注。

应用中心阶段：2005~2010 年，实现了集团信息化的三个层次，即“工业自动化、信息网络化、管理信息化”。此阶段的特征是：面向业务需求，数据中心提供可靠的业务支撑，大型广域网的建设开始普及；数据中心提供单向的信息资源服务，对系统维护上升到管理的高度，由事后处理到事前预防；开始关注 IT 的绩效，要求较高的可用性。

运营服务中心阶段：随着现代信息技术的发展，基于互联网技术的，组件化、平台化的技术将在企业更加广泛的应用。数据中心将演进成为企业的数据运营服务中心。企业数据运营服务中心的含义包括以下几个方面：企业数据中心不仅管理和维护好各种信息资源，而是运营信息资源，确保价值最大化；IT 应用系统建设能适应需求变化，系统设计更加柔性；IT 与业务运营融合在一起，实时的互动，很难将业务与 IT 完全独立分开；IT 服务管理已经成为一种标准化的工作，并借助 IT 技术实现集中的自动化管理；IT 绩效成为 IT 服务管理工作的一部分；企业不仅仅关注 IT 服务的效率，IT 服务质量成为关注重点；数据中心要求具有高可用性。

目前，集团的数据中心正处于从应用中心到运营服务中心转换的关键时期。如何定位和建设新一代数据中心，SH217 项目进行了明确的部署和安排。

1. 定位和功能

（1）数据中心在企业信息化中的定位。SH217 工程的总体架构是建设“两横一纵”信息化平台，支持业务“七大能力”。其中，新一代数据中心的建设作为 SH2I7 工程中第 10 项目组工作的重要部分，定位于整个架构的一体化纵向管控平台部分。新一代数据中心位于信息化整体架构的底部，是所有信息化业务能力的支撑基础。

（2）数据中心的功能。一体化纵向管控平台在 SH217 工程中的定义是“依托数据仓库、集成总线、门户、工作流及内容管理平台、集中身份管理等支持功能，实现纵向业务信息的穿透和决策支持系统的应用”。将这个定义具体落实到数据中心的建设中，包含下面三个层次内容，这三个层级从下至上是：基础设施级、数据级和应用级。通过这三个层级实现了纵向业务信息的穿透，每个层级有不同的功能。

基础设施级：基础设施架构作为集团业务应用系统的保障，全面服务于集团的所有应用系统。包括机房的设计与建设、内网和广域网的调整优化、服务器和存储的部署与调优、安全及运维管理平台等几方面。结合 SI3217 工程的实际，新一代数据中心的建设着重考虑以下两个功能需求：①以动态的基础设施架构满足弹性的业务应用增长需求；②建设以集团总部、二级单位为主体的二级数据中心体系，全面支持应用系统分级部署。

数据级：集团的业务范围包括煤炭、电力、铁路、港口、航运、煤制油和煤化工，涵盖能源的产、运、销各个环节，其各个业务板块都会产生大量数据。保证这些数据在集团经营活动中的正常流转和安全是数据中心的核心任务。所以，必须建立合理的数据库平台和容灾备份机制，在满足业务需求的同时，保证数据的安全。

应用级：随着集团业务的发展，集团范围内已建立了多个信息系统。这些信息系统分布在总部和子分公司的各个业务部门，建设年代、开发方法和实施厂商各不相同。如何对这些异质、异构的信息系统有效集成，是集团信息化水平提升的关键问题。通过对现有系统的调研，数据中心会利用统一身份管理平台来完成所有信息系统的用户集成；利用应用集成平台来实现信息系统间的协作；利用企业门户完成用户端应用界面的集成。通过这些手段，使集团内部的信息系统以清晰、有条理的方式组合协作起来。

2. 挑战和对策

（1）数据中心面临的挑战。在新一代数据中心的建设过程中，会遇到来自各方面的挑战。这些挑战有些来自业务系统的实际需求，如资源整合和响应速度的需求；有来自信息部门发展的现实要求，如降低运营成本和保障信息安全；有来自我国信息化大环境的变化，如绿色环保。结合集团信息化的实际情况，对这些挑战分析如下。

整合集团资源：目前，集团范围内的信息系统之间沟通和资源共享都不充分，这使得服务器与存储性能得不到充分利用。无论是出于 IT 成本过高、复杂性过大，还是资源利用率过低的原因，都要求数据中心能有效实现 IT 资源的整合。因为集中化的数据更便于备份、冗余和控制，也更有助于符合法规要求。

提高响应速度：集团业务流程变革的速度正在日益提升，一方面，变革产生的各种风险随之增加，因而需要信息系统以更快的响应速度和更有效的应对措施来降低这类风险也就变得愈加重要；另一方面，变革速度的加快给企业数据中心带来时间上的更大压力，这也迫使企业 IT 系统提高响应速度，这不仅体现在解决方案的开发、部署和集成上，还体现在及时实现所承诺的服务水平上。

降低运营成本：IT 环境的管理和维护费用日益升高，数据中心的运行成本在不断攀升。据业内专家分析，在今后的 5 年中，企业在管理和运作 IT 系统方面的成本将是其直接购买系统成本的 3 倍。而同时，企业目前所有的应用、定制化软件普遍过多，有许多服务器未能得到充分的利用。如何降低人力成本，如何降低 IT 总体拥有成本，如何提高软件的投资回报，是企业信息化道路上的重要课题，也是降低企业预算的当务之急。

提升信息安全：随着信息技术的发展和网络的进一步普及，企业面临着众多新型病毒和安全隐患的威胁，这些因素对企业提供优质服务造成了巨大影响。

关注绿色环保：随着集团各类信息系统的建设，使用的服务器和存储的数量大幅增长，这给数据中心在环境控制、电源与制冷、空间管理等方面造成了巨大压力。如何在有限空间内实现更有效的能源和环境管理，是集团新一代数据中心面临的又一个任务。

（2）应对策略。SH217 工程项目组在信息化规划的时候充分考虑了以上这些因素，并制定了相应的对策，主要包括以下几个方面。

整体部署，优化实施。在 SH217 工程中，第 10 项目组专门负责信息化基础设施提升，全面负责数据中心建设的各项工作。因而，不会把一体化管控平台的各项工作割裂开来，而是整体部署，统一优化实施。建设的目标不是某一个系统或是某一个指标达到最优，而是达到整体优化。

基础设施由“竖井式”转向资源池模式。传统应用系统的建设模式是“竖井式”建设，一个应用系统需要一整套甚至多套基础设施组件进行支撑，而每个应用系统都是一个竖井。资源利用率低，无法实现共享；系统运维人员通常按照专业技能划分各自的维护界面，一个故障的处理往往需要多个不同专业领域的人员协同工作，效率容易成为瓶颈。

云计算的兴起为数据中心的建设提供了新的思路。云计算平台分为 3 种：公有云、私有云和混合云。基于集团业务规模和安全性的考虑，私有云平台更适合神华的业务需求。未来神华集团数据中心的建设模式是“资源池式”建设，通过虚拟化技术的应用打破传统“竖井式”的资源壁垒，若干应用系统共享各类处理资源，支持随业务应用压力变化而灵活调整资源供应；集中式运维管理通过对运维流程的固化、不同专业领域的人员整合等方法的应用大大提高了运维效率。

统一应用集成平台。私有云的服务一般采用 Web 服务的方式来实现，作为 Web 服务的核心组件，面向服务的架构得到众多公司和研究机构的重视，已经逐渐成为应用软件系统集成的主流技术。

集团现有应用的显著特点是业务流程多而且复杂。大多数应用系统接口较多，但缺乏统一的接口标准和规范；应用系统分散、应用系统之间整合以复杂的点到点整合居多；企业内外部整合需求逐步增多。基于 SOA 架构的应用集成平台，可有效解决上述应用集成难题，通过这部分的工作，可以使集团各个业务系统间的沟通由企业服务总线（ESB）来有组织的完成，而不会形成点对点沟通的复杂网状沟通，从而便于管理和调优。

（二）基于 Oracle Exadata 数据库云服务平台的建设

神华集团采用 Oracle Exadata 数据库云服务器（Oracle Exadata Database Machine）构建了支持其企业数据的私有云平台，并成功将 Oracle Siebel、SAP ECC 核心系统中的全部应用迁移到 Oracle Exadata 数据库云平台。通过这一项目的实施，神华集团简化了对其数据中心的应用系统管理，提升了其核心系统、关键系统和基础系统的资源利用率，并以更低的总体拥有成本提供了更极致的性能，同时为其信息化建设的 IT 新蓝图提供了强有力的创新动力。

神华集团经过 17 年耕耘，已成长为我国规模最大、现代化程度最高的煤炭企业和世界上最大的煤炭经销商。为实现新的发展目标，神华集团制定了整体信息化建设的蓝图，以建立与之相匹配的、符合国际 IT 行业发展趋势的主流 IT 架构，同时构建响应快速、一体化协同的企业架构，打造国际先进的神华集团云服务中心。

为实现这一目标，经过对国内外知名 IT 供应商进行的深入评估比对，神华集团最终选择 Oracle Exadata 数据库云服务器构建整个私有云平台，同时以 Oracle 数据库 11g 第 2 版作为其企业应用的统一数据库平台软件，解决其后台应用系统由多个平台产品各自运营而导致的信息和数据处理效率过低等成本上升问题。

Oracle Exadata 数据库云服务器提供了数据库服务器、交换网络和存储的全面系统，以确保高可靠性、可管理和维护性，并实现了整合与集成。利用该软硬件一体机，神华集团成功构建了企业私有云平台，并获得了最大化的极致性能，包括处理复杂的工作负载，生产指挥等联机事务处理系统（OLTP），决策支持、计划与全面预算等联机分析处理（OLAP）。通过 Oracle Exadata 数据库云服务器对来自 ERP 系统和非 ERP 系统应用数据的整合，神华集团对企业所有应用管理实现了统一管理，最终全面降低了 IT 成本。

通过该项目的实施，神华集团确保了其关键核心业务系统和数据库应用程序的可用性，有效提升了管理效率，同时将运维成本节省高达 80%。Oracle Exadata 不仅加快了集团数据库服务的上线速度，使部署时间从原来的 3~5 天缩短到 1 天，并且通过采用混合列压缩技术可将数据仓库系统占用空间缩减到原来的 1/10，进一步降低电力和冷却需求。

此外，Oracle 企业管理器 12c 对数据库平台的一体化集中管理监控时只需 1~2 个数据库机即可维护多套数据库系统，从而提高了神华集团数据库管理的自动化水平，降低了管理费用。而甲骨文作为软硬件支持的单一供应商可以更加快捷地响应客户的服务需求，使问题解决周期大幅缩短。

神华集团分阶段全面实现了其整个后台应用系统数据库向 Oracle Exadata 的迁移。自 2011 年起，神华集团逐步实现了 Oracle Siebel、非 ERP 关键系统和基础系统在该数据库上的顺利运行。2012 年 10 月 15 日，在甲骨文公司和其战略合作伙伴埃森哲的共同实施下，神华集团再次以 Exadata 作为其 SAP ECC 核心系统内应用的运行平台，包括 SAP 系统在内的各应用目前运行状态和效果良好，全面满足了该核心系统对可用性、系统故障恢复的时间以及数据丢失的容忍度等方面的极高要求。

神华集团信息管理部副总经理丁涛表示："神华集团实现'科学发展，再造神华，五年实现经济总量翻番'的宏伟战略目标离不开信息化建设的重要支撑。甲骨文正以其业界领先的 IT 技术为我们实现这一蓝图提供强大动力。由 Oracle Exadata 和 Oracle 数据库共同构建的私有云平台非常好地满足了大集中模式下企业核心应用的数据库的统一、高效、低成本的构建和管理。"

甲骨文公司副总裁及大中华区技术总经理喻思成表示："神华集团企业私有云平台构建的成功，再一次证明了甲骨文云战略和在云计算领域的全球领先优势，同时也是对甲骨文深耕中国市场的见证。借助最完整、最全面的云产品和服务，兼顾公有云、私有云和混合云，实现 SaaS、PaaS 和 IaaS 全覆盖的云战略，甲骨文将继续致力于推动中国客户融入云计算并使其充分获益的承诺。"

六、案例点评

信息化是企业发展的重要战略支撑，同时信息化管理本身也要战略化。战略性的信息化管理就是要将企业信息化服务于企业总体目标实现，对信息化管理过程进行全面的整体的规划，将企业战略落实到每个 IT 活动过程。神华集团的信息化经验让我们看到其信息化的战略性，为战略性信息管理提供有益思考。这种战略信息化行动不仅体现在对于信息管理工作定位、关键性分析，还特别体现在公司战略工作在 IT 的落实，以及公司 IT 治理思维框架。

所谓 IT 治理就是以企业的战略目标为导向，以特定的制度安排与管理模式为基础，以 IT 业务过程和 IT 服务为手段，合理利用 IT 资源，推动业务实施，完成目标利润的动态过程。美国麻省理工学院研究表明：有着良好 IT 治理的企业比那些治理不佳的企业至少会产生高于 20%的资产回报。IT 治理的完善与否，一直影响着企业信息化成熟度的高低。

2009 年初，神华集团提出“科学发展，再造神华，五年实现经济总量翻番”的十八字战略目标，战略性需求为集团公司信息化建设奠定了基础，打开了空间。“科学发展”，一个重要途径就是转变经济发展方式，推动产业升级，促进资金流、信息流、人才流和物流的快速高效运转；“再造神华”，涉及模式、体制、制度、流程、机制、管理等各个环节；“五年实现经济总量翻番”，不仅是量的翻番，还要有质的提升。所有这些，都需要信息化这个平台和载体的深度介入和全程参与，靠信息化建设水平的提高来支撑，通过信息化、工业化、自动化的融合，满足“五型企业”建设要求，实现科学发展。

（1）神化集团的 IT 治理促进决策科学化、组织系统化、权责明晰化。公司 IT 治理打破部门壁垒和行业界限，有利于组织架构系统化；使董事会和执行层、集团公司本部和子（分）公司、部门和岗位的权责更加明确，有利于集团公司决策的有效落实和执行力的提高。

（2）促进目标明确化、业务流程化、措施具体化。

（3）促进行为标准化、控制过程化、考核定量化。IT 治理使 IT 与业务标准一一对应，最大限度减少执行偏差，促进员工行为标准化；IT 治理注重过程监督与控制，用 IT 明确业务程序、节点、质量，确保管理实现闭合循环（PDCA）；IT 治理使企业与员工绩效管理有章可循、有据可查，有助于提高绩效管理实效性，提高各级组织和员工工作的效率，提高管理的科学化水平。

参考文献

[1] 巩军. 面向煤炭企业集团协同的信息化支撑——以神华集团为例 [J]. 中国矿业，2012 (1).

[2] 黄开林. 基于管控模式的神华集团信息化建设研究 [J]. 煤炭经济研究，2013，33 (7).

[3] 张继会. 开展企业文化建设提高煤炭企业管理水平 [J]. 煤炭经济研究，2012，32 (5).

[4] 韩东宇. 煤炭企业信息化建设策略研究 [D]. 北京交通大学硕士学位论文，2011.

[5] 张琪. 神华集团信息化系统建设实施的原则和业务准备 [J]. 神华科技，2011 (3).

[6] 马江淮，严家平，张海涛. 井壁破裂条件下底部含水层突水数值模拟研究 [J]. 中国煤炭，2011 (1).

[7]《神华集团志》编委会. 神华集团志 [M]. 北京：煤炭工业出版社，2011.

[8] 亚历山大·奥斯特瓦德，伊夫·皮尼厄.商业模式新生代 [M]. 北京：机械工业出版社，2011.

[9] 神华集团官方网络，http：//www.shendong.com.cn/sdhtml/gongsixinwen/shendongxinwen /.

第四节　宝钢集团的运营信息化模式

一、公司简介

宝钢集团有限公司（以下简称“宝钢”）被称为中国改革开放的产物，1978 年 12 月 23 日，在十一届三中全会闭幕的第二天，公司在中国上海宝山区长江之畔打下第一根桩。经过 30 多年发展，宝钢已成为中国现代化程度最高、最具竞争力的钢铁联合企业。2013 年，宝钢连续第 10 年进入美国《财富》杂志评选的世界 500 强榜单，列第 222 位，在《财富》中文网发布 2013 年中国企业 500 强排行榜中排名第 30 位，营业收入为 28822553 元，2013 年蝉联“全球最受尊敬的公司”。在美国《福布斯》杂志公布的 2012 年全球企业 2000 强排名中，宝钢以年销售额 307 亿美元、利润 20 亿美元、资产 326 亿美元上榜，列第 329 位。标准普尔、穆迪、惠誉三大评级机构给予宝钢全球钢铁企业中最高的信用评级。截至 2011 年末，宝钢员工总数为 116702 人，分布在全球各地。

宝钢以钢铁为主业，生产高技术含量、高附加值钢铁精品，已形成普碳钢、不锈钢、特钢三大产品系列。2011 年，公司产量为 4427 万吨，列全球钢铁企业第四位，利润总额 181.5 亿元，盈利居世界钢铁行业第二位。钢铁产品通过遍布全球的营销网络，在满足国内市场需求的同时，还出口日本、韩国、欧美等 40 多个国家和地区，广泛应用于汽车、家电、石油化工、机械制造、能源交通、金属制品、航天航空、核电、电子仪表等行业。

围绕钢铁主业的发展需求，宝钢着力发展相关多元产业，重点围绕钢铁供应链、技术链、资源利用链，加大内外部资源整合力度，提高综合竞争力及行业地位，形成了资源开发及物流、钢材延伸加工、工程技术服务、煤化工、金融投资、生产服务六大相关产业板块，形成了相关多元产业和钢铁主业协同发展的业务结构。如图 2–4 所示。

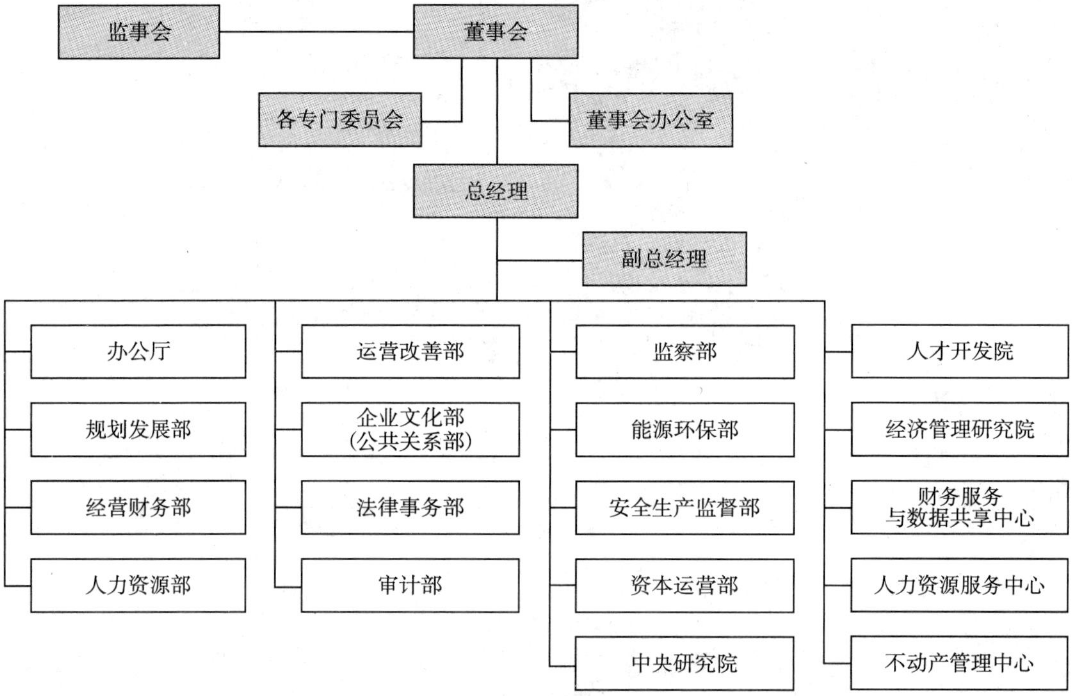

图 2–4　宝钢集团组织结构

二、宝钢集团信息系统建设发展历程

自建厂以来，宝钢就遵循“集中一贯”的管理模式，并与钢铁主业的工程建设同步，从无到有，持续推进企业管理信息系统建设。宝钢的信息化发展大体上可分为以下四阶段。

（一）一期工程阶段（1978~1985 年）

宝钢一期工程建设开始于 20 世纪 70 年代末，在一期工程阶段，宝钢的产品主要是初级的冶金产品——钢坯，当时从日本新日铁成套引进了手工生产管理模式和生产过程自动化控制技术。在 1985 年 9 月投产的同时，宝钢自主开发的基于批处理方式的中央数据处理机和微机网络计算机系统支撑了宝钢一期工程生产管理的需要，建立了第一个炼钢生产实绩数据库。

（二）二期工程阶段（1985~1993 年）

20 世纪 80 年代中期，宝钢开始了二期工程建设。在此阶段，宝钢建设了冷轧和热轧薄板生产线，主导产品为冷、热轧薄板。由于一期工程的钢轧生产管理模式难以满足热轧和冷轧生产管理的需要，宝钢又从德国蒂森钢铁公司引进了 2050 热轧区域管理计算机系统，并在销后自主开发了 2030 冷轧区域管理计算机系统。这两套在线的生产管理信息系统支撑宝钢冷、热轧生产单元实现 “按合同组织生产” 的企业产销模式运作，形成了在区域管理机制支持下的以钢材产品为主的宝钢生产管理技术。

从一期工程到二期工程，宝钢生产管理方式的演变和对信息支撑手段的同步发展为宝钢以后的信息化建设提供了宝贵的经验。

（三）三期工程阶段（1993~2000 年）

20 世纪 90 年代中期开始的三期工程建设，为宝钢开展大规模信息化建设提供了良好契机。根据企业发展的需要，宝钢把原来设计作为三期工程的冷区/热区区域管理的计算机系统升级为公司的管理计算机系统，并在此环境下开发了覆盖公司全部产线的产销管理系统、设备维修综合管理系统；在业务再造的基础上，又整合了原有的备件和资材管理系统，初步建成了宝钢自己的冶金 ERP 系统的核心，该系统体现了宝钢“以财务为中心”的经营管理理念，实现了从合同签订一直到产品出厂、财务结算、客户服务的计算机全过程跟踪管理。

（四）创新发展阶段（2000 年至今）

新型工业化的核心思想是把企业做“活”，就是以客户为中心，快速响应客户需求。为此，在 21 世纪，宝钢在整合企业内部的营销、生产、技术、设备、财务、采购资源的基础上，充分利用电子商务和互联网技术，把企业内部信息系统向客户和供应商两端延伸，建立以客户需求为中心的供应链管理系统，形成一个能够随时适应外部环境变化的企业经营运作系统。“宝钢在线”电子商务平台以及配套网络安全系统的建设，实现了网上在线交易和信息的沟通，把宝钢的内部业务链延伸到客户和供应商，大大缩减了企业与客户的时空距离。

为配合供应链管理系统的开发，宝钢同步启动了数据仓库系统和企业工作流管理系统的建设。数据仓库系统是从深层次利用企业数据资源出发，为企业提供大量的专业技术报表、数据分析与挖掘的平台、决策支持信息，初步实现了从数据到信息，再由信息到知识的演绎。宝钢的工作流管理系统，以企业信息门户网站和二级部门网站的形式，为员工提供信息的自助服务，初步搭建了企业信息共享与流转的基础平台。如图 2-5 所示。

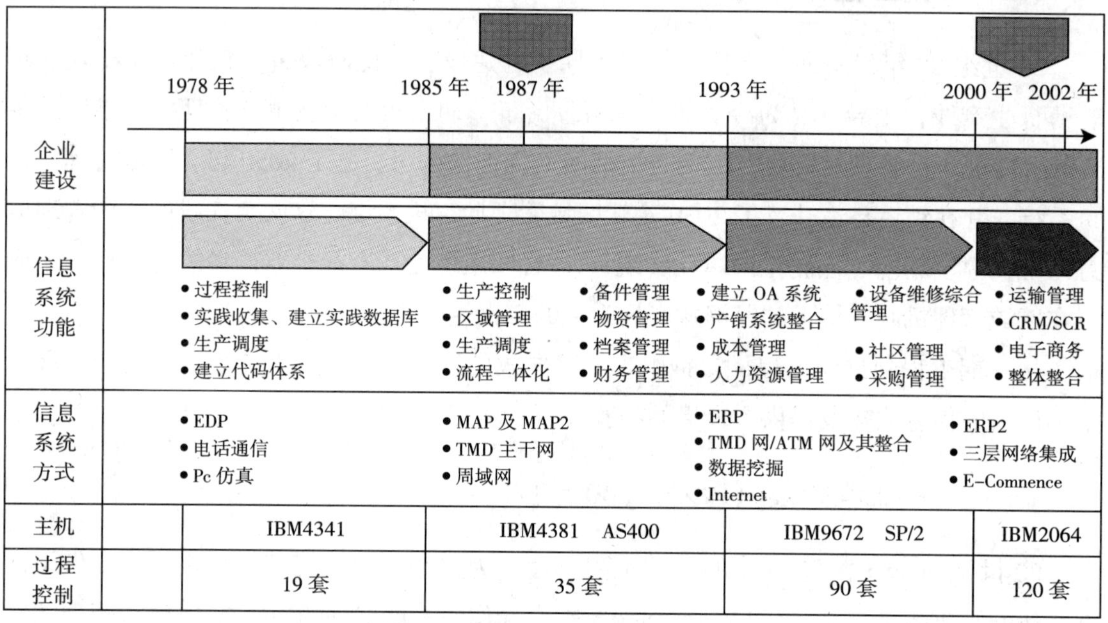

图 2-5 宝钢信息系统建设历程

资料来源：何绍然. 宝钢信息化建设现状和发展方向 [N]. 制造业信息化圆桌论坛，2003.

三、宝钢集团运作管理信息化

（一）宝钢集团信息系统四层次

1. 宝钢集团信息系统的主要构成

宝钢目前已经形成了由基础自动化、过程控制系统、生产控制系统、信息管理系统共同组成的比较完整的结构体系，这一系统被称为 B-ERP，主要包括以下各功能模块：

销售管理，生产管理，质量管理，出厂及发货管理，成本和会计管理，设备管理，备件和物资管理，人事管理，档案管理，面向政务工作流的 OA 办公管理，统计及数据仓库等。

（1）基础自动化系统 L1/过程控制系统 L2。基础自动化系统 L1 是对生产过程的控制管理，包括通信系统、各类检测装置、电气和液压传动装置以及程序逻辑控制和集散系统。过程控制系统 L2 着重车间管理，是对某类设备工艺过程的计算机和智能化设备进行自动化控制。

L1、L2 级系统直接与产品加工过程有关，产品的化学特性、物理性能、几何尺寸主要通过这两个环节控制加工完成。宝钢集团的生产设备控制大量采用“三电一体化”技术，使电控、仪表和计算机控制系统资源共享，结构更简单，操作更方便，进一步实现了由生产制造控制向数字化控制过渡。

（2）生产控制系统 L3。生产控制系统 L3 着重区域管理，是对一条生产线进行综合控制。L3 级计算机系统基本实行了物流跟踪管理，产品库三维动态管理，作业计划管理以及对 L2 级系统进行数据采集等功能，可完成生产过程自动跟踪，原料库、半成品库和成品库的管理，以及生产计划的在线处理。生产控制计算机系统 L3 与过程控制系统 L2 构成了宝钢信息系统的基础数据处理平台。

（3）管理信息系统 L4。管理信息系统 L4 由宝钢公司与台湾中钢公司合作开发完成，台湾中钢公司作为宝钢公司的同行业企业，其计算机管理信息系统实现了市场、制造、维护、材料、资金人员六个计算机系统高度集成，先进经验可供借鉴。

宝钢集团的管理信息系统包括公司级整体产销系统以及公司级其他管理系统和厂部级管理系统，内容涉及合同、计划、排产、出/入库、发货等各个环节。公司整体产销管理信息系统的实现标志着宝钢集团在计算机管理与网络探索与实践方面进入了一个崭新的阶段。该系统全面确立了以用户为主的开发理念及开发方法，建立了以财务为中心的业务整合管理理念，大大增强了宝钢管理系统实力，是宝钢实现现代化管理必不可少的基础。

（4）依托信息情报和档案系统与信息技术和自动化技术系统，实现集团内部的信息集成和有效管理。经过多年的建设，宝钢集团已经建设完成一个光纤主干网和几十个局域网，光纤主干网达 360 公里，连接了 L3、L4 两级计算机系统以及全厂的终端微机，覆盖全公司的全部地域和各生产单元。宝钢集团在信息化一期工程中建立了 12 个节点的 TDM 时分多路网，在三期信息化工程中建立了 19 个节点的 ATM 网，现在 TDM 和 ATM 网已经实现连接。1996 年，宝钢从上海邮电局租用了 128K 的国际数据通信专线与互联网连接，并随之建立了自己的互联网网站（www.baosteel.com.cn）。目前，宝钢租赁了邮电局 2M 的线路，通过上海宽带网（CHINANET 网）实现连接。

先进完整的自动控制系统保证了宝钢生产的连续性、高速度、高质量和高效率。更可贵的是，经过多年的实践，宝钢信息化建设已经形成了计算机应用系统各个层次之间数据、功能、程序、通信相互衔接，加快了计算机应用的发展。

2. 宝钢企业信息系统的特点

（1）完整性和实时性。系统将合同、计划、物流三者的信息处理融为一体，使信息的流动始终与物料、资金的流动同步，确保系统的动态实时。

在合同处理时，以“冶金索引代码”为主线，将生产、销售、质量、科研等各子系统的功能紧密结合起来，保证从订单接收、合同评审、质量设计、生产设计、合同计划、作业计划、质量判定、质保书制作直至科研开发的所有环节的信息处理连续一贯，并做到启动检查信息的合法性，确保信息的完整一致。

系统对所有的物流进行实时跟踪，并以此为基础，对合同进行实时跟踪，对各环节发生的财务活动进行实时抛账。这样，对每一物料发生的任何“异动”情况，包括计划状况、加工状况、库存状况、运输状况的变动都可以触发相应的功能进行处理，以保证能实时动态地反映企业业务活动的所有情况。

（2）规范性和整合性。在技术、质量管理上利用“冶金索引代码”规范整个制造过程，把所有产品的供货标准、内控标准、作业标准有机结合在一个代码体系中，以保证生产过程的规范划一。在财务管理上也采用标准成本制度，细化成本中心，构建完整的成本、会计管理体系，使财务活动能规范操作。在系统开发上，全公司制定了统一的通信标准、程序标准、报表制作标准，并利用专用软件加以管理，确保系统的规范和整全。

（3）共享性和安全性。系统数据库设计充分考虑数据的高度分享，实行“数据一次输入”原则，数据只能在发生源头才有权输入，其他部门只有使用权，以确保数据的真实可靠和“全公司一本账”。

系统采用了各种安全措施，重要的系统都具有备份措施及数据库的备份和故障恢复措施，系统的授权功能确保了使用的安全，无关及无权人员无法进入系统或使用被保护的功能。

（4）先进性和适用性。目前，处于企业信息化前卫的先进理念和先进，诸如数据仓库和数据挖掘、客户关系管理、电子商务、基于浏览器的系统架构和互联网技术等都在宝钢的 B-ERP 中有所采用或体现。

3. 宝钢企业信息系统的实施效果

（1）缩短生产周期和成品出厂周期。实现按合同组织生产的理念，各部门可按自己的需要对合同从订单接收到成品发货、结算实行全过程的跟踪和管理，从而保证按时、按质、按量、按地点准备交货。系统的投运使宝钢可对产品的开发、销售、质量设计、生产计划、实绩收集、成品出厂、货款结算等实现一贯管理，从而加快了生产节奏，缩短了产品的生产周期和成品的发货周期。

(2) 降低成本和加快资金周转。系统采用了企业实时动态的财务管理模式，实现"以成本会计为中心"的运作方式，构建了新的标准成本制度。对线上每个环节的生产活动采用实施抛账，建立动态成本账面，使各部门对物料、备件、能耗、人工等成本要素都一目了然，从而及时掌握成本动向和发现问题，为降低成本创造了有利条件。备件、物资系统的建立也为降低资材库存和降低采购成本提供了有力的依据。财务结算的系统化和预算制度的采用也导致了流动资金的周转加快。

(3) 强化产品质量管理，提高实物水平，增强企业竞争力。由于公司构造了规范的质量管理体系，采用计算机自动质量设计，完全按用户的产品最终用途来控制质量参数和组织生产，从而大大提高了产品质量。系统实施强化了质量集中一贯管理，使所有的生产成绩、检化验结果能实时收集和上传，使技术人员能够及时掌握实物质量，降低废次品率。技术人员还可以运用各种相关软件对质量数据进行统计分析、及时调整各类质量参数，从而使现场稳定生产，大大提高实物的质量水平。质量产品控制手段的加强也有利于增加双高产品的生产比例，扩大双高产品的市场占有份额，增强企业的竞争能力。

(4) 提高管理效率、管理进度和管理水平。系统提供了一个公共信息平台，极大地提高了全公司信息的共享水平，促进了各项专业管理方式的变革，使信息的交换及时和精确，大大提高了管理效率。运行于全公司主干网上的 OA 办公系统也使公文的流转速度大大加快，提高了办公效率。由于数据直接采自现场以及高精度的测量设备，大大提高了数据的管理进度和信息的可信度。

(5) 为用户提供优质服务。系统利用互联网的快速发展，不断向企业外延伸，2000 年 8 月成立的东方钢铁电子商务公司，为客户提供了公共电子交易平台，也为用户提供及时查询供货资源、合同生产进行状况等的实时服务功能。产品质量异议处理功能为及时解决用户的异议提供了良好的服务，加快了对用户的响应速度。

(二) 宝钢集团的电子商务

与阿里巴巴专事电子商务的企业不同，宝钢的电子商务立足于具体业务以及钢铁冶金行业的生态链。

2000 年，宝钢的电子商务平台开始启动。在过去的 10 多年，这个电子商务平台已经分布宝钢及钢铁行业的众多大中小型企业，围绕该电子商务系统，已经形成了一个与现实贸易相互映衬的网上钢铁产业生态系统。2009 年，随着宝钢采购电子商务平台门户改版的上线，该平台在原采购业务公开、采购业务协同、电子招投标等功能的基础上，为供应商提供自荐、网上咨询、三级救助、互动讨论等功能与服务，成为宝钢“阳光采购”的平台。2009 年 5 月，随着“一体化销售及物流管控系统二期项目特殊钢子项”的正式上线，电子商务平台实现了对宝钢股份钢材品种的全覆盖。这为宝钢实现电子商务的“全线贯通”创造了条件，宝钢实际上实现了电子商务平台与 ERP、生产制造系统的连接，使得订单信息从“宝钢在线”可以直接流入 ERP 和生产制造系统。

发展电子商务，对宝钢来说，不仅有利于改善自己的生产控制、销售、财务等系统，更重要的是，其对整个产业链的融合作用是巨大的，很多下游厂商直接采用宝钢提供的电子商务平台，不仅统一了接口，节省了成本，从整个产业链角度也节省了产业成本，优化了产业结构。

业内分析认为，宝钢的电子商务平台“宝钢在线”的期货销售已经延伸到供应链下游，与直供的汽车企业、造船企业及家电企业形成了“一体化协同商务平台”，可提供从产品预定、合同跟踪、销售物流、财务结算到售后服务支持等多环节的服务支持。

宝钢营销电子商务应用始终专注于为用户提供便捷、高效的增值服务和体验。为适应向“以客户为中心”企业营销机制转变的要求，探索创新客户电子商务服务模式，2012 年，公司建设移动电子商务服务，设计开发基于宝钢移动商务服务中间件的宝钢在线移动商务服务，其中手机版移动营销服务于 2012 年 6 月上线投用，平板电脑版移动营销服务于 2012 年 12 月上线投用。同时，为方便用户选材，设计搭建面向用户的专业产品营销服务平台——彩涂服务专区，该项目已于 2012 年 10 月 28 日正式上线投用。

（三）宝钢集团的 Oracle iLearning

钢铁行业的机构通常人员众多，很多复杂的行业规定和公司新策、新产品需要员工及时了解；而在科技领域，技术发展越来越快，产品生命周期越来越短，需要不断更新员工的知识；对于行政与公共服务部门，需要服务人员掌握工作技能，提高服质量与效率；对于交通运输，则有很多技术法规需要员工了解，有很多新的业务内容需要落实；在生产制造流程上，产品从设计、生产到进入市场的时间越来越短，要求销售人员、渠道伙伴了解产品的竞争优势。

为了满足以上需求，宝钢集团对新的网络学习系统高度重视并将其建设纳入公司信息化建设规划，通过对各种学习管理平台系统进行测试和评选，公司最后选择了 Oracle iLearning，以此实现对已有培训系统的升级和迁移。

作为 Oracle 电子商务套件的组成部分，Oracle iLearning 是一个企业学习管理系统，它基于经济有效的可扩展学习管理系统整合培训计划，为企业提供一个完善的基础架构，能够快速组织和提供培训内容，提供最佳的教室培训与网上培训组合，并能对培训计划效果进行评估。Oracle iLearning 能使广泛分布于诸多不同地点的学员更方便地获得一致的培训，同时还使学员能够按照自己的步调和学习内容与教员及同学进行交互。

该项目由拥有丰富行业经验以及大客户案例的北京通铭派瑞科技有限公司负责实施和二次功能开发。2008 年 10 月，1 个月便完成了系统原型功能的上线；又经过了几个月的调整和优化，2009 年 4 月，完成了整个系统的客户化和分布式部署，投入正式运行。

基于 Oracle iLearning 的宝钢集团网络培训系统采用四层架构，学员在终端通过互联网接入，能满足千人级并发、万人级在线、数十万人级注册用户的员工培训需求。

通过实施 Oracle iLearning，宝钢集团建立起了与浦项制铁、通用电气等国际一流跨国公司同等水平的新一代网络培训系统。通过在线学习、离线学习、虚拟课常等灵活多样的学习方式，宝钢有效地提高员工学习的自主性，也极大地提高了培训效率和培训质量，并能全方位实施学员学习行为跟踪，以评估学员的学习效果；利用 iLearning 良好的扩展性，宝钢充分扩大了培训范围和培训内容，满足跨地区、跨行业、跨语言的所有员工和客户的集中培训、现场培训、高级培训等需求；借助新系统，宝钢的培训管理水平也得到了大幅提升，同时，大大降低了培训管理成本。

（四）宝钢集团的节能减排工作

节能减排方面，宝钢充分利用信息化手段，大力支撑节能环保、绿色采购、绿色产品研发与应用、资源循环利用工作，实现宝钢集团新一轮规划的有关要求——开创“环境经营”新局面，节能减排要有新突破，成为国际钢铁行业的领先者。

宝钢节能减排工作是全方位、多层次的，主要应用包括能源管理系统（EMS）、环境自动监测监视及管理系统、资源综合利用管理系统、基于 LCA 的绿色钢铁全流程评价及决策支持系统等。

宝钢从投产开始就建立能源管理系统，并先后推广到不锈钢事业部、梅钢、罗泾区域、特钢事业部等。后来，宝钢自主建设完成了环境自动监测、监视及管理系统一、二期项目，覆盖上海地区各制造单元和梅钢，实现了空气、固定污染源、烟粉尘、水质、噪声自动监测与监视、信息共享、统计查询功能。二期后项目重在完善异常数据报警及短信通知功能；完善数据审核、统计分析功能，灵活、直现呈现分析结果；拓展监测与监视 GIS 综合集成应用；接入全球眼监视信号，与监测数据一体化管理与发布，进一步提高污染源监控力度，有良好的示范作用。

此外，宝钢还与宝山区共建了宝山区环境中心，环保信息与上海市环保局共享，主动接受社会监督，向公众展示企业环境形象。

资源综合利用也是节能减排的关键手段。宝钢自主建设完成了资源综合利用管理系统一期项目。具体来说，在一次资源减量化方面，建立了合金的作业管理、质量管理、消耗管理以及库存管理系统；在二次资源返生产使用方面，建立了废钢的作业、消耗和库存管理系统；在三次资源社会化利用方面，建立了固废的计划管理、作业管理、质量管理、实绩管理以及物流图系统，初步实现了规范、透明管理，促进了资源综合利用，有显著的发展和推广潜力。

宝钢自主开展基于 LCA 的绿色钢铁全流程评价及决策支持系统自主研发项目，通过分析企业内部节能减排潜力，发现短板，为满足国家和地方节能减排任务提供决策支持。在 LCA 评价基础上，制定绿色产品标准，为环境经营提供技术主持。构建 LCA 评价系统，提高环境经营工作效率，具有突出的创新示范作用。

（五）宝钢集团的技术创新

多年来，宝钢坚持技术创新，持续加大研发投入，大力推进体系能力建设，积极探索机制和管理创新，广泛开展技术创新活动，拥有一批具有自主知识产权的技术和成果，截至 2012 年，宝钢拥有授权专利 8711 件（其中，发明专利 1668 件），一批重大创新成果获得国家、省市和行业表彰，其中“宝钢高等级汽车板品种、生产及使用技术的研究”项目获得国家科技进步一等奖，“一种安全环保资源化的炼钢熔渣粒化新技术”、“钢铁企业副产煤气利用与减排综合技术”等项目获得国家科学技术奖二等奖，“低温高磁感取向硅钢制造技术的开发与产业化”项目荣获 2012 年中国冶金科学技术奖唯一特等奖。作为国家首批创新型企业，宝钢技术创新工作得到国家和社会的广泛认可，近年被授予“中国企业自主创新 TOP100（工业）”前 3 强（2010 年）、“中国工业大奖”（2011 年）、“国家技术创新示范企业”（2012 年）等荣誉称号。

宝钢坚持“精品+服务”的技术创新模式，形成技术领先优势。精品来自于技术创新和对市场需求的正确判断，服务来自于对市场经济的真正理解和坚持数年的持续投入。集团形成了汽车板、硅钢、能源用钢、航空航天用钢等一批钢铁精品，支撑了国民经济和国家重大工程的材料需求。

1. 技术创新体系建设

宝钢《技术创新体系发展纲要》明确了技术创新体系发展的方针、目标和任务，提出了建设“研究开发”、“工程集成”、“持续改进”三大技术创新子体系的目标。经过多年的努力，三大体系已初具雏形。2012 年，宝钢集团正式组建中央研究院，进一步强化以中央研究院为核心的研发体系建设，支撑集团技术创新工作。

2. 产学研用战略合作

坚持“开放式自主集成创新道路”，积极推进集群式产学研合作，与上海交大、东北大学、北科大、钢铁研究总院等八所院校开展战略合作，与美国科罗拉多矿业学院、瑞典皇家工学院等大学、科研院所建立合作关系。建立宝钢—澳大利亚联合研发中心，实现研发资源国际化配置。不断加强与用户的战略合作，与汽车、家电、能源等行业签订长期的技术合作协议，建立“应用技术联合实验室”及技术创新联盟，构建“产学研用”产业链创新体系。

3. 钢铁联合研究基金

“钢铁联合研究基金”是由基金委和宝钢共同发起设立的。公司采用“科学民主、平等竞争、鼓励创新”的运行机制，面向全国，重点资助我国钢铁工业发展迫切需要的冶金新技术及有关工艺、材料、能源、环境、装备、信息等方面具有重要科学意义和应用价值的基础研究项目，是宝钢支持钢铁行业技术发展，积极融入国家技术创新体系的重大举措。

四、宝钢集团协同信息化

（一）提供公平公正的采购平台

1. 阳光采购

策划分类采购策略指导手册并推进实施，内部管理透明运作。宝钢股份总部资材备件采购从 2009 年开始制订分类采购策略手册，对于采购品种数达 30 多万、合格供应商近千家、有 100 余名采购员的采购组织，在采购策略的选用方面，总体上都得到了高效管控。2012 年编制的分类采购策略指导手册，优化了定价策略：分成竞争性策略与非竞争性策略；增加了供应商合作及资源开发计划的指导策略。总的指导原则是尽量减少非竞争性定价策略比例，促进按照市场机制来配置资源，控制采购成本。

2 .工业品超市平台

2012 年，宝钢股份资材备件采购部针对标准、通用的零星物品，构建工业品超市平台。工业品超市平台对供应商公开需求信息，全程开放竞价，从而可以更广泛、更高效地寻找有竞争力的供应商，发现市场价格；对用户实现按需“点菜”，满足不同用户对质量和价格的合理搭配。

（二）绿色采购

1. 采购绿色物品的情况

截至 2012 年底，已经对 15 万多个资材备件品种进行绿色属性的识别（2011 年底为 10 万多个），约占宝钢股份总部资材备件品种数的 46%，近 3 年的采购绿色物品（已识别）情况，宝钢股份原料采购中心到 2012 年底供应商 ISO14001 体系认证率达到 13%，2011 年为 10%，2010 年为 7%。

2. 供应商环境管理体系认证通过率

近 3 年，宝钢股份总部资材备件供应商环境管理体系认证通过率如图 2–6 所示。

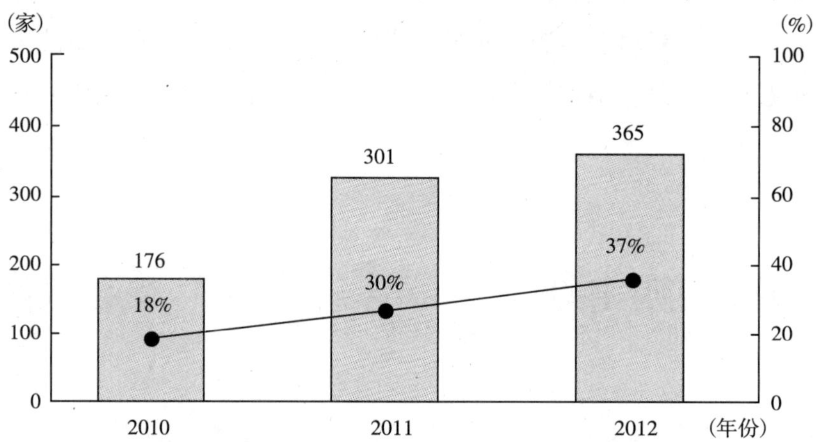

图 2–6　供应商环境管理体系认证通过率

（三）遍布全球的服务网络

1. 国内营销网络

宝钢在国内基本建成了经销和加工配送碳钢、不锈钢、特钢三大类钢铁产品，经营品种齐全、地域分布广泛、网点众多的钢材销售服务网络；同时建成了国内钢材加工量最大、设备工艺先进、加工网点覆盖全国主要地区的钢材加工配送服务体系。

截至 2012 年末，宝钢国内营销网点为 101 个，其中包括 6 家地区公司、6 家专营公司、3 家其他贸易公司、11 家分公司、23 个办事处、52 个钢材服务中心，累计形成加工能力 704 万吨（其中剪切 552 万吨、落料/摆剪 130 万吨、切割及预处理 22 万吨），激光拼焊能力 2557 万片，车轮 925 万只，热压 90 万冲次，液压 88 万冲次。

2. 海外网络

宝钢的海外营销服务网络遍及全球各大区域，设立了欧非中东大区、东南亚及南亚大区、东北亚及澳洲大区、美洲大区四个海外总代表体系，海外营销网络包含 4 家区域性总部、13 家子公司和代表处、2 家加工中心，负责宝钢整体海外贸易服务业务。继 2011 年宝钢首家海外合资加工中心（NSM）在意大利成立以后，第一个海外新建钢材加工配送中心韩国 BGM 也已开工建设。

（四）产销研工作模式

2012 年，宝钢在产销研推进体系中逐步建立并完善面向解决客户问题的产销研运行机制，即通过系统策划，将用户反映的各类问题系统导入各产销研的 SBU 小组，使各 SBU 小组作为各类用户问题解决的责任主体，并按照 PDCA 进行跟踪和评价各类用户问题的解决和进展。该项工作从 9 月开始试运行，通过各类用户问题的导入，使产销研各项推进工作目标更加明确和具体，并且通过各类用户问题的切实推进与解决，有效地提升了产销研活动对用户需求的响应速度。

（五）倾听用户的声音

1. 用户满意度调查

表 2–2　用户满意度调查

年份	第一季度实绩	第二季度实绩	第三季度实绩	第四季度实绩
2010	90.1	90.7	89.0	90.6
2011	90.5	90.1	89.9	90.8
2012	90.5	91.0	90.8	91.0

注：2012 年未曾发生因客户隐私泄露而遭受的投诉，未曾发生因违法违规遭受的处罚。

2. 大客户总监制

为实现向客户经营的转变，提升对客户快速响应速度，满足特定大客户的一揽子需求，宝钢探索大客户总监制服务模式，由专门的服务团队负责支撑大客户的发展战略，与客户建立长期交流合作机制，策划并维持全方位的战略合作关系；牵头相关部门研究、制订和实施个性化战略解决方案；策划个性化营销方案，制订包括营销预案、价格策略、信用政策及客户走访计划等方面的营销计划。作为试点，宝钢于 2012 年 3 月 5 日成立上海汽车工业（集团）总公司（以下简称“上汽集团”）服务团队，为上汽集团提供跨部门、多品种的一揽子服务。

3. 服务热线

2012 年，宝钢股份呼叫中心开展了多种“客户关怀”业务，如发送温馨短信（如节日、生日祝福、电子贺卡），通知提醒短信（如质量异议受理成功）等信息推送服务。更好地了解用户，密切与用户的联系，打造卓越的客户关系管理能力，不断提高用户对宝钢呼叫中心的认知度，使呼叫中心成为多功能、综合性的客户互动中心。2012 年，呼叫中心热线共接听用户来电 17436 通，平均接通率为 98.75%，251 个工作日，平均每天接听用户来电数量约为 70 通，呼叫中心热线即时满意率 96.55%。

4. 用户走访

2012 年，宝钢立足于从用户走访工作的策划、执行、实施、反馈和改进全流程的各个环节深入开展工作，并依托信息系统平台稳步推进。从重要用户、重点产品等维度，综合用户贡献等级和产品战略意义，策划和制订了 2012 年度公司高层领导走访计划 72 项；从技术走访和商务走访相结合入手，制订了各产品销售部、地区公司牵头的直供用户走访计划，全年合计 4052 次。通过前期充分策划和日常积极推进，2012 年累计实施直供以上用户走访 4646 次（其中，列入计划内走访 4022 次，计划外走访 624 次），年度走访计划累计完成率达到 99.36%；开展公司高层领导走访交流 69 次。通过与用户的积极互动，在推动宝钢与用户的交流和合作方面起到了良好的效果，通过高层走访交流，深化了与重要用户战略伙伴关系，推动宝钢与用户在市场拓展、材料应用等方面更好地发挥各自的优势，互补协作，共同发展。

5. 客户代表管理

宝钢股份客户技术服务代表为公司战略用户和重要用户提供一站式的贴身技术服务及信息沟通，协助开展用户技术服务和产品开发等工作，担当公司与用户之间的桥梁和纽带。2012 年，宝钢股份客户技术服务代表积极参与成长型新材料在国家重点工程的应用和推广试用工作，并积极帮助用户开展进口材料替代工作。48 名客户代表走访服务用户共计 5295 个工作日，收集各类用户需求信息 3826 条，通过协调处理，解决问题 2491 件，开展内外培训交流 2108 次。宝钢的客户技术服务团队，在钢铁市场寒冬的产品微利时代，围绕 “以用户为中心”的主旋律和运营机制，在各自服务重要用户这个特殊工作岗位上创造了无数个“合作双赢”的最佳实践，不仅为宝钢赢得了经济效益，也为宝钢树立了良好的社会形象，更得到了社会和用户的肯定。

五、宝钢集团的绿色信息化建设

八一钢铁（以下简称“八纲”）实施环保三年行动计划以来，通过不断的投入和技术革新，特别是通过对节能、环保新设施的投资建设，二氧化硫、烟粉尘、COD、NH3-N、大气降尘量等污染物排放量大幅下降，资源利用效率明显提升，大部分环保清洁生产指标均达到或优于国家一级指标，部分指标位居国内先进水平。截至目前，八钢吨钢综合能耗下降 26.5 千克标准煤，吨钢耗新水下降 1.14 立方米。而且，八钢厂区绿化覆盖率已经达到 44.27%，生活区绿化覆盖率已经达到 52%。

近年来，八钢正视环保压力，积极承担社会责任。2011 年底，八钢确定了“加速还旧账，绝不欠新账”的环保三年行动计划，通过关停老产线和加大环保技术、设施投入等举措，实施了一系列净化、美化、绿化、亮化工程。2011 年初，八钢以满足人对环境的需要为出发点，通过关停重污染生产线、加强扬尘治理、大气治理、废水治理、固废治理、噪声治理、环境治理七大举措，从听、视、嗅、行、感五位一体，全方位打造美丽八钢。

2012 年以来，八钢以管理节能、技术节能、系统节能为重点，通过关停一座老高炉和两座老转炉，先后淘汰高污染产能，其中生铁产能 43 万吨、炼钢产能 100 万吨，实现年减排二氧化硫 800 吨、粉尘 2000 吨。此外，八钢还通过烧结机烟气脱硫工程、高炉 TRT 发电、烧结余热发电、圆形煤仓建设、废水深度处理及综合利用工程、矿渣微粉工程、热闷渣项目、钢渣微粉工程，以及含铁尘泥造冷固球团综合利用攻关、工业噪声治理等，有效降低企业能源消耗，降低污染物排放。

建设绿色、低碳、环保的美丽八钢，实现人与自然的和谐发展，是八钢未来发展的方向与目标，同时也是八钢开展环境经营，以节能环保促发展、向节能环保要效益，打造美丽八钢，实现可持续发展的重点所在。

据了解，八钢在节能环保上的前期投入巨大，美化的环境、洁净的空气和蓝天碧水，给八钢职工以及周边居民带来了真切的感官体会，更重要的是这些投入给企业带来了良好的社会和经济效益。目前，八钢正立足国务院常务会议颁布的“大气污染防治十条措施”，进一步细化企业内部节能环保指标，并从管理节能、技术节能、系统节能等方面，明确下一步的工作重点，以及规划期内多项必须达到的清洁生产一级标准。

六、案例点评

工业化和信息化的融合是我国钢铁行业实现由大到强的必由之路。宝钢作为中国最具竞争力的钢铁企业，它的企业信息化经验，对于我国探索以“新型工业化”为特点的企业信息化道路，对于提高企业整体竞争力，具有普遍借鉴价值。具体来说，宝钢的信息化建设给我们带来的启示主要有：

（1）通过企业信息化，全面持续创新，在做大做强基础上做“活”。解析宝钢的整体竞争力，其中既有工业化的传统因素，也融入了新型工业化的特点。宝钢把企业信息化的目标聚焦在了创新上。

（2）信息化战略服从、服务于企业战略，由业务部门主导企业信息化，信息化建设重点从生产中心、财务中心移向用户中心，信息化从一把手推进向业务需求驱动型转变。宝钢的信息化，一切围绕业务开展。宝钢的网站特别实在，可以说是“非生意莫入”，一点为参观而设计的点缀都没有。

（3）以工业自动化促进资源信息化，资源信息化带动工业自动化，通过规范的信息资源管理，统一的代码设计和数据字典，应用规范的标准化，做到“数据不落地”，以此作为企业信息化的先决条件。比如，宝钢做到了控制系统与工程建设同步、管理信息系统与管理发展同步，在建设产品生产线的同时，完成工艺装备和制程控制的自动化，实现从各控制计算机系统到公司级管理信息系统的“数据不落地”，并在实践中最终形成了自下而上纵向结构体系。

（4）工业化先进企业在信息化过程中，要把面向业务流的设计置于企业信息化理念的核心。在转变、优化职能的前提下，以流程再造为核心实施企业信息化，以信息流统一物流、资金流，建立面向客户的供应链管理业务横向集成。宝钢公司级管理信息系统，是一个面向企业业务流的核心系统，其以财务为中心，实现了物流、信息流和资金流的同步，实现了经营成果的及时反馈。

（5）发挥大型企业龙头作用，利用电子商务和互联网技术，把企业内部信息系统向客户和供应商两端延伸，带动整个供应链实现信息化。目前，“宝钢在线”电子商务平台，不仅已经成为宝钢公司一项重要的无形资产，也成为宝钢上下游企业共同的信息化平台，宝钢以自己的实践充分发挥了大型国有企业在信息化中的示范带动作用，成为钢铁行业信息化的一面旗帜。

（6）在节能减排工作实践中，促进节能减排是全方位、多层次的。它涉及管理与工艺流程平台、能源中心、工艺流程优化、生产过程管控、能源管理和资源综合利用、能耗及排放在线检测、基于 LCA 的绿色钢铁全流程评价及决策支持以及装备的信息化等多个方面。信息化技术在节能减排中的应用，不能简单地理解为技术手段的信息化，而要结合信息技术，把原来不合理的生产工艺流程与经营管理方式加以优化，才有可能实现真正的两化融合，发挥最大的效益，达到节能减排的效果。此外，信息化项目涉及管理变革与业务流程再造，因此领导的决策与支持是项目成功的关键要素。

参考文献

［1］何浩然. 宝钢信息化建设的探索与实践——e 化企业　提升管理空间［J］. 计算机周刊，2001 (47).

［2］戴坚. 宝钢：信息与管理的深度开发［J］. 中国制造业信息化，2011（16）.

［3］陈明. 宝钢上马 iLearning 加快两化融合进程［J］. 上海信息化，2010（1）.

［4］刘琦琳. 宝钢的社会化企业细节［J］. 互联网周刊，2010（8）.

［5］姜奇平. 从宝钢经验看企业信息化建设［J］. 中国信息界，2003（11）.

［6］雷爱华. 信息技术与企业空间结构研究［D］. 华东师范大学硕士学位论文，2005.

［7］宝钢集团官方网站，http：//www.baosteel.com/index.htm .

［8］中华人民共和国工业和信息化部，http：//www.miit.gov.cn/n11293472/index.html.

第五节　腾讯的创业型信息化模式

一、腾讯基本情况

（一）腾讯发展简介

1. 初始期

腾讯公司成立于 1998 年 11 月，是目前中国最大的互联网综合服务提供商之一，也是中国服务用户最多的互联网企业之一。成立 10 年多以来，腾讯一直秉承“一切以用户价值为依归”的经营理念，始终处于稳健发展的状态。腾讯公司是目前中国市场上最大的互联网即时通信服务提供商。1999 年初，腾讯开发出第一个中文版的即时通信工具，即腾讯 QQ。当时微软的 MSN 已率先推出，并捆绑在 Windows 操作系统使用，在市场中已处于领先位置。为了打败 MSN，腾讯公司采用免费使用、自由下载的商业模式，受到用户欢迎，当年底同时在线的用户就突破 10 万人，到 2001 年 6 月同时在线的账户数突破 200 万人，从而成为国内即时通信市场无可争议的霸主，也为它以后的业务发展打下了坚实的用户群基础。这一阶段是生命周期中的初始期。此时，产品用户群的快速扩张并没有给腾讯公司带来销售收入，相反，公司还需要投入不少资金进行产品的市场推广与维护，企业面临较大的资金压力。

2. 发展期

2001~2005 年，它的主要特征是公司的有效用户数量与销售收入同时高速增长。2001 年同时在线的用户达到 300 万人，销售收入是 4907.6 万元，到了 2005 年底，同时在线的用户达到 3260 万人，销售收入达到 14. 26 亿元。这一阶段，腾讯公司围绕 QQ 即时通信工具推出了 QQ 秀等一系列虚拟物品，满足了互联网发展阶段聊天人群的个性化需求。2002 年，腾讯开发了 Q 币，用户付费后通过等值面额的卡号、密码与 QQ 号关联进行充值，用户拿着 Q 币在 QQ 秀商城购买虚拟服饰、珠宝首饰、场景来打扮虚拟形象。虽然这个创意也是借鉴韩国的经验，但是事实证明，以 QQ 秀为代表的虚拟物品的销售正是腾讯满足细分市场需求的典型成功案例。在此之前，腾讯绝大部分的收入来自于无线增值业务。而像 QQ 秀这样的虚拟产品和服务的诞生，使腾讯实现了业务转型。随后个性空间 Q-zone 的开通极大拓展了 QQ 秀的销售空间，QQ 秀原本只能向用户销售与服饰相关的虚拟物品，而在 Q-zone 的平台上，腾讯几乎可以向用户销售一切虚拟生活物品：桌椅板凳、牙膏水杯、打火机等。腾讯商业模式的特点表现为快速发现并满足客户的特殊需求并与 QQ 平台对接，迅速获得盈利。这种模式让腾讯在几年之中逐渐摆脱对 IM（即时通信）本身的依赖，在 IM 平台之上诞生了 QQ 秀、Q-zone 和 QQ 宠物等新生命。

3. 成熟期

随着腾讯公司在即时通信市场的垄断地位完全确立，其用户规模已不可能保持原有的增长速度。截至 2008 年 9 月，同时在线的用户数量从 2005 年的 3260 万人增加到 4970 万人，明显低于发展期的用户增长速度，这标志着腾讯公司的发展已进入成熟期。此时，公司需要考虑的是如何保持这种垄断地位并扩大其应用领域，但依靠企业独自的力量难以实现应用领域的扩张。腾讯公司分析了即时通信市场与网络增值业务的发展方向，认为未来3G网络的普及会带来潜力巨大的市场机会，与移动通信运营商的合作就成为必然。这一阶段，腾讯公司推出了移动QQ服务，在移动通信运营商的SIM卡中，嵌入了移动QQ菜单，包括了与QQ好友发送信息、查询信息、查询好友状态、通过不同的条件查询腾讯QQ用户等功能，并利用移动QQ平台实现手机QQ空间、手机充值对衍生产品的支付功能。除了与运营商的合作外，腾讯公司还与摩托罗拉、西门子、诺基亚等厂商洽谈合作，在众多手机中内置了移动QQ软件。这一阶段，腾讯通过与产业链基础平台的合作，大幅度扩大了其产品的应用领域，更加巩固了其垄断地位。

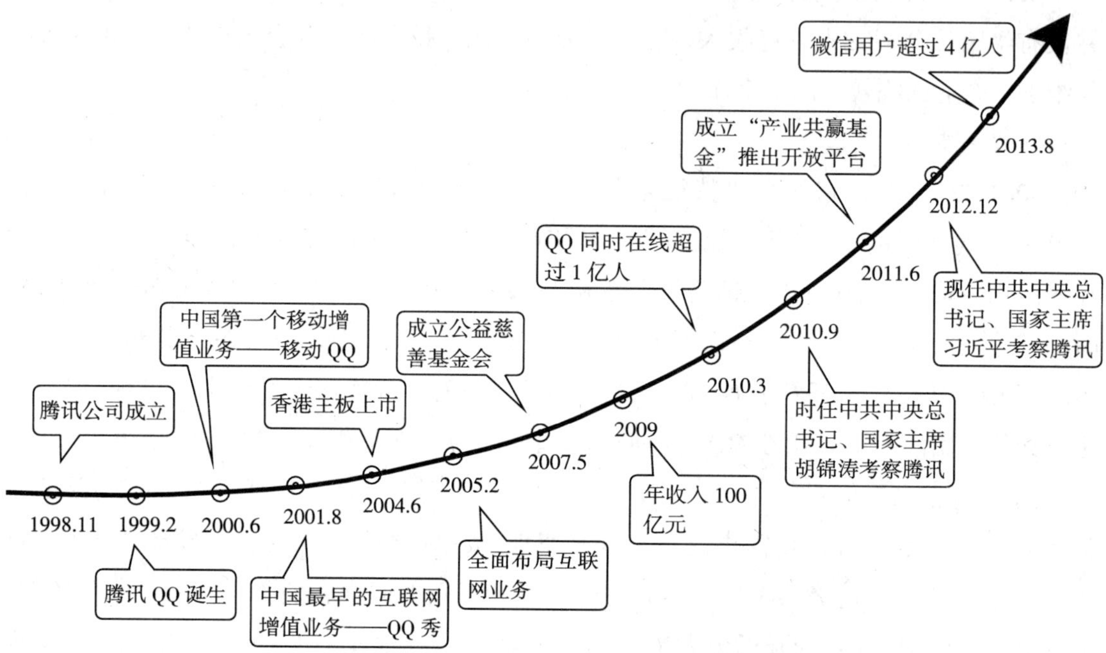

图2-7　腾讯公司发展历程

（二）腾讯公司介绍

1.“一站式”在线生活平台

腾讯以“为用户提供一站式在线生活服务”作为自己的战略目标，并在此基础上完成了业务布局，构建了由即时通信业务、广告业务、互动娱乐业务、电子商务、互联网增值业务、无线和固网增值业务、网络媒体7个业务板块组成的有机统一体，形成中国规模最大的网络社区。在满足用户信息传递与知识获取的需求方面，腾讯拥有QQ.com门户、QQ即时通信工具、QQ邮箱以及SOSO搜索；在满足用户群体交流和资源共享方面，腾讯推出的QQ空间（Q-zone）已成为中国最大的个人博客，并与访问量极大的论坛、

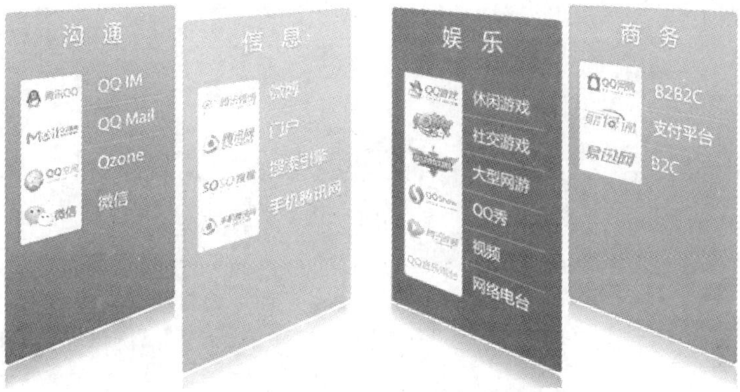

图 2-8　一站式在线生活平台

聊天室、QQ 群相互协同；在满足用户个性展示和娱乐需求方面，腾讯拥有非常成功的虚拟形象产品 QQ 秀、QQ 宠物、QQ 游戏、QQ 音乐、QQLive 等产品，同时，还为手机用户提供了多种无线增值业务；在满足用户的交易需求方面，C2C 电子商务平台——拍拍网已成功运营，并完成了和整个社区平台的无缝整合。通过即时通信 QQ、腾讯网（QQ.com）、腾讯游戏、QQ 空间、无线门户、搜搜、QQ 网购、拍拍、财付通等中国领先的网络平台，腾讯打造了中国最大的网络社区，满足互联网用户沟通、资讯、娱乐和电子商务等方面的需求。截至 2013 年 8 月 14 日，QQ 即时通信的活跃账户数达到 8.185 亿人，最高同时在线账户数达到 1.732 亿人。可以说，腾讯 QQ 的发展深刻地影响和改变着数以亿计网民的沟通方式和生活习惯，它改变传统状态下的人与人的沟通方式，网络平台的不同也催生着不同的沟通关系，不同的沟通关系也就意味着不同的盈利增长点。经过多年的努力，腾讯已经初步构建了 QQ、QQ.com、QQ 游戏以及 QQ 移动手机门户四大网络平台，分别形成了规模巨大的网络社区。目前，腾讯网（QQ.com）已经成为了中国浏览量第一的综合门户网站，电子商务平台拍拍网也已经成为了中国第二大的电子商务交易平台。

2. 创新能力

面向未来、坚持自主创新、树立民族品牌是腾讯公司的长远发展规划。目前，腾讯 50%以上员工为研发人员。腾讯在即时通信、电子商务、在线支付、搜索引擎、信息安全以及游戏等方面都拥有了相当数量的专利申请。2007 年，腾讯投资过亿元在北京、上海和深圳三地设立了中国互联网首家研究院——腾讯研究院，进行互联网核心基础技术的自主研发，正逐步走上自主创新的民族产业发展之路。

3. 开放平台

2011 年 6 月 15 日，腾讯宣布将向第三方合作伙伴开放腾讯平台。过去，腾讯的梦想是打造一站式在线生活平台，而今，腾讯的梦想是建设一个没有疆界，开放共享的互联网新生态。开放，对腾讯而言，是一次使命的转变，公司将会从组织、战略及文化等

图 2-9 开放的互联网

全方位与开放平台接轨，建立一个更健康的互联网生态环境，为我们的用户和合作伙伴带来更高的价值。

4. 企业责任

图 2-10 腾讯公益

成为最受尊敬的互联网企业是腾讯公司的远景目标。腾讯一直积极参与公益事业、努力承担企业社会责任、推动网络文明。2006 年，腾讯成立了中国互联网首家慈善公益基金会——腾讯慈善公益基金会，并建立了腾讯公益网（gongyi.qq.com），专注于辅助青少年教育、贫困地区发展、关爱弱势群体和救灾扶贫工作。目前，腾讯已经在全国各地陆续开展了多项公益项目，积极践行企业公民责任，为“和谐社会”建设做出贡献。

（三）腾讯业务介绍

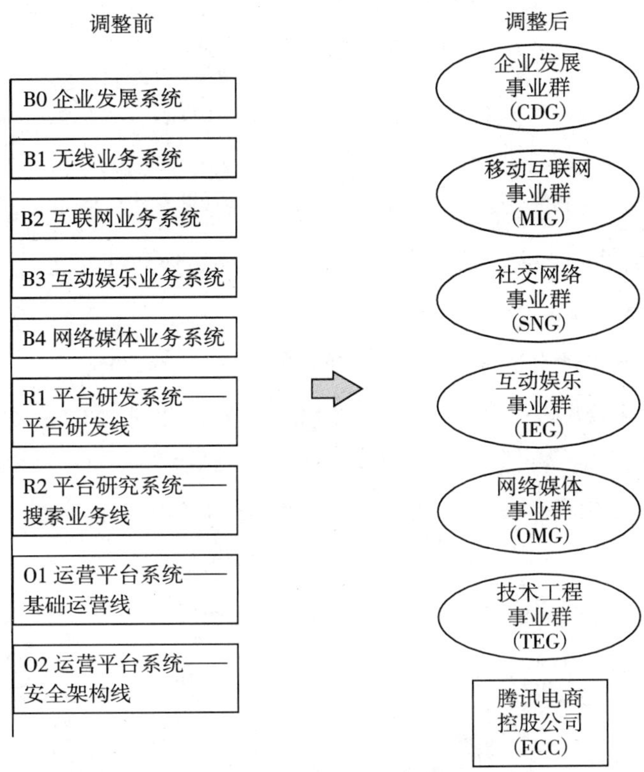

图 2-11　腾讯组织架构调整

1. 企业发展事业群

图 2-12　企业发展事业群

意如其名，企业发展事业群（Corporate Development Group，CDG）在腾讯内部担当战略规划、投资者关系维护、业务孵化和投资并购等角色。众所周知的微信、财付通、QQ 邮箱等业务均属 CDG，诸多投资工作也由 CDG 负责，比如国内外投资并购、海外市场推广等工作，有志于股权投资、创新业务、国际化并拥有专长的同学可格外关注！

2. 互动娱乐事业群

以网络游戏为主体的互动娱乐事业群（Interactive Entertainment Group，IEG）是腾讯营收最大的板块，同时也是国内营收最大、运营最卓越的网游平台。IEG 拥有五大类逾

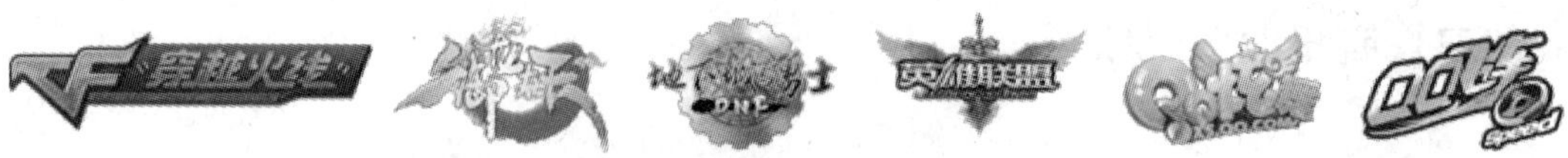

图 2–13　互动娱乐事业群

百款游戏，在第一人称射击、横版格斗、休闲、竞速、音乐舞蹈、英雄对战等多个细分市场均占据领先地位，无论是 DNF、LOL、CF，还是 QQ 炫舞、QQ 飞车、御龙在天、洛克王国，都有着良好的口碑。目前，IEG 正在大力加强自研，推进国际化，并向泛娱乐拓展，如果你是热爱游戏的达人，或有志于从游戏向娱乐跨界发展，IEG 是你的不二选择！

3. 移动互联网事业群

自公司宣布升级移动互联网战略，移动互联网事业群（Mobile Internet Group，MIG）便更加聚焦于移动互联网基础平台，承担起移动互联网的底层安全责任，以便更好地适应移动互联网发展趋势，探索和孵化更多新业务。调整后的 MIG 聚焦于浏览器、安全、搜索、应用平台等平台型业务。目前，MIG 将更多的精力集中于新产品研发、孵化和平台培育，进而承担腾讯开启移动互联网时代的重要使命。移动互联网是未来最具想象力的市场，如果你崇尚激情、渴望挑战，这是你最佳的舞台！

图 2–14　移动互联网事业群

4. 网络媒体事业群

网络媒体事业群（Online Media Group，OMG）是腾讯的全媒体业务平台，旗下包括腾讯网、腾讯微博、腾讯视频、腾讯智慧等品牌。腾讯网从追赶到超越，目前已经成为国内流量第一的门户网站；腾讯微博发展迅猛，在市场地位和创新性上迈向行业第一；腾讯视频发挥后发优势，市场排名不断上升，原创视频口碑渐入佳境；基于共同的 MIND 方法论，腾讯广告业务营收随之成为业内第一，OMG 正在迈向国内最具影响力的一体化网媒平台！这是热爱传播、塑造影响力的舞台！

图 2-15 移动网络事业群

5. 社交网络事业群

社交网络事业群（Social Network Group，SNG）拥有用户量仅次于 Facebook 的全球第二大社交平台，在国内 IM 和 SNS 市场遥遥领先，你每天都可能接触的 QQ、QQ 空间、朋友网等都是腾讯大社交平台必不可少的组成部分，相关增值业务也是腾讯的第二大营收来源，SNG 还是腾讯打造开放平台的主战场之一。此前，这个世界上互不认识的 2 个人，中间只需要经过 6 个人就可以联系在一起，如今，通过 SNS，这个距离已缩短到 5 个以下。社交，让你与人们的联系更贴近！腾讯 SNG，欢迎你一起来改变时空的距离！

图 2-16 社交网络事业群

6. 技术工程事业群

技术工程事业群（Technology and Engineering Group，TEG）包含技术运营线和搜索平台线两部分。技术运营线是腾讯内部的技术支撑平台，为公司提供全方位的运营解决方案和服务支持。在这里，有亚洲最大的网络、服务器集群和数据中心，有业内领先的云运营平台、云数据处理平台，也有互联网海量应用支撑服务平台，互联网运营及战略技术研究工作，腾讯数个亿级用户平台的运营秘密都在这里。搜索技术平台线负责搜索引擎基础技术的研发、搜索质量的提升、PC 网页和无线互联网平台上搜索产品和服务的开拓如网页搜索、图片搜索、视频搜索、百科、无线小说、新产品等，TEG 的技术欢迎你！

图 2-17 技术工程事业群

7. 职能系统

腾讯职能系统是腾讯内部的运营支撑平台，涵盖法务、行政、公关、采购、基建、财经、人力资源等重要职能，是公司这部精密机器得以顺利运转的黏合剂和润滑剂。在腾讯迈向“最受尊敬的互联网企业”的征程中，我们需要一流的职能管理和支持团队为公司愿景的达成保驾护航，同时这里也需要多元化的细分专业人才，有“多款”岗位供你选择！

图 2-18　职能系统

8. 腾讯电商控股公司

腾讯电商控股公司（ECC）为腾讯集团旗下全资子公司，是腾讯进军电商的独立运营平台，在互联网和实体经济日益深度结合的趋势下，是腾讯的一个战略性布局。公司将投入 10 亿美元，整合拍拍、QQ 商城、易迅、移动电商、生活服务、数字发行等原腾讯电商旗下业务，与好乐买、e 龙、同程网、F 团等参股公司组成联合舰队，以用户口碑为核心，构筑新一代电子商务平台。腾讯 ECC 在运营上拥有更为灵活的机制，欢迎志在网络又脚踏“实业”的同学加盟！

图 2-19　腾讯电商控股公司

二、腾讯盈利模式的探索

腾讯公司自 1998 年成立以来，经过 10 多年的运营，迅速发展成为目前中国最大的综合服务提供商之一，其在互联网业界占有重要地位。在目前腾讯的业务板块中，其为广大用户提供互联网增值服务、移动及电信增值服务和网络广告服务。

2002 年，腾讯 QQ 的用户群已经成为中国最大的互联网注册用户群，腾讯也成为中国最大的即时通信服务网络，甚至很多人已经把 QQ 号码作为电话号码、电子邮箱并列的重要联系方式之一。由此便成就了腾讯公司最核心的竞争力——客户端渠道的垄断性地位。腾讯每横向拓展一个新的盈利阵地，无须太多创新，无须太多市场推广投入，仅是凭借客户渠道的垄断性优势一点，就能获得令竞争对手新羡不已的丰厚回报。

腾讯经过多年发展，形成了自己独特的盈利模式。其主要盈利分为三个部分：互联网增值服务、移动及通信增值服务和网络广告服务。

（一）盈利模式一：互联网增值服务

腾讯互联网增值服务的内容包括会员服务、社区服务、游戏娱乐服务三大类，具体业务包括电子邮箱、娱乐及资讯内容服务、聊天室、交友服务、休闲游戏及大型多用户在线游戏等。

“QQ 游戏”作为中国最大的小型休闲游戏门户，2010 年业绩稳健增长，为腾讯其他网络游戏提供稳固的增长平台。其最高同时在线账户数于 2010 年第四季度增加至 680 万人，这反映了其丰富游戏产品组合持续努力的成果，以及联赛活动和跨平台整合的有利影响。

2010 年，网络游戏业务增长高于同业水平，提高了腾讯的市场份额并巩固了其市场领导地位。主要几款 MMOG 和中型休闲游戏是主要增长动力。尤其“穿越火线”在付费用户和收入方面都取得显著增长。2010 年，腾讯又推出了不同类型的新网络游戏，以进一步多元化游戏产品组合并扩大用户群。2010 年 8 月推出的“七雄争霸”已成为迅速发展的网页游戏领域的佼佼者。同时，在儿童细分市场也获得重大进展，2010 年 7 月推出的“洛克王国”，其最高同时在线账户数达 35 万人以上。腾讯于 2011 年初通过包月订购的模式开始该产品的商业化。

腾讯的“QQ 幻想”和“QQ 炫舞”等游戏的相继推出和完善，主要靠销售各类游戏卡和网吧为基础，建立了直接面对终端客户的商务系统。腾讯推出的在线游戏不仅从虚拟环境中给人以快感，也给运营商们带来无限商机。据一项调查显示，全国 22.64% 的用户曾使用现实货币购买过网络游戏中的虚拟物品，而以我国目前收费运营中的 10 款主流网络游戏计算，总注册账号已超过 4 亿个。如果以 23%的比例计算，将有 9000 多万个注册账号参与现金交易，以每笔交易金额 100 元计算，整个市场的规模可达到 90 多亿元。由此可见，我国游戏市场的空间非常大。腾讯公司抓住了网游娱乐性强的特点，投入巨资，加大自主研制力度，迎合了年轻人爱玩的天性。可以说，网游给腾讯带来了不少的收益。随着 90 后消费能力的扩大，QQ 增值服务强势增长，主要表现在拍拍网上的 QQ 币等虚拟商品的火爆销售额上。

（二）盈利模式二：移动及通信增值服务

2011 年，中国互联网用户持续增长，但增长率因规模扩大而放缓。根据中国互联网信息中心的数据，互联网用户的总人数按年增加 12.2%至 2011 年底的 5.131 亿用户，较 2010 年增长率 19.1%为低，而互联网渗透率则进一步增至 38.3%。

虽然用户增长率放缓，但用户的互联网使用率持续上升，且互联网渗透用户日常生活的方式进一步增加。2011 年，由于智能手机的日趋普及，以及种类繁多、具吸引力的手机引用的涌现，移动互联网在用户的普及程度上大幅提高。2011 年底，移动互联网用户占互联网用户总人数的 69.3%，较 2011 年的 66.2%有所增加。尤其是，微博获得非常良好的市场反应，并成为一种流行的智能手机社交应用。至于微博，用户人数持续大幅增长，巩固了其作为中国主流社交媒体的地位。虽然网络游戏的发展已进入了相对稳定的阶段，但网页游戏仍为开发商及发行商带来增长的机遇。

2011 年，腾讯巩固了其在移动及电信增值服务方面的领导地位，并继续抓紧业内的新发展机遇。在短信套餐日渐受欢迎以及手机游戏用户迅速增加的支持下，移动及电信增值服务业务收入取得稳健增长。

着眼于移动互联网的使用迅速普及以及未来的机遇，腾讯公司一直积极在行业价值链中做出部署。例如，腾讯公司已推出定位服务作为手机产品的核心功能，并将其社区领导地位延伸至移动互联网，这从手机 QQ 及微信用户大幅度增长得以证明；腾讯已在手机浏览器和手机安全方面拥有可观的市场占有率，长远而言有着重要的战略意义。

（三）盈利模式三：网络广告服务

网络广告业务 2011 年进一步增长，主要表现在网络服务、服装、汽车及 IT 产品等主要行业的收入有所增加。为把握视频广告所带来的机遇，腾讯于 2011 年 3 月推出网页版在线视频平台，并对视频内容、服务器及频宽做出重大投资。虽然视频平台仍处于发展初期，但增长势头一直保持强劲增长。视频广告收入于 2011 年第四季度按季增长 70%。此外，根据 ComScore Videometrix 的数据，平台在视频浏览量方面排名第二位。至于搜索广告，2011 年收入因流量增加而大幅增长。腾讯并于 2011 年内推出了优化的付费广告系统，提高了关键字的受益。

在广告市场方面，尽管网络媒体目前还无法与传统媒体争锋，但网络广告毕竟是其营收不可忽视的一个方面，且近年来始终保持着增长的态势。网络广告是互联网最早，也是最为成熟的商业模式，已经走出了模仿和简单移植的阶段，表现形式越来越多样，发展越来越快。

但网络广告并不是腾讯的主要盈利模式，新浪网络单单一个季度的广告收入就超过腾讯半年的广告收入，其原因是因为相对较少的受众数量和相对单一的受众结构。目前，广告市场的主体份额仍由报纸、电视等传统媒体占据，而网络媒体的载体的特殊性制约了它的受众数量，只有在技术、设备、资金、时间、环境等各方面条件允许的情况下，受众才有可能接触到网络广告。腾讯虽然拥有国内最大的用户基数，但由于腾讯的用户绝大多数居于30岁以下，其中有大量中学生，主体受众的消费能力显然不强，广告客户通常不会对这个结构感到满意，自然也不会进行大量的广告投入。网民的消费能力低，决定了腾讯的网络广告收入不高，因而不能成为腾讯的主要收入来源。

三、腾讯的业务探索

（一）易迅电子商务平台创新

2013年3月5日，腾讯旗下电商平台易迅CEO卜广齐发布内部邮件称，公司即将进行组织架构调整，新成立电商经营本部、物流本部、企业发展本部和新区管理委员会。其中，电商经营本部下设四个品类事业部：3C数码、手机通信、家电和日用百货。物流本部除承担各大区的仓储配送工作外，未来也将为腾讯电商的开放平台提供闭环物流服务。卜广齐表示，2013年，公司将冲击和挑战150亿~200亿元的销售目标。

1. 成立电商经营本部：专注品类专业采销和运营，着力打造易迅的自营口碑

易迅作为腾讯电商旗下实物自营业务的电商平台，将支撑整个腾讯电商“以自营创造用户口碑，良性拉动开放平台和其他非实物业务”的战略定位。成立电商经营本部的目的是为了让公司能持续提升品类经营能力，巩固完善优势品类和拓展新品类。下设四个品类事业部：3C数码、手机通信、家电、日用百货。同时设有横向的运营、研发、市场、客服、供应链优化、综合管理等支持中心。

2. 成立物流本部：建立起高标准低成本的物流体系

物流的能力和水平将决定未来电商的核心竞争能力，成立物流本部将主要负责各成熟大区的仓储配送工作，未来也将为腾讯电商的开放平台提供闭环物流服务。腾讯以上海为中心建设全亚洲最大的自动化仓储分拨中心，建设成都、济南、福州、长春等10余个仓储配送基地，并在仓库基地周边200公里范围内的重要城市实现一日三送或一日两送的配送服务，让超过50个城市的网友享受到易迅“闪电送”超爽体验，并积极和第三

方物流合作，做到全国1000个城市覆盖货到付款（COD）服务。

3. 成立企业发展本部：立足企业长远发展，储备未来发展新动力

新成立的企业发展本部将担负起新业务孵化和预研的工作，整合了原云分销事业部和自有品牌事业部。这是不断自我创新，发现实现用户价值新机会的"易迅梦工厂"。同时，腾讯还将继续与国内外顶级品牌合作，整合腾讯电商优质资源，构筑差异化的商品竞争优势。同时，成立新区管理委员会为"非成熟大区"定制更快速灵活的决策机制。

易迅真正意义的全国化布局还在路上，腾讯也正在酝酿和准备拓展更多有竞争力的大区，给更多地区的用户带来惊喜。大区发展委员会将由相关高层管理者直接担任委员，更好地支撑全国化战略。发展中的"非成熟大区"将直接向此委员会汇报，这个机制将赋予他们更快速灵活的决策能力。

此外，腾讯仍将有IT信息中心、HR与管理平台（包括HR、行政、物资采购等）、财经管理平台，对业务发展提供有力支持。新的组织架构分工更加清晰，将业务相关性强的部门整合到了本部组织框架之下，业务协调和决策效率将大大提升。公司将从内部提拔和外部招聘优秀高端人才填补新架构下出现的人才空缺，进一步提升易迅经营团队数量和质量。

虽然挑战巨大，但前景也非常让人兴奋！在2013年，易迅和腾讯电商的同事已经建立了彼此信任、亲密无间的合作关系和深厚感情，这次调整可以让易迅更加地适应当前的业务形势，为加速发展做好必要的准备。

（二）微信开放平台探索

与腾讯的发展史一样，微信在骂声中飞快成长——虽然既非原创，又不具备首发优势，但仅仅一年，微信竟远远超越对手们，拥有了5000万用户。

微信在2011年1月正式推出后，其发展速度远超微信团队自身的预期，也超出外人的想象。2011年11月初，微信用户数超过3000万人；1个月后，这个数字已达5000万人，数倍于其先行者、竞争对手。2012年1月，微信的广告出现在广州街头的公交车站牌上，除了白色线条勾勒的几个拿着手机形态各异的小人，画面上只有四个字"微信·生活"。这是微信在腾讯平台之外的第一次大规模推广。

但微信的对手仍有增无减。米聊、神聊、飞聊、翼聊、沃友、口信、友你等与微信类似的20多个产品，陈列在各智能手机应用商店，这些绕开电信运营商0.1元/条收费、基于网络的通信应用，除了省钱，还纷纷加入社交功能，试图更进一步渗入人们的生活。微信一跃成为继开放平台之后腾讯公司最大的亮点。

图 2-20　微信产生与发展

1. 既非原创，也非首发

腾讯 2011 年第三季度业绩报告显示，QQ 同时在线人数已经达 1.454 亿人。熊明华透露，这其中有一半来自手机 QQ。这也意味着，移动互联网的布局，关系着腾讯的未来。

与很多产品一样，微信既非腾讯的原创，也非首发。他们的学习榜样是加拿大的移动 IM 服务提供商 Kik Interactive 公司。而在微信推出之前，国内同类产品已有多种问世。

2010 年 10 月登录苹果、安卓应用商店的 Kik，是一款基于手机本地通讯录实现免费短信聊天功能的社交应用软件，因为上线 15 天就收获了 100 万用户而声名鹊起。随后却遭遇了一连串打击——2010 年 11 月，在收到用户反馈之后，黑莓（RIM）经调查认定，Kik 违反合约义务及责任，将其从应用商店下架。2011 年 6 月，苹果 iOS5 发布，其中最重要的一项 iMessage 服务，同样可通过网络免费发送文字、图片、视频信息。

在中国，互动科技最早于 2010 年 11 月 7 日推出“个信”；1 个月后，小米科技推出了“米聊”。而腾讯的微信则姗姗来迟。微信正式立项是在 2010 年 11 月 18 日，2011 年 1 月 21 日先是推出了 iOS 版本，随后几天陆续出了安卓和塞班版本。虽然慢了一拍，但腾讯早已意识到微信的重要性，对其寄予厚望。

2. 持续改进

在微信 1.0 版本一年前发布的时候，打出的口号是“能发照片的免费短信”。但这个口号并未让用户感到惊喜。微信并没有收获预期的用户。接下来 3 个月，微信团队埋头优化程序，改进包括收发消息速度、流量节省等产品细节。

经过几个月打磨，2011 年 5 月 10 日，微信发布了 2.0 版本，新增语音对讲功能，用户数开始出现大增。这功能并不新鲜，也非微信独创——早在 2011 年 1 月推出的 Talkbox 就是主打免费语音。不过，微信做了相应的改进。当距离感应器无感应，语音对讲默认为扬声器播放，只要把手机贴近耳朵，马上就改为听筒模式，方便在会议中接听。类似这样的改进，还有很多。

真正让微信从国内 Kik 类软件中脱颖而出的，是第一个加入 LBS（基于位置的社交）元素。2011 年 8 月 3 日，微信 2.5 版本发布，推出“查看附近的人”功能。它直接将微信从熟人之间的沟通，推向陌生人交友。第二天，陌陌这款定位于陌生人交友的软件也在 App Store 推出。

微信产品总监刘乐君对《南方周末》记者介绍说，设计“查看附近的人”功能，为用户提供了查看附近人的头像、昵称、签名及距离，初衷是让微信走近用户生活，以便用户之间产生进一步联系。譬如拼车上班，用户可以把拼车想法写入签名，让人家找到你；如废旧物品出售，也可以把商品信息放进去，很快可以找到买家。

把不认识的人圈到一起，成为了微信用户增长的一个重要里程碑。用刘乐君的话说，“查看附近的人”功能出来之后，微信新增好友数和用户数第一次迎来爆发性增长。

微信并不是第一个想到要把手机聊天和 LBS 结合起来的。一个来自韩国的女同性恋交友软件 EL，2011 年 2 月发布的 1.5 版本，会列出其他用户和你的距离、所在城市，并按照从近到远排列，方便用户交流。但通过 QQ 邮箱和口碑营销，微信却是第一个被更多用户知道有这个功能的产品，此后模仿者众，几乎成为国内同类产品的标配。微信产品总监刘乐君对《南方周末》记者表示，微信从来不担心被模仿，也从来没有去模仿别人，一直都是围绕用户需求来做产品。

3. 少就是多

2011 年 10 月 1 日，微信发布第三个里程碑式产品 3.0 版本，两个主要功能是摇一摇和漂流瓶。摇一摇是找到与你同时晃动手机的人，漂流瓶是对陌生人信息的回应，也是 QQ 邮箱漂流瓶功能的平移。2011 年底，微信推出 3.5 版本，其中一个最重要的功能是加入了二维码，方便用户通过扫描或在其他平台上发布二维码名片，拓展微信好友。2012 年 3 月，微信用户数突破 1 亿大关。4 月 19 日，微信发布 4.0 版本。这一版本增加了类似 Path 和 Instagram 一样的相册功能，并且可以把相册分享到朋友圈。2012 年 4 月，腾讯公司开始做出将微信推向国际市场的尝试，为了微信的欧美化，将其 4.0 英文版更名为“WeChat”，之后推出多种语言支持 。2012 年 7 月 19 日，微信 4.2 版本增加了视频聊天插件，并发布网页版微信界面。2013 年 1 月 15 日深夜，腾讯微信团队在微博上宣布微信用户数突破3亿人，成为全球下载量和用户量最多的通信软件，影响力遍及中国、中国香港、中国台湾、东南亚，海外华人聚集地和少数西方人。2013年2月5日，微信发布4.5版本。这一版本支持实时对讲和多人实时语音聊天，并进一步丰富了“摇一摇”和二维码的功能，支持对聊天记录进行搜索、保存和迁移。同时，微信4.5版本还加入了语音提醒和根据对方发来的位置进行导航的功能。2013年4月11日，腾讯微信团队通过微信正式向部分用户发布声明，称网上流传的“微信要对用户收费”系恶意造谣，同时强调微信绝不会对用户收费。2013年8月5日，微信5.0 for ios上线了，添加了表情商店和游戏中心，扫一扫功能全新升级，可以扫街景、扫条码、扫二维码、扫单词翻译、扫封面，同年8月9日，微信5.0 Android上线。2013年8月15日，微信海外版（WeChat）注册用户突破1亿人，1个月内新增3000万名。2013年10月24日，腾讯微信的用户数量已经超过了6亿人，每日活跃用户1亿人。

摇一摇和二维码，同样也是微信在国内首创，但国外已经有先行者。2011年8月16日，来自日本的同类产品LINE发布了1.2版本，新增Shake it！和QR码（二维码的一种）添加好友的功能。当然，最后二维码功能还可以追溯到BBM身上。BBM是黑莓（RIM）开发的即时通信IM解决方案。作为跟随者，在细节上比前人做得更好，是过往腾讯成功产品的一贯风格，同样也体现在微信上。比如，摇一摇的第一个版本中，摇动一下手机，视觉上男性用户可以看到一个维纳斯雕像，女性用户看到的是大卫雕像（因为版权的问题，现改为一朵小花）；听觉是来福枪上膛声；摇到用户之后手机会有震动。在改进过程中，微信团队还面临着更多细节的考量。

“做产品，少就是多。我们希望产品简单，把一些本质东西做出来之后，其余看用户的想象力。去掉某些功能，反而会让用户产生更多想象空间。”刘乐君对《南方周末》记者说。譬如，很多人想找异性搭讪，建议微信做一个过滤性别功能。这当然没有被接受。“附近的人”也是基于这样思路，先把人绑在一起，后续事情是用户自行想象发挥。

2011年，微信一共发布了45个不同终端的版本，平均1.15周发布一个。微信的定义已经从“能发照片的免费短信”、“最时尚的手机语音对讲软件”，变成了“最火爆的手机通信软件”。而这种快马加鞭的研发速度，是在没有盈利KPI考核的状态下完成的。虽然没有考核，但微信团队一天24小时都有人在办公室干活。微信团队所在的腾讯广州研究院，前台实行三班倒工作制，每到开饭时点，电梯口摆了一长条桌的外卖盒。在2011年12月9日的腾讯媒体开放日，刘乐君介绍完微信，出人意料地说了一番动情的话作为结尾，“每天早上叫醒我们团队的，不是桌上的闹钟，而是心中的梦想”。

4.“离大决战还早”

回看这些聊天软件的功能，原理并不复杂，其实是利用了智能手机的各种性能。图片分享对应的是手机高清摄像头，手写输入对应的是多点触屏，语音对讲对应的是高清麦克风和扬声器，查看“附近的人”对应的是 GPS 定位，摇一摇对应的是重力感应器。技术门槛并不高，当一个新功能出现之后，很容易被其他竞争对手快速“借鉴”。

而微信最让竞争对手们羡慕的，还是腾讯这个平台。2011 年，腾讯对微信的投入约 1 亿元，这其中包括人力成本、带宽，以及上千台服务器。微信的系统插件，已经打通了 QQ 通讯录、QQ 邮箱、QQ 微博等产品，表现出移动互联网时代成为平台型产品的潜质。微信发展快，离不开 QQ 的推广，从 QQ 聊天面板到 QQ 邮箱，不遗余力，几乎动用一切力量。尽管获得了 3000 万美元的投资，王本睿告诉《南方周末》记者，神聊很少做推广，因为“太耗钱了，我们得省着花”。

王本睿认为离大决战还早，在无线圈子“腾讯恐惧症”阴影下，眼下他和投资人讨论更多的是如何以弱胜强，并做好了持久战的准备。在他看来，互联网的历史很短，可是已经有无数大企业衰落、被取代的前例，现在看起来也许困难重重，但只要能坚持下来，移动互联网有很多机会。

2011 年第三季度，在中国大部分应用商店，手机 QQ 和微信在社交类别中，总是一前一后排在榜首。耐人寻味的是，手机 QQ2011 版，也陆续添加了查看附近的人、语音对讲等功能。在微信之后，腾讯又推出了视频通话软件微视、陌生人交友软件搭搭，不敢轻易放过任何一个布局移动互联网的可能。

但微信的对手不仅在国内，也在海外。2011 年 6 月 23 日，NHN 日本公司（NHN 是一家韩国互联网公司，拥有韩国排名第一的搜索网站 Naver 和最大网络游戏门户网站 Hangame）发布的手机聊天软件 LINE，3 个月下载超百万次，6 个月下载量超过 1000 万次，7 个月下载量超过 1500 万次。

四、未来盈利发展趋势

据腾讯表示，腾讯以后会从横向扩张和纵向扩张两个方面努力。纵向扩张是即时通信业务新平台的搭建，如以前从单纯的“PC 对 PC”模式发展到“PC 对手机”和“手机对 PC”模式；横向扩张主要是产品带的延伸，继续推出新的互联网增值服务和无线增值服务项目，如手机游戏、互动娱乐（音乐下载等）和网络游戏等方面。这些方面将会成为腾讯未来收入新的增长点。

通过对腾讯未来发展趋势的分析，在即时通信市场竞争已经进入白热化阶段，未来网络媒体的发展趋势是：

（1）注重多元化经营。通过对腾讯广告经营获得盈利的模式、网络收费服务获得盈利的模式（包括手机短信）的探析可知，网络媒体的盈利模式应该多元化。单纯依靠广告是很难实现盈利的，即使广告市场做得再成功，仍存在着很高的风险性。所以，只有找到适合自己的盈利模式才是可取之道。

（2）构建网络媒体的核心竞争力，是网络媒体持续发展的另一至关重要的因素。将网络媒体的核心竞争力加以具体化，它包括的元素有成本、受众、产品与品牌，只有准确把握这几个主要构成因素，才能使网络媒体最大程度地挖掘出自己的核心竞争力。

（3）广播、电视网和互联网大融合的趋势不可逆转。由于互联网技术使信息传播成本大大降低，现代化的数字压缩技术使网络传输系统兼容了文字、图片、声音、影像等传统媒体传播手段，超强的加载能力使新旧媒体之间的融合成为未来传媒发展的主要趋势。网络媒体在中国有着比世界上更广阔的发展空间和发展潜力，未来的5~10年，将是网络媒体的盈利能力走向多元化的成熟期。

综上可知，网络用户的数量还在迅速增加，网站使用率的相对增长势头也更为强劲和活跃，无线短信业务的发展前景依然可期。随着经济和时代的发展，网络公司开始明白，单纯通过免费业务来扩大市场占有率的方式已经不适合市场的发展，网络必须寻找多种盈利方式，网民也正迎接一个全新的消费时代。从发展趋势看，互联网、广电网、电信网三网大融合的趋势不可逆转，网络媒体在中国有着更广阔的发展空间。

五、案例点评

“企鹅”帝国，QQ帝国，行业巨头……提起腾讯，这样的词汇便会不自觉的出现在脑海中。马化腾从20世纪90年代末创立腾讯公司以来，腾讯以飞速的发展成为目前中国最大的互联网综合服务提供商之一，也是中国服务用户最多的互联网企业之一。即时通信、门户网站、游戏、电子商务、搜索等业务无所不做，腾讯正在潜移默化之中改变着数以亿计网民的生活习惯与沟通方式。

有很多人批评马化腾的模仿模式或者是“山寨”。腾讯QQ与ICQ，腾讯TM与MSN，腾讯QQ游戏大厅与联众；腾讯与淘宝；腾讯搜搜与谷歌、百度搜索等；QQ医生与360等其他安全软件；QQ旋风与迅雷；QQ影音与暴风影音等；腾讯微博与推特、新浪微博等。不能否认，自做QQ以来，“山寨精神”一直与腾讯有密切关系。正是从相同事实，我们却看到是腾讯信息化上的创业精神，勇于探索、永续开拓。马化腾多年来一直倡导的发扬“灵活、敏锐、创新的小公司精神”。从案例介绍中不难看到，腾讯的发展并非 QQ 的用户群，而是商业模式和平台产品的持续创业，一种以创业精神不断开拓自己疆土，引领信息化产业发展的发展。

正是这种持续探索发展了腾讯信息化建设的特色：

（1）平台优势。腾讯公司通过 10 多年的发展，已经建立起来基于 QQ 的即时通信软件的生态平台，通过该平台中腾讯各种服务的相互协助，实现正反馈式发展。

（2）技术优势。腾讯作为最早一批进入互联网领域的中国企业，互联网领域的技术已非常成熟。2007 年，腾讯投资过亿元在北京、上海和深圳三地设立了首家中国互联网研究院——腾讯研究院，进行互联网核心基础技术的自主研发。

（3）团队优势。在中华英才网举办的最佳雇主调查中，腾讯连续多年入选互联网行业十佳雇主以及中国大学生最佳雇主 TOP50。通过腾讯公司合作参与 2008 奥运会、2010 世界杯、2010 世博会、2010 亚运会等一次次的世界级大型活动的跟踪报道，利用 QQ、QQ.com、腾讯微博、Q-zone 等多种产品成功实现互动报道，不仅进一步提升了腾讯的品牌价值，也用事实证明了包含前线报道、编辑、技术、服务等多种职能相互协作的腾讯团队的实力。

（4）资金优势。腾讯公司是最早通过海外上市方式融资的公司，在港股价也一路攀升。2009 年涨幅 239.38%，成为恒生指数成份股 2009 年涨幅第二大股票。虽然 2010 年涨幅有限，但已稳居互联网企业全球市值第三、中国第一的位置。同时，腾讯公司稳定充沛的现金流以及连年优异的财报，投资者信任感也不断增强，能确保腾讯公司的资金优势。

当然，互联网企业之间的竞争日益激烈，众多即时通信工具（如飞信、MSN 等）在互联网市场的影响力慢慢扩大，它们无疑成为腾讯的强劲对手，对腾讯的发展构成巨大的威胁。此外，很多国外互联网公司也将目光瞄准巨大的中国市场。因此，腾讯面临来自国内外竞争对手的双重压力。对腾讯的点评可以从信息化建设的特色和其接下来所面临的挑战来说：①产品多样化的弊端。首先，内部产品间可能出现竞争。虽然腾讯公司各产品的立意出发点不同，但在某具体功能上则可能有冲突，当出现冲突时，会使用户产生混乱的感觉，而造成用户流失。其次，产品多样化分散腾讯精力。随着互联网发展，会出现越来越多的新业务，腾讯基于战略防御而进入新的领域，但是通常难以产生竞争力，反而分散更多人员与精力，可能会影响主要产品的进一步改善。最后，产品多样化使后台数据体系更加复杂。复杂的数据加重了腾讯运营负担，虽然腾讯有多处数据中心，但由于用户基数庞大，增加一个产品就会产生庞大的数据量，这使得腾讯新业务发展的灵活度受到制约。②微创新的不足。虽然腾讯公司的微创新实力可圈可点，但是微创新毕竟不是大规模创新，不能形成良好的口碑，反而会被用户忽视。腾讯公司一直奉行的追随者战略已经遭到越来越多用户的反感，如果腾讯公司不实行大规模的有效的创新，便无法与其他创新型公司进行竞争，无法获得更多的市场份额，甚至可能出现市场份额下滑的情况。③国际化实力不足。2007 年底，腾讯与 AIM 合作，启动了国际化进程；2009 年 1 月 21 日，腾讯公司推出 imqq.com 英文网站并提供英文版 QQ；2010 年 4 月 12 日，腾讯公司向俄罗斯互联网公司 DST 注资 3 亿美元；2010 年 12 月 15 日，腾讯公司正式发布 QQInternational（QQ 国际版）。

总之，面对来自国内外的双重压力以及技术日新月异的变化，腾讯的信息化建设已经取得很大的成功，但是信息化建设是一个持久战，要想取得可持续的发展，腾讯必须克服来自产品多样化的弊端、微创新的不足以及国际化实力不足所带来的挑战，并发挥平台优势、技术优势、团队优势和资金优势。

参考文献

[1] 王双，李晓亮，段琦. 关于腾讯公司 SWOT 分析 [J]. 财经视点，2011（143）.

[2] 黄金萍. 微信是如何飞起来的 [N]. 南方周末，2012-02-03（9）.

[3] 张军杰. 中国互联网企业发展模式探析——以腾讯为例 [J]. 经济与管理，2011（2）.

[4] 戴姣. 腾讯公司竞争环境及其发展和竞争战略研究 [J]. 企业管理，2012（6）.

[5] 邱诗雨，吴思，毛秀利. 微博与微信营销能力比较与未来预期 [J]. 营销战略，2013（3）.

[6] 何珑. 微博微信成通讯新宠，移动社交轻质化特征初显 [N]. 通信信息报，2013 01 02（B12）.

[7] 何晓亮. 微博微信又"微网"——首款云计算自主收藏分享搜索网站上线记 [N]. 科技日报，2012-10-01.

[8] 陈雅静. 微信，还能红多久？——以经济学 SWOT 理论分析微信 [J]. 新闻知识，2012（6）.

[9] 腾讯集团，http：//www.tencent.com/zh-cn/index.shtml.

第六节　聚美优品 B2C 平台信息化模式

一、公司简介

聚美优品（前团美网）创立于 2010 年 3 月，是化妆品限时特卖商城。美妆 B2C 团购网站聚美优品的日销售额达 2500 万元、月销售额多次逼近 10 亿元，它以团购网的形式来运营垂直化妆品，打造另类的时尚平台，聚美优品开创了中国垂直美妆类 B2C 布局的 O2O 的先例。

图 2-21　O2O

（一）网站介绍

聚美优品本质上是一家垂直行业的 B2C 网站。坚持只从品牌厂家、正规代理商、国内外专柜等可信的进货渠道采购商品，并在采购部专门设置自己的质检员。与常规的团购有所不同，聚美优品的信息发布客户是自己，即自建渠道、仓储和物流，销售化妆品。严格意义上说，它是采取团购形式的垂直类女性化妆品 B2C。从创业之初聚美优品的理念就很清晰，就是要做女性化妆品正品折扣网店。它以正品保证、30 天拆封无条件退货、100%实物拍摄和口碑中心为网站特色，而“聚美”二字更是有聚集美丽、成人之美之意，吸引了大量女性消费者。

（二）创始团队

创始团队成员包括聚美优品的创始人兼 CEO 陈欧、联合创始人兼产品副总裁戴雨森、联合创始人兼研发副总裁刘辉和聚美优品的高级副总裁刘惠璞。

陈欧 16 岁留学新加坡，就读南洋理工大学，26 岁获得美国顶级大学斯坦福大学 MBA 学位。陈欧大学期间成功创办全球领先的在线游戏平台 Garena，二次创业创立中国领先的化妆品网购平台聚美优品。

戴雨森是聚美铁三角成员，陈欧斯坦福大学师弟。清华大学工业工程系毕业，曾在 Google、Baidu、Oracle 等企业从事用户体验设计工作，对互联网产品设计、用户体验规划有深刻研究和丰富经验。在斯坦福大学就读管理科学与工程硕士期间认识了陈欧。2009 年，毅然放弃还有 3 个月时间即可毕业的斯坦福大学硕士学位与陈欧回国创业。

刘辉是聚美铁三角成员，陈欧新加坡南洋理工大学师弟，于 2005 年参与创建 Garena，精通大型 Web 系统及数据库等的分布式架构，精通 Web 编程语言如 PHP、Javascript 的开发框架设计。2009 年放弃价值百万美元的股票回国与陈欧一起再度创业。

刘惠璞现为聚美优品高级副总裁。曾任世纪佳缘网副总裁，在天津卫视《非你莫属》节目做嘉宾，以犀利精准的语言博得众多网友的喜爱。在湖南卫视《称心如意》担当帮客，艺名为“河马”。2011 年，刘惠璞离开世纪佳缘。从上一个公司辞职后接到不少邀请，包括创业的公司。他考虑再三，基于对自己认知，认为其并不适合创业。他一直以来和聚美创始团队关系融洽且价值观一致，最终加盟聚美优品团队，现任聚美优品品牌公司高级副总裁。

（三）投资团队

在聚美优品陈欧的背后有 3 个来自中关村的男人的帮助，首先是 2006 年中关村著名天使投资人、新东方创始人徐小平提供的帮助，创立了 Reemake 游戏广告公司；再者是在 2010 年 2 月陈欧抱着扩展人脉、便于融资的想法，申请了亚杰商会的摇篮计划，最后在雷军的指点下认为团购是最好的商业模式，因此再次转型，团美网从“千团大战”中抽离出来；最后是来自互联网第一代创业者张朝阳的示范，张朝阳通过打个人品牌以极低的代价成功带动了搜狐的知名度，这深深启发了陈欧。陈欧和韩庚的双代言模式收到热烈追捧，亲自出镜拍摄的“为自己代言”的广告在网络上掀起“聚美体”的模仿热潮。

聚美优品惊人的发展速度受到投资界广泛关注，很快获得新东方创始人徐小平、阿里巴巴天使投资人吴炯、险峰华兴天使基金等国内知名天使投资人，以及国际最大风险投资基金红杉资本的数千万美元的高额投资。第三笔千万美元级别的投资也将紧追而至。

二、聚美优品多元信息化发展现状

（一）物流信息化

1. 最初物流系统

聚美优品的模仿对象是 Groupon，采用每日一件产品的团购。为了获得货源，陈欧买断代理商的货物存进仓库，再以限时售卖的模式卖出，价格是专卖店的 5~6 折，毛利率保持在 20%~30%。“价格战”让网站很快聚集起了一批粉丝。

用户增加的同时，聚美优品也调整了产品线，由以前的每日一件改为每日多件，几乎涵盖高中低档产品。目前，每天推出 30 个左右的产品，主要由其买手团队和编辑团队推荐。

而手握用户，陈欧在与上游供货商谈判时也有了筹码，其与合作商的合作模式增加到两种：一种是消费者从聚美优品下单，直接由品牌商向消费者送货；另一种则是品牌商供货给聚美优品，网站利用自己的物流配送给消费者。现在，其合作商家大约有 100 家，既有欧莱雅、玉兰油、相宜本草等大众品牌，也不乏兰蔻、雅诗兰黛等国际知名品牌。

尽管市面上很多团购网站以及流行的名品折扣网站都推出了化妆品团购业务，但陈欧认为，聚美优品具有差异性的竞争力。

竞争优势是物流的供应链管理。化妆品行业供应链很复杂，聚美优品从第一天就是买断模式，自建仓储物流，先买货、验货，然后再进行售卖。虽然这样大大加重了资金压力，但建立了行业门槛。现公司团队从原来的技术团队扩展到偏重采购、物流、仓库等提升用户体验的元素。

“物流供应链管理形成我们的差异化竞争力”，聚美优品成立初期，CEO 陈欧即认识到美妆产品网购有其特殊的行业规则。一方面原因是当时的化妆品网商良莠不齐，水货、假货横行，聚美优品以买断模式直接与上游供货商合作，自建仓储是必然的需求；另一方面原因则来自消费者的购物期望，自建仓储物流，虽然成本不菲，却是掌控网购终端环节，确保良好的购物体验的核心问题之一。

2. 现有物流系统

聚美优品有自己的仓库与物流系统，已经和韵达、申达、圆通等第三方物流公司合作，目前聚美优品拥有自己的采购专家、仓储物流专业人士以及化妆品品质的专业鉴定人员。同时，聚美优品也升级了 ERP 系统，启用新的仓储和呼叫中心，以更多的后端资源来配合销售量增长，其核心城市自建物流计划也在标本之中。

聚美优品在仓储建设上精益求精，基础设施的一些细节，如采用高强耐磨环氧地坪避免灰尘污染，恒温恒湿保美妆活性；仓储管理上苛刻要求，入库、上架、盘点层层把关，在库货品摆放严格统一标准，仓内所有区域严格遵守的 5S 标准，保证仓内整洁高效，无缝流水作业，快递驻守，不间断提货。高标准的设施和制度带来的是业内领先的物流效率，99.993%一次配货准确率，遥遥领先行业水准，平均 6 小时发货覆盖全国。

“购物前要给用户想要的，购物中要给用户喜欢的，购物后要给用户惊喜的”，聚美优品以此诠释完美的用户体验。聚美优品的物流优势也获得了业内的认可，欧莱雅、丝塔芙、曼秀雷敦、OLAY、丝蓓绮等众多国际知名美妆品牌，先后在聚美开设授权旗舰店，除开聚美优品良好的用户口碑外，物流管理体系也是这些合作伙伴考量的重要指标之一。不仅仅是数量和规模上的领先，背后的业务支撑体系更是竞争对手难以模仿和超越的。

正品、优价、服务始终是所有电商需要关注的三大问题。以物流供应链入手，聚美优品描绘了一条由坚实基础到良好体验的微笑曲线。

（二）营销信息化

大关注不等于大销量，如何通过各种社会化工具来树立品牌口碑，这才是化妆品电商发展的长久之计。聚美优品和乐蜂网两大化妆品电商“一哥”之争仍没有消停的迹象，其导火索是乐蜂网高调发布的“2013 年化妆品行业白皮书”，并声称“专柜售价的七折是网购化妆品正品的底线”。同时，近年来，电子商务的发展犹如雨后春笋，其中以化妆品尤为突出。据化妆品行业协会公布的数据显示，中国 2012 年的化妆品零售额高达

1000 亿元，而中国电子商务研究中心公布的数据表明，中国 2012 年化妆品网购交易额占化妆品零售总额的 21.9%。所以，化妆品网购销售额应该在 219 亿元左右。但从其他调研公司数据和业内声音看，真正的销售额可能还不止这么多，那么，这样的发展速度是健康的吗？什么样的营销方式才能真正树立一个有口碑的品牌？

1. 王位之争，口碑为先

根据易观智库发布的《中国化妆品 B2C 竞争力分析》报告显示：在 2012 年 12 月及 2013 年 1 月，聚美优品和乐蜂网日均独立访问用户数分别排名前二席，约为市场第三名天天网 3 倍，优势较为明显。这两家同获红杉资本风投的化妆品电商平台，它们创业的背景各有特色：成立于 2008 年的乐蜂网是由著名主持人、制片人、东方风行传媒集团创始人李静所创建，所以其有明显的媒体优势；而聚美优品则由 3 名“80 后”海归在 2010 年联合创办，创业团队均在海外电商领域有所作为，虽然创建时间稍晚，但发展速度惊人。从品牌定位和产品来看，乐蜂网和聚美优品虽然差异不大，但是营销手法却是各有高着（见表 2-3）。

可能有人会质疑，同为红杉资本背景的乐蜂网和聚美优品是不是约好一起炒作。从企业高层不断的微博口水战及促销的细节来看，并没有丝毫的“配合”。所以，两者真正竞争的可能性明显大于联合炒作。从电子商务的特性来看，网络掐架和价格战都可以吸引大量的眼球，所以在品牌炒作方面，双方可谓均为高手。

近期，有所谓业内人士曝光化妆品电商产品大部分为高仿货，甚至有一条成熟的产业链在造假、售假，领头羊乐蜂网和聚美优品均被提及，一时间烽烟四起。对于均宣传正品保证的乐蜂网和聚美优品来说，对这种传言是必须十分重视的，不管是有人恶意为之，还是确实存在管理上的纰漏，都需要以正视的态度来看待，并把口碑当作核心竞争力来打造。

表 2-3　乐蜂网和聚美优品竞争力对比

项目	乐蜂网	聚美优品
创建年份	2008 年	2010 年
2011 年销售额	约 6.3 亿元	约 4 亿元
2012 年销售额	约 15 亿元	约 10 亿元
优势	明星支持、行业达人及媒体资源	网络技术优势
劣势	网络技术相对较差，用户体验欠佳	在化妆品、美容领域的专业度不高
品牌代言人	尚雯婕	韩庚、陈欧（聚美优品 CEO）
品牌主张	不美不活	我为自己代言
传播手段	定位“独特的生活态度”，借力《我是歌手》等热门电视节目，在热门媒体、网络播放广告	定位“青春励志片”，短片中“陈欧体”迅速蹿红网络
促销手段	“桃花节”大促销，向媒体展示仓库实拍图片，展示库存实力	“301”周年庆促销，推出全网比价活动

续表

项目	乐蜂网	聚美优品
整合营销能力	“桃花节”期间，联合淘宝、京东、苏宁、亚马逊等同步开展大促销，官方微博同时与360、凡客等众多知名电商账号联合开展活动	陈欧加盟天津卫视职场节目《非你莫属》，为励志的“陈欧体”铺垫，“屌丝、吐槽”等网络文化使得陈欧和聚美优品迅速走红
成功路径	明星经济＋行业整合＋社会化媒体传播驱动	草根达人＋网络文化共鸣＋社会化媒体“病毒”传播

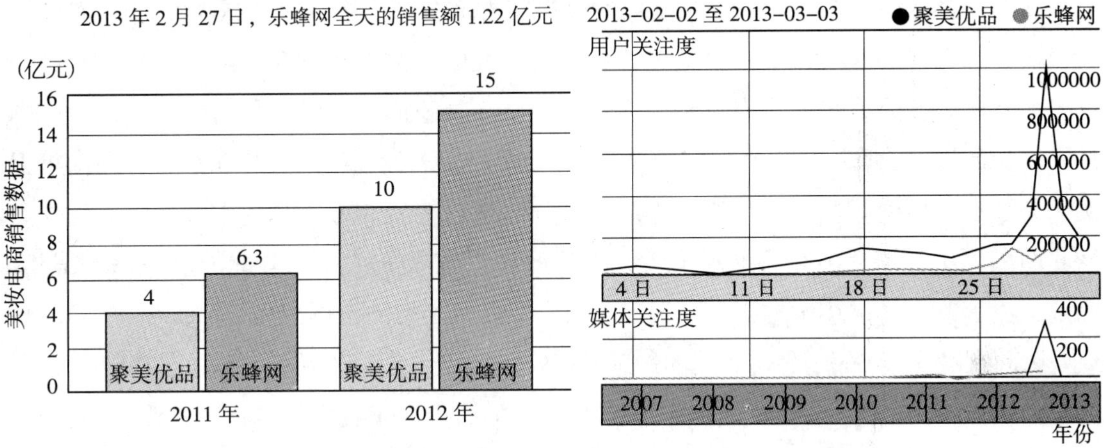

图 2-22　乐蜂网和聚美优品 2013 年销售数据和用户关注度对比

2. 品牌定位，明确目标

聚美优品在短短 3 年的时间里，从无到有，人气直逼乐蜂网，是值得所有互联网创业者学习的经典案例。对于任何互联网企业来说，品牌定位永远是最关键的问题，是在企业还没开张时就必须先想好的课题。

聚美优品的三步棋在品牌定位方面起到决定作用。

首先，聚美优品 CEO 陈欧归国创业后，一直在思考如何从水深火热的电商行业突围而出。2011 年 3 月，陈欧看准机会，加盟了天津卫视的职场招聘类节目——《非你莫属》，在随后的每期节目中几乎都有出席。这个动作奠定了聚美优品“励志、草根、创业”的品牌关键词。陈欧建立了自己的官方博客、论坛，分栏为美容课、香氛物语、真假识别、背后的故事等，顾客可以在上面自由评论，了解一些品牌的知识以及聚美优品创业以来的历程，从而拉近与客户的距离。

从聚美优品的市场定位来看，网购化妆品的人群不是高富帅、白富美，而是学生、上班族及更丝、更草根的人群。这些人平时关注的话题是职场打拼、职业发展、自主创业，这些才是他们经常谈论和思考的，陈欧参加《非你莫属》是随后励志广告片大红大紫的重要基础。

另外，《非你莫属》是个有争议的节目，几乎每一期都会给观众留下议论的话题，这些观众在微博、社交网站上评论、转发，又造成了二次传播。有一期由于一位海归应聘者因陈欧受到委屈，该事件甚至吸引了李开复、姚晨的评论。尽管当时聚美优品还很小，但因陈欧与360、58同城、当当网等企业的CEO同台平起平坐，再加上其比较帅气的长相，致使很多观众看完节目后进行搜索，聚美优品的点击率因陈欧的高曝光率很快直线上升，明显比之前陈欧与韩庚一起拍摄的地铁广告效果好得多。

其次，聚美优品2012年10月推出的电视广告片："你只闻到我的香水，却没看到我的汗水；你有你的规则，我有我的选择；你否定我的现在，我决定我的未来；你嘲笑我一无所有不配去爱，我可怜你总是等待；你可以轻视我们的年轻，我们会证明这是谁的时代。我是陈欧，我为自己代言！"这部被打上青春励志标签的广告片在江苏、湖南等卫视一经播出，便引起疯狂的热议，并迅速蹿红网络，何炅、韩庚等名人的微博点评更是推波助澜，一下把聚美优品推到了大家的眼前。广告中分别用了考试录取、职场奋斗、恋爱表白等场景来讲述励志故事，道出当前年轻人所遇困难的同时，也展现了他们的理想，引起大量"80后"、"90后"的情感共鸣，使得网友们纷纷模仿"陈欧体"来创作属于自己的词句。以《青春期》这部火爆的电影为背景，依托盛行的"吐槽文化"，使得聚美优品的广告片很快流行了起来。

最后，便是借助"3周年庆典"的契机，把"陈欧体"聚集起来的人气，一股脑地随着打折优惠献给消费者，把眼球转变成了白花花的钞票。实际上，品牌定位就是在消费者的头脑中建立一种习惯，让其想买某种物品的时候，第一时间便想到你。比如对一般网民来说，买书上当当、买电子产品上京东、买其他的都上淘宝，这就是品牌定位的力量。而聚美优品的三步棋就是在潜移默化中影响消费者的习惯，从《非你莫属》切入，策划出让草根喜爱的"陈欧体"，借"3周年庆典"之东风，把关注度变为生产力，这种营销思路十分巧妙，如图2-23所示。

图2-23 聚美优品三周年庆

3. 态度营销，聚拢人心

用户黏性是塑造品牌口碑的重要基础，从过往的案例看，聚美优品整体的营销策略很有连贯性，能在短期内让品牌迅速打响。聚美优品用户基数大，网站流量优势明显，但在用户黏性方面并未下多少工夫，这是一个需要关注的风险点。

不管是“不美不活”还是“我为自己代言”，说到底都是一种态度，这种态度说出来除了要掷地有声、朗朗上口之外，更重要的是要引起消费者的共鸣。正如 2013 年初聚美优品和乐蜂网在微博上相互用自己的“广告体”来讥讽对方，引起众多媒体和名人观战一样，表面上看都获得了眼球，实则对品牌口碑有弊无利，对品牌的长远发展也没有好处。

在消费者眼中，品牌态度就像一个人的品格，你主张的东西如果与我内心的追求是一致的，那么我就会莫名地喜欢你，这种感觉有时候消费者是说不出来的，但作为品牌策划者，必须用心去揣摩消费者心中的情感，用他们的话、用他们喜欢的方式，去说出他们内心深处的、想呐喊的东西。让消费者模仿“广告体”去创作自己的作品，就是非常好的一种互动方式，再加上点评、竞赛、奖品的刺激，用户黏性自然而然就有了。

所以，在互联网营销时代，品牌的“态度”决定了一切，决定了企业的目标人群，决定了用何种方式去获得消费者的关注，决定了获得眼球之后的互动，以及把所有的一切变为利益产出。

4. 网络病毒式营销

聚美在与顾客的在线沟通及留言沟通方面选择用更具有亲和力的语言，且交易步骤简单、网页设计符合客户需求，减少了目标顾客的流失。电子交易与支付方式选择现金券支付、条款支付、在线支付和货到付款等方式进行。相比较而言，在同类行业中，聚美优品大量地投入网络病毒式营销，轻于其他网络营销。在之后的营销中，聚美优品可以定期做适当广而宽的市场调查问卷，进一步了解市场需求，掌握消费者心理，培养客户情感，把用户当成自己的朋友，切实为客户解决问题。合理控制广告信息的发布，进行更加精细的社交网络营销，比如跳出口碑的固定模式，开辟社区营销的方式（如论坛等）。同时，建立完整的网络营销监控和处理机制，一定要让顾客感受到公司的重视和关怀，满足客户需求，注重服务质量，从而进一步提高客户忠诚度和网购满意度。但是这样的建议也存在一定的局限和风险。减少广告投入确实减少了企业营运成本，但在新老顾客的交替中是否会因此带来客户的转移和流失，减少的成本是否会填补盈利的空缺等都仍是未知数。

（三）经营信息化

1. 整合一切资源，创新用户体验

企业信息化强调“客户关系管理”，满足多样化、个性化的客户需求，用户体验，对于电商来说并不陌生，360 安全卫士董事长周鸿祎曾在 2010 年中国互联网大会上说过，用户体验的创新是决定互联网应用能否受欢迎的关键因素，这种创新叫“微创新”，而互联网很快就会进入“微创新”的时代。无论是乐蜂网还是聚美优品，都是微创新的专家。

为了创造出与众不同的客户体验，聚美优品提供团购信息和在线付费模式，下单发货，从控制进货渠道、与供应商和代理商的紧密合作，物流输送，到售后服务，以确保用户的体验。同时为客户免费提供美容知识，建立了一个美容品使用体验交流平台，用于客户交流使用心得。只有在该网站购买过产品的用户才能够在该平台发表评论。评论均来自于客户用过之后的心得，以保证评论的真实性、公平性。

你的产品可以不完美，但是只要能打动用户心里最甜的那个点，把一个问题解决好，就可以起到四两拨千斤的效果。也许是某个细节的创新，或者某句话语，如果能够击中消费者内心某个柔弱点，就可能形成共鸣，产生购买力。

聚美优品正是抓住这一点，吸引了大量消费者每天的限时特卖以及人性化的产品定制，这是它不可或缺的关键，聚美优品改变的不仅仅是人们的购物习惯，更多的是一种生活方式和理念。CEO 陈欧不只一次地声明，客户和品牌比生命还重要，聚美优品会一直为 100%正品代言。

聚美优品坚持只从品牌厂家、正规代理商、国内外专柜等可信赖的渠道进货，100%正品保证，30 天拆封无条件退货，形成自己独特的产品策略和售后策略，聚美优品的网站上经常能看到“2~3 折优惠”、“0 元抽奖”活动，杂志及网站推广链接、病毒化营销、个性化营销、论坛、晒单、竞价等手段也被广泛运用。每一次微小的创新，都能带来聚美优品销售数据的飞跃。

2. 通吃战略，线上线下同时发力

陈欧刚刚迎来他的而立之年。这位拥有一百多万微博粉丝的“高富帅”男人给自己准备了一份厚重的生日礼物——聚美优品线下旗舰店在全国范围内盛大启动。只要稍加留意，我们就会注意到，在北京的各大地铁站到处都是聚美优品线下旗舰店开业的广告：“对不起，我知道，你在等。”

2013 年，聚美优品将在全国范围内大力开设线下旗舰店，这一战略刚一启动，便立即获得巴黎欧莱雅、玉兰油、资生堂、丝塔芙、谜尚、梦妆等国内外大牌的鼎力支持，迎来了新一轮的急速扩张。

此次高调推出线下旗舰店，似乎与聚美优品的线上扩张战略背道而驰。事实上，这只是陈欧在营销创新上的又一次尝试。此前聚美优品每一步的成长，都求在购物体验和传媒上与对手拉开差距，坚持走差异化路线，跳出价格战的泥沼，让用户能真正享受到品牌的价值与魅力。“此次线下旗舰店的尝试，更多考虑的是拉近与用户的距离，弥补用户网购体验不足的缺憾，提升品牌的溢价能力。”陈欧认为，“在网购化妆品良莠难辨假货横行的现状下，聚美优品线下旗舰店有助于帮助消费者辨别产品，提升消费者的信任度。”

“聚美优品为什么不同？电商营销要开始思考从品牌推广上找红利，要用创意触摸客户的内心。简单粗暴的打折和 ROI，仅适合促销。”陈欧坦言，“在平台电商尤其是天猫系日益强大的态势下，垂直电商要获得新的发展，必须线上线下双管齐下。”

2012 年注定是中国电商界及渠道界值得纪念的一年。这一年，此起彼伏的价格战让网购走上民众关注的顶点；这一年，国内的 B2C 先驱当当入驻天猫；这一年，国美和苏宁开始大力发展线上业务；这一年，传统卖场深度触电，而电商圈之间上演了电商平台和垂直电商深度整合相互渗透的春秋大戏。京东商城第六轮庞大的融资却让人看到了繁华背后的压力，而天猫“双 12”不再光鲜的数据，又似乎在表明除了价格战和融资烧钱，很难有什么方式可以吸引消费者越来越挑剔的目光。

聚美优品投资线下，顶级电商不插电，如同聚美着重打造的线上口碑中心一样，意在提升消费者购物体验，强化品牌优势。线上线下同时发力，必将进一步强化其正品美妆第一站的良好口碑。截至目前，聚美优品的月销售额已突破 3 亿元大关。这一业绩，陈欧只用了 3 年。

3. 逐渐脱离团购，向 B2C 电商平台靠拢

随着团购网站集体烧钱、比拼开通城市数量，陈欧对野蛮无序的竞争环境感到悲观，觉得团购网站作为一个中介，并不提供核心价值，采购、发货和服务都是别人在做。“国内商业环境比较差，竞争者太多，我觉得做一个只有广告价值的中介平台风险太大了，我希望有一天，团购不在了，我们作为一个电商平台也能活得不错。”

2010 年 9 月，陈欧将团美网改名为“聚美优品”。在他看来，团购的概念已经不能描述公司的业务模式了。事实上，聚美优品的商业模式很早就与传统团购公司不一样了。聚美优品不只是消费者和供货方中间的中介，他们自己就是供应链里重要的一个环节。聚美优品上线的商品，都是先买下一批货，验货后存进自己的库房，发货时还有印着聚美优品 Logo 的统一包装。聚美优品逐渐脱离团购，向化妆品电商靠拢。

不过，转型之后的聚美优品也并不是一个传统的化妆品电商。陈欧发现，与传统的化妆品 B2C 网站相比，它们的特点是小而精的轻公司，团购限时特卖的方式，让它们有

更强的单款销售能力。一个消费者去化妆品 B2C 通常是有目的地搜索一款商品，而来聚美的用户通常会看完他们限时推荐的每一款产品。

聚美优品曾做过一次用户调查，他们的核心用户集中在 20~25 岁。这部分用户很多刚刚进入美妆护肤领域，不是那么精确地知道自己需要什么，更需要推荐来决定购买。而与传统团购网站相比，聚美优品又是有能力把控用户体验细节的公司。

聚美优品每日推出的产品由 10 件左右增长到 100 件，每天 2 万~3 万单的成交量俨然一个中小型电子商务网站，而那些由团购习惯培养起来的用户可能会按照习惯逐个看完这 100 件推送产品。“团购是种不错的商业模式，但有商业模式不等于就有核心竞争力，能为用户提供好的服务才是核心竞争力，所以我们提供正品保证、无条件退货、自建仓储和客服中心。”

（四）竞争合作方式信息化

为把自身的核心竞争优势与其他各种有利的竞争资源结合起来，弥补自身的缺点和不足，企业间的合作由一般合作模式转向供应链协作、网络组织、虚拟企业、国际战略联盟等形式，这将是趋势所在。

1. 签约致远软件 A8-m，加入组织管理信息化的大军

艾瑞咨询曾指出：2012 年，中国电子商务仍然会持续火爆，这个没有硝烟的战场上，掩盖不了在 2012 年有一大批企业从电子商务阵营中被淘汰出局。

在新的经济时代，企业界和 IT 界已寻求到一种比传统电商更好的运作模式——协同商务。协同电子商务从商务发展的角度看，是根据信息化的发展和管理理论的及时跟进的产物。而电商需要做的协同商务包括：一是企业内部的协同；二是企业与供应链的协同；三是企业与社会相关部门的协同。

近日，中国最大的女性化妆品团购网站聚美优品签约致远软件 A8-m。聚美优品加入组织管理信息化的大军，助力其规范内部流程，实现管理制度落地。

随着公司业务的不断扩展，人员规模不断的壮大，日常办公中涉及的业务流程越来越庞杂，耗费的时间和精力越来越多。为了满足公司信息化程度不断提高的需求，推进公司信息化建设，聚美优品选择致远 A8-m 企业版协同管理软件作为聚美优品的业务流程运行平台，能够有效地解决公司各部门沟通协作问题。同时，致远 A8-m 给聚美优品带来了一个崭新的工作模式，它“表单+流程”的二元化工作流，减少了企业领导审批及集中管控的时间与精力，真正实现了便捷、高效的审批流程，在减少人力成本的同时，有效地提高了企业的管理水平。

如今，聚美优品秉承“聚集美丽，成人之美”的宗旨以及“让变美更简单”的企业

愿景，在以“易用、好用、适用”为特色的致远协同管理软件支持下（见图 2-24），致远协同办公信息能够为聚美优品带来如下四种价值：①提高运营效率，加强沟通协作、快速响应企业内部和外部的变化，以事件为中心，突破时间、空间、部门、等级，快速形成动态团队紧密合作；②提升授权有效性，书面安排，建立责任关系，管控过程和结果，员工主动积极并承担责任；③建立企业知识库，知识集中沉淀，知识集中授权共享，特别是经验型和过程型知识，快速提升员工能力，全面提高员工在行业、销售、服务意识等多方面综合能力；④共享信息资源，整合企业各类信息，分类汇总，统一展示，实现信息资源的全员共享和快速传播。

图 2-24　聚美优品办公自动化系统

2. 建立化妆品真品联盟

聚美优品把“防伪码”首次引进化妆品电商行业，并与一些品牌开始这方面的合作。聚美优品率先力挺由 60 多个化妆品企业在中国消费者协会、中国质量万里行等多家机构的支持下而推出的化妆品真品联盟，共同签署《中国化妆品电商真品联盟自律倡议书》，通过防伪码的方法解决化妆品正品问题。由于防伪码本身的成本很低，但向一瓶化妆品上粘贴防伪码的人工成本很高，这一度给品牌企业带来顾虑。聚美优品希望通过基金补贴、提高采购价等形式吸引品牌企业加入打假联盟。而且真品联盟在面对假货、水货猖獗的化妆品网购市场，防伪标签是业内极好的重拳打假的有益尝试，能更好地追溯产品来源和鉴别真伪。

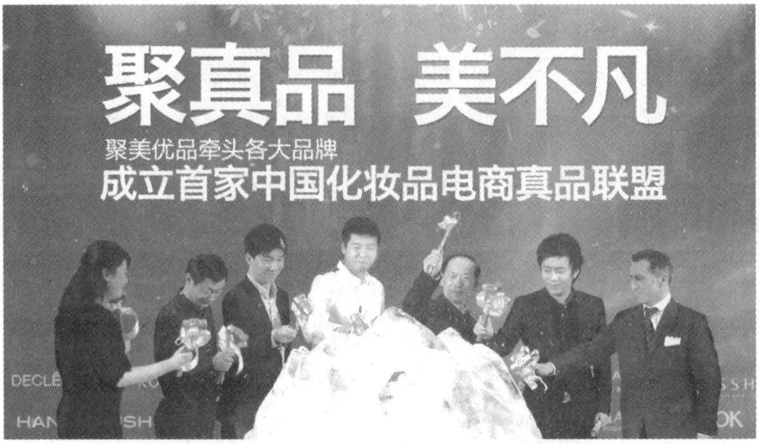

图 2-25　聚美优品成立真品联盟

三、企业信息化未来发展的趋势

（一）加大物流仓储体系的投入，升级 IT 系统

快速扩张导致的货源问题和服务能力崩溃使得这家电商公司饱受诟病，陈欧是否能认识到，在出色营销的帮助下，聚美优品需要让服务跟得上，只有这样，“陈欧体”才能被更多人理解和尊崇，否则华丽的面具早晚会被消费者无情地扯烂。

根据聚美优品官方发布的数据，3 周年店庆 3 天其销售额高达 10 亿元，这个数字接近京东 2012 年 6 月大促时的销售额，而聚美只有千余名员工，京东却有将近 5 万名员工。出色的营销，几乎每年都会有一次爆发性增长节点，而每一次伴随爆发性增长而来的，却也必然有一次暴仓。尤以此次“301”为最，“陈欧体”的爆红，让陈欧的百度指数一度直达一线明星，聚美优品的流量也直接翻了几倍，这直接导致了聚美优品主页频繁出现宕机、无法打开的现象。但在 3 周年店庆后聚美优品不断被人诟病，最主要的问题是团队支持，例如客服体系、仓储物流、技术体系无法与前端营销匹配和支持。

“301”周年庆活动，网友还反馈该活动的发货环节、产品质量等方面存在种种问题，而出现问题后，聚美优品的客服人员消失，客服电话拨打不通，网友被晾在一边，找不到人解决。此外，还有客户质疑不开发票、消费者维权无路。

陈欧曾表示，“其实对电商来说整个技术、服务器系统花费不会特别高，最高费用是物流体系。物流体系让我们非常挣扎。之后，聚美优品会在物流仓储体系建设方面投入大量的资金”。由此看，聚美优品下一个关注的重点是物流，整个 IT 系统的升级反而处于次级地位。

故想要效仿天猫“双十一”的营销手法，别忘修炼好自己的内功。除了要有“闯祸”的胆子，也要有“兜得住”的能力。

（二）控制供货渠道，保证产品质量

来自欧盟的统计数据验证了中国假货的规模。2012 年，欧盟各国海关共收缴近 10 亿欧元的假冒商品，其中 65%假货来自中国。2012 年 8 月 5 日，欧盟委员舍梅塔称，假货对合法企业造成损害，也对用户安全构成威胁。2013 年 3 月，聚美优品“301 大促”（3 周年庆）数天吸金 10 亿元，仅半月后，却引来售假质疑，该公司陷入品牌、信誉“双重危机”。2013 年 5 月 2 日，兰蔻、雅诗兰黛等化妆品小样在聚美优品、乐蜂网大量铺货，但品牌商却表示旗下品牌在华未授权第三方电商销售。事后，聚美优品解释称，小样属直接从专柜拿货，并未与品牌方总部直接签供货协议。但事件再度将电商信誉推上风口浪尖。

聚美优品再专业的“采购、质检团队”也无法取代官方的认证，而专柜验货的途径，由于消费者实际操作中并不可行，更是涉嫌有“虚假宣传”的可能。律师赵占领表示，首先，聚美优品销售“非卖品”就已经可能存在问题，虽然国内相关法律并没有规定不能售卖“非卖品”，但是商家也必须保证“非卖品”的质量。由于“非卖品”产品特殊，往往质量更难掌控。至于涉嫌售卖水货的问题，无疑更加严重了。如果证实聚美优品属于海外采购并没有通过相关的程序正规进口的话，其就已经构成了犯罪行为，对聚美优品而言风险很大。

在这种情况下，有一个安全有保障的控货渠道是至关重要的，就像聚美优品所保证的那样“100%正品”，必须逐渐地去净化渠道，清理自己渠道的假货，这样做才是对自己有利的。同时化妆品真品联盟还可以做得更好些，就是在众多品牌的官方网站加入防伪码查询入口，更方便用户的查询，否则，充当“打假英雄”将是一句空谈。

四、案例点评

聚美优品案例最吸引人的当数陈欧成功从“团美网”转向 B2C 模式。这种成功转型

使得聚美优品走出团购过度竞争的泥潭。团购的低门槛使得团购网站的诚信和服务问题相当严重，影响了整个行业的形象。陈欧说“我们从一开始就有 B2C 基因”，这个案例很好展现了这个基因产生和发展的过程。其实，我们认为聚美优品找到制约消费者网上消费的因素，制定出相应的战略及基于客户忠诚的营销策略。

网站本身丰富的商品品种满足了消费者多样化的购物需求，在一定程度上也解决了定价呆板、价格相对较高的问题，给原有的网站消费者以更大的选择余地。在继续确保原有网站商品品质的前提下开设团购，给老用户更多的选择空间和期望值，这在一定程度上增加了老用户的黏合度和忠诚度。同时，因为有网站丰富商品的支撑，最大限度避免了目前团购网站一次性交易的问题，使新用户经常性购物的需求得到满足，有利于顾客忠诚度的培养。聚美优品通过改善操作界面，增强交互界面友好度和人性化操作体验，采用限时购买方式，提升顾客对产品或服务的时效体验。

靠着售前 100%品质保证，售中便捷的特点，售后完善的服务，聚美优品获得了消费者的认可，并通过微博、社区等各种口碑传播方式快速滚动发展着。2011 年，聚美优品把融来的钱重点用在完善供应链和提升服务体验上，几乎每天有 50 万频次的用户浏览，如今注册用户达 100 万以上，占女性化妆品团购市场份额的 60%以上，稳居行业龙头的地位，成为国内领先的女性时尚限时折扣购物平台。

企业以顾客为中心制定营销策略逐步得到广泛的认同，企业的营销目标也由市场占有率获得利润而转向顾客忠诚获得长期利润。对于网络企业而言，培育高品质的顾客忠诚是其生存和发展的基础。提高顾客忠诚度的重要性和必要性在聚美优品得到了实际的验证。注重服务价值功能，提升用户网购满意度，是众多网络企业在今后的发展中需特别注重的地方。

从以产品为中心逐步向以客户为中心转变，将是众多网络企业的发展趋势之一。在资源充沛的情况下，要将顾客忠诚度作为一项不可忽视的衡量企业发展的指标，致力于品质服务，站在客户的角度，尽可能地满足客户需求，让顾客感知企业产品和服务的质量以及企业的付出，从而整体上提升产品和服务的价值，使客户对企业产品或服务的依赖及认可、坚持长期购买和使用该企业产品或服务。赢得消费者青睐，提高客户忠诚度，从长期来看，必然会为企业带来巨大的经济效益。

《投资者报》分析员东川表示，经过整个春节广告的狂轰滥炸，“陈欧体”、“80 后创业新贵”的标签，紧紧地贴在这位聚美优品年轻 CEO 的身上。然而，快速扩张导致的货源问题和服务能力崩溃使得这家电商公司饱受诟病，陈欧是否能认识到，在出色营销的帮助下，聚美优品需要让服务跟得上，只有这样，“陈欧体”才能被更多人理解和尊崇，否则华丽的面具早晚会被消费者无情地扯烂。处于风口浪尖的聚美优品，创造了中国最大的化妆品垂直电商聚美优品，打造了“陈欧体”奇迹。但在一场突如其来的营销大促和成功自营销后，他又被迅速卷入一场中国式互联网江湖商战，面对网络言论的蜂蛹、人肉，竞争对手的明枪暗箭，刚刚迈入江湖的“80后”企业家陈欧显得有些无所适从。最主要的问题是团队支持，例如客服体系、仓储物流、技术体系无法与前端营销匹配和支持。

所以不管是提高物流管理水平还是提高产品质量，摆脱假货危机的影响，最终增强顾客忠诚度，对聚美优品来说都将是一场“持久战”。复旦大学经济学院副院长孙立坚也强调，根治假货“一定要由政府来抓”，最关键的是强化监管，如果监管部门职责缺失，而是由市场来控制，就会出现一些品牌商出于维护既得利益而不作为。在孙立坚看来，中国要根治假货的关键，首先应加快全民富裕程度，其次要对投资者进行教育。“国民收入还是比较低的话，给假冒伪劣产品营造了很好的市场。发达国家都经历过伪劣品横行的阶段，但随着人民收入的增加、监管的到位以及国民教育的提升，问题就消失了。”孙立坚说。

参考文献

[1] 江川. 聚美优品陈欧：让美妆飞 [J]. 科技·人物，2013（9）.
[2] 胡松杰. 基于顾客忠诚度的网络营销研究 [J]. 中国信息化，2013（9）.
[3] 柯剑春. 基于顾客满意的网络营销服务策略 [J]. 市场营销，2012（7）.
[4] 黎军，邹启庆. 企业网络营销发展对策研究 [J]. 科学与财富，2012（10）.
[5] 关云非. 企业营销网络的建设与管理 [J]. 沈阳教育学院学报，2011，13（5）.
[6] 丛燕妮. 浅谈聚美优品的网络营销策略的启示 [J]. 大观周刊，2012（34）.
[7] 张超，吴芳菲. 浅析品牌广告的创新策略 [J]. 今传媒，2013（8）.
[8] 闫岩. “微力无穷”微博时代的实时营销与公关 [M]. 北京：台海出版社，2012.

中国企业信息化管理案例

第七节 亚马逊中国的跨国信息化模式

一、亚马逊中国的基本情况

（一）简介

亚马逊中国，原名卓越亚马逊，是一家 B2C 电子商务网站，前身为卓越网。2004 年 8 月 19 日，亚马逊公司宣布以 7500 万美元收购雷军和陈年创办的卓越网，将卓越网收归为亚马逊中国全资子公司，使亚马逊全球领先的网上零售专长与卓越网深厚的中国市场经验相结合，进一步提升了客户体验，并促进了中国电子商务的成长。2007 年，亚马逊将其中国子公司改名为卓越亚马逊。2011 年 10 月 27 日，亚马逊正式宣布将它在中国的子公司“卓越亚马逊”改名为“亚马逊中国”，并宣布启动短域名（z）。亚马逊中国一直都秉承“以客户为中心”的理念，承诺“天天低价，正品行货”，致力于从低价、选品、便利三个方面为消费者打造一个可信赖的网上购物环境。

作为一家在中国处于领先地位的电商，亚马逊中国为消费者提供图书、音乐、影视、手机数码、家电、家居、玩具、健康、美容化妆、钟表首饰、服饰箱包、鞋靴、运动、食品、母婴、户外和休闲等29个大类、上千万种的产品，通过“货到付款”等多种支付方式，为中国消费者提供便利、快捷的网购体验。

（二）亚马逊中国的发展历程

2004年

被亚马逊收购

2006年

2006年第2届消费者最喜爱的网站100强第100名

2006年B2C网站最佳用户体验

2006年中国电子商务诚信建设贡献奖

2006年中国电子商务诚信单位

2006年大学生最满意的诚信雇主

2007年

国内首家获得ISO27001信息安全管理体系国际认证“A等级”评价

2007年第3届消费者最喜爱的网站1000强

2007年B2C产业“杰出贡献奖”

2007中国创意产业年度大奖和最佳参与奖

2008年

2008北京市电子商务诚信十佳企业

王汉华荣获“电子商务十年百人”称号

“商业网站百强”

2007~2008中国最佳客户服务奖

2008年度最佳网上书店

“十大出版业网站”

2009年

2009~2010“中国网购全行业评选”榜首和最佳配送服务奖

2009~2010中国电子商务市场年度成功企业

2009年10月，卓越亚马逊再次推出免运费活动，凡是期间去卓越亚马逊购物者，均免去运费

2010年

2010年中国最佳客户服务奖

2010 中国最受消费者信赖的网上百货商城奖

2010 年最佳电子商务奖

2010 年度中国最佳网络卖场

2010 最具人气网络商城

2010 中国创新公司创新榜单

2010~2011 年度中国最佳电子商务网站奖

2011 年

2011 最具商业价值的百货购物平台

2011 电子商务示范企业称号

2011 电子商务最佳服务奖

2011 最活跃跨国公司经理人奖

2012 年

2012 “中国消费者最信赖的网络消费网站”

2012 易观 En Commerce Award 最佳电子商务运营之星

2012 年，亚马逊中国被授予“2012 年度正品广货推广优秀网商”桂冠

（三）亚马逊的组织结构

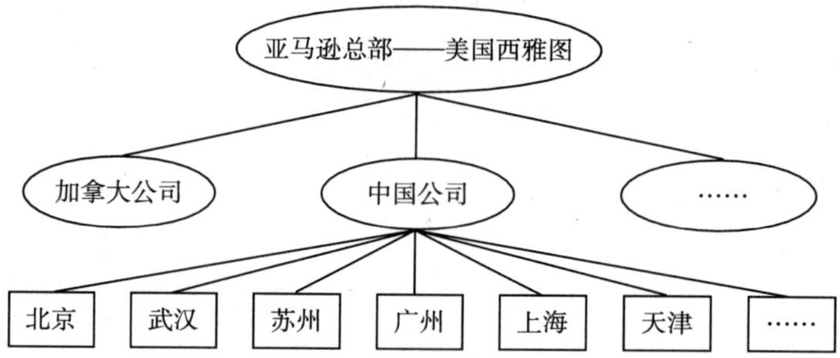

图 2-26 亚马逊的区域组织结构

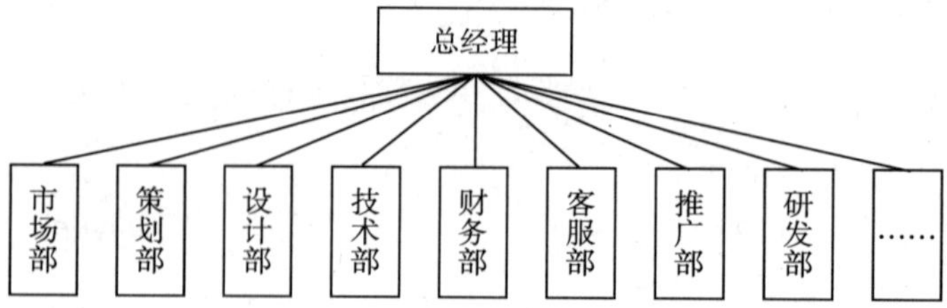

图 2-27 亚马逊中国的组织结构

亚马逊中国公司的组织结构为直线职能型。其主要职能如下：

市场部，通过新、老客户的需求反馈于公司内部，尽可能扩大市场占有率。

策划部，根据时势策划方案，为企业创造机会。

设计部，用心设计企业的网络界面，加深客户印象。

技术部，凸显客户的心声，为研发团队提供技术保障。

财务部，资金链测算与管理。

推广部，将网站登记到重要的搜索引擎、目录服务等站点。

研发部，根据需求提供个性、合理、完善的解决方案，培训高新技术人才。

二、亚马逊的信息化模式

徘徊在电商企业的第二阵营，一副与世无争的面孔，亚马逊中国在中国电商圈里有些特立独行。在纷乱、浮躁的电商竞争中，亚马逊中国坚守着其全球的理念与策略，被公认为“很有潜力”的企业。从雅虎、eBay、Myspace，再到谷歌，美国互联网巨头在中国难逃魔咒。但亚马逊中国不仅“活”下来，而且活得有滋有味。与 eBay、雅虎以及谷歌在中国败北相比，亚马逊中国正朝着既定的轨道健康运行。

亚马逊的创始人兼 CEO 杰夫·贝索斯被认为是一位具有远见的企业家，但曾经在很长一段时间内，他并不被外界认同、不被看好。亚马逊在中国同样坚持其全球策略，不考核短期收入与盈利，持续大规模投入，做自己认为对的事情——在他们看来，这是一场马拉松。

亚马逊中国的成功之道在于亚马逊在中国既充分利用了亚马逊公司在全球范围内已经形成的强大的 IT 系统和庞大的供应链系统，更是发挥了国内的优势资源，对其进行创新，将其纳入到亚马逊公司全球的发展战略中。所以说，亚马逊中国整合国内及国际的双重资源，并不断地寻求创新，在中国的发展取得了不断的进步。

（一）充分利用国际资源：电子商务信息化

1. 仓储配送智能信息化：全球库存管理系统配合供应商管理订单和库存

不合理的库存是电商的大忌。有效备货和出货以及减少库存积压是企业需要平衡掌握的一对矛盾。亚马逊中国认为，良性供应链管理的精髓就是通过预测消费者的需求，主动反映订单，而不是被动地根据订单去向供应商备货。经过多年的累积，亚马逊已经形成了强大的商品信息数据库，全球库存管理系统根据数据库信息可以预测出某个产品的某一型号在某一个地区一天能有多少订单，其准确度比人为预测明显提高。亚马逊中国通过预测消费者的需求实现了对采购供应链的控制。其结果是：在消费者还没有下单时，他们要购买的东西就已经准备在库房中了。对供应商来说，他们不再需要毫无目的、不知多少地把货发给仓储运营中心。供应商根据亚马逊中国通过系统预测提供给他们的报订量，再发货到亚马逊库房，退货率接近零。对亚马逊中国来说，也能节省存储空间，提高了供应链管理效率。值得一提的是，亚马逊中国的每个运营中心的仓库之间都是平行库，而不是零售业常见的总库和分库的仓储物流模式。在总库—分库的模式里，响应某个订单时，货物的流转流程通常是由总库发送到分库，再由分库配送到消费者手中。而亚马逊中国的平行库则可以由任何一个仓库发货，信息化的配送系统将自动计算出从哪个库发货的成本更低。亚马逊中国的每个仓储运营中心都采用了亚马逊总部的全球库存管理系统，每天可以处理数以万计的订单。该系统可以追踪到每个客户订单在运营中心的操作状态，而全条码扫描处理系统则应用于收货、上架、拣货和发货各个环节，有效地提高了处理订单的准确度。而对于一些核心的供应商，亚马逊中国还实现了与其后台管理的连接，供应商通过库存管理系统可以看到自己货物的消耗情况，及时补货和制定生产计划，这项办法正在向更多的供应商推广普及。

仓储货运是电子商务时代加强终端服务体验的新型配送方式，由网络电商负责在全国各地建仓库，利用物流中心强大的技术支持平台，再利用当地快递网络达到快速配送，综合来说是 B2C 的电子商务模式，它实现了企业与消费个体的直接对接，通过网络支付或者电子购物平台，完成快捷、方便的网络购物的全过程。

图 2–28　亚马逊中国的大型仓储

目前，亚马逊在中国共建有 14 个大型仓库，总面积达 70 万平方米，仅次于美国本土仓库的总面积，亚马逊仓储中心在 1900 多个城市支持货到付款，在全国 160 个城市实现 POS 机刷卡付费。

亚马逊中国的仓储中心高大、宽敞、整洁、有序。首先进入视线的是上百排大型书架，亚马逊最初是以网络图书销售起家的，书多也不足为怪。相对来讲，小件百货区和大件百货区的面积则要比图书类的空间小一些。无论是小小的一个乒乓球还是一台电视、洗衣机，每一件货品都有自己的编号位置，几万种货品的仓库里，仅有不到20人的管理人员。这全要依靠亚马逊强大的信息智能调配系统，依托该套系统，在人员配比和工作效率上，都极大地缩减了企业运营的成本，也形成了统一、有序的管理模式。在仓储中心的中控调配区域，可以看见智能调配系统，由10多台局域网电脑控制操作，联网管理员手中的智能化“把枪”，让整个仓库实现数字化对应，可以随时调控管理员工作和具体位置，连人行道和车行道都需要按照地上的行驶线严格区分。

事实上，当电脑前的消费者拍下商品的瞬间，其背后庞大的智能物流输送平台同时启动。在仓储中心，电脑系统自动生成取货路线，仓库管理员手持集成仓库智能局域网的“把枪”，就可按照电脑提示的最近线路，坐上电动分拣车，5分钟之内便可从上万件仓库货品中准确地找到货物的位置。管理员将商品从货架上取下，经过电子记录和扫描，进行统一包装，几个多小时后，该商品连同其他物品一起，就会成为仓库送出的快件。

像亚马逊这种电商与配送终端合二为一的模式是目前国内网购的最新模式。它能够增加网购商品的服务内容，提升网购平台的配送效率，更重要的是，电商与商品厂家直接对接，保证了网购商品的质量，还延伸了网购的终端服务项目。

2. 物流体系的信息化：为供应商打造强大的物流配送系统

作为一家国际知名电商，亚马逊来到中国似乎有些低调，不事声张地运作了好几年，没打过价格战，没做过铺天盖地的广告，但却做了一件至今让其他电商羡慕不已的事：持续大手笔投入资金，自建了覆盖中国主要商业区域的物流系统，为供应链的整体建设打下了基础。

位于花桥经济开发区，面积达12万平方米的亚马逊昆山运营中心，是中国商务领域最大、最先进的仓储中心，是亚马逊在中国的第十个运营中心。该中心采用亚马逊先进的全球库存管理系统，平均一天货物吞吐量约23万件，支持了包括上海、江苏、浙江、安徽等华东地区的运营，是除美国本土之外最大的运营网络，也是中国电子商务领域面积最大、技术最先进的物流系统，其配送能力已覆盖中国大部分地区。目前，亚马逊中国在9个城市拥有自有配送团队，16个城市免费“当日达”，53个城市免费“次日达”。这项政策虽然于2012年2月调整为“购物满29元免邮费”，但仍然以巨大的配送优惠在同行业中令人侧目。在快速送达的同时，亚马逊中国还为供应商的货物实现了定时送达，使顾客下单时就可以向供应商预约送货时间。强大的物流体系不仅支撑着亚马逊中国的配送业务，也让众多发展的中国电商从中受益。如果消费者在淘宝上买件小商品，送货的却是亚马逊，千万不要惊讶。因为店主的淘宝店只作为展示窗口，订单却由后台直接传给亚马逊系统，与其他同类淘宝店共享库存，由亚马逊统一发货。这就是亚马逊中国提供的第三方物流的服务，不仅暗示着下一个盈利点所在，也在向供应商传达一个信息：亚马逊中国的物流配送系统可以为你提供最有保障的供货服务，为你赢得更多的消费者。与那些只在线上招揽顾客、炒作噱头的电商不同，亚马逊中国一直在做需要大笔投入资金才可以实现的基础物流体系建设。从表面上看，仓储物流主要功能是为顾客提供快捷、及时的配送服务；但其更重要的意义却深蕴着采购供应链管理的精髓，为供应商搭建了安全、快捷通向消费者的通道，这是亚马逊中国作为互联网科技公司的核心优势。

物流在电子商务发展中起着至关重要的作用。物流一直是制约我国电子商务发展的重要因素，所以对于物流行业我们应该特别重视它的发展，物流越是快速地发展，则越能促进电子商务的发展。

当前，网购正从最初的比低价、拼正品向更加完善的服务比拼及购物体验比拼发展，而网站体验、物流速度、售后服务正是目前亚马逊中国、当当网、京东商城等网上商城的比拼目标。从目前的行业发展水平来看，亚马逊中国、当当网、京东商城都已经在40~50个城市实现了免费“次日达”服务，“次日达”也已经逐渐成为一线网购商城的主流服务标准。以当当网为例，估计2011年10月，当当网将在25个重点城市实现“当日达”，100个（包含当日达25个城市）城市实现“次日达”服务。自2010年京东商城、当当网、亚马逊中国相继推出了“当日下单，当日送达”服务，目前各家商城也均已在15个左右的重点城市实现“当日送达”服务，并仍在加速“当日达”和“次日达”服务的覆盖范围。不仅如此，此前曾有媒体报道，当当网正在计划推出“4小时超快递”和“下班送”定时送达等全新的个性化配送服务。

亚马逊一直最引以为傲的也是其物流服务。亚马逊中国表示，他们能为卖家提供一个360°的全方位平台，包括前端的商品陈列、推广营销、支付以及后端的仓储、物流、客服等服务。亚马逊的“我要开店”从自助申请开始，只需简单几步便可在这一平台上开店销售产品，且该平台面向所有卖家实行先期“零投入”的政策，即无加入费、无年费、无平台使用费。此外，第三方卖家还可享受“亚马逊物流”服务，即由亚马逊按照自身物流服务的高标准提供的仓储、发货、配送和售后服务。

在亚马逊中国的每个下单页面上，都有一行不起眼的说明：“配送至××地区的日期，今天（×月×日），请在×小时×分钟内下单并选择‘快递送货上门’。”其中，“××地区”是可以选择的，意思是，你要是想今天送到指定地点，那么必须在其给出的一定时间段内下单。这就是“定时送货”功能，而亚马逊中国是当时中国唯一一家可以提供该功能的B2C网站。“定时送货”功能同时也暗含着，中国亚马逊在供应链整合和物流配送上的强大能力。

2013 年 3 月 29 日，亚马逊中国宣布，正式推出“全球开店”业务，即亚马逊的物流系统向国内众多电商中小企业开放，为更多的中小型企业提供国际化电子商务解决方案。“全球开店”项目意味着，它可以将中国资源整合进入美国，自然也可以将美国资源整合进入中国。刘旭君在美国开店，可以低成本地利用亚马逊在美国的物流体系和客服体系，这就是对美国资源的整合，就算是 eBay 也无法提供这样的资源。

亚马逊中国称，此举是欲借助其完整的供应链系统吸引更多的商户入驻，利用其物流业务帮助公司赚取更多利润。但业界分析人士则普遍认为，亚马逊中国陆续开放物流仓储平台给外部卖家，最核心的目的是为了化解物流成本带来的压力。而此次中国卖家在加入“全球开店”后，只需将产品存入当地的亚马逊运营中心，即可通过完善的仓储物流系统将货物发往全世界，并通过当地亚马逊物流服务轻松管理境外的生意。借助亚马逊成熟的全球物流平台，众多企业特别是传统企业能够迅速利用其资源优势弥补企业的“互联网缺口”，快速走向全球市场。目前，亚马逊中国是国内向卖家提供 B2C 国际化平台的电子商务企业。

对于大多数电商企业来说，物流是他们目前的头号难题。很多大型电子商务企业都是多年来凭借快速物流才积累起来一些忠实用户，也是通过客户的不断积累才成长壮大起来的。无论是对忠实的老客户或者是新客户而言，电子商务企业提高物流速度是注重客户需求的一种表现，也是应对残酷的市场竞争不得不拿出的“撒手锏”。

3. 供应商平台信息化：面对世界的全球开店系统

强大的物流配送能力和领先的全球库存管理系统为亚马逊中国的供应商打造了在世界范围内的 B2C 国际化平台，吸引了诸多供应商的加入。2011 年，随着昆山运营中心的建成，亚马逊中国推出了“我要开店”项目，众多的供应商和厂家只需通过简单的注册和审批，其产品便在亚马逊中国上销售，且无须任何加入费、年费和平台使用费。亚马逊中国之所以敢冒不盈利的风险为供应商提供如此优惠的政策，就是在长远的供应链管理上下了赌注：在更长期的时段里吸收并掌控更多的供应商，为企业提供“零投入”的便捷销售平台。

但亚马逊中国并没有就此止步。2012 年 3 月，在亚马逊总部的全盘策划下，推出了第三方平台“全球开店”业务，此业务瞄准的是意欲开拓国际化业务的供应商和厂商。这一平台比上述平台更加完善，且客户群面向全球。其运作模式则是企业将产品库存入全球各地的亚马逊运营中心，由后者进行统一配送和售后管理。中国卖家在加入“全球开店”后，只需将产品存入当地的亚马逊运营中心，即可通过完善的仓储物流系统将货物发往世界，并通过当地亚马逊物流服务轻松管理境外的生意。但是，亚马逊中国并没有利用此项目盲目扩大供应商占有率，供应商必须满足两个准入条件：一是品牌拥有者，二是拥有某品牌的直接授权，这让亚马逊中国确保了商品的质量与品牌信誉。

这一业务在中国的展开，使中国卖家不仅可以借助亚马逊的平台在全国销售产品，还可以将产品销售给亚马逊全球近两亿活跃用户，从而有效地帮助中国卖家拓展海外市场。这也意味着亚马逊中国成为向卖家提供 B2C 国际化平台的电商。亚马逊中国在其庞大而精妙的供应链系统之上，将“我要开店”升级为“全球开店”，将中国资源整合进入美国，自然也可以将美国资源整合进入中国。同时，将平台升级到全球范围，利用其全球化布局的网络和技术优势，避开了在国内与电商同行们进行过于白热化的竞争，找到一个新的盈利点。其供应链的掌控范围实现了国际化的跨越，对将来的国际贸易将产生巨大的影响。但仅仅提供便捷的平台是不够的。通过加入亚马逊中国的平台，供应商便可获得亚马逊团队提供的一系列服务，从网页的设计、产品的展示方法、海外客服的对接、资料的翻译到解决怎么进关和出关等环节，亚马逊都提供十分周到的服务。亚马逊全球副总裁古宁汉姆在谈到对中国的供应商培育问题时曾说：“就像是从零开始教育商家、教育整个市场，亚马逊给国内商家提供的不仅仅是平台和技术的支持，更多是为了做好服务而提供的人力支持。”亚马逊中国通过低廉的收费和高价值的服务，与供应商和厂商的利益捆绑在了一起，在上游供应链的掌控上占得了先机。

亚马逊中国的“全球开店”、全球库存管理系统等业务是通过整盘复制亚马逊的总部采购供应链管理策略进行的。但是，亚马逊中国的物流体系建设却是根据中国的经济环境自行决策进行的，众多的 IT 管理系统也都是由亚马逊中国自行研制开发的，这使亚马逊中国将美国的先进管理理念与中国的实际结合起来，形成了独特的供应链管理策略，培育出了独特的供应商引入机制、物流配送体系和信息化数据管理平台，让亚马逊中国行进得低调而稳健，令更多的电商侧目不已。

（二）发挥国内现有优势：亚马逊中国的本土化创新

亚马逊进入中国市场，如果仅仅是复制亚马逊在其他国家的模式是肯定不能取得成功的，因为中国电子商务市场有着自身的特点，所以亚马逊进军中国就需要利用中国电商市场和消费者的特点，不断融入电商的竞争环境中，所以亚马逊中国必须在本土化的进程中不断寻求创新，这样亚马逊中国才能在中国电商市场立足，才能得到更加长远的发展。所以亚马逊中国在进军中国市场后做了一系列的本土化创新的行动。

1. 亚马逊中国牵手全家便利店

连锁便利店是居民在社区中常去的购物场所，一般是全天候营业，主要是为住在附近的社区居民提供便利的服务，主要业务除了销售日常用品外，还会提供一些服务，如交水电费、公交和地铁充值等。正是由于便利店的便利性，在发达国家，B2C 早已通过连锁便利店为客户提供物流配送。由于连锁便利店临近社区，住在附近的消费者既可以选择在自己方便的时候到便利店取货，也可以选择便利店服务人员在规定时间送货上门，这样给予消费者更大的自由度来收取货物。

近日，全球领先的电子商务公司亚马逊中国宣布与全家便利 Family Mart 合作，在上海推出包裹自提服务。据悉，首批启动的近百个自提点将覆盖上海市区大部分区域，亚马逊中国也成为国内首家与全家便利开展自提业务的电商企业。这次合作标志着便利而非价格正成为电商的核心竞争力，这也是这次合作中便利店的价值所在。

24 小时便利店自提业务在保证商品按期送达的同时，允许客户灵活安排时间收取商品，极大地提高了收货的便利性；全家 Family Mart 的规范管理也能充分保证包裹安全，消费者可以放心，贴心享受服务。

亚马逊进一步表示，部分用户出于保护个人隐私的需要，不希望快递员上门，隐私伴随着快递的泄密事件正成为越来越多的消费者关心的问题。而对于一些上班族来说，经常会出现送货到家无人签收的事情，如果送到单位，消费者又要发愁如何带回家的问题，如果选择周末，消费者还要浪费时间等快递，相比于其他电商的自提点或门店，亚马逊中国这项服务最大的特色是用户取件的时间不受限制，而且全家便利店的统一服务标准也保证了客户体验不会有特别大的差异，这与很多电商所合作的快餐店、钟表店、裁缝店有很大不同。

根据易观国际的数据，亚马逊中国在 2012 年中国 B2C 市场交易份额中占 2.3%，位列第五，与全家便利店的合作将大大提升亚马逊在关键地区的市场份额。目前，全家便利店主要分布在江浙沪地区，在上海地区有 70 多家便利店，是外资连锁便利店门店数量最多的品牌。良好的售后服务相对于价格战在电商领域具有可持续性，在赔本赚吃喝方面亚马逊可能比不过京东、苏宁易购等对手，但售后服务却是亚马逊的强项，或许亚马逊可以借此翻身。

B2C 企业与连锁便利店合作的模式为消费者提供了更好的服务，也进一步扩宽了网络购物中服务的改进思路，更重要的是，完善了消费者网络购物的整体体验，让消费者对网络购物更加放心，也更加舒心。

2. 亚马逊中国官方二手商品市场：Z 实惠

在中国电子市场，二手商品同样有着不小的市场需求，因此，亚马逊在中国电商二手交易市场上也有所作为。

目前，综合购物网站的二手交易市场主要有三种形态：第一，二手商品与一手商品同平台销售，二手商品并没有明显标志，顾客只能依靠商品描述来区分，典型例子为淘宝网；第二，二手商品与一手商品同平台销售，网站给予二手商品单独分类，典型例子为亚马逊中国和当当网；第三，网站开辟官方二手交易平台进行二手商品交易，典型例子为亚马逊中国。

2012 年 12 月，亚马逊中国推出了官方二手商品市场——Z 实惠。亚马逊“Z 实惠”一方面是一个综合的网上购物平台，其折扣销售的商品由亚马逊担保，虽然包装或外观可能有污损，但无质量问题，不影响正常使用；另一方面亚马逊将二手商品成色分为五类，方便顾客进行选择。

这是亚马逊中国一直沿用的一种交易方式。对于亚马逊的每一件商品，如果供应商中有二手商品，亚马逊都会在供应列表中将供应商并列为“全新” 和“二手”两类，分别标明供应最低价格，让顾客自主选择。同时对于二手商品，亚马逊还会对商品成色进行定位，使顾客掌握尽可能多的信息量。

据了解，“Z 实惠”商品由亚马逊专业团队严格测试并分级，确保无质量问题，不影响正常使用，同时与亚马逊全新商品一样，享受同样标准的 30 天退货政策。但亚马逊方面表示，由于“Z 实惠”的每个商品瑕疵程度不同，所以无法为消费者提供换货服务。目前，该系列商品已包括五大品类，跨越 22 个产品线，共计 1.5 万多种商品。自试营业以来，“Z 实惠”服务广受消费者欢迎，已售出近 10 万件商品。

亚马逊在其他许多国家都推出了类似项目，包括美国、日本、欧洲，称为 Warehouse Deal，正是因为在这些国家的成功运作，受到这些国家消费者的欢迎，目前“Z 实惠”服务的商品来源、评级标准和亚马逊在全球其他国家完全保持一致。

3. 加入电商价格大战

由于亚马逊一直遵循“天天低价”信念，所以在 2013 年之前，亚马逊中国是很少参加电商大促的潮流的。表示“不主动发起价格战”的亚马逊中国，在 2013 年夏季促销主动采用高调宣传天天低价策略的做法，亚马逊中国此次“今夏 Z 低”比价月活动不仅历时长达一个月之久，还按照不同品类划分为六大阶段。继“当夏 Z 低”诚信比价月和 8 月大促等活动获得消费者热捧之后，亚马逊中国（z.cn）宣布强势出击“双十一”，除在 11 月 11 日当天推出逾百万种商品大促外，11 月 4 ~10 日，亚马逊还将携 50 万种精品推出跨品类全线促销，以长达一周的活动火爆启动“双十一”。在一如既往的“天天比价”基础上，这一阶段的促销将呈现选品多、折扣大、跨线减等五大特点，让消费者在“双十一”之前即可轻松享有实惠。

亚马逊中国的这一系列举动似乎违背了亚马逊公司在全球推行的“天天低价”策略，但合理的解释是，亚马逊中国已从消费者反馈中“取经”了。在当前中国的 B2C 市场上，低价是最有效的利器。所以亚马逊中国针对中国 B2C 市场的特点对其全球战略做本土化的创新。亚马逊中国的这一举动可以说是在“意料之外”却又在“情理之中”。

（三）亚马逊中国的图书电子商务平台

1. 巩固在图书网购市场的地位

雷军创业 4 年的卓越网，已经是中国图书音像制品网上零售商中的佼佼者，卓越网一直采用“精品路线”的经营模式：精选品种、少品种、大批量。2004 年，亚马逊收购卓越，随后并不是轰轰烈烈地变革，而是温和地、按照其全球战略改造卓越，不断地进行本土化的创新。

中国的网上购书市场是典型的竞争结构，市场中存在亚马逊中国、当当网两个主要的竞争方，同时也有淘宝、京东商城等综合性电商的兼营图书业务。尽管目前当当网和亚马逊中国都各自开展了百货业务，但截至资料数据时间点，当当网和亚马逊中国图书业务收入均超过总收入的 80%。亚马逊中国将亚马逊全球领先的网上零售专长与卓越网深厚的中国市场经验相结合，进一步提升了顾客体验，并促进了中国电子商务的成长。亚马逊中国在其母公司的领导下一直沿着低价的精品模式发展，在电子商务商业模式创新中连创佳绩。亚马逊中国在图书市场上提供的快捷的信息服务、众多的可供产品、优惠的交易价格、理想的配送条件、完善的售后服务，赢得了广大消费者的青睐。由此看来，亚马逊中国占领中国市场的大片领地是有很大的前景的。

2011 年，亚马逊独家发布“最小说”团队五周年限量版签名图书，来自郭敬明、安东尼、落落、爱礼丝等作家的 3500 本签名版畅销书于一天内全部售罄。而任志强的新作《野心优雅》签名版也在上线后 3 天内销售高达 500 本。

2013 年 11 月，亚马逊中国“亚马逊名人签名版书店”日前上线，这是国内综合电商首次推出此类书店。该书店出售的书籍均为作者签名版，且售价不高于书籍定价。

亚马逊名人签名版书店第一批上线了 60 余名作家的 70 余部作品，包括知名作家严歌苓的《补玉山居》、白岩松的《痛并快乐着》、笛安的《西决》和蔡骏的《生死河》等脍炙人口的畅销书籍。茅盾文学奖获得者毕飞宇已确认其作品将于近期加入这一行列。

2. 引领电子阅读潮流

亚马逊中国在图书市场上最大的创新在于它迎合了数字阅读的潮流，2012 年 12 月 13 日上午，亚马逊中国在毫无征兆的情况下，发布了中国亚马逊 Kindle 电子书商城。这预示着中国正式加入了电子书阅读的世界潮流中，在中国找到正版制作精良的电子书将不再是难事。当前，中国亚马逊 Kindle 商城里已上线超过 2 万本书，其中包括了小说、文学、传记、艺术、少儿、经济、管理、生活等多种门类。

Kindle 电子书主要依托于亚马逊的图书资源。2011 年的电子阅读器销量达到历史峰值，这一领域已经发展了四年的亚马逊，在其中占据了可观的份额，它在垂直市场上取得了成功。

为了进入中国市场，Kindle 做了很多准备工作。首先是内容的采购和转化。亚马逊中国和中信出版社、磨铁图书、湛庐文化、北京大学出版社、清华大学出版社等 300 多家中国顶级出版社建立了合作关系。目前，亚马逊中国的 Kindle 书店里已储备将近 6 万本书。

其次是阅读器本身的本土化。“比如分享功能，在中国，我们将分享功能本土化分享到新浪微博，还有词典功能，现在 z.cn 上销售的 Kindle Paperwhite 都是预装了《现代汉语词典》和《现代英汉词典》的，可以在阅读时根据需要英译汉、汉译英。付款方式也适应了中国环境，能接受国内的信用卡、银行卡、支付宝等方式。”

作为亚马逊最知名的产品，Kindle 在 2012 年全球累计销售量超过 2000 万部。实际上，亚马逊为 Kindle 入华做了很长时间的准备，Kindle 即将在国内上市的消息也一再吊起“书虫”们的胃口。2012 年 12 月中旬，亚马逊中国的 Kindle 电子书店悄然上线，并提供 Kindle iPhone/iPad/Android 版的客户端应用下载。目前，Kindle 电子书支持 18 个大类，共 3.87 万本电子书下载，用户能在非 Kindle 的终端上就能看到这些书。Kindle 的正式入华，将为中国的电子书市场注入活力。

三、未来发展趋势

作为全球最大的电商零售巨头，亚马逊近年在中国逐步改变了原来的低调作风。在线上零售业务进入中国多年后，其在内容服务、应用生态系统方面进军中国的“野心”最终显露出来。亚马逊中国的战略目标是转型杀入移动互联网终端市场，并试图向产业链纵深拓展市场。

云服务是亚马逊实施这一战略的首要环节。亚马逊 Cloud Drive 是亚马逊推出的一款针对个人的云存储服务，个人用户可以享受 5GB 的免费空间，可以便捷地在云端保存照片、视频、文档和其他数字文件。除开网页版外，它还提供 Windows 和 Mac 版桌面应用，安装桌面客户端后，选中需要上传的文件，右击鼠标就可直接发送到 Cloud Drive，也可以通过拖曳操作进行文件保存，云端会自动进行同步。

图 2-29　亚马逊的云服务

资料来源：http://baike.baidu.com/link?url=S9Vz4fvE9-iyIGndUN5XfbpDantAlkPz543thSZQFP-gFUYIiYhmATwExIvroTMnW_J6Z WoDMdZw2SyXeI2_ga - #.

云服务的功能特色主要有以下几个方面：

1. 在线存储，应你所需

再也不用担心丢失宝贵的记忆或是在旅途中无法访问重要文件。亚马逊 Cloud Drive 可以便捷地在云端保存照片、视频、文档和其他数字文件。可以从足够存储多达 2000 张照片的 5GB 免费空间开始体验。

2. 一站存储，随处访问

安装了 Windows 或 Mac 版桌面应用后，只需添加文件到 Cloud Drive 文件夹，云端同步即自动完成。可以使用各种网页浏览器访问云端的文件。

3. 文件同步，随时随地

只需在电脑上安装 Cloud Drive 应用即可开始使用。添加文件到 Cloud Drive 文件夹，其同步技术可以保证电脑上和云端的文件始终保持一致。如果改动了文件，它会处理其他的一切，以保证文件在电脑和云端同步更新。

4. 文件管理，省时省力

在另一台电脑上安装 Cloud Drive 应用后，文件将自动复制并同步到最新状态。所需要的文件即手可得。

5. 云端存储，安全可靠

文件可以安全地保存在云端。即使电脑出了问题，也可以随时访问亚马逊 Cloud Drive 恢复文件。

中国移动互联网产业联盟秘书长李易表示，亚马逊自己就是行业标准制定者，且品牌非常具有号召力。亚马逊在云服务、电子书和应用商店等环节被打通之后，形成了完备的生态系统，这才是它与汉王、盛大等企业的根本区别。“可以说，Kindle 进入这个市场，服务起到了很好的开拓作用，能吸引一大批潜在用户。”

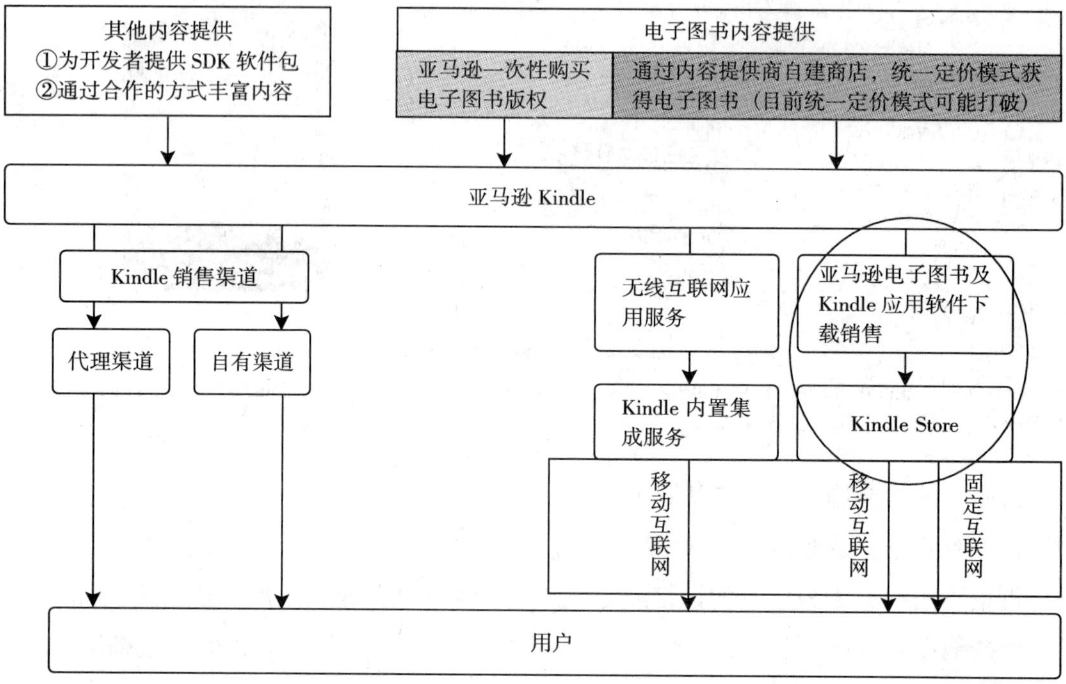

图 2-30　亚马逊 Kindle 模式构建

从电子商务介入到了云计算领域，对亚马逊而言也是一个水到渠成的过程，却注定会成为亚马逊的大未来：

首先，电子商务是一个庞大数据处理过程，可以说从最初开始，亚马逊就是一个由数据驱动的公司，物流体系更是需要数据的支持。从供应商管理、分发体系、网站商品的交易，以及最后的物流配送都需要网络数据的强大处理。在这些方面，沃尔玛其实都有业务，但是由于它完全基于实体店的交易，走的是自己的数据处理中心，没有演变到线上，自然也就很难在它的身上出现云计算服务了。

其次，从分类来看，亚马逊涉足的书籍、音乐、电影在电子化后必然存在于云端，特别是存储的需求。

最后，亚马逊收购的大量公司需要更有效的管理，比方说收购的 IMDb、Zappos 以及 Pets.com 等都是独立运营，并未在 Amazon.com 的网站系统内运营。个人认为，这催生了 Amazon 对云计算服务的需求。

随着 Kindle、Kindle Fire、Amazon App Store 等相继推出，亚马逊俨然不再是某个领域的公司，而是一个生态巨头。它甚至也不再谈电子商务、软硬件一体化的设备、云计算，而是全面转向服务，并且一切服务的支撑显然都基于云端。亚马逊的“云端”则像个无所不能、提供各项业务服务的生态圈。

四、案列点评

可以说，亚马逊中国在中国属于一个例外的成功，杰夫·贝索斯打造的网络零售王国——亚马逊，从图书到百货，他的目标绝不仅仅是在互联网复制沃尔玛，而是在互联网上建立与消费者的新关系，将信息和技术结合起来，颠覆性地改变传统价值链上供应商、制造商、零售商和消费者之间的格局。归根到底，一切的目标都指向不断地改善消费者的体验。或许每一个商家都会说自己从顾客出发，但不同的是，亚马逊可以为此讲出背后的系统机制。在亚马逊总部始终会设一个客户体验官，任何产品上市之前，都必须通过这个客户体验官，如果他不同意，那么这个产品将无法上市。这就是有名的客户体验官“一票否决制”。其子公司亚马逊中国是一个非常有节奏的公司。它有自己的运作逻辑，不慌不忙，不看竞争对手，只看前方。亚马逊中国前总裁王汉华在总结亚马逊中国到底复制了亚马逊什么的时候讲了三点：一是顾客，二是长远利益，三是创新。后两个落实到有形表现的便是技术和物流的创新和布局，“从顾客出发”则几乎成为贯穿公司运营始末的理念。

从整个亚马逊公司扩张成型的版图来看，它已经占据了三大平台：电子商务、数字阅读、云计算。这种态势，堪称当下互联网领域平台趋势的引领者。亚马逊中国作为其子公司，必将追随它的脚步，在三大平台上大显身手，在推行亚马逊全球战略的同时，不断进行本地创新。亚马逊中国在中国的马拉松式的发展，更加注重的是公司的长远发展目标，借助亚马逊公司强大的全球范围内的资源，以图书市场为突破口，逐步打开中国市场的大门。

但是，亚马逊中国在中国的发展并不是说是一帆风顺、前途坦荡的，因为在中国市场上有着强大的劲敌，阿里巴巴、京东商城、苏宁易购……无一不在中国市场上迅猛发展，力争增加市场份额，亚马逊中国在中国的发展必须取其全球发展战略之长，在中国市场上进行本土化的创新，永远追随消费者的步伐，这样的亚马逊中国才能在中国市场上有立足之地。

参考文献

[1] 亚马逊中国官方网站，http：www.ama2on.com.

[2] 冯嘉雪. B2C 电商激战格局年 [J]. 中国新时代，2012，6 (172).

[3] 冉宝松.亚马逊开放物流背后的阴影 [J]. 中国物流与采购，2012 (8).

[4] 崔玉波.亚马逊中国：低调构建上游采购供应链 [J]. 石油石化物资采购，2012(10).

[5] 岳彩周.亚马逊牵手全家便利店 [J]. 中国连锁，2013 (5).

[6] 扬子晚报网，http：//www.yangtse.com/system/2013/11/04/019156575.shtml.

[7] 中国物流网，http：//www.chinawuliu.com.cn/zixun/201111/15/174565.shtml.

[8] 中国物流网，http：//www.chinawuliu.com.cn/information/201205/15/182448.shtml.

第三章 战略导向与信息化

第一节　中兴通讯的学习导向信息化

一、企业基本情况介绍

中兴通讯是全球领先的综合性通信制造业上市公司，是近年全球增长最快的通信解决方案提供商之一。中兴通讯各系列电信产品处于市场领先地位，并与中国移动、中国电信、中国联通等中国主导电信运营商建立了长期稳定的合作关系。凭借在无线产品（CDMA、GSM、3G、WiMAX 等）、网络产品（xDSL、NGN、光通信等）、手机终端（CDMA、GSM、小灵通、3G 等）和数据产品（路由器、以太网交换机等）四大产品领域的卓越实力，公司为全球 140 多个国家和地区的电信运营商提供创新技术与产品解决方案，与包括法国电信、英国电信、沃达丰、澳大利亚电信、和黄电信在内的众多全球主流电信运营商建立了长期合作关系，让全世界用户享有语音、数据、多媒体、无线宽带等全方位沟通。

1985 年，中兴通讯成立。1997 年，中兴通讯 A 股在深圳证券交易所上市。2004 年 12 月，中兴通讯作为中国内地首家 A 股上市公司成功在香港上市。2005 年，中兴通讯销售收入超过 215 亿元，其中，国际销售收入达 36%。2006 年，凭借优异的全球业绩，中兴通讯跻身美国《商业周刊》"中国十大重要海外上市公司"和"中国最佳品牌 20 强"，成为国内唯一上榜的通信设备企业。

中兴通讯拥有通信业界最完整的、端到端的产品线和融合解决方案，通过全系列的无线、有线、业务、终端产品和专业通信服务，灵活满足全球不同运营商的差异化需求以及快速创新的追求，帮助客户实现持续盈利和成功，构建自由广阔的通信未来。2011 年，中兴通讯实现全年营业收入 862.54 亿元，同比增长 23.39%，增速居行业首位。其中，国际市场实现营收 467.58 亿元，占整体营收 54.21%，同比增长 24%。中兴通讯系统设备已全面服务于全球高端市场的顶级运营商，智能终端增速强劲，已跃居全球第四大手机厂商。

中兴通讯在高速发展的同时积极履行社会责任。作为国家纳税百强企业，2001~2008 年，公司累计纳税超过 250 亿元。中兴通讯积极参加印尼海啸、汶川地震等重大自然灾害救助，与中国儿童少年基金会携手成立国内规模最大的"关爱儿童专项基金"。2008 年，中兴通讯正式加入了联合国契约组织。

中兴通讯坚持以持续技术创新为客户不断创造价值，通过独立自主的开发主体，层次分明、科学规范的创新体系，持续的研发投入，在技术开发领域取得了一系列的重大科技成果。公司在美国、法国、瑞典、印度、中国等地共设有 18 个全球研发机构，近 3 万名国内外研发人员专注于行业技术创新。2011 年，中兴通讯 PCT 国际专利申请量跃居全球企业第一位，国内发明专利授权量与申请量也均列国内企业第一位。公司依托分布于全球的 107 个分支机构，凭借不断增强的创新能力、突出的灵活定制能力、日趋完善的交付能力赢得了全球客户的信任与合作。

中兴通讯是中国重点高新技术企业、技术创新试点企业和国家 863 高技术成果转化基地，承担了近 30 项国家重大课题，是通信设备领域承担国家 863 课题最多的企业之一，公司每年投入的科研经费占销售收入的 10%左右，并在美国、印度、瑞典及国内设立了 14 个研究中心。

中兴通讯员工近 4 万人，本科及以上员工超过 70%。研发人员占 35%；市场人员占 30%，其中，从事国际市场推广的员工占公司市场人员的 50%；海外市场中，员工本地化率为 65%。

中兴通讯为联合国全球契约组织成员，坚持在全球范围内贯彻可持续发展理念，实现社会、环境及利益相关者的和谐共生。中兴通讯在经营规模不断壮大的同时，认真落实科学发展观、积极履行企业社会责任，自觉地把企业社会责任融入到公司的战略、企业文化和生产经营活动中，努力构建和谐企业。中兴通讯运用通信技术帮助不同地区的人们享有平等的通信自由；将“创新、融合、绿色”理念贯穿到整个产品生命周期，以及研发、生产、物流、客户服务等全流程，为实现全球性降低能耗和二氧化碳排放不懈地努力。中兴通讯还在全球范围内开展社区公益和救助行动，参加了印尼海啸、海地及汶川地震等重大自然灾害救助，并成立了中国规模最大的“关爱儿童专项基金”。

中兴通讯多年的成长之路，一步一个脚印，本着服务客户、务实求真的精神，立足国内，逐步走向了世界。中兴通讯不同于华为采用立足农村，进军城市，再迈向国际的发展战略，而是凭借先天优势采用占领国内市场、率先进军国际市场的发展战略。中兴通讯也不同于上海贝尔，没有国际电信设备制造商的支持，而是依靠国内发起公司的人才、技术、资金，发挥国内员工的聪明才智，一步一步走来。未来，中兴通讯将继续致力于引领全球通信产业的发展，应对全球通信领域更趋日新月异的挑战。

二、企业信息化让中兴尝尽甜头

从近日召开的企业信息化经验交流会上获悉，近年来，中兴通讯一直将信息化建设作为公司管理的重要举措，并与流程优化、量化管理等管理举措相结合，基本建立起涵盖各业务领域的 IT 应用平台。企业实现了信息化，不仅显著提高了生产率，而且从根本上实现了企业运作模式的根本改变。

据介绍，2000 年 6 月，中兴高层经过深思熟虑后，决定实施 ERP。2002 年 4 月 1 日顺利地完成了 ERP 系统切换。2001 年 5 月，成立 IT 部。

目前，中兴通讯各业务环节物流、营销、研发、人力资源与培训等均已实现信息化管理。比如物流领域，经过 3 年的努力，中兴通讯初步建立了以 ERP 为核心的物流管理平台。通过实施 ERP 及其相关辅助系统，实现了从接收合同、生产配置、排产、入库、发货，直到开局、初验、终验、回款等围绕销售合同及其相关物流管理的全部业务，为营销事业部、产品事业部、财务中心、市场中心、质检中心等相关业务部门提供了合同管理及相关物流管理的统一运作平台。比如在营销领域，公司完成了销售、投资、预测、客户信息、市场信息等各项目网上管理。营销领域的信息化应用平台，覆盖了售前与售后服务各核心业务领域。

企业信息化管理，让中兴通讯管理更为精细，而精细管理的结果是公司效率明显提升。据中兴通讯高级副总裁何士友介绍，中兴实施信息化管理后，库存周期天数减少12%~18%；交货履约率提高 30%；缺料发货比例降低 29.5%；合同履行周期缩短 55%；财务结账周期平均缩短 5 天；E 化流程增加了 64.9%。

信息化管理也使中兴的管理更规范，各事业部间的流程固定一致，相互之间的信息完全透明。在中兴，任何有价值的数据获取更容易、更准确。何士友深有感触地说："以前库存成本只有到月底才能计算，平时根本无法知道库里到底有多少资产，现在每天可以实时获取；过去每月财务报表要到 20 日以后才能做出，不仅已经过时，而且数据口径不一，很难对账。现在好了，每天可以看到即时的报表，绝对的完整和一致；以前产品成本要到月底人工统计，现在可以实时计算；人们逐渐从烦琐的低附加值工作中解脱出来，从事更有意义的工作。"

企业信息化管理不仅使企业运作更有效率，而且企业高层在做重大决策时，也更有据可依。过去，决策层是用过时的报表来模糊决策，现在一切决策均基于实时数据——库存、成本、销售额、客户分布与变化等，一切家底可以随时做到了然于心。这为决策者更深层次的分析和挖掘奠定了基础。

三、信息服务在企业内部的应用

（一）内部 ERP 系统

ERP 是企业资源计划（Enterprise Resource Planning）的简称，是针对物质资源管理（物流）、人力资源管理（人流）、财务资源管理（财流）、信息资源管理（信息流）集成一体化的企业管理软件。

ERP 的优点主要体现在以下几个方面。

（1）通过建立产销平衡的计划体系，可以全面解决销售订单准时交货、料品采购质量价格比、各生产单元协同、齐套装配准确率等问题。

（2）通过建立全面质量管理体系，可以协助企业完善质量管控机制，并实现质量设计、质量过程监控、质量分析与提高的全过程管理。

（3）通过建立全面成本管理体系，能够很好地落实事前预测、事中控制和事后核算的管理思想，并按经营业务过程发生的顺序自动归集各项费用，进行成本累积计算，解决多种成本核算问题。

ERP 系统是中兴通讯公司的核心 IT 应用系统。它以 ORACLE ERP 系统为主，以财务在线、合同管理、资产管理、合并报表等系统为辅，实现了采购、库存、制造、合同、资产、报销、资金、预算、融资、成本、应收、应付、总账等业务的协同管理，成为公司经营运作的重要支撑平台，具体流程如图 3-1 所示。

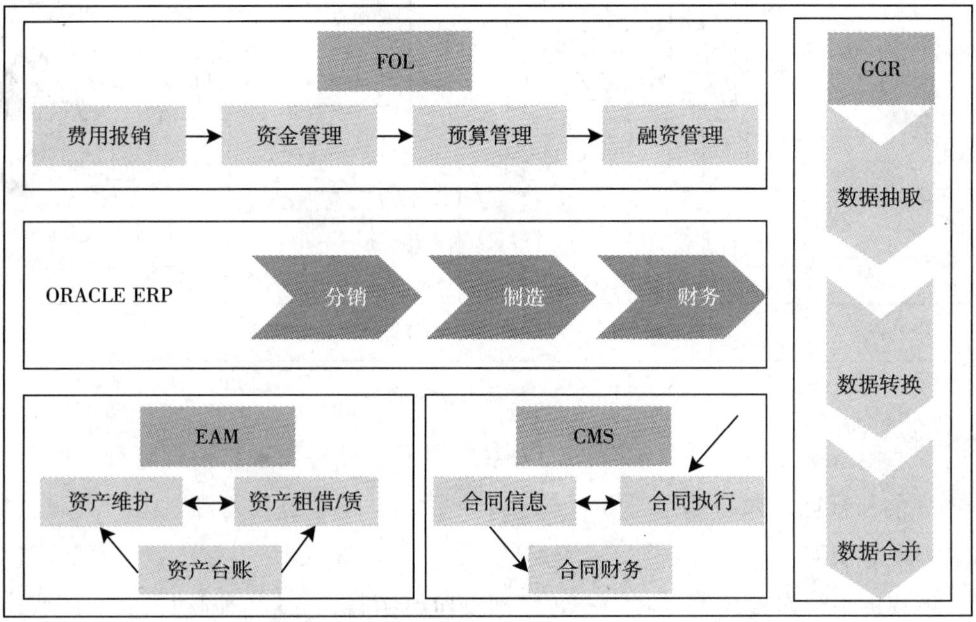

图 3-1　ERP 系统流程

（二）BI——财务分析系统

财务分析系统（Finance Analyse System，FAS）是利用数据仓库技术专门打造的财务分析应用的专业化平台，通过数据处理平台，将跨系统的各种格式的数据抽取、转换、加载到数据仓库中，以财务的各种分析主题进行组织，并通过智能化的分析平台，将信息按照财务人员的使用习惯进行展示，真正做到企业的财务统一视图和决策分析的集中管理。其系统架构如图 3-2 所示。

（三）企业人事在线系统

中兴通讯人事在线解决方案是大型企业进行多维度、多方案的人事组织规划、职位体系及人力规划，是企业建立集团统一的组织架构和职务体系；方案平台支持复杂的组织架构和跨地域管理，包括职能型、事业部型、矩阵型、集团型等组织架构；支持集权和分权管理，同时可以实现跨组织人员调动；有力地支撑大型企业以人为本的人才理念和国际化人才战略。

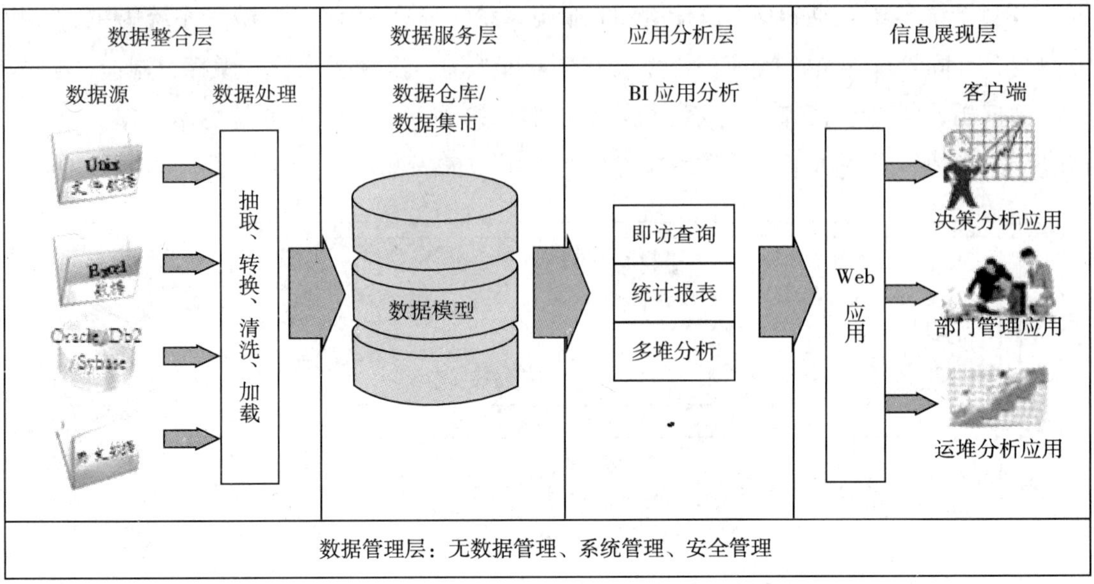

图 3–2　财务分析系统架构

中兴通讯人事在线解决方案采用能力素质模型，可实现人才招聘管理、职业生涯规划、薪资福利管理、人事档案管理、员工培训管理、绩效过程管理、人力资源规划及人力需求规划等功能。

人事管理平台实现人力资源的有效管理，包括招聘、入职、调动、离职、劳动合同、保密协议管理，薪酬福利管理，干部管理，考核管理，职务管理和员工自助服务等。

（四）企业商旅 e 路通

中兴通讯依托自身多年的全球商旅服务管理经验，依照业界最佳实践，针对不同企业的差旅管理业务现状和未来发展，推出了“企业商旅 e 路通”全自动化的商旅解决方案，真正实现了从差旅计划、订票/酒店、出差总结、报销、支付、账务处理端到端全业务解决方案，国内第一个实现了差旅全业务自动化、透明化、可视化、无纸化。

通过商旅在线服务平台进行统一采购，企业商旅直接成本可降低 10%~30%；通过统一完整的商旅服务，便于统一管理公司人员出行状况及对商旅进行有效控制，实现自动对账，管理成本可以降低 50%；通过商旅政策及分析报表，可以有效地制定商旅政策，改善企业商旅支出；通过商旅系统与企业内部财务系统、OA 系统等的全面集成，提交员工报账效率，提高财务数据准确性，提升员工满意度。

（五）TMS 时间管理系统

中兴通讯 TMS 时间管理方案为企业打造考勤管理、项目工时统计等相关业务平台。

TMS 系统适合各大、中、小型采用电子记录打卡的企业，可和企业内其他系统结合使用，如电子报账、人事薪资管理等。系统可针对不同部门或地域配置不同的考勤标准，可随时查阅个人、项目组、部门的考勤、项目工时情况。

TMS 时间管理系统的考勤管理常用功能包括我的考勤、我的工时、网上刷卡、调休申请、加班申请、请假申请、出差申请、补单申请，以及考勤管理员管理、系统配置管理等功能。

项目工时管理包括项目工时的填报、统计、审核、成本核算等功能。

四、中兴通讯知识管理体系

（一）知识管理助中兴不断成长

中兴通讯自 1985 年成立以来，作为国家重点扶持的 520 家大型企业之一，始终坚持“以人为本”的人才资本经营体系，正如公司副总裁殷一民所说：“在高科技企业中，传统意义的资本经营已降到一个次要的位置，对人才资本的经营才是最重要的企业行为。与其他资本要素相同，人力资本的经营的主要目标是扩张增值。引进人才，还要使用好人才，把人才作为可使企业资产增加的人才资本。”

在中兴通讯“以人为本”的人才经营理念指导下，坚持唯才是用的原则，不论资排辈，招贤纳士，通过人才的储备与合理应用，使中兴顺利走过创业期、稳步提升期、快速发展壮大期、行业地位提升期、国际市场突破期，以及目前的卓越企业塑造期。中兴的成功来自于人才，也来自于不同时期人力资源部对“以人为本”人才经营战略的执行。

中兴通讯公司一路走来，除了“以人为本”人才经营战略的贯彻执行外，公司还与南邮、北邮、清华大学的合作分不开，通过与我国高校的合作，借助学校的研究力量和人力资源，承建很多研究课题；同时，也培养了一批优秀人才，彻底地贯彻了以“引进人才、让创新具备推动力”为核心思想的人才战略，为企业腾飞奠定了基础。为进一步提升创新动力，中兴通讯成立中兴通讯学院，专门用于员工培训，学院以人才增值为核心目标、以培训为手段给公司提供源源不断的创新主体。

（二）中兴通讯的知识体系结构

根据中兴通讯的业务运作模式建立的一、二阶知识体系如表 3-1 所示。

表 3–1 知识体系

一阶知识体系	二阶知识体系
战略管理	营销战略
	人力资源战略
	网络支撑战略
人力资源	人员招聘
	员工培训
	绩效考核
财务管理	财务预算
	会计核算
	资本运营
客户服务	中国电信
	中国移动
	中国联通
	中国网通
	中国卫通
	海外客户
无线产品	CDMA
	GSM
	3G
	WiMAX
网络产品	NGN
	xDSL
	光通信
手机终端	CDMA
	GSM
	小灵通
	3G
数据产品	路由器
	以太网交换机
市场营销	方案营销
	信息分析
	商务管理
	运营管理
	市场研究
质量保证	质量管理
	质量优化
企业文化	员工解压
	员工关系管理
IT	主机
	数据库
	IP
	安全管理
	IT 管理

续表

一阶知识体系	二阶知识体系
客户知识	中国电信
	中国移动
	中国联通
	中国网通
	中国卫通
	海外客户
信息管理	MIS
	OA
	ERP
竞争情报	摩托罗拉
	诺基亚
	爱立信
	华为
行业知识	法律法规
	通信管制
管理知识	MBA 或 EMBA

（三）中兴通讯组织结构

要了解中兴通讯知识体系的运行，首先需要了解其组织机构，中兴通讯在总裁下设了 9 个二级机构，38 个三级机构，尽管在公司公布的组织结构图上，没有标示出公司存在临时性的项目团队，但是根据访谈可以发现，为了完成国家以及公司的特定研究项目如 863 项目，公司通常通过组成项目团队来进行这些工作。在特定的部门，如研究开发部，其内部工作本身都是以项目团的方式完成的。研发部的组织结构如图 3–3 所示。

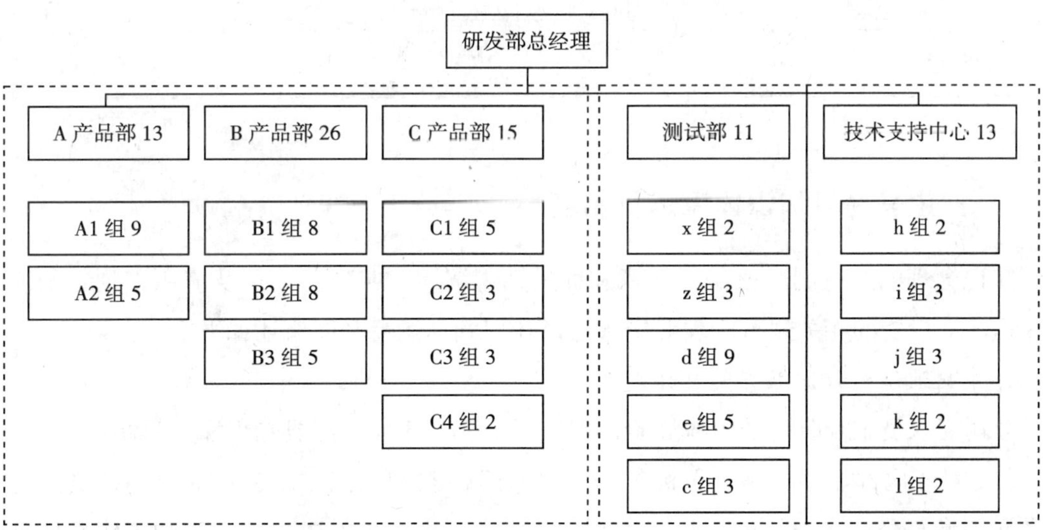

图 3–3　研发部组织架构

注：图中的数字代表各个部门以及项目组的人数；图中的组代表各个产品项目组或研究项目组。

图 3-3 中显示出，研发部内部的结构全部是以项目团队的形式存在。而且仔细观察可以看到，纵向人数的统计具有不一致性。这说明有的员工同时参与两个或者甚至多个项目的工作，这种一个员工参与多个项目的现象在研发部历来是很普遍的，部门的惯例是同一个人参加的项目小组一般不超过 3 个。从以上的对中兴通讯组织结构的观察来看，其组织结构结合了传统机械组织结构与柔性组织结构，非常典型地属于本书所指的双元结构。

（四）中兴通讯知识体系的运行

要了解中兴通讯知识体系的运行，还需要了解其知识管理的组织模式，其知识管理组织机构设置及各岗位职责如表 3-2 所示。

表 3-2　岗位职责

岗位/称谓	岗位职责
知识管理部	①知识管理流程、制度和方法论建立 ②知识管理平台的规划和运营 ③知识管理虚拟团队的业务支持 ④各个业务环节知识管理推进
各部门知识经理	①确定各个部门的知识体系 ②引导部门成员参与知识管理活动 ③对优秀知识贡献员进行奖励
各部门知识专员	①协助知识经理的工作 ②建立并执行部门的知识管理体系 ③确保知识流程顺利运转
各部门知识专家	①按各自负责的领域创造新知识 ②推荐优秀知识 ③对知识进行认证
各部门知识员工	①按各自的领域创造新知识 ②推荐优秀知识

（五）中兴通讯知识体系运行制度

知识管理的运行制度就是为保障和促进知识沉淀、共享、学习及应用、创新的高效有序运转而设置的相关规范，现对中兴通讯知识管理运行制度概述如下：

1. 中兴通讯对知识沉淀的具体规定

公司要求员工及时总结工作经验，提倡每个部门建立并形成知识漏斗机制：

（1）对于内部显性知识，沉淀靠公司日常运作制度来完成。公司的每一位员工有责任和义务参与公司知识的创造和积累活动；每个员工在工作中，将产生的工作文档都作为知识文档库的来源，应主动存放；对于内部项目需要通过项目工作室等工具及时沉淀相应的项目过程文档和项目成果文档。

（2）对于内部隐性知识，重点是通过知识社区及召开交流会等形式挖掘隐性知识。工作中碰到问题，养成及时寻求专家帮助的习惯；内部会议一定要形成会议纪要并存入知识文档库；所有员工每个月必须提交工作总结；所有员工每个月不强制性地提交各种案例；知识管理员需要每周至少一次从知识社区转移精华帖子到知识库。

（3）对于外部显性知识，大量外部知识也必须沉淀到公司的知识库里。所有员工在外培训后如果有课件，需要提交公司进行备份；所有员工出外考察后，要提交考察资料和考察成果。

（4）对于外部隐性知识，各个业务领域要积极同外部机构进行交流并及时沉淀到公司里。外出拜访、拜访外部机构及外部研讨会要形成纪要或总结，并存入知识库；进行商务谈判要形成备忘录，存入知识库。

2. 中兴通讯对“知识共享”的具体规定：中兴通讯提倡部门协作、真诚贡献、和谐发展

（1）公司鼓励和推崇知识共享的行为：知识贡献与每个人的绩效挂钩，知识管理贡献度是员工绩效考核的指标之一；对于知识贡献突出者，公司每个季度将设置专项知识管理奖给予一定的物质奖励；同等条件下，知识贡献突出者在培训、职称评定、职位晋升等方面享有优先权，知识贡献将影响员工日后的职业生涯发展；对于日常最新总结的经验贡献及其知识贡献者公司将通过多种形式进行宣传、推广。

（2）共享知识的途径和方式多样化：知识管理 IT 系统是最常用的知识共享工具，员工可以随时登录知识管理系统，按使用权限进行检索、浏览和下载知识；员工可以通过系统贡献知识，通过电子平台提交知识时填写知识文档的标题、作者、类别、关键词、主要内容描述等。

（3）员工在知识共享时，也必须注意保密工作：知识文档的使用权限由知识主管确定，各个模块管理员负责使用权限的设定和维护；知识文档的著作权适用中国相关的法律法规及《员工保守机密及保护知识产权协议》；员工离职后，对知识产品的保密义务适用中国相关法律，并在《员工保守机密及保护知识产权协议》中进行约定，公司有权对因泄露公司知识产品秘密而造成公司损失的人员追究责任。

3. 中兴通讯对知识学习和应用的具体规定：中兴通讯提倡不断学习、持续进步的文化

（1）公司提供多种途径鼓励员工进行学习，提升自身水平和价值：公司尽量按照每个部门的实际情况，通过提供针对性的内训和外训来帮助员工系统提高管理或专业技能和知识；公司推崇“传帮带”，希望员工能够在实践中学习提升自己；加强跨部门之间的

学习和交流，部门每季度开展自主演讲行动，可以邀请其他部门共同参与；基于员工需要组织领导经验传播会，每个高层管理一年中必须进行一次主题演讲。

（2）为帮助新员工加快成长历程，少走弯路，建立导师制度：新员工到公司报到上班后，应由其所在部门负责人安排资深员工作为导师；新员工应立即与导师沟通，按照《新员工专业进阶学习计划表》中的要求，共同制定出 6 个月的专业进阶学习计划，并报人力资源部备案；在 6 个月中，新员工要按照计划进行学习，导师要提供一定的帮助，人力资源部负责监督导师的指导工作；6 个月进阶学习期满后，新员工制作总结汇报的幻灯片，进行总结汇报，导师、部门领导及人力资源部门派人参加，报告结束后进行点评，为新员工将来发展提出建议。

（3）提倡工作中重用知识，创造知识再利用的风气：对于已经形成工作指引或操作规范的岗位，必须按照工作指引及操作规范来执行。否则由于工作失误导致的损害将由个人赔偿，并按其危害的程度予以处罚。若能引用他人经验或报告解决问题者，被引用者应当受到尊重和适当奖励。企业内部解决问题之过程的内容，经审核后尽量公布于网站或发表于内部刊物，以鼓励知识再利用文化。

4. 中兴通讯对知识创新的具体规定：中兴通讯提倡允许失败，鼓励创新的文化

（1）激发创新的机制：组织知识体系是知识创新的主要来源；知识交流和共享形成头脑风暴；管理模式创新，保证持续的知识创新。

（2）客户价值驱动的知识创新：客户关系管理保证知识创新与市场需求接轨；令客户价值驱动组织智商发展，快速应对市场变化，突破客户需求。

（3）以沟通合作为宗旨的团队知识创新机制：尊重人才，为企业使命而奋斗；营造自主氛围；接纳错误和失败；让创新团队各尽其才。中兴通讯通过设置知识沉淀、共享、学习及应用、创新的相关规范促进了本书提出的知识体系运行的目标的实现，即整合知识和创新知识。

5. 中兴通讯对知识产权的保护

中兴通讯制定了详细的知识产权管理办法，并将知识产权管理的相关工作归口到技术部管理，该办法明确了知识产权管理的范畴、适用对象，具体地规定了专利申报制度，专有技术申报制度，员工在工作中完成的知识产权的归属及奖励办法，关键岗位员工离职后的禁业限制条款，员工应承担的保护企业知识产权的义务，以及泄露秘密应承担的责任等。该办法取得了较好的成效，中兴通讯至今未产生有关知识产权的纠纷。

（六）中兴通讯对知识员工的管理

中兴通讯的研发部是一个几乎全部由高知识员工组成的部门。其员工管理可以非常

有代表性地说明公司的管理策略。研究部门有大量公司分配、工程部门提交以及本部门自管的研究任务，每个员工主动申请承担其中的研究任务。他们对自身的知识有充分的了解，这样，所选择的任务不仅符合个人的知识和兴趣，而且具有一定的挑战性。员工单独从事或者通过自由组合成为项目团队而承担研究项目，部门领导并不过问研究的过程，仅仅对完成任务的数量和质量统一考核。所有员工的工作成果都记录在数据库中，员工的业绩考核根据其完成的任务数量、复杂度和质量的加权来评定。其中，对于复杂度，部门有一个统一的标准。例如，移动终端的研究工作比较简单，商业后台研究工作相对复杂，系统后台研究工作更为复杂，它们都有不同的复杂性系数。

因此，员工业绩的考核有非常明确而且简单易行的标准。由于实行这样的管理方式，研发部的员工工作积极性非常高，总是一个项目接一个项目地主动找领导要工作。这证明了本书提出的以适当的工作安排、任务型的管理以及结果型的控制激发知识员工创新动机这一结论的有效性。

据中兴通讯研发部领导介绍，研发部员工与大家共享创新思想的积极性非常高，主要原因就是如果一项创新提议获得通过，经审批进一步开展研究并对公司生产经营产生效果，提出该提案的员工在公司的声誉将上升。而技术人员，往往都非常重视个人在企业内的声望。在研发部内部，鼓励员工之间的合作和知识共享，一些拒绝与别人合作的员工会受到大家的排斥，逐步被淘汰出这个部门乃至公司。因此，部门的员工之间都相信付出知识总是会得到更多的回报。这有效地符合了本书提出的名誉激励与相互合作的激励可以增强知识员工的知识共享动机。

公司目前执行的是“双梯制”的职业生涯规划体系，即公司的员工有两种职业阶梯可以攀登。一种职业阶梯是传统的行政等级阶梯，即优秀的员工可以成为低级、中级乃至高级管理者；另一种是技术类的职业阶梯，即优秀的员工可以晋升技术地位，这种方法可以给员工提供职业发展方面的激励，有效地解决公司扁平化导致行政职务有限、激励不足的问题。

五、中兴通讯知识管理系统

（一）中兴通讯学院 e-Learning 系统平台

中兴公司建立了国际一流企业大学——中兴通讯学院，拥有多功能 e-Learning 系统平台，可以实现在线学习、在线考试、交互式社区、资料共享、在线答疑及教学教务管理等一系列功能，是目前业界领先的 e-Learning 系统平台之一。中兴通讯学院自主开发了"离线学习工具"，彻底摆脱了网络的限制，全面解决了世界各个角落远程培训需求，实现了真正意义上的 3A（Anyone，Anytime，Anywhere）学习理念。

同时，中兴通讯学院依托企业内部强大的技术与人力资源优势，开发出内容权威、形式活泼的多媒体课件及实验仿真教学软件。目前，多媒体课件资源获得了极大的丰富，内容涵盖了技术、管理、素质等各个领域，形式包括 Flash 动画、三维动画、人机交互等。

中兴通讯学院 e-Learning 系统平台的最大特色在于，它能提供管理咨询和文档与培训。

1. 管理咨询

中兴通讯学院秉承"为公司内外客户卓越绩效的实现提供管理咨询服务"的服务宗旨，依托根植于企业、有十几年理论和实践人才积累的优势，率先走出了为企业实施教练式咨询+培训的道路，通过"诊断—建立假设—问题发现—解决方案—辅导实施—效果跟踪评估"模式，协助客户真正解决企业管理、运营、培训中的难题，同时协助客户建立持续改进的能力。

2. 文档和培训

中兴通讯学院采用项目化运作模式，针对不同的客户群体划分项目范围，由项目经理带领项目团队对特定客户群体的需求、特点进行研究，以便提供贴身定制的知识服务。从需求采集，到产品设计、开发、交付，再到最后的调研评估，项目经理对全流程负责。

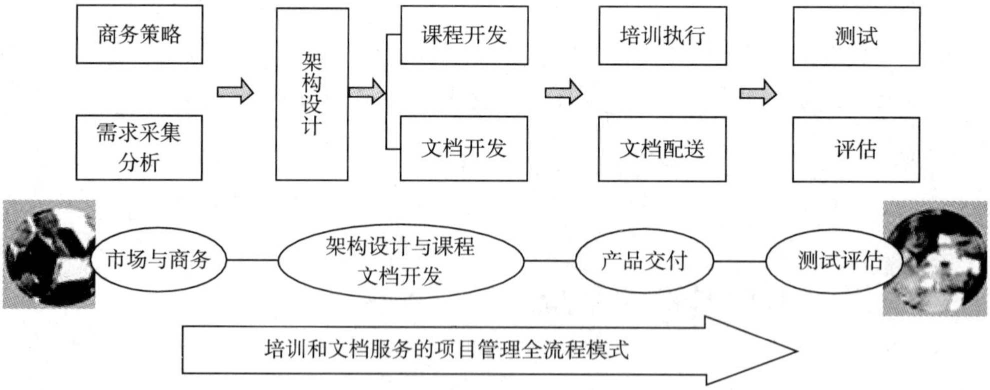

图 3-4　项目管理流程模式

（二）中兴通讯电子图书管理系统

在信息经济时代背景下，现代科技加速发展，企业需要掌控和利用的信息资源日益增加。同时随着市场竞争的日益激烈，也要求企业员工能够学习和掌握更多更广泛的与企业相关的知识与信息。中兴通讯电子图书馆系统是一套面向企业的电子化文献资料的管理、检索、浏览系统，它提供一个面向知识管理、知识检索、知识学习、知识传播的全方位解决方案。

中兴通讯电子图书馆系统支持 OAI、Z39.50、Dublin 等电子图书馆系统数据检索与存储的国际标准，支持各种通用文本、图片、音频格式资料的创建、查找、浏览，文档资料的加密，支持使用电子书阅读器无线下载图书离线阅读，如图 3–5 所示。

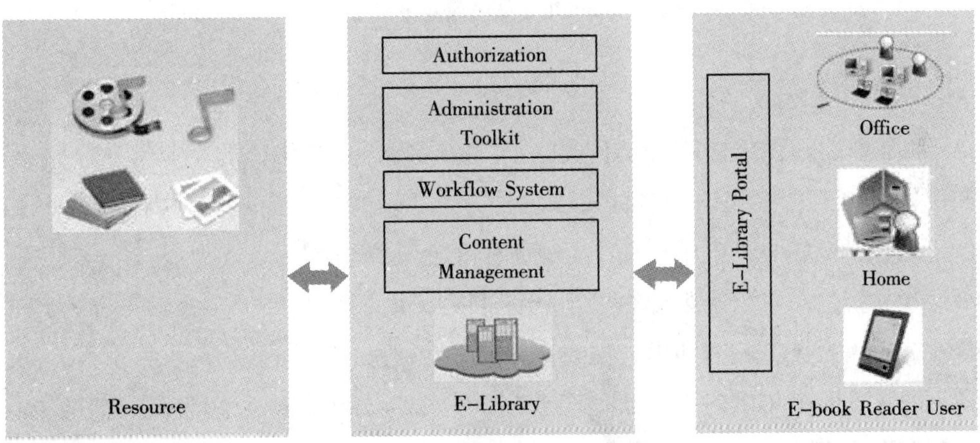

图 3–5　电子图书管理系统（1）

电子图书管理系统主要由图书管理系统、图书门户、媒体服务器和内容管理系统组成，如图 3–6 所示。

（1）图书管理系统：提供图书、资料电子化录入，目录管理，图书加密等功能。

（2）图书门户：面向读者提供图书分类排名、图书信息、图书检索、图书借阅、图书评价等功能。

（3）媒体服务器：提供多媒体资料的录入、播放、管理，在线点播等功能。

（4）内容管理系统：提供对电子图书馆网站栏目、内容的编辑、发布、管理等功能。

电子图书管理系统具有很多利于企业发展的特性：

（1）提高企业知识积累能力：现代企业的发展离不开各种信息资源，建设企业电子图书馆系统可以满足企业掌控和利用日益增加的信息资源的需求，集中管理企业的各类办公资料、商业和技术文档、员工培训教材、电子期刊书籍、多媒体资料，使企业知识

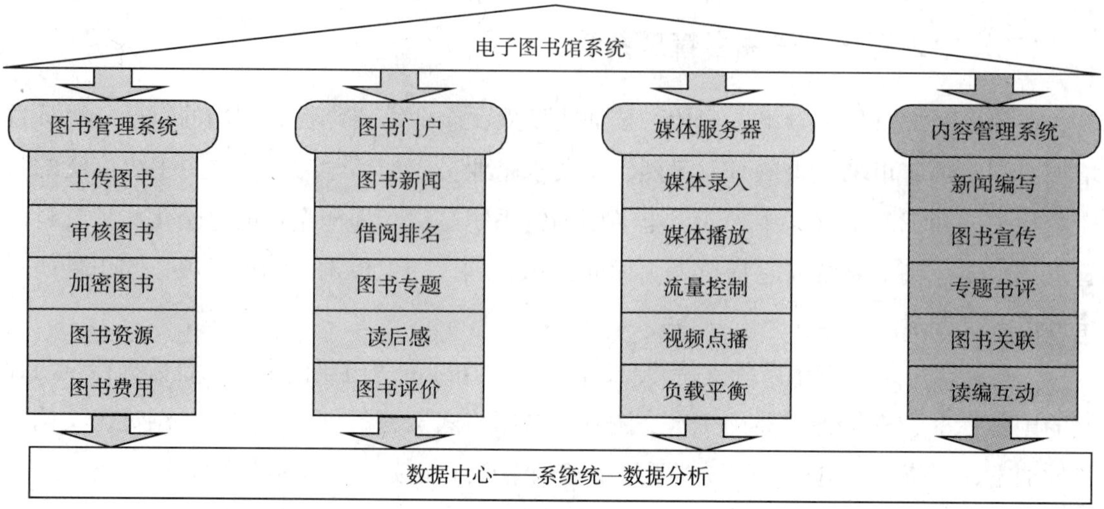

图 3–6　电子图书管理系统（2）

能够得以积累和延续。

（2）加强企业知识传播能力：企业电子图书馆提供了集中化的企业信息存储、管理、交流平台，方便了企业知识和信息在部门、员工之间的传播和共享，成为企业的信息服务中心、数字资料中心、电子传播中心，加强了企业知识的传播能力。

（3）增强企业人才竞争力：企业电子图书馆满足了企业员工自我学习和更新知识与信息的需求，成为员工获取知识、提升素质的平台，从而增强企业人才竞争力。

（4）促进了企业文化建设：通过企业知识的整合与积累，为企业员工提供便利的自我学习服务与环境，可以在公司内部营造更加浓郁的学习氛围，促进学习型企业文化的建立。全员参与轻松建设，所有的用户既是电子图书馆的受益者也是贡献者，使图书馆的建设变得非常轻松，还能非常好的贴近用户的需求，最后能够形成知识交流的一个社区。

（5）网络管理轻松便捷：电子图书馆系统采用真正的 B/S 架构，仅通过浏览器即可完成整套系统的管理工作。

（6）阅读内容多种多样：电子图书馆不仅是一套数字图书的管理系统，还是一套多媒体信息发布系统，支持绝大多数多媒体文件格式：文本格式、各种图像文件、PDF 文件、Word 文件、MPEG 文件等。

（7）图书管理简易方便：图书馆管理员可以将图书馆中的图书按照自己的方法任意分类，并将分类添加到系统中。同时，系统还提供目前流行的自定义图书标签功能，让用户能更为灵活的分类。全文检索的功能使图书信息查询灵活、方便。

（8）分级授权灵活方便：图书馆的图书分类采用分级授权的方式，授权操作直接简单，又能满足多组织、多教育组织结构实际授权的需要。

(9) 安全加密保护版权：对有版权的图书资料提供加密功能，非授权用户不能下载资料或阅读已下载的加密文档。

(10) 离线阅读轻松随意：支持电子书阅读器无线访问并下载电子图书，随时随地轻松阅读。提供对受保护文档的加密，保护知识产权。

六、案例点评

企业的竞争优势越来越依赖于企业动态能力，特别是组织学习能力。信息技术又是企业培养核心竞争力的有力工具，企业需要不断探索如何利用信息化技术塑造、发展和变更其学习能力，在这个方面，中兴通讯给众多企业提供很好示范。

中兴通讯从成立之初就立志打造学习型组织，从董事长、CEO，到中层管理干部，再到一般员工都在不断地学习，以适应公司国际化和业务发展的需要；20 世纪 90 年代，中兴通讯首创管理干部"读书班"，目前在业界已经形成一个品牌，很多公司都在效仿中兴通讯的做法；在中兴通讯，培训文化基本已经深入人心，各岗位员工每年都可以接受到与其岗位技能相关的各种培训，如专业技术培训、通用素质培训、语言培训、管理技能培训等。

中兴通讯的人员培训和能力提升按照项目管理方式进行规划和实施。中兴通讯人力资源中心专门设立了"员工能力发展和提升项目"，其中包括针对新员工、管理干部、商务人员、研发技术人员、海外本地员工等不同关键岗位人员的十大子项目。

此外，中兴通讯公司建立的国际一流企业大学——中兴通讯学院，依靠其强大的技术创新力量，形成了一个拥有多功能的 e-Learning 系统平台，在线学习、在线考试、交互式社区、资料共享、在线答疑及教学教务管理等一系列功能都能够一并实现，为公司内外客户卓越绩效的实现提供管理咨询服务。同时，中兴通讯依靠自身强大的 IT 能力，将这些功能和经验很好地进行融合，开发出智能型的知识服务解决方案和系统。

中兴通讯公司通过自主建立的电子图书馆系统对公司进行知识管理。这个系统是一套面向企业的电子化文献资料的管理、检索、浏览系统，它提供一个面向知识管理、知识检索、知识学习、知识传播的全方位解决方案。中兴通讯的电子图书馆系统结合先进的 IT，便捷了对于企业的知识管理，提高了信息传递速度，扩大了信息共享的范围，拓宽了知识层面。中兴通讯的电子图书馆系统提高了企业的知识积累能力，加强了企业知识传播能力，增强了企业人才竞争力，促进了企业文化建设；中兴通讯真正认识到了知识管理对企业管理和发展的重要性，决定与行业领先的知识管理专家蓝凌联手，在中兴内部各部门领导中开展知识管理相关培训课程，为企业走进知识管理、应用知识管理奠定基础。

参考文献

[1] 传递知识，更传递竞争的力量——中兴通讯知识服务解决方案 [J]. IT 支撑，2012 (10).

[2] 张晓霞. 企业知识管理体系构建与研究 [D]. 贵州大学硕士学位论文，2007.

[3] 冯云霞. 中兴通讯国际化战略分析 [D]. 首都经济贸易大学硕士学位论文，2009.

[4] 张凤武，陆磊.基于干中学理论展开的中兴通讯公司知识创新模型研究和分析[J]. 中国管理信息化，2012 (6).

[5] 飞象网，http：//www.cctime.com/html/2013-9-2/20139215159880.htm.

[6] 飞象网，http：//www.cctime.com/html/2013-2-22/20132221630572458.htm.

[7] 比特网，http：//info.chinabyte.com/330/12652830.shtml.

[8] 中国知网，http：//www.chinakm.com/2010kmbp/voteonline/firm16.

第二节　苏宁电器的服务导向信息化

一、企业简介

苏宁电器（以下简称“苏宁”）1990 年创立于江苏南京，是中国 3C（家电、电脑、通信）家电连锁零售企业的领先者，国家商务部重点培育的“全国 15 家大型商业企业集团”之一。截至 2011 年底，连锁网络覆盖中国、中国香港和日本共 600 多个城市，拥有 1700 多家连锁店，员工 18 万人。作为国家商务部重点培育的“全国 15 家大型商业企业集团”之一，苏宁名列中国民营企业前三强，入选《福布斯》亚洲企业 50 强、《福布斯》全球 2000 家企业中国零售业第一，品牌价值 815.68 亿元。

苏宁电器（002024）始终保持稳健高速的发展，自 2004 年 7 月上市以来，得到了投资市场的高度认可，是全球家电连锁零售业市场价值最高的企业之一。苏宁致力于为消费者提供多品种、高品质、合理价格的产品和良好的销售与售后服务，强调“品牌、价格、服务一步到位”。目前，苏宁经营的商品包括空调、冰箱、彩电、音像、小家电、通信、电脑、数码八个品类，近千个品牌，20 多万个规格型号。苏宁电器一直坚持“专业自营”的服务方针，以连锁店服务为基石，每进入一个地级以上城市，都配套建设了物流配送中心、售后服务中心和客户服务中心，为消费者提供方便快捷的零售配送服务、全面专业的电器安装维修保养服务、热情周到的咨询受理回访服务。服务是苏宁的唯一产品，提供最优质的服务，赢得顾客、员工、社会满意是苏宁前进的动力源泉，苏宁将朝着“打造中国最优秀的连锁服务品牌”的目标而不懈努力。

信息化是零售业的核心竞争力。苏宁视信息化为企业经营的源泉，建立了集数据、语音、视频、监控于一体的信息网络系统，有效支撑了600多个城市、数千个店面、物流、售后、客服终端运作和十多万人的一体化管理，信息化建设先后入选中国商业科技100强、中国企业信息化500强（第44位）。依托苏宁SAP/ERP系统，B2B、B2C、OA、SOA、HR、BI、WMS、TMS、CRM、Call Center等信息应用系统，实现了供应商、内部员工、消费者“三位一体”的全流程信息集中管理。此外，苏宁先后携手与IBM、微软、SAP、思科等国际知名IT企业开展信息系统建设战略合作，打造国际化智慧型企业。

2013年2月21日，中国零售业的领头羊苏宁电器正式对外宣布，将“苏宁电器集团”更名为“苏宁云商集团”。苏宁云商集团董事长张近东强调：“云商不是品牌是模式。”苏宁此举意在探索中国零售业新模式。

二、苏宁与IT结合

苏宁在IT方面的发展大致经历了四个阶段。第一个阶段是信息化渐进的发展，不断地消灭企业内部的信息孤岛；第二个阶段是整合阶段，把企业尤其是跨地区发展的企业进行一个强势的整合，实现大企业真正共享的管理平台；第三个阶段是把专业化的协同进行不断地延伸；第四个阶段是构建以云技术为基础的苏宁云商模式。

当还只有200平方米的小店时，苏宁只拥有客户资料的管理系统，后来才又有了一个POS系统，也就是用于销售的开票系统，然后苏宁把开票和财务结合起来，实现开票和财务的对接、联网。这种情况一直持续到了1996年，这时，苏宁开始连锁发展。

随着发展，问题也随之出现，店面和仓库之间无法共享和沟通信息。比如，后台有一个仓库，但同时有多个店共享这一个仓库，资源和信息就会出现错误，因为系统没法处理这样的情况。于是，苏宁从1999年开始与外部公司进行合作，把之前的开票系统、服务系统一起嫁接到一个业务的流程系统里。这样问题就解决了。

问题解决了之后，苏宁开始全国性地扩张。在扩张的过程中，店面不断增加，硬件的网络也不断地丰富，以满足新的需要。从最早的数据专线到VIP的语音专网，再到视频会议及监控，苏宁在建设信息化管理系统上投入了很多的资源。

然而，2005 年，又出现了新的问题。无论苏宁在中国哪个地方、哪个省份、哪个省市开分店，都必须使用统一的商号、字号，但也必须在每个地方独立注册一个法人公司，税源要留在当地，但是每个分公司都使用自己的系统。对于整个公司而言，没有一个统一的财务系统，也不存在真正意义上的采购、供应管理的系统。

针对上述问题，苏宁再次向 IT 求助，与 IBM 合作建了一个更加强大、能够控制整个流通、销售、管理的系统。新的系统能够做到在跨地区、跨公司之间进行资源的协作和协同。也就是说，全国各地的公司虽然从法律上是独立注册的法人公司，但是在内部讲就是一个独立运作的部门。

苏宁云商模式可以概括为“店商、电商、零售服务商”，它的核心是以云技术为基础，整合苏宁前台后台、融合苏宁线上线下，服务全产业、服务全客群。云商模式不仅是苏宁跨越发展的新方向，也必将成为中国零售行业转型发展的新趋势。

苏宁云商模式将分为 ABC、B2B、B2C、C2C、B2M、M2C、B2A（即 B2G）、C2A（即 C2G）、O2O、C2B、B2B2C 等电子商务模式，全面涵盖目前电子商务的全部经营方式，并将创造更新的盈利模式。这是苏宁云商的强大生命力。

苏宁云商模式提供网上交易和管理等全过程服务，具有广告宣传、咨询洽谈、网上订购、网上支付、电子账户、服务传递、意见征询、交易管理等各项功能，可以增强顾客的亲身体验，刺激新的消费需求，开展定制服务，为消费者量身定做最满意的商品。

三、苏宁的信息化实施情况

（一）战略联盟 IBM

随着中国市场环境和竞争层次提升，不断壮大的苏宁意识到，在专注零售业务发展的同时，应当将企业 IT 应用与企业经营管理的整合能力提升到战略高度来看待，必须与能够将管理咨询和 IT 服务整合运用的最具实力的咨询服务公司进行紧密合作。这种背景下，苏宁电器与 IBM 的五年战略合作协议正式浮出水面。

2007 年 6 月，备受中国零售业瞩目的“蓝海计划”拉开序幕。在未来五年内，苏宁电器与 IBM 公司将在企业整体管理体系和信息化应用上进行全面系统的合作。IBM 将为苏宁电器提供一整套涵盖人力资源、组织和绩效管理、财务管理、供应链及物流网络优化、客户服务等全方位的业务变革解决方案，以帮助苏宁电器应对管理体系和信息化系统带来的各种挑战，成功实现未来五年的战略目标。

苏宁电器信息中心上百位员工与 IBM 数十名咨询顾问并肩携手，一起投入了这场意义深远的“IT 之战”，“战斗”从 ERP 系统优化、数据挖掘分析、企业 SOA 平台建设、财务组织优化、人力资源培训、会员服务、仓储配送等多个项目全面打响。IBM 承诺，在确保项目实施团队稳定性的前提下，全球范围内调派包括 IBM 战略顾问、零售专家、应用及技术顾问在内的海外专家团队定期参与苏宁的管理咨询项目。

实际上，在此次全面战略合作前，苏宁电器与 IBM 公司已经拥有长期、互信的合作历程。2005 年 7 月，苏宁和 IBM 签约实施 SAP/ERP 项目。耗时 9 个月时间，投入约 8000 万元的苏宁 SAP/ERP 工程，创下全球零售业 SAP 实施规模最大、周期最短两项纪录，在国内零售业处于领先水平。ERP 系统上线后，IBM 和苏宁双方专家团队继续紧密合作，提出了创新性的解决方案，加快完善苏宁电器的业务流程平台，优化营销体系的组织与流程。这些无疑为双方后来战略合作关系的形成奠定了基础。

（二）供应链管理信息化

1. 企业信息化与供应链管理的关系

企业信息化是信息技术发展的必然结果。企业信息化是指通过应用信息技术，开发和使用企业信息资源，从而提高企业管理水平、经营水平和开发能力的过程。企业信息化要求对旧体制进行彻底改革，从产品订货、产品设计、安排生产计划、组织生产、检验到产品销售和售后服务全过程实现信息管理。企业信息化的目的是通过信息化的手段，为企业的各级决策者提供充分、及时、准确的决策依据，实现企业各类信息的有效集成。信息化的本质是要利用信息化的手段来使企业在运作、生产的环节中能够提高效率，降低成本。

供应链管理是对企业所处供应链中的各种竞争力和资源进行集成，并对供应链中的各种运作进行同步化、集成化的管理，从而使企业在快速多变的市场中具备高度竞争力，为客户提供最大价值的一种经营管理模式。供应链管理与企业信息化有着密切的关系，企业信息化是实施供应链管理的基础，而供应链管理则是企业信息化发展到一定程度后的产物。基于计算机的信息化建设与供应链管理的发展与融合，使企业竞争战略不断创新，可以提高企业的竞争力。供应链管理信息化会帮助企业建立高效、一体化的供应链体系，就如同在企业与供应商、分销商和客户之间建立了一条畅通的高速公路一样。企业可以依据自身的经营现状量体裁衣，把有限的预算投入到核心业务环节中，通过关键业务指标和客户满意度的提升，确保自身在企业间供应链中的重要地位。供应链管理是国内成长型企业必须解决的问题，而供应链信息化不仅可以实现数据共享，降低库存，降低企业的运营成本，还能显著提高企业的经营效益，现已成为成长型企业的必然选择。

2. 苏宁供应链管理的信息化

（1）流程优化。2006 年 4 月 11 日，苏宁电器和德国 SAP 公司、IBM 在南京苏宁总部宣布，苏宁电器 SAP/ERP 成功上线。苏宁通过以 SAP/ERP 为核心的国际化信息平台，建立多媒体监控系统，包括图像监控、通信视频、信息汇聚、指挥调度、情报显示、报警等功能，对全国连锁店面及物流中心实时图像监控；总部及大区远程多媒体监控中心负责实时监控连锁店、物流仓库、售后网点及重要场所运作情况，对全国连锁网络进行“足不出户”的全方位远程管理；全国苏宁多个城市的客户服务中心，利用内部 VOIP 网络及呼叫中心系统建成了集中式与分布式相结合的客户关系管理系统，建立多个顾客消费数据库，实施数据化营销。

（2）与上游无缝对接。在与上游供应商的沟通途径中，苏宁采用了 B2B 的方式。通过 B2B 电子商务技术手段，苏宁电器与供应商的供应链从流程到信息都实现了协同管理。从采购订单，到发货、入库、发票、远程认证、实物发票签收、结算清单、付款情况、对账等主干流程和环节，都在 B2B 平台上实现了全面的整合，双方都可以实时在线查询和互动。

B2B 系统由三部分组成：公共平台、B2B 功能模块和增值服务。第一部分，公共平台提供了 B2B 平台中的基本功能，如协议转换、访问权限管理等；第二部分，B2B 功能则包括 Rosettanet 所支持的业务流程管理、业务文档管理等；第三部分，增值服务则提供了对内和对外的服务功能。

利用 B2B 平台的向上沟通，苏宁电器实现了与电器供应商的完全自动化订单和全面的协同。目前，苏宁已经与三星、海尔、摩托罗拉等大型企业建立了这种直联的 B2B 供应链合作关系，供应商可以进入苏宁的系统里，随时查看自己产品的销售进度和库存情况，减少业务沟通成本，极大地提高了供应链效率、降低了交易成本、库存水平，并缩短了供货周期、增加了企业的利润。

（3）专业化、信息化物流。对于零售企业来说，物流是其顺畅运作、良性发展的关键，从采购、存储、配送到售后服务，零售企业各个业务环节都要由高效的物流系统来保障。物流体系的建设同样也是苏宁连锁经营战略的核心内容之一。

在物流配送服务方面，苏宁早在 20 世纪 90 年代就建立了自己完整的配送系统。当时，苏宁电器投入 3000 多万元建立进、销、存、送、装一体化管理的 ERP 系统，通过管理流程的电子化、信息化实现了物流管理体系的高效运转，进一步提升了物流系统的网络化，在国内商业零售领域首屈一指。随着苏宁经济实力的不断增强，经营网点的不断增多，物流体系也日趋完善。目前，苏宁物流体系里包含一个面向全国的物流中心、20多个区域物流配送中心以及各城市零售配送中心，覆盖近30个省200个城市，日最高零售配送能力超过20万台。苏宁电器在全国建立了区域配送中心、城市配送中心、转配点全国三级物流网络体系，依托WMS、DPS、TMS、GPS等先进信息系统，实现了长途配送、短途调拨与零售配送到户一体化运作，平均配送半径200公里，日最大配送能力20多万台套，并率先推行准时制送货，24小时送货到户。

以“网络集成化、作业机械化、管理信息化”为目标，苏宁电器在全国大力建设以机械化作业、信息化管理为主要特征的第三代物流基地。第三代物流基地集物流配送中心、呼叫中心、培训中心、后勤中心等于一体，支撑半径80~150公里零售配送服务及每年50亿~200亿元的商品周转量，成为苏宁电器大服务与大后方平台。

在第三代物流中心中重点应用的信息技术，包括WMS（仓库管理软件）和TMS（运输管理软件）。通过WMS系统，实现订单管理、库存管理、收货管理、拣选管理、盘点管理、移库管理，实现管理条码化，仓库作业实时监控，通过RF、监控设备相结合；通过TMS系统，提高配送服务响应时间，提高车辆资源利用率，减低运输成本，将电子地图、GPS全面用于零售等配套的服务行业，实现准时化配送。

目前已经建成的江苏物流中心按照“专业化分工、标准化作业、模块化结构、层级化管理”的标准建设。在南京建立了辐射150公里范围的城市配送，仓库面积4.6万平方米，充分应用机械化、自动化、信息化的现代物流设备及系统，存储能力高达300万台套，日作业能力达3万台套，支持销售额300亿元。

公司“超过20年的仓储配送运营体系”将用于全力支持电商业务。从苏宁全国1700多家门店和4000家售后网点的自提配送网络，到其已完成对全国三四级市场的覆盖，足以羡煞同行。但是，被苏宁自认“好牌”的物流仓储资源，如果打得不好，也可能会变成一张坏牌。

苏宁现有的物流体系也面临面向电商服务的大规模改造。此前，苏宁实体店多以销售大家电为主，货物主要从仓库批量发送到卖场而不是单件配送至消费者个人，没有太多服务于B2C的配送经验。因此，无论是与上游供应商的资源整合、功能共享，还有库房内商品条码管理、小件商品流水作业以及分拣能力的提升，都是一连串全新课题。

苏宁电商仓储、大家电能够共用集团的仓储资源，但是包括3C、日用百货在内的小件仓储，以及最后1公里，需要另外筹建。苏宁副董事长孙为民曾在接受媒体采访时表示，未来3年，苏宁将投入180亿~220亿元发展物流项目，将打造60个区域性物流终端、10多个跨地区分拣中心及多个中转点等。

（4）与消费者建立信息化沟通平台。2008年，苏宁成功开辟了B2C、网上商城、电子商务等业务，利用苏宁电器的信息化网络，消费者可以享受便捷的自助查询、购物、结算、会员服务等体验。同时，苏宁为消费者提供全面的数字化解决方案，集成各类智能家电，为消费者提供智能化的家居数字生活。2009 年，苏宁建立了 CRM 系统，通过智能化的客服系统，全国消费者均可以享受到全天候的服务。

（三）组织结构调整

互联网时代的全球零售业，发生了深刻的变化。中国零售业正处在历史的危急关头，行业的成本增长抵消了消费的增幅，网购渠道分流线下，物流配送低效发展，实体零售效益大面积下滑，电商企业普遍亏损，线上线下数以千万家商家搏杀于红海之中。在这样的背景下，“苏宁电器集团”正式更名为“苏宁云商集团”，构建苏宁云商模式。

业务模式的转型固化，最终要落实到组织架构、运行流程和人员配置。围绕“云商”模式，苏宁对组织架构进行了全面调整。专业、垂直、开放、融合、扁平、自主是此次苏宁组织调整的关键词，最大的变化是从原有的矩阵式组织转变为事业群组织。

苏宁对公司组织架构大动“手术”，设立五大管理总部、三大经营总部，形成三大经营事业群、28 个事业部、60 个大区的新架构，如图 3–7 所示。

总部管理层面，苏宁设立了连锁开发、市场营销、服务物流、财务信息、行政人事五大管理总部，负责战略规划、标准制定、计划管理，协调各经营事业群工作。

总部经营层面，新增的连锁平台经营总部、电子商务经营总部、商品经营总部三大总部，涵盖了实体产品、内容产品、服务产品三大类 28 个事业部，形成“平台共享+ 垂直协同”的经营组合，支撑线上线下融合发展和全品类拓展。

其中，连锁平台经营总部负责线下所有实体店面平台的经营管理，并分为连锁店事业部、商业广场事业部、乐购仕事业部三大事业部；电子商务经营总部负责所有电商业务的经营管理，依照实体商品经营、生活服务、云服务、金融服务等，分别成立了网购事业部和移动事业部、本地生活事业部和商旅事业部、数字应用事业部和云产品事业部、金融产品事业部；商品经营总部负责各类商品的经营管理，在电器类、百货类、日用品类、图书类和生活服务类的基础上进一步细分出彩电、空调、洗衣机、厨卫、生活电器、通信、电脑、数码、OA、百货、日用品、母婴化妆品、图书等众多事业部。

大区方面，扁平化垂直管理、本地化自主经营是苏宁新组织的最大特点。苏宁将把“大区—子公司—运营部”三级缩减为“大区—城市终端”两级管理，并大幅扩充大区和城市终端数量，苏宁海内外大区数量从 44 个增至 60 个，城市终端由 100 多个增至 200 多个，以增强区域化运营和本地化服务能力，提升运营效率。

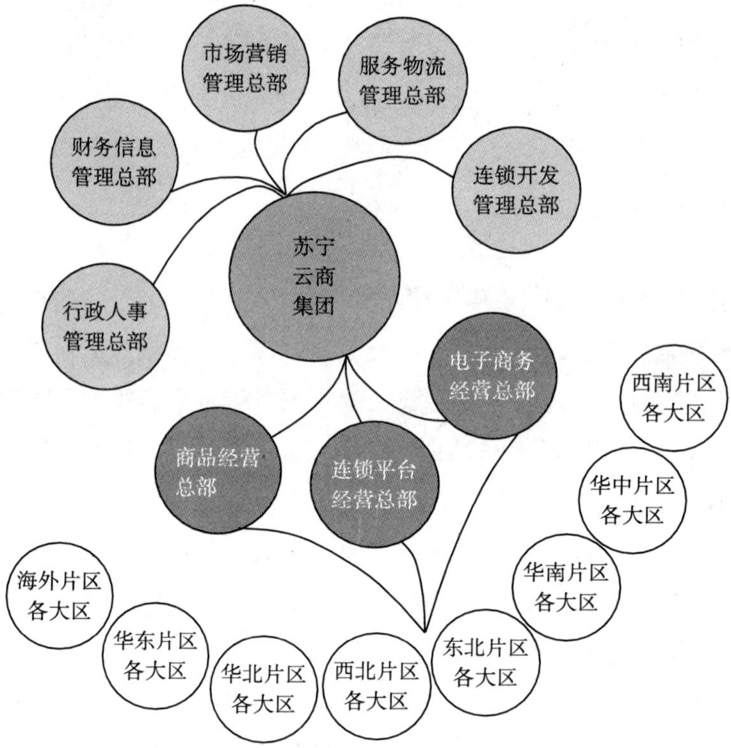

图 3-7 苏宁云商组织架构

（四）投资 PPTV

2013 年 10 月 28 日上午，苏宁云商突发停牌公告，公司拟披露重大事项，自当日开市起临时停牌。

业内一桩引人瞩目的三方联姻浮出水面，而此也促成苏宁迄今为止最大一笔战略投资。下午，苏宁云商高调宣称，苏宁和弘毅将联合战略投资 PPTV 聚力，交易额为 4.2 亿美元。此番注资之后，双方将确保 PPTV 聚力在资金和战略资源方面的行业优势，在产业链整合、多屏互动体验、媒体内容及视频开放平台方面实现跨越式发展。

PPTV 聚力与苏宁云商的业务模式差别较大，未来可能在以下几个方面产生协同效应。第一，基于 PPTV 聚力现有的电商业务（PP 购物街，这种业务仅见于 PPTV 聚力这样的 PC 客户端视频企业，将在线视频企业上的用户导流至购物网站，购物网站须向在线视频企业进行付费，计费的方式包括 CPC、CPA（含 CPS），可以实现 PPTV 聚力向苏宁易购的导流。第二，基于 PPbox、PPlink 以及 PPTV 的技术切入互联网电视领域，使电视成为苏宁云商的第三个渠道（前两个是线下实体店和苏宁易购）。第三，通过“视频内购买”形成电商与视频网站的协同效应。

总体来看，PPTV 聚力与苏宁云商未来或将形成有效的协同效应，但短期内难以形成规模。就目前而言，PPTV 聚力可以成为苏宁云商品牌推广和向苏宁云商导流的平台。苏宁云商投资 PPTV 聚力的目的更多出于获取互联网入口方面的考量，并将投资 PPTV 聚力作为扩大产业覆盖面、完善商业体系、全面互联网化的重要一步。

（五）金融服务平台的建立

1. 供应链金融服务

作为中国商业零售的领军者，苏宁积极推进“供应链金融业务”，即利用供应链平台上聚集的大量上下游间结算数据、上下游间订单数据、库存数据、日常交易详单数据等，帮助零售供应链上下游企业解决货款账期问题。

苏宁“供应链金融业务”主要分为苏宁企业出资的“苏宁小贷”以及苏宁与银行合作的“转售银行保理”两大金融产品，其中苏宁“转售银行保理”已覆盖交行、中行、光大、花旗、渣打、汇丰等国内外 7 家银行，是国内开展电商金融业务覆盖银行数量最多的电商平台。

2012 年 12 月 6 日，苏宁发起设立“重庆苏宁小额贷款有限公司”，凡是苏宁经销、代销供应商均可以操作，此项业务单笔融资额最高可达 1000 万元。“苏宁小贷”目前已经推出“省心贷”和“随心贷”两种产品，其中“省心贷”固定借款期限最长 90 天。而“随心贷”采用的是随借随还的形式，借款期限最长 30 天，能够满足供应商短期资金需求。

2012 年，苏宁“转售银行保理”业务累计成交量超过 30 亿元。截至目前，已有多家供应商进行此项产品操作，估计 2013 年覆盖品牌厂商数量将超千家。该业务有效加速了供应商资金的回笼速度，为其再生产经营提供了有效的资金保障。苏宁小贷，无须担保，手续简便。2013 年 1 月，重庆永协成为苏宁小贷首家成功融资企业。在资金充裕之后，重庆永协快速加大了新品研发、市场营销、售后服务体系升级等资金投入，更快成长。目前，小贷公司已经成功服务了多家中小企业，并通过与供应商的充分沟通，后期将开发并上线更多贴近供应商需求的信贷产品。

苏宁供应链金融服务，围绕苏宁与供应商之间真实的贸易行为，通过闭环运作，形成供应链、物流、金融的高效融合，有效降低了风险。加强了对供应链上下游企业的把控力，提升了与供应商的协作能力，培育并优化供应商队伍，加速开放平台建设，提高供应链效率和竞争力，提升客户黏性。

2. 申请苏宁银行

2013 年 6 月 20 日，国务院常务会议首次提出“探索设立民营银行”；在 6 月底的陆家嘴论坛上，中国银监会主席尚福林也做出如下表态：

允许由民间资本发起设立自担风险的民营银行、金融租赁公司和消费金融公司等民营金融机构，通过相关的制度安排，防范道德风险，防止风险外溢。

2013 年 7 月 5 日，国务院办公厅下发《关于金融支持经济结构调整和转型升级的指导意见》，这份后来被称为金融“国十条”的《意见》，被普遍认为是为民营资本设立银行“松绑”。一时间，在四大行总部北京、在金融中心上海、在民间资本活跃的温州和广州，先后传出企业申请银行牌照的消息。

2013 年 9 月，苏宁银行名称获得国家工商总局核准。在国家工商总局 9 月 12 日发布的企业名称核准公告中，出现苏宁银行股份有限公司的名字，其核准字号为（国）登记内名预核字［2013］第 2847 号，但银监会目前为止尚未向任何申请企业发放经营许可证。

目前，在苏宁云商整体的商业体系当中，包括其本身拥有的线下实体店、物流系统、苏宁易购电商平台和新投资的 PPTV 聚力，线下实体店、物流系统、苏宁易购是苏宁云商线上线下商业运转的基础；苏宁银行则主要实现融资的功能，为苏宁云商及其产业链合作商提供资金保障和金融服务。

苏宁目前已经获得两张支付牌照，其中包括主要用于苏宁易购的易付宝。苏宁对金融服务寄予厚望，希望继续丰富公司金融服务产品，建立综合、开放的金融服务平台，为供应商、合作伙伴及广大消费者提供涵盖电子商务、支付结算、信息服务等在内的一系列产品和服务，有效提高公司专业领域服务能力，同时为公司带来稳定的收益，如图3-8 所示。

四、线上线下相互融合

张近东说：“未来的零售企业，不单在线下，也不只在线上，一定是线上线下的完美融合，没有线上就没有线下，有了线下才能有更好的线上。”

（一）以苏宁易购为基础的电子商务平台建设

2009 年 8 月，苏宁启动营销变革，尝试全品类经营、全渠道拓展。

2010 年 2 月，苏宁易购正式对外发布，标志着苏宁电器正式进军电子商务领域。

业内人士介绍，2010~2011 年，正是电商发展的大好时机，遗憾的是苏宁易购一直

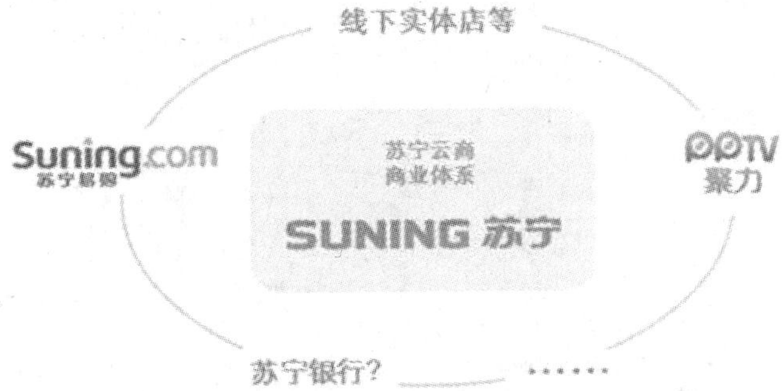

图 3-8　苏宁云商模式

默默无闻。

危机出现在 2012 年。2012 年，苏宁线下零售的营收开始出现下滑，是家电业的一个重大拐点。苏宁当时的情形有些“不妙”：苏宁在 2012 年前三个季度当中，营收达到 724 亿元，同比只增长了 7%，而利润总额为 29.5 亿元，同比下降了 36.54%。门店的销售也不容乐观，甚至，苏宁主动关闭了一些门店。

苏宁被迫定下改革的决心。2012 年两会期间，张近东表示苏宁要走“沃尔玛+亚马逊”的模式，同时提出苏宁要推进“去电器化”的品牌发展战略。

随后，苏宁易购增加图书、百货、日用品类甚至增设旅游频道，然后是苏宁乐购仕的全品类经营模式尝试。

2012 年 9 月，苏宁的 LOGO 里去掉了“电器”二字。9 月 25 日，苏宁正式宣布以 6600 万美元收购母婴电商品牌“红孩子”，“红孩子”成为苏宁易购并购的第一家垂直电商。对零售业而言，增加品类就等于增加规模。

目前，苏宁不仅包括电器、母婴化妆品、百货、日用品、图书等实体商品，还将开发数字应用、音乐、游戏、咨询等内容产品，涵盖生活服务、市场服务、金融服务、商旅服务、物流服务、售后服务、数据服务领域，如图 3-9 所示，但认真比较每个品类，就会发现其仅完成了横向的品类扩张，深度还很欠佳。

从流量上看，以淘宝和天猫组成的淘宝系无疑更具吸引力，但淘宝系平台的各种“机会”都已基本实现商业化，卖家若想在淘宝平台成长起来，成本很高。2013 年，天猫、京东开放平台上的费用大涨，这为苏宁易购留下了竞争空间。

为全面争夺卖家，苏宁易购在 2012 年 7 月 5 日对外宣布了“开放平台”战略，并打出“免年费、免平台使用费、免保证金”的“三免”政策，以吸引百货类卖家入驻。如果苏宁易购的流量能够迅速做起来，由于其开放平台几乎是零成本入驻，相信很多品牌商会愿意入驻。

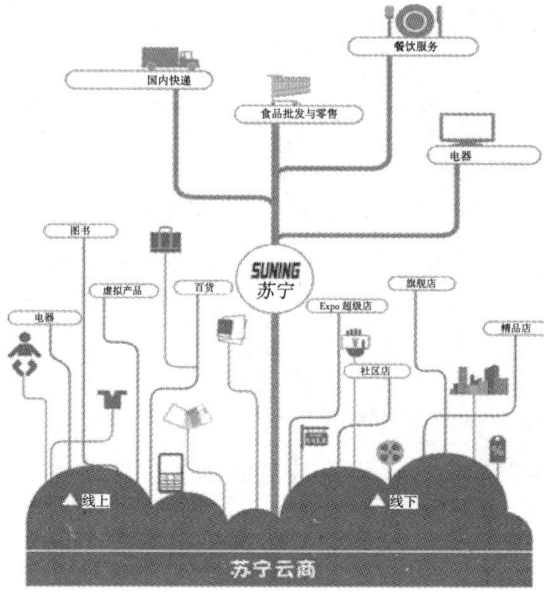

图 3-9　苏宁云商业务

（二）苏宁连锁店面平台建设

在平台建设上，线下有苏宁旗舰店、苏宁超级店、苏宁生活广场、苏宁广场。

目前，在“旗舰店+互联网”的战略指导下，苏宁的 Expo 超级店开始“驾云”，该超级店经营品类涵盖 3C、传统家电、图书、百货、日用品等领域，并集创新商业设计、智能服务升级为一体，是苏宁实体零售“去电器化”的具体体现，也是苏宁未来的主力型门店。该超级店承载着苏宁线下丰富品类、智能体验、科技转型的重任。

（三）线上线下各层面融合

图 3-10　双线同价

1. 商品经营层面融合

苏宁云商的 28 个事业部当中，大概有 20 多个事业部在经营实体商品、内容商品和服务商品这几类。所有的商品都是线下线上两个平台进行共享、共采。在商品层面的融合，一方面切合苏宁这么多年在家电采购的规模优势，决定了苏宁云商采购的成本优势；另一方面线下连锁经营平台和线上电子商务平台共同使用这些商品，将会产生 1+1>2 的效果，这是一个融合。

2. 数据的融合

在融合过程当中，苏宁云商还要共享整个公司积累多年的所有数据，比如客户数据的共享和分享。苏宁已经累计了大约 1 亿条会员数据，这些数据大多属于连锁经营平台，是店面累计的数据。苏宁云商线上经过几年的发展，也有大约 2000 万会员数据。怎样把这些会员的数据，通过 CRM 的管理，通过对大数据的挖掘，发现哪些消费者适合线上消费或线下消费，他们属于价格驱动型还是技术敏感型，或是服务敏感型。这些数据都要进行充分的挖掘。

3. 物流和售后两个平台的融合

物流和售后两个平台的融合，这样对消费者提供的很多商品就可以实现共享。所以苏宁的云商模式在商品经营和售后两个平台具体推进，可以充分体现物流和售后这两个平台共享的优势。

到 2015 年，苏宁要完成 12 个小件分拣仓和全国 60 个配送中心的自建物流体系的建设。在业务上，会把小件产品根据消费者的购买地不同，快速地分散到各地不同的仓库，减少部分的干线运输成本。针对干线运输，12 个小件的分拣仓之间建立固定的干线物流体系，加快速度，降低成本。在最后 1 公里方面，依托线下 1700 家门店，全部完成提货点的建设，降低成本。

4. 库存共享的融合

不同渠道之间商品价格的灵活定义，包括商品管理和规划的统一，才能实现供应链的统一管理，以实现在经营上的多渠道融合。

5. 消费者体验的融合

消费者体验的融合需要四个大的模块，才能给消费者一个具体的虚实融合的体验、感性的体验。一是实现多屏互动。既有苏宁与消费者接触店面，也有多个智能终端，要实现电脑客户端到手机客户端，平板客户端，智能电视，包括机顶盒，还包括不同类型的实体展示区。苏宁的实体展示也许在社区，甚至哪天在银行 ATM 上也可以看到。二是展示的融合。不管是在哪个屏，哪个区域，所有苏宁的商品、价格、产品的内容、客户的评价等，所有这些都要融合在交易过程中，实现云和端的结合，实现订单购物车和订单的整合。三是支付的融合。要做到完全自由支付，才能够利用多屏支付的优势。四是最灵活的交付。消费者可以预约时间收取货物，或者要求立即提货，或者自助提货，是最灵活的交付方式。所以，消费者体验的融合贯穿了从商品到订单再到支付，是一个完整的价值链的端到端价值链的完整融合，是体验的融合。

6. 营销模式的融合

我们要充分利用苏宁已经形成的互联网平台，让门店实现更多的互联网方式的营销。比如说苏宁易购未来一定会出现在苏宁所有的实体门店中，结合本地化的营销，让门店的促销活动、门店的服务通过互联网的模式与消费者的日常购物行为更好的关联，充分利用门店实现顾客之间的交流，加强人与人之间直接的沟通。例如，2013 年苏宁在红孩子上启动几千场的活动，如百万孕妈的活动，实现线下对社会化营销方式的拓展。

基于以上这些需求，苏宁云商最终要实现系统架构上的融合。能否完全支撑这种业务的运作，供应链的管理以及面向客户的营销和服务都需要通过架构的融合。苏宁通过两年多在架构体系的摸索以及人才团队的储备，包括技术研发的准备，在 2013 年 3 月和 6 月两个大的时间点，进行系统架构的切换。系统架构的切换从本质上与云商模式完全配套。

五、案例点评

在苏宁随处可见信息化的身影，以 SAP 为核心的 ERP 系统提升了内部运营能力，提升了合作伙伴和客户的价值；B2B 和 B2C 商务系统不仅让企业和客户之间的距离更近，而且让苏宁的业务变得简单和快捷；全国 24 小时的呼叫中心接入系统，为广大客户始终如一地提供优质周到的服务；CRM 解决方案，让调研到销售再到服务的一切流程变得井然有序……可以说，苏宁的信息化建设，尤其是供应链管理信息化建设对苏宁的成功起到了至关重要的作用。

苏宁在 2013 年 2 月 21 日正式更名为“苏宁云商集团”，提出苏宁云商模式。苏宁创造性地提出了一个全新的“云商”概念，意在推动传统零售业的转型升级之路。

一个概念，一个蓝图，苏宁在差异化定位上取得了战略上的成功。

首先，定位准确。“云商”是苏宁首创，凭借苏宁的品牌影响力，“苏宁云商集团股份有限公司”自然地涵盖了传统家电连锁、线上 3C 和百货业务零售的经营范围，塑造了一个全新的连锁零售服务商的形象。市场定位理论认为，真正使公司强大的是公司品牌在客户心中的地位，定位的精髓在于把品牌的名称赋予独特的内涵，从而代替通用含义，使潜在客户不经意把品牌名称当成通用名称。品牌在客户心中是存在等级的，正如宝马、奔驰象征着高端轿车，大众、本田属于中等消费档次，而大部分国产汽车与低端、廉价联系在了一起。苏宁云商，经过官方的宣传有了独特的定义，它在客户心中树立起所谓云商第一的品牌，这是名字在客户心中定位的成功。

其次，线上线下融合。国内电商市场阿里系独大，京东商城稳坐第二，其他平台激烈角逐的格局短期内很难改变，苏宁要想在电子商务市场形成三足鼎立之势谈何容易！"凭什么"成为了苏宁的战略思考，传统线下经营在新形势下既是苏宁线上客户体验的得天独厚的优势，也带来庞大业务成本的劣势。线上与线下融合，能够扬长避短，在投资人和客户中描述了一个清晰的商业模式，可谓一颗定心丸。

最后，增强苏宁内部的凝聚力。在电子商务不可阻挡的趋势下，线下亏损同样势不可当，苏宁亟待一个清晰的商业蓝图方可凝聚员工士气，云商的定位让人看到了新的希望。

但是，对于苏宁的线上和线下融合，说起来容易，执行起来将面临诸多问题。

首先，苏宁只完成了商品品类的扩张，而深度不够。苏宁 SKU（商品单品）数量不超过 150 万件，而京东商城超过 200 万件；在用户体验上，网页打开速度慢甚至无法打开、商品无法正常下单，支付不成功，返券系统不默认……促销时问题更多，而京东商城的系统相对稳定。在物流配送商，苏宁除了大家电能够做到次日达，其他商品物流较慢，而且预测的送达时间也非常不准。相比之下，京东商城的一个数据是 2012 年第二季度订单平均下单到出库时间不到 1 小时，52%的订单，在出库后的 4.2 小时送达客户。

从更深层次的分析，苏宁的电商 IT 系统架构、仓储物流系统、组织结构地位都制约了苏宁电子商务的规模。无论是亚马逊，还是国内的阿里、京东商城、易迅，都是自建的 IT 系统，而且经过许多次促销活动的冲击，系统的稳定性和海量数据并发处理方面都相对成熟，而苏宁的核心系统完全由 IBM 提供。苏宁线上与线下完美融合不仅需要组织的管控系统，更需要强有力的信息系统支撑，不知道耗资数 10 亿元建立的 IBM 的 B2C 系统和 SAP 的内部管理系统能否担当起这个重任？

其实，很多人对苏宁转型的成功还是充满期待的。"中国沃尔玛"的概念让国人充满了民族情结，消费者希望苏宁能和沃尔玛媲美，甚至超过沃尔玛。温家宝在视察苏宁后，勉励张近东，不仅要做中国的沃尔玛，还要超过沃尔玛，从而让苏宁的使命达到了新的高度。从另一个角度，受电子商务的冲击，传统零售业迫切需要转型，而苏宁正在试水这条转型之路。无论是业内还是媒体、大众看来，苏宁都是一个执行力很强的公司，如果苏宁都失败了，更多翘首以待的传统零售公司该如何转型生存？

参考文献

[1] 彭兴，杜跃平，曹铿，杨玲. 企业信息化与供应链管理 [J]. 情报杂志，2004，23 (12).

[2] IBM 全球企业咨询部. 苏宁引领零售业转型 [J]. 日用电器，2009 (9).

[3] 黄永波. 供应链管理信息化 [J]. 信息技术与信息化，2008 (6).

[4] 陆晓洁. 苏宁公司基于外包的供应商管理库存研究 [D]. 天津大学硕士学位论文，2009.

[5] 韩烽. 基于供应链管理的家电连锁企业物流配送管理 [D]. 南京农业大学硕士学位论文，2011.

[6] 李小慧. 苏宁电器：IT 支撑下的螺旋式突破 [J]. 石油石化物资采购，2009 (7).

[7] 吴兴杰. 苏宁电器：建立一流信息平台 [J]. 企业管理，2010 (3).

[8] 刑和. 苏宁：结合 IT 整合供应链 [J]. 互联网天地，2007 (3).

[9] http：//www.cnsuning.com/snsite/index/index.html，2013-11-13.

[10] 刘江娜. O2O 来了：苏宁"云变"，O2O 模式或引领未来零售业 [J]. 现代企业教育，2013 (7).

[11] 程云云，汪晓莉，杨景陆. 零售企业核心竞争力研究——以苏宁云商为例 [J]. 全国商情·理论研究，2013 (15).

[12] 蔡恩泽. 苏宁 "驾云" 求变 [J]. 销售与市场，2013 (11).

第三节　海尔集团的市场导向信息化

一、公司简介

海尔创立于1984年，经过近30年创业创新，从一家资不抵债、濒临倒闭的集体小厂发展成为全球白电第一品牌。2012年，海尔全球营业额1631亿元，利润90亿元，利润增幅是收入增幅的2.5倍。海尔的创新力体现在解决方案和管理模式的破坏性创新。通过打造开放的平台型企业，海尔为用户提供美好生活的解决方案。青岛海尔（股票代码600690）作为主体的690平台以破坏性创新推进智慧型家电，目标是成为全球家电的引领者和规则制定者。海尔在全球的五大研发中心作为资源接口，与全球一流供应商、研究机构、著名大学建立战略合作，形成了以虚实网为媒介的120多万名科学家和工程师的创新生态圈。截至2012年底，海尔累计申请专利13952项，获得授权专利8987项，其中发明专利4716项，稳居中国家电企业榜首。2012年，海尔国内申请专利1634项，其中发明专利541项。截至2011年，累计提报77项国际标准提案，其中27项已经发布实施，是中国申请专利和提报国际标准最多的家电企业。在海尔电器（股票代码 01169）作为主体的 1169，以交互平台和配送平台推进平台型的商业生态网，通过打造营销网、虚网、物流网、服务网四网融合的竞争力，为用户"24 小时按约送达、送装一体"，提供虚实融合的最佳体验。四网融合的竞争优势为旗下的流通渠道——日日顺吸引来了国内外著名家电品牌合作，开放的大件物流平台为全国五大电商以及家电家具企业提供服务。

在全球市场，根据世界权威市场调查机构欧睿国际（Euromonitor）发布的全球家电市场调查结果显示：海尔大型家用电器 2012 年在全球市场的品牌零售量份额为 8.6%，第四次蝉联全球第一。按品牌零售量统计，海尔冰箱、洗衣机、酒柜、冷柜四类产品的全球市场占有率继续蝉联第一，其中，海尔冰箱 2012 年品牌零售量占全球市场的 14.8%，第五次蝉联全球第一；海尔洗衣机 2012 年品牌零售量占全球市场的 11.8%，第四次蝉联全球第一；海尔酒柜制造商及品牌零售量占全球市场的 15.3%，第三次登顶全球；海尔冷柜 2012 年品牌零售量占全球市场的 18.6%，第二次跃居全球第一。在美国波士顿（BCG）管理咨询公司发布的 2012 年度"全球最具创新力企业 50 强"中，海尔是唯一进入前 10 名的中国企业，并且位居消费及零售类企业榜首。

在流通渠道领域，海尔构筑全流程用户体验驱动的虚实网融合竞争优势。海尔实网即营销网、物流网、服务网，覆盖全国大部分城市社区和农村市场，海尔在全国建设了 8000 多家县级专卖店、30000 家乡镇网络；在全国建立 90 余个物流配送中心，2000 多个二级配送站，可以保障 24 小时之内配送到县，48 小时之内配送到镇，实现即需即送、送装一体化；在全国共布局超过 15000 多家服务商，保证随叫随到，为用户提供及时上门、一次就好的成套精致服务。海尔的虚实网融合的优势实现了企业与用户的零距离，不但有效支持海尔产品的营销，还成为国际家电名牌在中国市场的首选渠道。

海尔致力于成为时代的企业，适时进行战略创新和管理模式创新以适应时代的变迁和发展，先后实施名牌战略、多元化战略、国际化战略和全球化品牌战略，海尔管理模式也从日清管理法、OEC 管理模式、市场链管理发展到人单合一双赢管理模式。

在互联网时代，海尔实施两个战略转型：企业转型，从"卖产品"转变为"卖服务"；商业模式转型，从传统商业模式转型为人单合一双赢模式。海尔组织结构应需而变，从传统的"正三角"转变为"倒三角"组织，形成以自主经营体为基本创新单元的扁平化网状组织结构，让每个员工直面市场，更加敏捷、快速地获取并满足碎片化、个性化的用户需求。世界著名的商学院、管理专家认为，海尔的人单合一双赢模式具有颠覆性、首创性和领先性的特点，是对传统管理理论的突破，有可能破解全球企业界的管理难题。

人单合一双赢模式的实施进一步提升了海尔对互联网时代用户需求的响应速度和盈利能力，2007~2011 年，海尔利润复合增长率为 38%，是收入增幅的 2 倍多，现金周转天数为-10 天。人单合一双赢模式的互联网特征使其具备了跨文化融合的能力，在海尔并购三洋白电业务后成立的海尔亚洲国际，人单合一双赢管理模式得到了日本本土员工和管理团队的认可，并吸引当地一流人才纷纷加盟。

业内人士认为，海尔实现逆势增长主要优势在于踏准了互联网时代节拍。海尔以追上用户点击鼠标的速度，探索人单合一双赢的商业模式，通过打造扁平的网状组织，提高海尔响应用户需求的速度和能力。管理领域的创新带给海尔最大的变化是开放，海尔从服务型企业向平台型企业转型，拟打造一个平台，让用户需求和能够满足需求的全球专业资源在这个平台上实现对接，创造用户价值。正是在这样的平台上，海尔通过持续创造并满足着全球用户的需求，实现了品牌销量“四连冠”的美誉。满足用户需求的载体是产品。在 2012 年的市场上表现出色的不仅有行业最安静、洗衣最干净的海尔“水晶”洗衣机，还有消除用户除霜烦恼的无霜三门冰箱，以及被国际一流品牌克隆的法式对开门冰箱等领先产品，这些产品都是海尔做平台型企业的结晶。

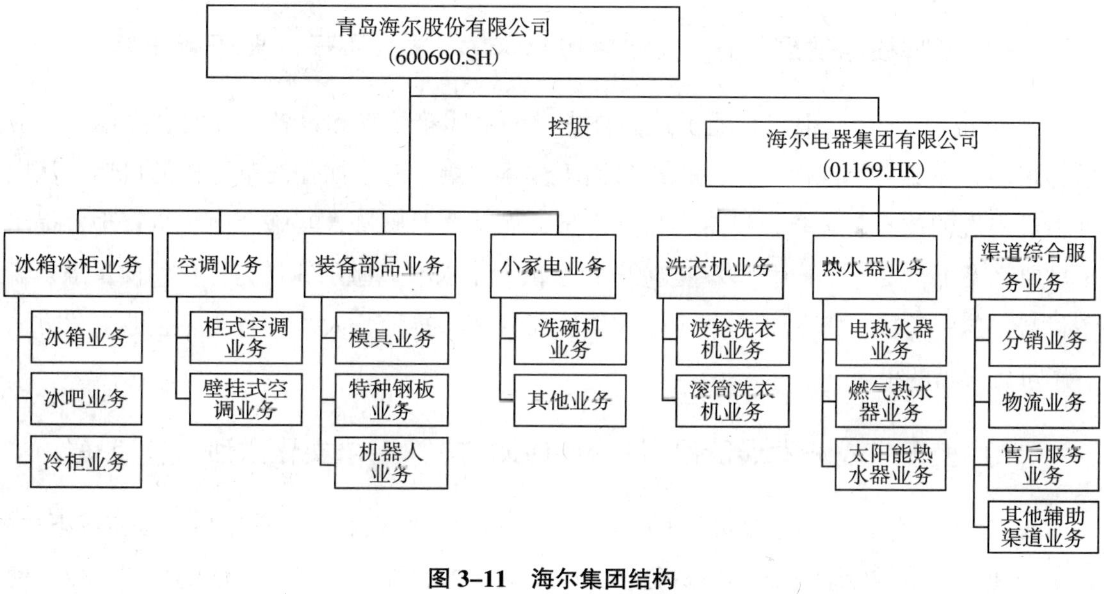

图 3-11　海尔集团结构

二、海尔集团战略

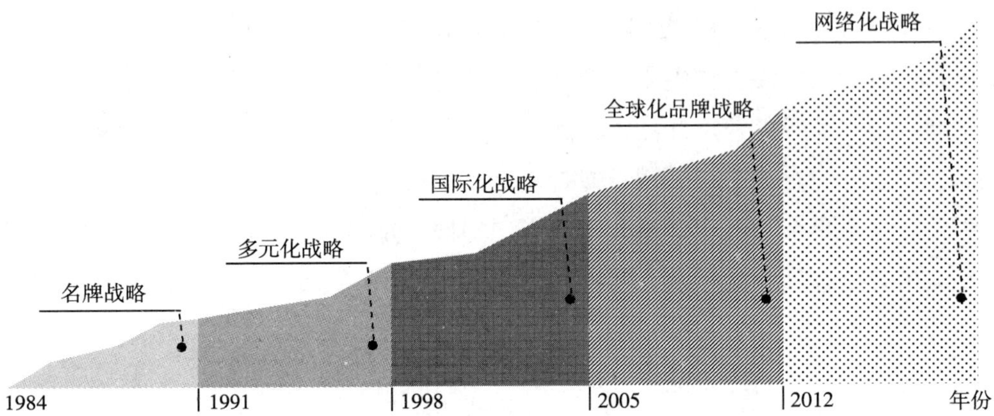

图 3-12 海尔集团战略

（一）名牌战略发展阶段（1984~1991 年）：要么不干，要干就干第一

20 世纪 80 年代，很多企业引进国外先进的电冰箱技术和设备，那时，家电供不应求，很多企业努力上规模，只注重产量而不注重质量。海尔抓住改革开放的机遇，从国外引进先进的技术和设备，没有盲目上产量，而是严抓质量，实施全面质量管理，提出了“要么不干，要干就干第一”。当家电市场供大于求时，海尔凭借差异化的质量赢得竞争优势。这一阶段，海尔专心致志做冰箱，在管理、技术、人才、资金、企业文化方面有了可以移植的模式。

（二）多元化战略发展阶段（1991~1998 年）：海尔文化激活“休克鱼”

20 世纪 90 年代，国家政策鼓励企业兼并重组，一些企业兼并重组后无法持续下去，一些企业认为应做专业化而不应进行多元化。海尔抓住邓小平南方谈话的机遇，以“海尔文化激活休克鱼”思路先后兼并了国内 18 家企业，使企业在多元化经营与规模扩张方面，进入了一个更广阔的发展空间。当时，家电市场竞争激烈，质量已经成为用户的基本需求。海尔在国内率先推出星级服务体系，当家电企业纷纷打价格战时，海尔凭借差异化的服务赢得了竞争优势。

这一阶段，海尔开始实行 OEC（Overall Every Control and Clear）管理法，即每人每

天对每件事进行全方位的控制和清理，目的是“日事日毕，日清日高”。这一管理法也成为海尔创新的基石。

（三）国际化战略发展阶段（1998~2005 年）：走出国门，出口创牌

20 世纪 90 年代末，中国加入 WTO（世界贸易组织），很多企业响应中央号召“走出去”，但出去之后非常困难，又退回来继续做订牌。海尔抓住加入 WTO 的机遇“走出去”，不只为创汇，更重要的是创中国自己的品牌。因此，海尔提出“走出去、走进去、走上去”的“三步走”战略，以“先难后易”的思路，首先进入发达国家创名牌，再以高屋建瓴之势进入发展中国家，逐渐在海外建立起设计、制造、营销“三位一体”的本土化模式。这一阶段，海尔推行“市场链”管理，以计算机信息系统为基础，以订单信息流为中心，带动物流和资金流的运行，实现业务流程再造。这一管理创新加速了企业内部的信息流通，激励员工使其价值取向与用户需求相一致。

（四）全球化品牌战略发展阶段（2005~2012 年）：整合全球资源创全球化品牌

互联网时代带来营销的碎片化，传统企业的“生产—库存—销售”模式不能满足用户个性化的需求，企业必须从“以企业为中心卖产品”转变为“以用户为中心卖服务”，即用户驱动的“即需即供”模式。互联网也带来全球经济的一体化，国际化和全球化之间是逻辑递进关系。“国际化”是以企业自身的资源去创造国际品牌，而“全球化”是将全球的资源为我所用，创造本土化主流品牌是质的不同。因此，海尔抓住互联网时代的机遇，整合全球的研发、制造、营销资源，创全球化品牌。这一阶段，海尔探索的互联网时代创造顾客的商业模式就是“人单合一双赢”模式。

（五）网络化战略发展阶段（2012~2019 年）：网络化的市场，网络化的企业

海尔抓住第三次工业革命的机遇，以“没有成功的企业，只有时代的企业”的观念，适应个性化生产的需求，实施网络化战略，其基础和运行体现在网络化上，主要是两部分：网络化的市场和网络化的企业。网络化市场里，用户网络化，营销体系也网络化，当然还有很多都变成网络化了，现在已经是物是人非了，因此企业必须变成网络化。网络化的企业可归纳为三个“无”：企业无边界，即平台型团队，按单聚散；管理无领导，即动态优化的人单自推动；供应链无尺度，即大规模定制，按需设计，按需制造，按需配送。

三、海尔集团的信息化建设历程

作为中国家电第一品牌的海尔历来重视信息化建设，在战略转型与组织流程变革的背景下，海尔积极推进信息系统的建设与应用。海尔的信息化建设从最初起步到现在，依据信息技术的集成度和信息共享的程度，大体经历了基础起步阶段、增长和初步集成阶段、系统化集成阶段。

海尔集团从 20 世纪 90 年代初期开始信息化建设期，始于办公自动化系统，主要是以提高效率为目的的计算机代替人工化的信息化。增长和初步集成阶段始于 1998 年，海尔开始实施以市场链为纽带的业务流程再造，同时改造企业的信息化应用系统以提升整体管理水平，这阶段是面向局部的、部门级的信息化应用，各系统集成化程度较低。截至 2007 年初，海尔的信息化建设在企业内形成 600 多个支离破碎的小系统，这些系统不能实现有效的集成，这个阶段的信息化只能被定义为补丁式、割裂的局部改变。2007 年，一场信息化革命在海尔拉开了序幕，海尔提出用 1000 天实现流程系统的创新，将整个信息化变成一个体系来做，海尔信息化全面进入系统化集成阶段。本案例探讨的重点是海尔集团的物流信息系统和电子商务系统。

四、海尔集团的信息化实施情况

（一）物流信息系统

海尔认为，现代物流区别于传统物流的主要特征是信息化与网络化。在企业内部，随着海尔集团生产规模的日益扩大，每天一条生产线就能生产几百种不同型号的产品，每日进出几千笔仓库业务，原有的物流操作模式无法适应大规模定制的制造模式，如果不搞物流的信息化，就无法实现信息的同步，也跟不上集团国际化发展的速度。在企业外部，伴随着全球经济一体化进程的不断加快，IT 的飞速发展，企业与企业之间的竞争已经不是简单的质量与成本之间的竞争，而是企业之间供应链与供应链之间的竞争，谁的供应链速度快，谁就能在竞争中立于不败之地。而没有信息化手段的支持，想要加快速度几乎是不可能的。在这种情况下，海尔进行了业务流程再造，而海尔物流的信息化建设也从此揭开了崭新的一页。

2000年，海尔集团在进行业务流程重组的同时，与SAP开始合作，斥资1亿元建立起SAP系统。该系统包括物流信息系统、销售管理系统、财务管理系统和决策支持系统。物流信息系统是SAP系统的一个子系统。该物流管理信息系统主要包括订货处理、配送管理、进货管理、运输管理和库存管理五个系统。该物流管理信息系统如图3–13所示。

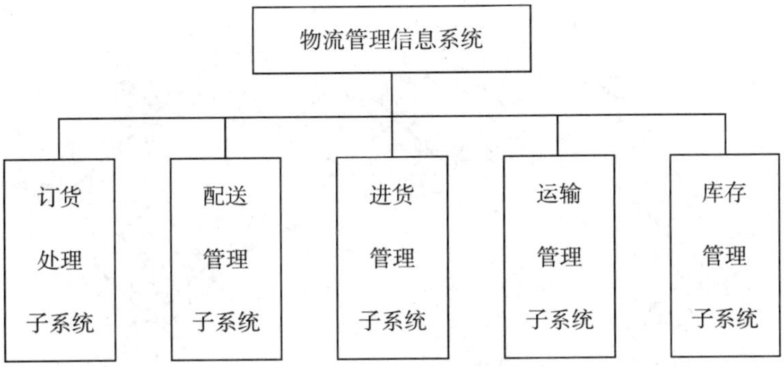

图3–13　物流管理信息系统

海尔物流信息系统的解决方案：

1. ERP系统

海尔物流的ERP系统共包括：MM（物料管理）、PP（生产计划）、SD（销售与订单管理）、FI/CO（财务管理与成本管理）。

ERP实施后，打破了原有的“信息孤岛”，使信息同步而集成，提高了信息的实时性与准确性，加快了对供应链的响应速度。如原来订单由客户下达传递到供应商需要10天以上的时间，而且准确率低，实施ERP后，订单不到1天即可完成“客户—商流—工厂计划—仓库—采购—供应商”的过程，而且准确率为100%。

另外，对于每笔收货，扫描系统能够自动检验采购订单，防止暗箱收货，而财务在收货的同时自动生成入库凭证，使财务人员从繁重的记账工作中解放出来，发挥出真正的财务管理与财务监督职能，而且效率与准确性大大提高。

2. BBP（电子采购平台）

通过BBP的实施，建立起海尔与供应商之间（B2B）、海尔与客户（B2C）之间的基于互联网的业务和信息协同平台。同时，SAP的模块化设计，使得海尔的电子商务平台可以很好地兼容其他厂商的信息化产品，实现跨平台的无缝连接，使得海尔的电子商务平台具有良好的开放性和扩展性。

3. SAP R/3 系统——企业最佳 ERP 解决方案

SAP R/3 系统包括财务管理、供销管理、生产管理、质量管理和设备管理以及与之相配套的企业工作流管理，基本上覆盖工商企业的主要管理业务，而且在软件的功能结构、技术结构、应用环境和未来体系的发展上都有许多独到之处。特别是在 1992 年推出的基于客户机/服务器三层体系的 R/3 系统，带动了整个 ERP 行业的更新换代。

对多种货币的同时支持和特殊国家进出口税务及合法要求的自动处理都证明了 SAP 软件的国际化的实力。现在 SAP 软件已有 46 个国家版本，28 种语言，其中包括中文、日语和其他双字节字符语言。

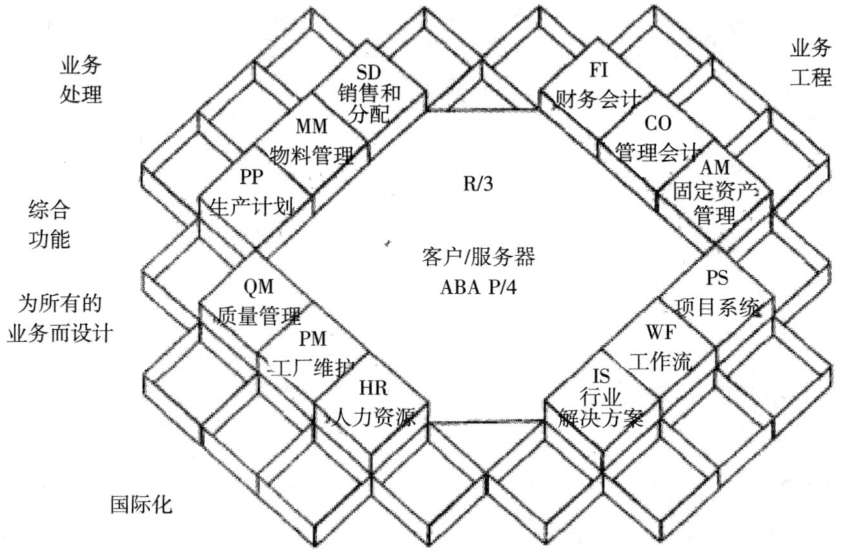

图 3-14　SAP R/3 系统

实施和完善后的海尔物流管理系统，可以用“一流三网”来概括。“一流”是以订单信息流为中心；“三网”分别是全球供应链资源网络、全球用户资源网络和计算机信息网络。“三网”同步运动，为订单信息流的增值提供支持。海尔物流的“一流三网”的同步模式帮助海尔实现了四个目标：

（1）为订单而采购，消灭库存。在海尔，仓库不再是储存物资的水库，而是一条流动的河，河中流动的是按单采购来生产必需的物资，也就是以订单来进行采购、制造等活动。这样，从根本上消除了呆滞物资、消灭了库存。

（2）双赢，赢得全球供应链网络。海尔通过整合内部资源，优化外部资源对供应商进行优化，国际化供应商的比例大幅上升，很多强大的企业都已成为海尔的供应商，有力地保障了海尔产品的质量和交货期。不仅如此，更有一批国际化大公司已经以其高科技和新技术参与到海尔产品的前端设计中。

(3) 三个 JTT 实现同步流程。由于物流技术和计算机信息管理的支持，海尔物流通过三个 JTT，即 JTT 采购、JTT 配送和 JTT 分拨物流来实现同步流程。目前，通过海尔的 BBP 采购平台，所有的供应商均在网上接受订单，并通过网上查询计划与库存，及时补货，实现 JTT 采购；货物入库后，物流部门可根据次日的生产计划利用 ERP 信息系统进行配料，同时根据看板管理 4 小时送料到工位，实现 JTT 配送；生产部门按照 B2B、B2C 订单的需求完成订单以后，满足用户个性化需求的定制产品通过海尔全球配送网络送达到用户手中。目前，海尔在中心城市实现 8 小时配送到位，区域内 24 小时配送到位，全国 4 天以内配送到位。

(4) 计算机网络连接新经济速度。在企业外部，海尔 CRM（客户关系管理）和 BBP 电子商务平台的应用架起了与全球用户资源网络、全球供应链资源网络沟通的桥梁，实现了与用户的零距离。在企业内部，计算机自动控制的各种先进物流设备不但降低了人工成本，提高了劳动效率，还直接提升了物流过程的精细水平，达到质量零缺陷的目的。计算机管理系统搭建了海尔集团内部的信息高速公路，能将电子商务平台上获得的信息迅速转化为企业内部的信息，以信息代替库存，达到零营运资本的目的。

无疑，海尔集团推行物流信息化在我国制造企业中是比较早的，成效也是比较显著的。海尔的物流系统不仅实现了"零库存"、"零距离"和"零营运资本"，而且整合了内部，协同了供货商，提高了企业效益和生产力，方便了使用者。

（二）电子商务

2000 年，海尔集团成立了电子商务公司并发布了电子商务网站 www.ehaier.com。伴随着中国电子商务行业的发展，海尔商城也在逐步发展壮大，从非典时期的网上火爆销售，到家电网上个性定制。特别是目前全球范围内蔓延的经济危机，给制造业等实体经济的发展制造了不小的麻烦，同时制造企业的利润被上下游挤压越发严重，制造企业需要在销售环节占有一席地位，并从服务转型。在此大背景下，海尔集团从 2008 年 7 月开始了以互联网、电话网、电视网三网融合的海尔电子商务升级战略（海尔称为"网单项目"），更加强调虚实结合。战略模型如图 3-15 所示。

海尔商城作为集团网单项目在互联网的承接，从 2008 年 7 月开始策划并于 8 月份发布了新的商城网站。海尔新商城在功能性、导购性、易用性方面都有很大提升，网站访问用户黏稠度明显提升，销售额实现了倍速增长。海尔电子商务平台以海尔商城（www.ehaier.com）为核心，以淘宝特许（加盟）店、综合销售网站合作经营、企业采购网站合作三种模式并行展开。

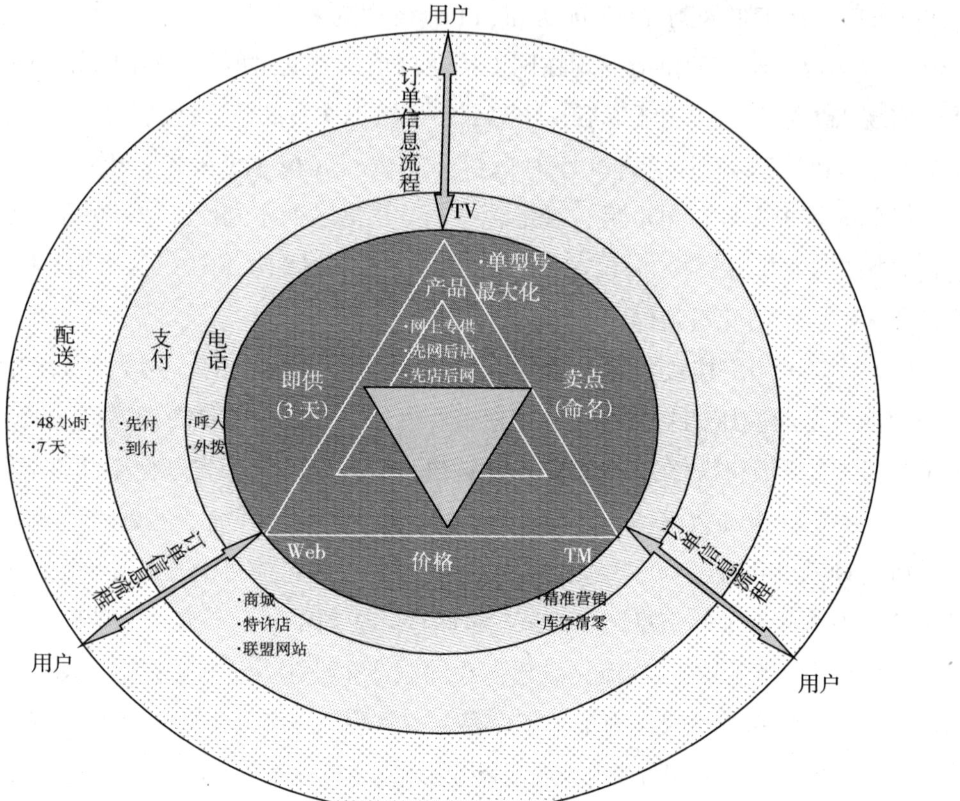

图 3–15　海尔电子商务升级战略模型

1. 以海尔商城 www.ehaier.com 为核心

海尔商城自 2000 年上线，经过 8 年发展积累了丰富的经验，在 2008 年改版后，强化了网站导购功能，完善了网站分类树，新加组合搜索功能，早 8 点到晚 9 点客服时时在线导购服务。用户进入海尔商城网站后，仅需要 3 步操作就能定位要找的产品，使用快捷、方便。

购买方式更灵活，较传统单纯展示销售模式，海尔商城采用了代金券和自由组合套购模式。代金券模式是指海尔商城推出的《挖宝》赢代金券活动，目前海尔商城每月会精选 10 款以内产品，参加挖宝活动，当会员通过《挖宝》赢取代金券后，可凭代金券优惠购买相关产品。自由组合套购模式是海尔商城为促进成套销售，采用的一种新的套餐销售模式。用户选购参加活动的产品，可任意形式、数量组合，组合购买较单件销售更大幅度让利，此种模式不仅解决了网上售价对传统渠道的直接影响，同时能给用户最大的优惠。

（1）全程用户数据分析。在传统商场很难判断进入商场里的人是谁、有什么潜在需求、购买能力如何、已经购买了哪些商品等，而海尔商城却可以简单做到这点。会员来到海尔商城后，系统统计功能会记录他的每一步操作，包括打开的网页、在每个网页停留时间、上网方式等，这些零散的数据会对后期分析有直接意义。通过对这些数据的分析，我们能看到网站购物、注册等流程是否合理，网页中各栏目关注度情况，为商城网站的持续改进提供最具参考价值材料。同时，通过对用户的购买喜好、浏览轨迹以及通过海尔商城推出的《我的产品我做主》等活动的数据分析，能准确发现用户的购买需求，为海尔集团后期产品开发同样提供了参考依据，更重要的是为海尔集团后期推出网络专供产品提供了数据参考。

（2）产品展示信息。较传统单一卖点展示的弱点，海尔商城采用了更开放的图、文、视频介绍形式，简单易用的组合搜索功能使用户能更方便地进行比较购物。消费者在购买产品后可以对产品给出评价，并留言评论，以作为其他消费者选购时的客观参考。这种做法大大提升了网店的置信度。

海尔商城通过全程的用户数据分析这个闭环，以更低的成本进行产品研发、市场推广、渠道建设。这个闭环是：基于网络的用户需求调查→产品研发→产品生产→商品信息给在线商店→用户选择购买→物流配送到网店库房或最终用户→用户信息反馈、用户信息汇总→对新产品的需求总结（网店执行）→信息反馈给厂商→新品研发……可以看出，在这个新时期的商品流通链中，网店肩负着核心的作用。

2. 淘宝特许店、零售网站合作经营等覆盖运行

海尔商城网站作为海尔官方销售网站，在网站功能、购物体验方面都可以不断改善，但对比 Internet 庞大的使用人群来说，仅凭单一网站的覆盖面是有限的，而像淘宝店、零售网站合作等形式恰好对海尔电子商务销售网络进行了很好的延展。

近年来，taobao 在线商店的魅力让越来越多的企业转向了网上直销。戴尔、索尼、联想等公司也在 taobao 建设了直营店或旗舰店等。海尔采用的模式与传统此类单一旗舰店方式不同，海尔采用的是加盟店方式。海尔 taobao 加盟店分两种，仅销售海尔产品的特许店和销售其他产品的加盟店，有效解决单一旗舰店相对有限的网络覆盖面、产品展示、导购资源等缺点。

海尔商城最早与零售网站合作是针对海外华人用户，合作的对象是游子礼品网，是为方便海外华人为国内亲人朋友购买产品开办的。近年来又不断发展了品牌家电网等一批销售海尔家电产品的合作网站。有效地使用这些网站使得海尔拥有了其相对固定的用户群体。

除上面三种方式外，海尔商城目前已与网站联盟（CPS）合作，同时计划尽快实施论坛、门户等网站营销。随着这些方式的不断推进，海尔网上直销 B2B/B2C 正逐步成长为

以海尔商城 www.ehaier.com 网站为核心，广泛覆盖 taobao 网、论坛社区、团购网站、地方门户等多种网络分支的模式。

五、海尔集团的信息化发展趋势

（一）投资聚焦

（1）“即需即供”的供应链模式，以“客户为中心”的家电业实践范本，海尔掌握大象起舞的不二法门。该模式的最大特点是高周转、零库存，同时模式壁垒非常高，需要打破供应链内的信息孤岛、全产业链微笑曲线上移。截至 2012 年末，青岛海尔资产周转率约是竞争对手的 2 倍。“即需即供”的顺利实施，短期可以规避运营风险，中期契合了渠道追求效率的发展趋势，契合未来互联网时代渠道虚实融合、消费者个性化需求等发展方向。

（2）“日日顺”渠道体系，打造大件商品的开放式、全网物流平台，掌握 O2O 的核心资源，带领线下零售/售后网点共同转型。依托海尔传统渠道发展起来的日日顺渠道体系具有先发优势、规模优势，定位大件物流配送，依靠合资、股权激励实现规模扩张，目前形成了“干线物流 + 物流配送站 + 海尔专卖店 + 村级联络站”的全国无缝覆盖。

（3）“电商业务 + 智能家电”，海尔电商业务已具备个性化定制能力，U-Home 智能家电从单品销售向智能社区系统服务商蜕变，长远旨在掌握家庭数据入口。海尔电商业务日臻成熟，公司官网、第三方网购平台全面覆盖、定位明确，模块化制造、全网物流、按约送达、送装同步等几大配套措施环环相扣，率先推出预购服务，向个性化规模定制发展。培育多年的 U-Home 智能家电 2013 年下半年加大了零售网点铺设力度，从全套家电供应商进化为智能社区系统服务商，短期目标以为新小区搭建智能社区项目为主，掌握家庭产品、社区服务入口；同时正在实践改造旧小区，意在打开存量市场，激活智能家电零售需求；未来致力于依靠大数据挖掘，实现二次营销。公司的 U-Home 智能家电系统服务业务曙光乍现，在手项目已超 10 个，估计 2013 年收入超 5 亿元。

战略定位清晰为稳定运营提供保障，青岛海尔作为海尔集团运营白电资产和核心资产平台的地位不断得到印证和强化。在管理创新和资本运作的双轮驱动下，青岛海尔的经营业绩改善和资本市场形象重塑效果已经初见成效。业绩方面，收入稳步增长、期间费用率持续降低、高周转推高 ROE 实现行业领先；公司治理方面，关联交易大部分解决，公司治理步入良性阶段，老牌龙头开始焕发新生。

（二）产业环境：渠道效率有待提升，制造端主导地位迁移

1. 运营环境悄然改变，渠道追求效率优先

支持压货模式的运营环境正在发生改变。我们从零售商的角度来理解压货模式，就是拿一笔钱囤货而等到旺季卖掉，每笔收益乘以周转次数减去成本就是利润；如果不考虑经销商的初始规模，经销商对销售家电商品的预期收益率是一致的，渠道费用占比越高的公司，周转率越低。

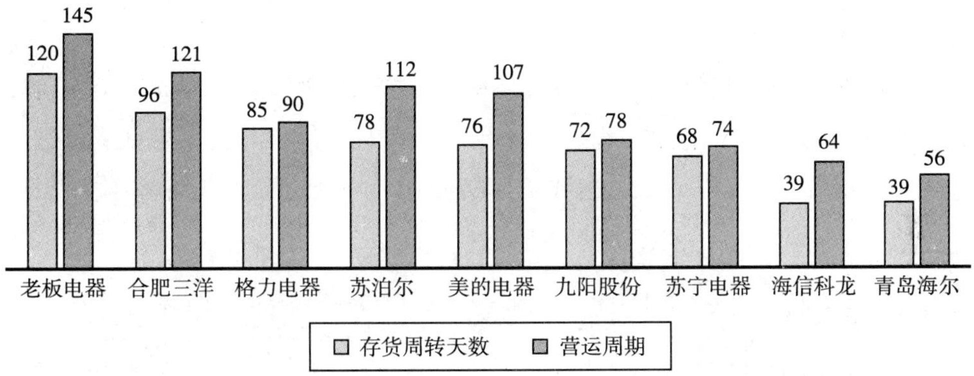

图 3–16　重点家电公司 2012 年存货周转天数、运营周期

资料来源：公司公告，中信证券研究部。

传统模式（大量渠道库存）能够维系下去的两个重要基础（行业持续扩张、渠道价格保护体系）已经发生变化：①行业增速放缓，不断压低渠道囤货积极性；②电商正打破价格保护体系。所以，在行业平稳增长的背景下，渠道对效率的追求会越来越高，电商会打破价格保护体系，让囤货销售的收益空间被压缩，经销商也会倾向于选择“勤进快销”的销售模式。

2. 消费端话语权逐渐壮大，挑战制造端主导地位

家电业传统巨头的形成背后，都暗含着大规模制造减低成本、大规模分销抢占渠道两条主线，依靠制造端优势掌握全产业链定价权，制造端决定需求端的商业模式根深蒂固。互联网消费的兴起对传统商业模式最大的冲击有：①近忧，多种渠道难以取舍，通过专供机来规避正面冲突；②远虑，消费端话语权上升，挑战制造端响应能力。

点评：在行业平稳增长的背景下，渠道对效率的追求会越来越高，电商打破价格保护体系，让囤货销售的收益空间被压缩，经销商会倾向于选择“勤进快销”的销售模式。随着电商业务的进一步渗透，为电商提供专供机型，同时提高传统渠道的效率也只能是

缓兵之策，互联网消费的核心已经是对“制造端驱动消费端模式”的直接挑战。青岛海尔选择了彻底颠覆以产定销的传统模式，打造服务互联网时代的供应链关系。

（三）网络化战略：三大业务抓手实现战略落地

网络化战略阶段，以开放式平台将各项业务推到一个新阶段。自 2012 年起，公司把未来 7 年定义为网络化战略发展阶段，体现为网络化的市场和网络化的企业。

张瑞敏把网络化的企业归纳为三个“无”：企业无边界，即平台型团队，按单聚散；管理无领导，即动态优化的人单自推动；供应链无尺度，即能实现“大规模定制”，按需设计，按需制造，按需配送。可理解为通过管理架构重塑+供应链重塑，完成客户端传递来的服务需求。

针对网络化战略阶段特征，公司以开放平台的方式将各项业务推到一个新阶段。公司后台已经通过数据化、信息化的手段，把原来的各种组织之间的信息壁垒打破，“打破信息孤岛”，实现大平台、大数据，达到从客户端到生产端的即时互动和响应。

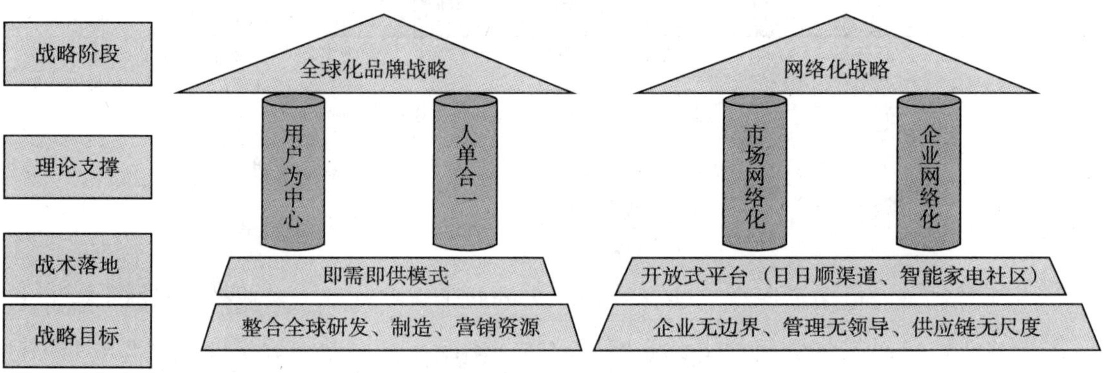

图 3-17　海尔从全球化品牌战略进入网络化战略

资料来源：中信证券研究部整理。

我们把海尔新战略阶段落实到运营层面视为一个庞大的系统工程，并提炼出“三大抓手”进行详细论述：

第一，把“即需即供”模式从库存管理（侧重企业端—渠道端）继续向下延伸到经销商层面，把经销商物流仓储管理纳入海尔体系；理想阶段是工厂直达经销商，甚至消费者手中。

第二，把日日顺体系进一步开放，向非海尔品牌家电开放、向非家电类品牌开放、向电商等新兴销售模式开放，海尔渠道的高效性会不断增强对其他产品的吸引力，新客户的进入也会帮助提升日日顺体系的效率。

第三，实网开放向虚网开放进行探索，依靠智能家电社区、智能渠道终端分享到大数据盛宴。例如，脱离智能家电单品销售模式，推动智能社区开放式平台，由制造商转型咨询服务商。再例如，加快终端渠道转型，尝试把核心区域实体门店打造成用户体验中心，探索家电领域的O2O模式雏形。打造生态圈：线下瞄准O2O转型，智能家电剑指大数据。通过虚实网同步转型，打造高效率渠道；打造U-Home生态圈，背靠大数据向服务商转型。

此时的商业模式是：海尔U-Home全新定位为智能社区的系统服务商，商业模式就是为住宅社区搭建一个智能化、开放式的社区管理平台。盈利模式是：短期依靠项目实施；中期来自零售放量；长期来自平台数据挖掘。

（四）经营信息化发展趋势：经营稳健激励到位，高端定位符合消费升级

1. 变革具体措施落实到基层，第三季度经营将环比回升

2013年下半年还有一系列业务上的创新举措会落实到实处："即需即供"供应链体系、智能家电、售后网点、管理创新；业务方面，空调作为业务短板有望得到提升，2012年开始公司将提升空调定为重点考核项目之一，有望呈现产品升级叠加渠道扩张双轮驱动。

2. 高端化定位符合消费升级趋势

坚持用户需求驱动产品创新，毛利率维持高位；消费升级趋势明显，产品结构优势明显；价格领先有望保持，均价仍有提升空间；国际资源为我所用，定位行业规则标杆。

3. 集团承诺逐步兑现，核心资产平台地位牢固

青岛海尔作为集团核心资产平台的地位不断得到强化，截至2011年底，上市公司占集团收入规模超过50%（管理口径），集团一直在积极推动后续资产整合计划，把握"成熟一个注入一个"方针。自主品牌、兼并收购双管齐下，海外业务收入稳步增长。

4. 配套管理制度，利益一致确保战略推进

股权激励覆盖面广，管理层利益趋于一致。继股权改制计划之后，股权激励计划再次将公司的治理结构、代理人机制推上了一个新的台阶，有利于目标一致，积极稳步地推动公司的整体战略。

六、案例点评

看海尔信息化成功的秘诀，首先是海尔集团把IT作为整个集团业务流程和体系中的

基础之一，没有企业信息化，海尔的业务流程再造和品牌的国际化就不可能实现。在中国家电行业无序竞争加剧的情况下，海尔集团能取得优异的成绩，与海尔率先实施企业信息化工程分不开的。

海尔 1995 年成立了信息中心，专门负责推进企业信息化工作，一直到现在，海尔有专业队伍负责信息化的推进、管理和服务工作。海尔已成功实现了从传统的家电制造企业向现代信息化企业转变。而在总结信息化应用方面，海尔主要有以下几个方面的经验：

（1）企业最高领导的理解以及对信息化工作的重视起到了信息化成败的决定性作用。

（2）信息化应用是为了完成企业的战略目标，是以管理业务需求为中心的，需要结合行业先进的管理理念才能有效地实现。

（3）总体规划与分步实施：信息化是企业不可缺少的，但不是万能的。在实际应用过程中，为了更好地做到预算的投入和有效的产出，要从系统上对一个应用进行跨流程地规划，并以模块化的方式分步实施，按部就班达到预期目标。

（4）基础工作和数据的准确性是系统成败的关键性因素之一。

（5）重视人才培养，重视知识转移，信息化不仅仅是 IT 人员的，更是全员的。

此外，海尔和政府推动信息化的部门之间互动非常融洽也是海尔信息化迈向成功之路的关键要素之一。对此，海尔信息化相关负责人称，国家和地方政府多次召开会议，重点强调企业信息化带动工业化的发展思路，并在各种领域树立标杆，组织国际的、专业的和行业的交流会，介绍了很多行业领先者，通过专家讲座等形式传授了他们的经验和做法。同时，政府为企业信息化提供了很多机会，如 863 课题项目、各种政府贷款和免息项目，并授予了很多的奖励，如信息化成果奖等。在各种申报项目中，政府部门非常重视海尔的重点项目投入，特别是作为全国有突出示范意义的超前项目，国家和省市政府都给予了很多的支持，都能够与海尔进行互动交流。分析这些项目的代表意义，特别是将国家的重点发展方向、行业的重点发展方向都能够及时介绍给海尔，使海尔能够及时调整战略思路和发展重点。

青岛海尔作为集团核心白电资产平台地位得到不断强化，新战略阶段目标明确。公司战略符合行业中长期发展趋势，业务模式壁垒高，可以预见海尔这头大象具备了高效运营、控制风险、稳健转型的能力。以销定产的“即需即供”模式日臻成熟，短期为公司打造了高周转、低风险的运营环境，长期为更深层次的家电消费服务方式变革做好铺垫，也为业务稳健经营创造了条件；日日顺渠道体系尝试做三四级渠道扁平化的先行者，立足于充分发挥大件物流的优势，短期与公司“即需即供”相辅相成发挥高效优势，中长期社会化业务路径明确；公司深刻理解互联网时代的核心能力，物流、数据的建设贯穿两个战略周期，海尔在业内率先做好准备。公司战略具备前瞻性和现实性，率先制定符合网络化时代的公司战略，并通过“即需即供”供应链模式、日日顺渠道体系、虚实网互通（O2O 销售模式、智能家电社区）等具体的业务模式实现顺利落地。“传统的海尔不恪守传统，用颠覆性创新占领全球市场。能够实现颠覆性创新得益于海尔的转型，海尔在发展中一直努力踏准时代的节拍。”这一评价，对于海尔而言，可谓一语中的。

参考文献

[1] 愚公.“走进海尔物流”系列报道之三　信息化成为海尔物流的“助推器”——关于海尔集团实施物流信息化建设的调查［J］. 中国物流与采购，2003（10）.

[2] 小雅. SAP：为海尔量身打造物流管理系统［J］. 中国储运，2003（1）.

[3] 郭瑞杰. 海尔信息化中的边界跨越研究［J］. 财经界（学术版），2011（3）.

[4] 殷祥. 海尔与供应商建立战略伙伴关系研究［D］. 华中科技大学硕士学位论文，2004.

[5] 青岛海尔. 创新模式成就大象起舞，虚实融合助力王者归来［J］. 中信证券，2013（4）.

[6] 海尔集团公司. 以自主经营体为基础的人单合一管理［J］. 企业管理，2012，6（7–9）.

[7] 海尔集团. http：//www.haier.net/cn/，2013.

[8] 于忠珍，金花. 海尔商业模式设计与创新解析［J］. 中国流通经济，2013（7）.

中国企业信息化管理案例

第四节　中国重汽的运营导向信息化

一、公司简介

中国重型汽车集团有限公司（以下简称“中国重汽”）的前身是济南汽车制造厂，始建于1956年，是我国第一辆重型汽车——“黄河”的制造者，也是国内第一家全面引进国外重型汽车整车制造技术和第一个与世界卡车巨头合资的企业，公司始终坚持向社会提供最好的产品和最佳的服务，引领中国重型汽车发展的方向，被誉为最具竞争力和成长性的国际化企业。

中国重汽总部坐落于山东省济南市，是国内主要的重型载重汽车生产基地。公司下辖卡车公司、商用车公司、特种车事业部、动力事业部、客车公司等共30余家专业分厂。其中设在济南总部的技术发展中心是国家级的企业技术中心，是中国重型汽车集团公司的产品开发、科研试验、质量检测、计算机应用、信息数据、产品工艺、生产准备的综合科研基地，主要负责统一中国重汽内的产品开发、产品设计，承担新产品的开发研制、汽车产品试验研究及样车试制、汽车新技术、新材料、新工艺的研究开发、技术测试及测试技术的研究和咨询工作。目前，中国重汽拥有十大系列3000多个车型；已形成年产15万辆整车、20万台发动机和18万辆车桥的生产能力；累计申报专利1090项，其中专利授权940项；建立了101家地区分公司、130家4S店、981家经销改装单位、922家维修服务站，搭建起覆盖全国、分布合理、运行高效的现代化营销服务体系。

中国重汽这几年的飞速发展与信息化建设是密不可分的。作为典型的大型离散制造型企业，中国重汽各级领导一直高度重视企业的信息化建设工作。特别近几年来，在国家信息产业部和科技部及省科技厅、信息产业厅与市科技局、信息产业局的大力支持帮助下，企业信息化建设得到了全面提升，为中国重汽的产品研发、生产组织管理和销售等工作起到了至关重要的作用。中国重汽信息化建设走了一条独具特色的、以自主研发为主结合引入技术为辅的道路。尤其研发设计平台的建立，为企业信息化奠定了坚实的基础。

二、中国重汽信息化基本状况

作为构建企业核心竞争力的一个重要方面，中国重汽高度重视企业信息化建设，特别是近几年，国内外订单的增加，使企业对信息化的依赖程度也越来越高。信息化推进战略实施以来，中国重汽结合自身实际，以结构调整为主线，利用信息技术，积极探索传统产业改造、提升之路，加快工业化与信息化融合进程。如今，信息化已经渗透到财务、销售、采购、生产等越来越多的业务范围和发展循环经济的各个领域，中国重汽以信息化为脉络的科学、准确、高效的生产经营管理模式已初步形成。

随着中国重汽产量与销量的连年递增，随着中国重汽在中国重型汽车市场上突飞猛进的发展，中国重汽的信息化建设近几年内取得了前所未有的成绩。中国重汽完全凭借自己的力量先后开发了销售一线通管理信息系统、服务备件一线通管理信息系统、国际服务备件一线通系统、人力资源管理系统、全面资金预算管理系统、企业资产管理系统等应用系统。中国重汽本着简单开发、快速应用、分步实施、逐渐完善的原则，为企业量身定做了上述信息系统，在企业生产经营活动中起到了重要的作用。

目前，中国重汽拥有上百人的信息化队伍，大部分信息化工作都是由自己的队伍完成，并且水平很高。企业信息化没有捷径可走，必须依靠自身的力量借鉴企业的经验来完成企业信息化工作。这既是企业几年来吸取的一个教训，同时又是公司领导在看清并分析公司形势和现状下形成的一个共识，是大势所趋。

“自己动手”起源于中国重汽最初考虑实施 ERP 系统的时候。2004 年以前，重汽集团的主要思路是想交给社会上的软件公司来做，以期达到引入新的管理思想，提高集团公司的整体管理水平。但是经过多年的时间，特别是前几年与国内两家大型软件开发公司的合作失败，证明对于一个成立了几十年的大型国有企业，这条路是走不通的。外来的“和尚”短期内很难了解企业全部，企业又不能从头来过，自然其“经”就无法“念”，痛定思痛，集团公司决定从 2004 年走自行开发的道路。走自行开发的道路必须借鉴其他企业特别是同行业已有的信息化建设经验。重汽集团了解到国内汽车行业特别是重卡业，信息化建设完全成功的单位微乎其微，大多数企业是花大资金引进国外的 ERP 系统（如 SAP、ORACLE、SSA 等），投入的较多，而效果不明显。许多企业先期能勉强运行，后来随着时间的推移、企业组织的变更等原因，ERP 系统就成了鸡肋而慢慢瘫痪下来。重卡行业有自己的特点，产品类型为多品种小批量，按制造工艺划分，属于典型的离散型生产企业。国内重卡行业起步较晚，企业综合基础差，完全照搬国外的 ERP 是不切实际的，仅仅想依靠 ERP 来提高企业管理水平是不现实的。反过来，只有在不断提高基础管理水平的同时，加强信息化建设工作，一步一个脚印地做好工作，企业信息化建设才能取得成功。

目前，在组织结构上，中国重汽技术发展部是中国重汽的信息化管理部门，负责中国重汽信息化规划的编写和信息制度的制定等工作。

在基础网络建设方面，以集团公司为中心构筑城域网。城域网已颇具规模，当前接入城域网的分别有章丘生产区、党家庄生产区、特种车公司、销售公司、无影山办公区、技术中心等。另外，通过专线接入公司城域网的还有杭发公司和济宁商用车公司，并且公司城域网还将随着公司的不断发展而进一步扩展。网络出口方面，公司为提高网络出口的安全性、可靠性及速度，采用了双 ISP 接入、双链路负载均衡及 SSLVPN 与防火墙应用分离的网络出口方案。

在应用系统建设方面，立足自主开发，在中国重汽现有业务的基础上归纳总结、学习改造，以某些点作为突破口，采用以点带面的形式分步实施，建立了相对比较完善的制造业信息化系统。目前，在制造业信息化涉及的各个领域，中国重汽都有已在应用或正在开发实施的相应应用系统支持。在各自领域，这些系统都取得了良好的效果。

中国重汽 ERP 信息网是中国重汽技术发展部建立的用于对企业信息化建设进行宣传、探讨与学习的窗口，也是企业信息系统的门户，同时也是大家交流与学习信息技术相关知识的平台。中国重汽的 ERP 项目通过引进国际上先进的管理平台，并充分结合重卡行业的实际情况，对采购、库存、财务、成本、生产、质量、销售和设备管理等生产经营核心环节的管理流程进行了梳理、优化和变革。

在中国重汽，从接收订单、确认定金、安排生产、零部件配送、车辆组装、送车、回款、交车，到后续的售后服务、维修、配件供应，全部都要经过信息化网络，都是“跑”在信息化的平台上。这是由重汽自主开发的覆盖全公司的信息化管理系统——“一线通”。所谓一线通管理系统，实际是涵盖产品客户订单、生产装配、部件供应、送车、销售、回款、交车、使用、服务、维修、配件供应一条龙的信息化管理，可以规范、监控、记录每一辆产品的生产、销售、服务、维修、运行状况、所处方位等有效信息。中国重汽生产的每一辆车，从驶下生产线到交付到用户手中以及使用情况，都可以从计算机中查到。

总的来说，一线通管理系统能够大幅度提高企业的管理水平，也使得企业的成本大大降低。据测算，“一线通”的应用，使装配线的配件供应可提前到 20 分钟（国际上先进生产厂家时间为提前 15 分钟），交货时间由 20 天缩短为 7 天；仅每年降低的售后服务和配件管理及预投件的流动资金费用就达 20 亿元。自从开发了这套管理系统，从接受订单到交付用户整个过程，中国重汽现在都是“跑”在信息化的平台上，所以这套管理系统被称为重汽的“芯片”。

基于“一线通”的思想，中国重汽首先建立了以客户为中心的订单生产模式，提高了承接个性化订单和实现大规模定制生产的能力，达成产销配合。其次，改变了生产指挥模式，从“一线通”系统接收订单、计划下达到生产和送车，按照扁平化的模式，建立了贯穿全过程的一体化生产指挥系统。最后，实现了全过程质量管理，实现了数字化的在线过程质量控制和管理，构建了高效的质量判定系统。

三、中国重汽信息化应用系统

结合制造业信息系统包含的内容和中国重汽的实际情况，对中国重汽现有信息化应用系统做一个简单的介绍。

（一）PDM（产品数据管理）系统

在 PDM 领域，结合 CAD 制图软件，中国重汽自主开发了产品图库管理系统，产品文档管理系统，明细表系统，工艺路线管理系统，工艺信息化管理系统，技术、质量现场信息反馈管理系统等，这些系统已经在全集团范围内得到广泛的应用。

1. 工艺路线管理系统

对产品的工艺路线进行控制。功能包括处理、修改、基本查询、细化查询、KC 表查询、KC 表维护、数据库导入等，如图 3-18 所示。

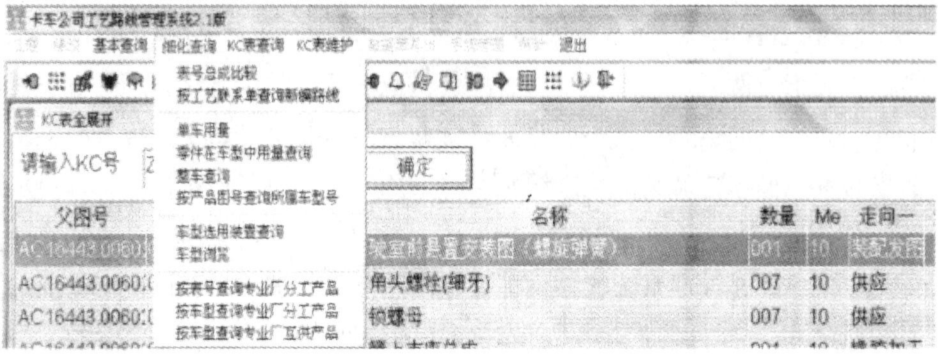

图 3-18　工艺路线管理系统

2. 工艺信息化管理系统

对卡车的驾驶室、底盘、内饰等工艺进行编制管理。功能包括数据维护、整车工艺、工艺管理、工艺编制、工艺查询、路线查询、KC 表查询等，如图 3-19 所示。

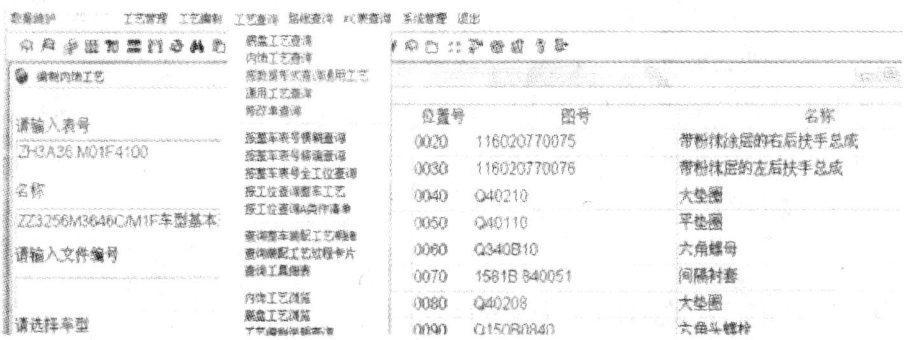

图 3-19　工艺信息化管理系统

（二）MES（制造执行管理系统）

在 MES 领域，从管理规范、技术实力强的卡车公司入手，组织开发实施，现在已推广到商用车公司、特种车公司和济宁商用车公司。下面分别介绍一下由公司自主开发的一系列与生产相关的应用系统。

（1）生产管理系统。生产管理系统是对公司整车生产全过程的控制管理，从接到客户订单开始，便对订单进行维护，根据技术 BOM，按照订单配置要求进行配置确认，由计算机自动生成制造 BOM，进行粗能力平衡，制定预排产计划，生成毛需求，与库存资源比对，生成净需求，形成要货指令；通过 MRP 资源验证，确定正式排产计划，形成上线配送计划；确定车架底盘号，采集车身上线、整车上线、驾驶室下线、整车下线、整车检验、整车入库的时间及相关信息，并对数据进行统计分析，实现产品的数字化管理。在生产管理系统中，还对工艺路线、PPM、整车价格、订单以及卡车零部件进行了管理。另外，操作用户根据权限的不同，对不同的模块进行操作，实现了既相互独立又相互合作的功能。

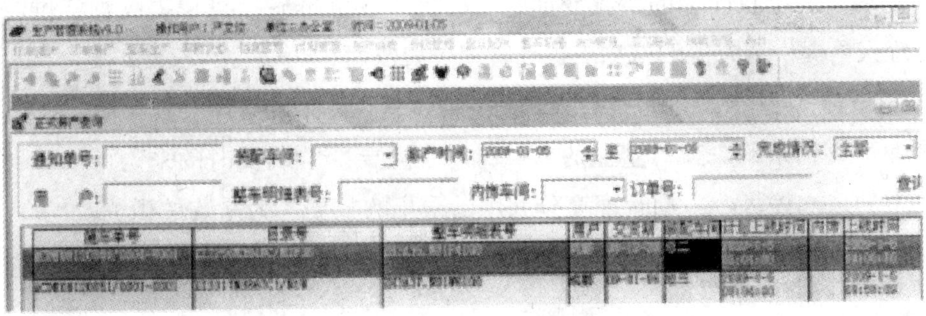

图 3–20　生产管理系统

（2）安全生产信息管理系统。安全生产信息管理系统提高了安全及生产信息的透明度，做到信息共享，便于各级管理人员改善安全生产环境，有的放矢地加强安全生产管理。

（3）成本核算系统。中国重汽将车架、车身及总装、营销、财务分别编制成本核算系统。

（4）PPM 管理程序系统。该系统为质量评价提供了有效的工具。

（5）车架总成生产管理系统。按照车架生产流程，从订单开始经过铆接、电泳到仓储管理以及加工过程的质量、货位的管理全部纳入计算机中进行。

（6）车辆及物资出门管理系统。该系统对全部出入车辆、人员及物资进行管理，该系统包括物资出厂登记、物资出厂证审核、物资出厂证扫码检查、员工身份认证、管理查询和单据的输出打印等功能。该系统实施后，提高了相关部门对进出门车辆、人员及物资的管理水平。

（三）SCM（供应链管理）系统

在 SCM 领域，公司自主开发了物资管理系统、库存管理系统等，系统从卡车公司开始实施，现在已经推广应用到商用车公司、特种车公司和济宁商用车公司。

其中，物资管理系统通过采购管理、计划管理、仓储管理、质量管理、配件管理、车间作业管理、财务核算几个模块结合来解决物资供需之间存在的时间、空间、数量、品种等方面的矛盾，衔接好生产中的各个环节，确保生产的顺利进行。该系统的业务处理特点是实现以物资计划为基础、以物资收发存为中心、以财务核算为核心而进行的物资管理过程。该系统是针对整个集团的物资供应、统一采购、总库管理以及针对下级企业的物资管理及库存管理进行研发的。该系统可使整个物资管理系统以计划和控制为主线，充分体现物流、资金流、信息流、控制流有机集成的管理思想，使得集团物资管理现代化，能动态地反映库存的增减变动，及时提供物资准确信息，提高物资供应效率，为物资管理人员提供全方位的信息支持和管理决策依据。

（1）采购管理。主要功能包括合同管理、要货管理、采购查询等（见图 3-21）。对于制造型企业而言，采购决策对企业的收益越来越重要。准确及时的采购可以节省开支，取得市场上的采购优势。采购管理充分利用已采集的数据，为采购的预测及生产决策提供强有力的支持。

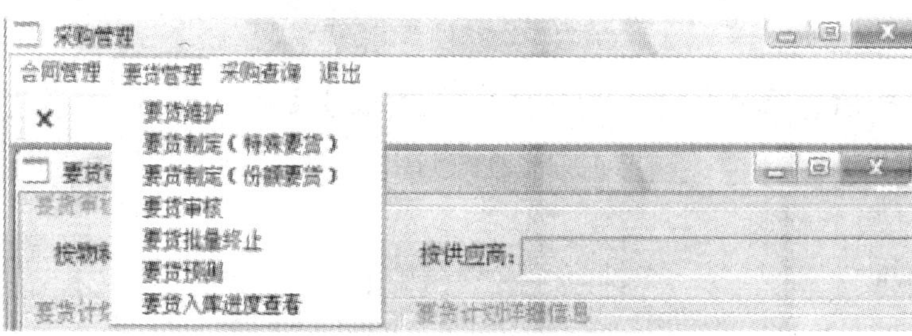

图 3-21 采购管理

（2）计划管理。主要功能包括计划制定、计划控制、使用状态确认、发交仓库确认、计划查询、投入产出等，如图 3-22 所示。

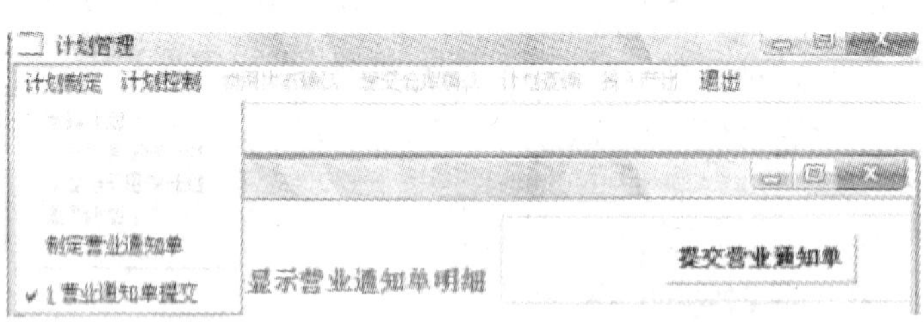

图 3-22 计划管理

（3）仓储管理。主要功能包括入库管理、出库管理、仓库查询、盘存管理、单据打印、仓库维护等，如图 3-23 所示。

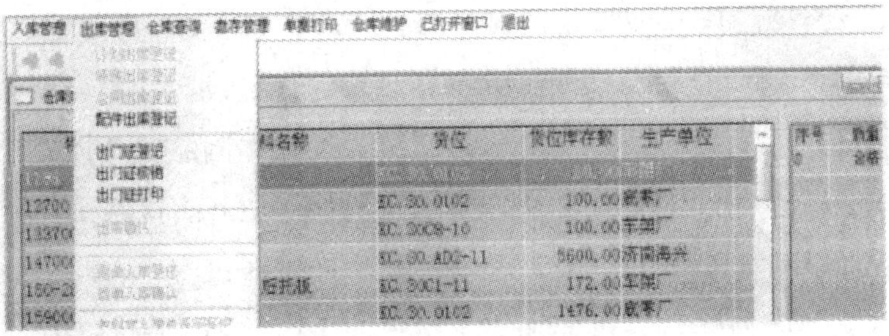

图 3-23　仓储管理

（4）质量管理。主要功能包括质量检验、质量停用、质量启用、质量特性、质量查询、使用状态等（见图 3-24）。整车质量档案管理系统是通过条码技术维护整车质量档案的系统，为售后服务提供了有力的支持。

图 3-24　质量管理

（5）配件管理。功能包括基础信息维护、订单控制、财务管理、综合查询等（见图 3-25）。通过配件销售一线通，使得重型卡车的配件一改过去的销售模式，令销售和服务更加快捷化、亲人化。该系统的突出特点是销售模式和服务模式的根本性改变，使得各服务站可以通过自己的需求进行配件的订购，完全改变了以前的销售服务模式，大大提高了服务和销售效率，并且缩短了配件供应时间，使服务站可以在最短的时间内得到需要的配件。同时，使企业真正感受到降低经营成本、提高流通效益、增强企业核心竞争力的好处。

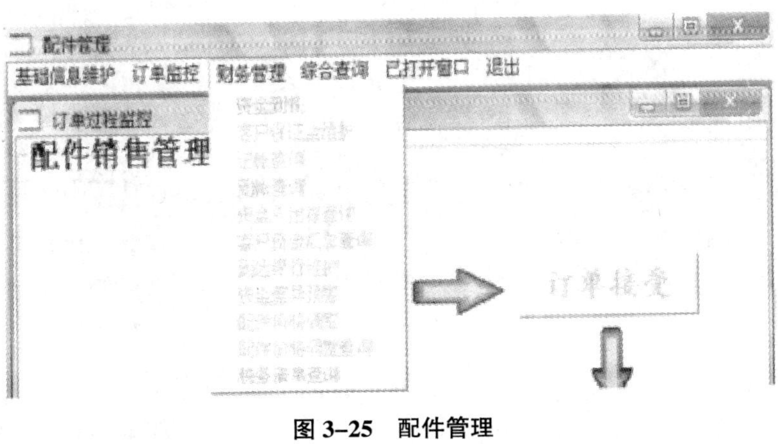

图 3-25　配件管理

（6）车间作业管理。从整个车间管理控制的角度出发，以物料、加工中心、工艺路线及制造工序等各种信息数据为基础，对业务信息进行集成和优化处理，在降低在制品库存、加强计划的执行力度、及时反映异常情况、加强在制品管理以及精细控制车间作业成本方面，满足了企业车间管理的业务需求（见图 3–26）。该系统在优化车间作业活动的基础上，便于管理人员有效、及时管理车间生产制造过程，在生产计划和车间作业计划之间建立其高效的协作。通过详细安排工序的生产计划，跟踪工序生产过程，以控制工序进度与在制品库存状态，强化对人员设备的继续考核，帮助企业降低生产成本并提高产品质量，最终实现提高企业经济效益的目的。

图 3–26 车间作业管理

（7）财务核算。功能包括价格维护、单据确认、结算处理、盘库处理、财务查询、驾驶室总成发交财务核算、成本核算等（见图 3–27）。财务管理的最高层次是业务和财务的完美结合。中国重汽结合实际，通过不断地探索，开发了财务与业务一体化的物资管理系统，逐步实现了生产经营全过程的信息流、物流、资金流的集成和数据共享，保障企业结算、对账、监控等财务管理工作规范化、高效化。初步建立起了产、购、销、存一体化的内部财务信息系统，实现了“所有原始凭证一次录入，所有的业务核算及登记全部由计算机来完成”，将车间、仓库、生产、供应、财务各系统紧密地联系在一起，做到了“信息集成、过程集成、功能集成”，实现了财务系统与销售、供应、生产等系统的数据共享，管理统一。

图 3–27 财务核算系统

（8）综合查询。实现的主要功能为基本信息、采购信息、计划信息、仓储信息、质量信息、配件信息、财务信息、综合报表等，如图 3–28 所示。

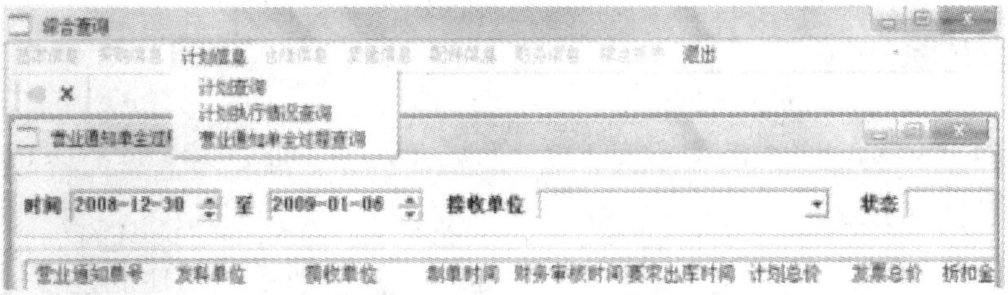

图 3-28　综合查询

（四）营销部整车库存管理系统

整车库存管理系统是对整个卡车公司整车进、销、存进行管理，包括汽车入库、车位管理、转库管理、汽车出库、盘库管理、可控管理及待处理库管理等功能模块，如图 3-29 所示。

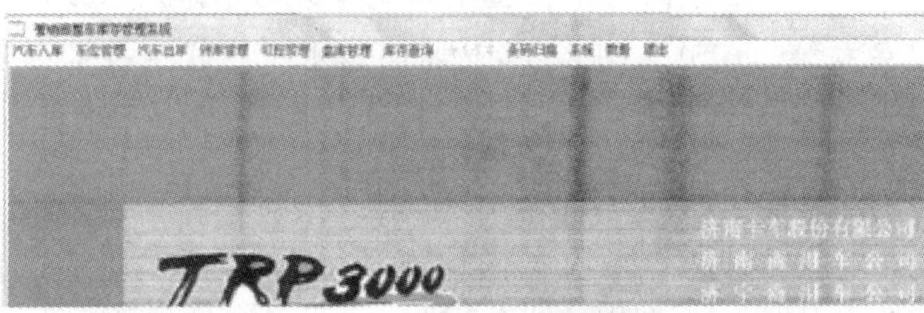

图 3-29　整车库存管理系统

整车装配时，把具有信息存储功能的智能标签粘贴在整车的某个部位上，这个标签就像车辆的身份证，记录了车辆的基本信息。在车辆的销售环节，分布在全国各地的分公司、4S 店、经销商和改装厂则使用自主开发的“物流管理手持机”来完成发车、接车、盘库、交付业务等操作。使用手持机扫描车辆上的智能标签，车辆所在的经纬度信息、时间信息、经销商信息、车辆信息等，通过移动通信的方式直接传输到集团管理中心，无须计算机和互联网的支持，操作简单，方便使用。系统实现了对各分公司和经销商的库存管理。后方管理中心以电子地图的方式直观查询，及时、准确地对车辆进行监控。

这种新的仓库管理模式，使整车仓库的管理达到合理、流畅、紧密结合的效果，减少库存积压，提供库存准确信息，提高了商品车管理效率。从物流与信息流的角度，对传统的管理模式进行了改革，利用汽车流动性强的特点来降低成本，提高质量，从而带动企业各方面的进步和发展。

（五）ERP 系统

在核心 ERP 领域，中国重汽围绕财务、物流、人力资源开发了大量实用的 ERP 应用系统，取得了极大的效果。

（1）自主开发“销售一线通”（国内、国际）销售管理系统，功能包括订单管理、排产管理、发货管理、发运管理、回款管理、库存管理等，目前系统已经在各销售公司及销售出口部门得到广泛应用。

（2）自主开发“备件服务一线通”（国内、国际）售后服务管理系统，功能包括车辆故障保修、维修处理、用户回访、费用结算、备件调拨、备件库存等，目前，系统已经在全世界三包服务地区得到广泛应用。

（3）联合天汇智能研究所开发“中国重汽车辆销售物流信息管理系统”和“中国重汽送车监控系统”，以中国重汽的销售整车物流业务为基础，将全球卫星定位系统（GPS）、地理信息系统（GIS）、GPRS 移动通信技术、互联网技术和智能标签技术（RFRD）、车载专用设备、计算机技术、数据库技术、电子地图技术融合为一体，使整个系统达到了国内先进水平。目前，系统在全集团范围内得到良好应用。

（4）在整个集团范围内整合财务软件，统一使用“用友财务软件”。

（5）自主开发“中国重汽全面预算管理系统”，通过对全面预算中各类预算和实际发生情况的信息化管理，实现对全面预算的标准化、科学化管理，并对各类预算和实际进行有效对比。

（6）自主开发了“中国重汽人力资源管理系统”，功能包含人员管理、专业人才管理、劳务工管理、合同管理、培训及培训计划管理、绩效考核管理、综合统计及图表等。

（7）自主开发“中国重汽改装厂企业资源管理系统”，把公司的信息化成果往下游企业延伸。

（六）商务平台

中国重汽商务平台是公司向配套供应商提出要货信息、向 4S 店网上销售配件的综合 B2B 网上交易系统，是一个面向全国配套商和 4S 店的配件交易和信息交流平台。网站由要货系统和配件销售系统构成。商务平台将传统的要货方式和配件销售流程电子化、数字化，一方面以电子流代替了实物流，可以大量减少人力、物力，降低了成本；另一方面突破了时间和空间的限制，使得交易活动可以在任何时间、任何地点进行，从而大大提高了效率。

四、中国重汽研发设计的信息化

（一）建立起离散集团企业产品数据协同设计管理模式

通过网络拓展做基础以及协同体制、协同标准、协同设计系统的不断完善，中国重汽已经真正建立起集团级产品数据协同设计管理模式。

1. 网络环境

济南地区总部与所属部室及专业厂的城域网建设以及异地专线的开通，为集团技术中心与所属专业厂进行协同设计与管理提供了网络平台。

2. 产品数据协同设计体制的建立

作为一个大型的制造企业来说，建立一套适合自己集团的产品数据协同设计的体制是非常重要的。在制造业协同设计中有一些特点，如计划的一贯性和可行性，数据的统一和共享性，灵活的决策应变性，高度的模拟预测性，物流、资金流、信息流的统一等。这些特点表明，协同设计是一个完整的经营生产管理体系，是实现制造业整体效益、提升企业全面竞争力的有效管理模式。要成功建立一套协同设计的体制，三分靠技术，七分靠管理，十二分靠数据。协同设计只有在数据准确、完整、及时的情况下，才能发挥作用，否则只能带来错误的结果。因此，建立产品数据协同设计体制的工作就极为重要，根据一般大型制造企业的经验，中国重汽建立了自己的产品设计与管理的核心系统明细表管理系统，它采用了：

（1）中央控制式的二级产品研发体系。新产品设计主要由一个统一的部门，即集团技术中心来负责设计；变型车设计以及零部件设计，由二级公司专业厂和供应商负责。目前，整个集团的明细表设计、技术中心与各二级公司采用同一套系统，在统一的平台下协同开发，包括商用车公司、特种车事业部和异地的杭研中心等，数据集中存放在技术中心，物料编码、供应商、材料、标准件等统一管理，数据即时共享，设计可方便借用。这种统一管理的机制，有效地保证了产品数据的一致性和权威性。

（2）按需所取的数据分发与共享机制。根据不同的用户定义不同的数据权限及子集，并及时发布。集团公司各部门可即时访问技术中心服务器数据获取权限内的数据。目前，中国重汽产品数据任何的变更，包括试制信息都会通过研发信息化平台及时地传达到各专业生产、供应、销售、财务、质量、售后服务等部门，极大地提高了企业的运作效率。

3. 定制了产品数据协同设计的企业标准

信息化可以说是一切管理的标准化、数字化。为了保证产品数据的一致性和可识别性，以及为了保证产品数据的通用性及对生产的辅助性，我们定制了一系列的产品协同设计的企业标准以及一些流程的规范化，如编制、审核、批准流程控制及权限控制等。之所以定制这些企业标准，考虑到产品数据的协同设计主要是由计算机来协助完成，标准化的数据和流程计算机更容易控制，更能体现出计算机辅助设计的优势。这些标准的制定有效地解决了数据共享中的重用性，优化了产品协同设计的流程。这些企业标准主要包括技术管理标准、技术基础标准、产品标准、方法标准、材料标准、工艺标准和发动机相关标准七类。目前，整个集团严格按标准去进行产品的协同设计和管理，当然这些标准的制定统一由集团技术中心完成。

4. 产品数据协同设计系统的开发

随着集团公司的迅速发展，产量成倍增加，产品研发速度加快，企业需要建立快速反映的从产品研发到生产的运行机制和模式。以期把产品的设计信息包括 CAD 设计、BOM 设计、工艺路线、更改信息、试制信息、生产准备等信息及时的上传下达；物流信息与售后服务信息与产品数据管理系统很好地衔接，以保证生产经营活动的顺利开展。为此中国重汽自主研发了一套基于 B/S 架构的中国重汽数字化设计制造集成平台，解决了上述问题。平台主要集成了中国重汽自主研发的 PDM 系统，包括明细表、工艺路线、试制计划、生产准备、网络备件和车辆产品注册信息管理等子系统。该平台的建设采用了统一的大型关系型数据库（ORACLE 10g），统一的开发平台（J2EE 平台，使用 Spring+Struts+Hibernate 框架），统一的中间件（IBM 公司的 Web Sphere）。所有系统采用统一的单点登录、统一的业务组件、性能监控组件、数据组件、工作流组件、安全组件，集成系统可根据用户的要求灵活配置，以应对不断变化的业务需求，最大限度地实现企业研发信息的共享。

（二）CAD 协同设计环境的建立

目前，中国重汽产品设计全面采用了三维 CAD，车身设计采用 CATIA，零部件设计和整车装配采用 PRO/E，初步建立了自顶向下（TOP-DOWN）的设计模式，制定了统一的产品开发工作流程，建立了集团济南技术中心和杭州研发分中心的异地协同设计平台，采用业界第一套光纤存储设备，利用主副站点实现异地同步复制技术及自动备份机制。目前，集团技术中心已完成 HOWO 系列、斯太尔王系列、黄河产品系列、WD615 发动机系列、D12 发动机系列、DE 产品系列、A7 产品系列 30776 个三维零部件的设计工作。由于全面采用三维设计、进行虚拟装配和有限元分析，所以新产品设计效率大为提高，出错率大大降低，产品干涉现象减少，新车型的开发周期从3~5年缩减到1~2年。三维CAD设计之所以在重汽应用的如此广泛并取得明显的效果，以下基础工作是行之有效的：

（1）提升改进三维设计软硬件基础设施，购买性能较高的服务器、磁盘阵列、光纤存储、图形工作站等设备来保证三维设计工作的顺利开展。

（2）加强设计人员利用三维设计软件的技能培训，辅之以管理手段进行推广。

（3）企业标准的制定。

（4）设计基础环境建立。主要包括：三维环境下的初始化，系统配置文件、零件模板、FORMAT、标准件的统一建立，PDM环境下的功能定制。这些工作看似简单，却是实施三维CAD设计的关键环节。

（5）知识库的建立。利用已开发的车型中的通用件，为后续车型的开发提供基础。

（6）开发流程的确定（以INTRLINK为例）。

（7）产品管理结构的确定。

（8）与BOM数据的集成。通过对CAD软件的二次开发，与明细表数据比对，保证图纸数据与设计BOM数据的一致性。

五、中国重汽信息化建设的转折点

由中国重汽桥箱公司历时两年独立研发的中国重汽精益制造执行系统（JMES），日前正式开通。

精益制造执行系统（JMES）是按照中国重汽生产组织方式的要求，通过集成ERP企业级业务管理和MES生产执行层控制而建立的支持精益生产的新型信息管理系统。JMES系统的成功运行是中国重汽信息化管理的一个重要转折点，是桥箱公司对传统ERP业务流程进行彻底改造、建立领导层与执行层无缝链接的管理创新的“革命性变化”。

“信息化建设必须跟得上企业快速发展的步伐。在桥箱公司从精益生产走向精益管理的过程中，必须做好过程控制，确保从投入到产出涉及的各种过程规划得当，消除一切浪费。因此，打造过程控制型的精益信息系统是精益管理的必由之路。”2010年初，桥箱公司总经理邹忠厚曾对信息化建设提出了这样的要求。

JMES实际上是一种管理实践。桥箱公司原来使用的ERP系统看起来面面俱到、功能繁多，但自身没有过程控制的能力，从管理实际看，对改善管理收效甚微。纵观国内外，没有一款ERP系统适合生产需求。为此，桥箱公司对JMES系统进行了二次开发。

二次开发后的 JMES 秉承先进的管理理念，更强调建立自动化运行机制，最大程度地减少人工干预，实现了 ERP 与 MES 的高度集成，达到了同行业信息化建设领先水平。

目前，JMES 系统有 150 多个用户点，广泛分布在各生产线、产成品仓库、各供应商和三方物流等，“直通”系统分布各站点，信息传递几乎达到“零时差”。JMES 不再是传统意义的管理工具，它已成为业务基础管理的支撑平台，成为基础管理的主力。以前，每批桥总成入库或发交，都是依靠人工点数，三遍两遍弄不准，尤其是月底盘点要花费大量的人力和时间。现在这个系统充分支持产品条码化管理，尤其是又增加了条码盘点功能，盘点时通过条码采集，自动生成盘点报表，准确率达 100%。

JMES 整个系统以生产组织过程为主线展开，从作业计划执行过程、各级物料需求驱动、外部物流配送支持、内部产品形态转换与交接，到各级存货状态、外协组织、配件组织、成品管控，直至自动化结算处理，JMES 系统都顺畅支持运行，体现了生产组织的现场过程。一年来，JMES 系统运行平稳、操作便捷、数据准确及时，提高了各相关部门的工作效率，受到了用户的广泛认同。JMES 系统的建立与应用，一举解决了长期管理实践中难以解决的若干问题，尤其是在原材料成本控制方面为公司节约了大量资金，加快了资金周转，成效极其突出。

六、案例点评

中国重汽的企业信息化经验，对于我国探索以“新型工业化”为特点的企业信息化道路，对于提高企业整体竞争力，具有普遍借鉴价值。具体来说，中国重汽的信息化建设给我们带来的启示主要有以下几点：

（1）对于集团化制造企业，信息化必须进行总体规划，按需分步实施，重点单位试点建设，成功后再全集团推广。

（2）以研发信息化为龙头，建立企业产品数据的标准化。

（3）坚持自主创新，结合成熟技术量身定制。

（4）保护已有投资，实现利益最大化。

（5）信息化必须符合企业的运营模式和策略。

（6）必须有灵活的信息化体系构架，以应对业务流程的瞬息万变。

此外，对于进一步提高中国重汽集团的信息化水平，我们提出如下对策建议：

（1）正确理解信息化的意义与自身的信息化现状。信息化工作是一项长期的工程，需要持续地开展下去，并且活动学习提高。实施有效信息化的前提建立在信息化准确与合适的理解之上，在当前的环境下，企业应该认识到企业信息化并不仅仅是一项企业可有可无的活动与一次性的项目，而应将之置于企业健康发展的战略高度，是企业赢得消费者也是企业竞争优势的关键；并且在信息化的实施过程中，企业应该对信息化的本质与细节做出很好的理解，应该对实施过程的关键环节做出考察。

（2）更加重视人的作用。从本质上讲，信息化的本质便是人的信息化，或者说是企业经营系统中各参与主体的信息化，这种信息化系统的现实意义取决于相关信息的意识、接收、理解、传递与使用，并且信息化的所有投入与建设应以服务并提升参与主体的信息能力为目标。但在信息化实施过程中，对参与主体的核心意义在很多实践中往往被忽视（虽然在理论上往往未必如此），因此在这里，我们有必要重新提出并突出对信息化中对主体作用与意义的关注。

（3）致力于培养适合信息化的文化环境。从外表上看，信息化虽然具有技术的特征，但本质地讲，企业的信息化事实上表现为一种文化，并受企业整体文化系统的影响。一个有利于促进企业信息化的组织文化应该具有这样的特点，即企业应该具有敏锐的市场洞察力并愿意为理解消费者需求而努力，企业组织应该具有柔性与开放姿态。文化是一种长期、潜在的结构性存在，需要企业做出长期的承诺与努力，只有真正在文化上实现对信息化的支持，信息化才变得更具有持续性与更好的绩效，并且在文化的建设中，需要所有组织成员的自觉与积极行为。

（4）合适的组织与工作流程设计。在企业内部，信息化的内部利益相关者在外表上往往分属于不同的组织，并在企业运作流程的不同环节发挥作用。从最一般的意义上看，合适的信息化过程需要不同主体对其贡献想法，这类想法既包括信息化最初启动性质的构思（比如怎么确定合适的需求），也包含信息化过程对问题结果所给出的洞见（比如信息化带来了怎样的效果与不足），而这些主体的参与贡献往往会受到企业组织与工作流程的影响：合适的流程与组织设计将更好地鼓励这类贡献，反之将起到抑制作用。在企业层面，企业应该时刻留意组织与流程设计与运作，发现存在的问题并做出适时的调整，以更加具有适应性的方式推动信息化在概念与现实中的实现。

（5）合理规定企业内不同主体在信息化过程中的作用。在信息化过程中，不同主体既应该主动表现其贡献，同时还应该对其可能的贡献边界做出规定。在信息化过程中，企业的不同主体显然具有不同的优势，相应角色也需要做出必要的规定。对高层领导而言，其更多的职能应该是营造一种信息化的技术实施、疑难解决与创造性解答，对其他主体也应该做出相应的规定，从而实现不同主体在各自利益与权限范围内良好的合作与互动。

（6）人才建设与发展。在信息化的人力资源建设方面，公司当前仍然存在一定问题，因此公司应该进一步理解人才建设与考核的意义，改变陈旧的总结与奖惩性人力资源评价，应从发展与成长的角度看待自身的员工，将之视为信息化过程中最具能动性的要素。相应地，在日常管理过程中，企业应该加强对具有不同资质能力员工的理解与培养。

（7）合理地利用企业的有限资源。在一定意义上讲，企业可以被视为一定资源的集合体，并且这种资源对于每一个企业来说都是有限的，这一点对重汽集团也是如此。在进行信息化建设时，资源有限对于信息化建设也不例外。在实际信息化建设过程中，企业能够投入并使用的资源不可能没有限制，因此企业必须认真考虑资源的有效利用问题。在这方面，一个突出的表现就是，企业信息化建设不能盲目追求新技术，应根据自身情况采用连续滚动开发方式，认真分析自身需求，选择合适并有效的信息化建设路线。

（8）加强组织间合作。企业运行在一定的经济系统中，因此企业在实施信息化建设时要注意加强与外部不同种类利益相关者的合作，而此处的利益相关者包括同行业的竞争者，与企业处在上下游关系的服务者，各类大专院校、科研院所，信息化的软件提供商、系统集成商、管理咨询公司、工程监督机构，还包括政府与其他公共性质的组织结构，甚至其他各类社会群体，力争从中获得相应的反馈、建议、服务与指导，从而在系统意义上推动自身信息化建设工作。

参考文献

[1] 朱玉军. 中国重汽集团信息化问题研究 [D]. 山东大学硕士学位论文，2009.

[2] 中国重汽集团官方网站，http：//www.cnhtc.com.cn/ .

[3] 中华人民共和国工业和信息化部，http：//www.miit.gov.cn/n11293472/n11293877/n11301602/n12222003/12232207.html.

[4] 豆丁网，http：//www.docin.com/p-401448726.html.

第五节　中国石化的成本导向信息化

一、公司基本情况介绍

中国石油化工集团公司（Sinopec Group，以下简称“中石化集团”或“中石化”）是1998年7月国家在原中国石油化工总公司基础上重组成立的特大型石油石化企业集团，是国家独资设立的国有公司，国家授权投资的机构和国家控股公司，中国石化集团公司注册资本1306亿元，总经理为法定代表人，总部设在北京。

中石化集团公司对其全资企业、控股企业、参股企业的有关国有资产行使资产受益、重大决策和选择管理者等出资人的权力，对国有资产依法进行经营、管理和监督，并相应承担保值增值责任。中国石化集团公司控股的中国石油化工股份有限公司先后于2000年10月和2001年8月在境外境内发行H股和A股，并分别在香港、纽约、伦敦和上海上市。目前，中国石化股份公司总股本867亿股，中国石化集团公司持股占75.84%，外资股占 19.35%，境内公众股占 4.81%。

中石化集团公司主营业务范围包括：实业投资及投资管理；石油、天然气的勘探、开采、储运（含管道运输）、销售和综合利用；石油炼制；汽油、煤油、柴油的批发；石油化工及其他化工产品的生产、销售、储存、运输；石油石化工程的勘探设计、施工、建筑安装；石油石化设备检修维修；机电设备制造；技术及信息、替代能源产品的研究、开发、应用、咨询服务；自营和代理各类商品和技术的进出口（国家限定公司经营或禁止进出口的商品和技术除外）。

中石化坚持不懈地推进健康、安全、环境一体化管理，把保护职工生命、关爱职工健康与确保企业安全，加强环境保护有机统一起来。通过实施《安全生产禁令》和扎实开展"我要安全"主题活动，加大隐患排查力度，安全生产工作取得成效；强化生产—消费全过程清洁管理，生产清洁产品，积极推进油品质量升级，大力发展循环经济，加强生态恢复，努力建设环境友好型企业；积极应对气候变化，发展低碳经济，推进节能减排，采用多种途径降低二氧化碳排放，整体能耗物耗水平逐年降低。公司万元产值综合能耗从 2005 年的 0.91 吨标准煤下降到 2009 年的 0.77 吨标准煤，累计降低 15.38%，相当于节约 1327 万吨标准煤，提前一年完成"十一五"节能目标，促进了企业与环境的可持续发展。

二、国内外石化企业信息化现状分析

近几年来，随着国际石油石化行业的竞争日益激烈，对资源和规模经济效益的追求促使了全球范围内大型石油石化公司的一系列兼并重组，在行业中逐步形成了寡头垄断的格局。中国加入 WTO 后，跨国石油公司通过各种方式进入国内市场，国内石油石化行业面临着全新的竞争格局；由于长期的计划经济和封闭的市场环境，造成了石油行业的管理粗放、经营成本高、市场信息反应迟缓、内部业务流程不合理等一系列不利因素。在上游领域，国内主力油田已经进入开发的后期，生产难度不断加大。如何发现新探明储量、稳定产量、降低生产成本成为这些油田共同面对的挑战。

（一）国外石化企业的信息化现状分析

最新动态表明，国际各大石油公司（比如 BP-Amoco）今后将会改变投资方向，加大勘探开发投资的力度。而最近几年的经验说明，信息技术的深入应用是国际大石油公司提高勘探开发能力、规避勘探开发风险的核心手段。对于迅速发展的中国而言，能源资源不足已成为了极其严重的问题。中国 2002 年总共约消耗了 2.3 亿吨石油，其中大约有 0.6 亿吨依靠进口。据估计，截至 2005 年中国每年需要进口的石油达到 1 亿吨。为了满足石油的需求，中国在提出石油进口渠道多样化的同时，还将不断加大国内油田的勘探开发力度，充分发挥信息技术在石油产业中的主导作用。

国内各石油企业在长达二十几年的信息化建设过程中，已经积累了很多宝贵的经验，并取得了卓有成效的成绩，根据勘探开发的数据模型标准建立的专业数据库系统在油田数据存储、聚集和现场应用方面取得了非常卓著的成绩。同时，各油田在信息化建设过程中吸收借鉴了国外先进的石油勘探开发软件技术，这些专业软件在发挥其应有的价值过程中也逐渐形成了多学科、多专业集成的应用平台，即项目数据库平台。进入 20 世纪 90 年代以来，随着数据技术、POSC 标准在石油信息管理领域的推广应用，又逐渐产生了一大批代表新技术、前沿发展的数据管理产品。所有这些因素都需要在当今信息化建设的大环境下统筹考虑，毕竟每个油田不是在白纸上规划的宏伟蓝图。那么，如何对各油田已经建设的信息化体系重新设计就变得非常重要。

纵观国外信息技术发展，协同工作领域大致经历了三个发展历程：第一代是以个人电脑、办公套件为主要标志的管理信息系统，实现了业务数据和文档的资源共享式的协同工作系统；第二代是以网络技术和工作流（Workflow）技术为主要特征的第二代产品实现了工作流程自动化；第三代协同工作系统是融信息处理、业务流程和知识管理于一体的应用系统。它以知识管理为核心，提供丰富的学习功能与知识共享机制，确保使用者能随时随地根据需要向专家学习、向所在组织内现有知识学习。

目前，国外石油化工企业充分利用先进信息技术优势，建立、完善了跨地域的、应用层次深入的协同工作系统。

（1）ExxonMobil、Shell、Chevron、BP、Texaeco 等国外油田企业按照组织的发展战略目标，普遍制定了综合信息系统的发展战略，通过整体规划、科学选型、分阶段实施，极大地消除“分散式”信息化造成的巨大成本浪费和信息孤岛多及资源利用率低等问题。

（2）在资本与生产运作全球化、市场竞争白热化、石油产业的边际利润持续走低的大背景下，国外大多数油田企业在其追求“最低成本、最佳运作”的经营过程中，普遍使用了全面综合的、集成了生产作业与经营管理的软件系统，通过将“专业技术软件”与“经营管理软件”集成在统一的平台上、数据共享、协同工作，焕发出强大的核心竞争力，并取得巨大的经济效益。

（3）以信息技术为主线，企业的生产经营过程进入了一体化时代，主要体现在信息的集成程度增加、从单个过程和单个领域延伸到了整个业务过程，并大力实行石油企业管理在四个层次上的集成：①数据集成，解决不同格式不兼容的数据结构问题，实现为所有技术人员提供通用的“即时信息”；②专业集成，在不同专业领域的专业集成，为多学科的项目团队重组工作流程，实现跨专业的协同工作；③部门集成，在公司不同部门间的工作集成，实现跨组织机构的协同工作；④全企业范围内的集成，利用“数据仓库”等技术，将数据转换为可供正确决策的信息，并将信息知识化，使得公司的各级决策人员能够交互使用公司积累的知识资产，从正确的决策中提高投资的回报。

（4）随着国际互联网（Internet）和企业内部网络（Intranet）的飞速发展，加快了公司远程作业的实现，在此基础上出现了跨区域、跨机构的虚拟组织。

例如，总部设在休斯敦的 POGO 公司，他们承担泰国海湾 B8/32 区块的勘探开发作业，该作业区距泰国曼谷 240 公里，距休斯敦 11000 英里。为了使工作现场与公司总部的管理决策紧密衔接，他们打破常规，在钻采平台现场安装了 VSAT 卫星通信地面站，通过 Cisco 路由器，进入 INTERNET 网，与休斯敦建立数据通道。

有关钻井、测井和气测等数据，通过加密形式迅速传到总部，登录到 Geoquest 的 Stratlog 程序包中，并由 Geoshare 软件与本地网络中的 Charisma 工作站连接。这样，作业测试后的几个小时内，数据就传到休斯敦，供分析集成，并做出决策，再反馈到现场执行。这样一来，平台上的钻井工程师与总部的地质师、地球物理师、油藏工程师如同在一个“虚拟办公室”里协同工作（确定井位、设计井身轨迹、调整钻井措施、商定完井策略等）。

（5）实施“知识型”工作，通过正确决策提高投资回报。目前，石油化工行业的公司纷纷实施“知识型”工作，即把数据转换成可供做出正确决策的信息，通过正确决策提高投资的回报。

据一项调查表明，许多公司的高级管理部门承认，每年有 15%~50%的费用由于不正确的决策而被浪费。“知识型工作”有助于降低风险，减少决策失误。

壳牌国际勘探开发公司定义了“知识型工作”由三个部分组成：①由有专门技术能力和管理能力的工作人员组成的跨学科团队；②有一套业务方法，用来实施对特定资产（油气藏）在其整个生命周期（发现、评价、开发、生产、枯竭、废弃等）的管理；③有相应的知识工具，包括数据、应用程序、计算机及网络等。

（6）制订和实施了“6 项数据管理策略”：①更快、更有效地组织传递信息的能力；②整个公司内信息一体化管理的能力；③实现数据输入/输出格式的标准化，保证信息在全公司内畅通无阻；④实现全公司范围内分布存储数据的集中管理，确保能为企业核心业务的综合研究提供准确的数据；⑤建立完善能够充分体现数据价值、可靠支持业务决策的工作流程；⑥合理地调整应用软件，尽量做到应用与数据管理的无缝连接，从而降低成本。

（7）与 ERP 系统集成。在《财富》杂志石油石化行业的综合排名里，前 50 家企业采用的都是 SAP 公司的石油天然气行业解决方案，每天有超过 50 万石油石化企业的各级管理人员通过 SAP 实现其战略、勘探、开发、炼制、营销、人财物等的全面管理。

（二）中石化的信息化现状分析

通过多年的艰苦探索，国内石油化工企业在业务管理信息化建设方面取得了长足的发展，积累了丰富的应用经验，为我们开展协同工作平台的开发打下了坚实的基础。

中石化在近些年的信息化建设中也取得了引人注目的成就。

（1）“十五”期间，中石化开展了 ERP 系统建设，并在上、中、下游推广应用。上游部分主要实施了 SAP 系统的财务管理、资金管理、采购管理和项目管理等模块，在企业组织结构扁平化、财务集中管理和业务流程化运作等方面发挥了巨大的作用。

（2）资源优化取得显著效果，信息技术在原油采购与配置、炼化企业计划排产、炼油加工方案等方面得到广泛的应用，降本增效明显。

（3）物资采购电子商务取得了显著的经济效益，网上成交金额累计超过 1000 亿元，节约采购资金达 55 亿多元。

（4）信息技术已经融入到油田勘探开发、生产运行、经营管理的各个环节，成为提升油田管理、技术创新和科学决策的重要支撑。

（5）炼化企业生产层面的信息化建设取得了重要进展，先进的过程控制（APC）、计划调度、质量管理等信息技术得到了大面积的推广应用。

（6）加油 IC 卡成效显著，目前已累计完成卡机联动改造 1.3 万多座加油站，社会用卡量达到 200 多万张。

（7）二次物流配送优化系统全面推广，除广西、安徽、河南三省区外，其他地区已全部上线运行，有力地促进了物流配送体制的改革，降低了库存和运输成本。

（8）信息基础设施的可靠性和可用性得到了大幅度提高，建立了连接 110 多个下属企业的中石化广域网以及各企业的局域网，满足了应用系统和视频会议的需要。

近几年来，石油产业发生了巨大的变化，石油上游企业对信息技术的投入非常大。石油行业的信息化建设目前处于 ERP 产品+定制系统建设阶段，使企业内部形成一些功能较为全面的软件包，公司内部能够通过对相关业务部门的集成来实现业务的管理。

有一些油田企业，也从提高信息的即时性以及各种问题的发现和解决的及时性方面入手，合理配置企业内外部资源方面，设立了办公自动化系统、信息共享系统甚至油田内部的协同办公系统。虽然在信息化建设方面取得了不小的成绩，但也存在很多的问题。

中石化经过多年的信息化建设，目前已经使各个管理部门基本实现了内部的高效管理。但是由于石油行业的产业链长、经营单位分布广、关联行业多、企业规模大、管理庞杂，且缺乏有效的一体化信息解决方案。因此，相对独立的信息系统建设，导致业务密切相关的各个部门各自为政，丰富的信息资源很难最大限度发挥作用，“数出多门”“异数异源”和“信息孤岛”等现象时有发生。

在信息化建设不断深入和普及的情况下，很多部门都具有独立的业务操作系统，这些系统都属于业务处理系统，业务数据庞杂分散，主要是为了及时快速满足业务操作的需要，综合性和全局性的分析查询难以实现。而且，各个应用系统间相对独立，数据不能共享，数据信息缺乏统一的数据标准，无法保证其一致性，同时信息汇总的渠道和时间也有差异，这就造成了决策分析的数据口径不一致。信息系统“孤岛”现象较突出，而且由于信息化系统采用的数据源编码不一致等问题造成行业信息化应用水平整体难以提升，信息资源整合的挑战迫在眉睫。因此，使石油行业各个关联部门走出“信息孤岛”已经成为石油行业信息化的主要内容。这对分布地域极广、信息系统众多的石油行业来说，满足信息系统之间互联互通和信息共享的要求，石油行业的信息整合已经成为一种必然的趋势。

中石化经过多年的积累，其基础设施、人员配置、信息化认识重视程度和信息化应用水平都有了大大提高，具备了开展“协同工作平台”建设的技术基础条件。主要体现在以下几个方面：

（1）中石化及下属企业已取得过很多成功的开发信息系统建设经验和技术成果的积累。

（2）中石化内部的信息技术人员储备已经达到国内领先水平，信息化建设队伍已经形成一定的规模，能够为项目的实施提供充足的借鉴案例和技术支持保障。

（3）开发信息系统的框架和技术逐步成熟，面向对象的开发、中间件、Portal 等技术已在油田企业的信息系统建设中得到广泛应用。

（4）国外石油公司在数据一体化管理和信息集成方面已有较多的成功案例。国内大庆、胜利等多个油田企业正在开展信息平台的建设工作，其中胜利油田已基本实现了油田企业协同办公，这为中石化系统的设计、实现提供了宝贵的经验。

三、物资采购电子商务系统

中国石化物资采购电子商务网（http：//www.sinopec-ec.com.cn/pls/wzec）是连接中国石化总部、各分（子）公司与供应商三方、实时互动的大型 B2B 交易网站。网站既是采购交易网，同时也是管理网和信息网。经过 8 年持续不懈的努力，网站累计成交 5860 亿元，网上交易物资超过 71 万个品种，网站注册会员达到 28000 个，中国石化生产建设所需主要化工原辅料、钢材、煤炭、机电设备全部实现网上采购。中国石化物资采购电子商务网已经成为信息共享、决策制定、过程实施、操作监管和供需协同工作的综合性采购业务平台。

（一）建设背景

2000 年，中国石化实施重组改制、组建中国石化股份公司境外上市的重大战略部署，由国内最大的石油石化企业向国际化能源化工公司发展，这带来了经营理念、管理体制、运行机制的一系列变革。利用电子信息技术改造和提升中国石化传统产业是其中一个重要方面，而引入电子商务技术改革传统采购理念，全面提升物资供应管理水平是中国石化的战略举措。

在原总经理李毅中的直接领导下，经过短短 4 个月的艰苦努力，中国石化自主开发的物资采购电子商务网于 2000 年 8 月 15 日正式投入运行。集团公司以明传电报的形式下发运行通知，9 月 4 日在北京召开了电子商务新闻发布会，毅中总经理、基铭总裁和湘洪副总裁等领导对物资采购电子商务建设工作给予了充分肯定和赞扬。

为适应网上采购工作的不断发展和变化，中国石化物资采购电子商务网站先后进行了四次重大改版升级。2000 年 12 月进行了第一次系统升级（2.0 版），优化报表操作，提高了网上业务处理速度；2001 年 11 月进行了第二次系统升级（3.0 版），重新整合了网上采购业务流程，建立了以物资编码为基础的数据结构体系，扩大了各石油石化企业自采物资的网上采购，实现了用户分级管理和智能化引导操作，进一步突出了网站商务功能；2002 年 7 月进行了系统第三次升级（3.1 版），进一步优化了网上采购业务流程，调整了网上物资品种，充分适应中国石化集中采购体制的要求；2003 年 9 月进行了系统第四次升级（4.0 版），增加了竞价采购和价格数据库等新的功能，优化了采购业务操作，美化了系统操作界面。

（二）运行情况

集团公司党组领导高度重视电子商务工作，物资装备部采取有力措施持续推进网上采购。8 年来，在中国石化各企业、广大供应商的大力支持和密切配合下，中国石化物资采购电子商务网实现了大幅跨越式发展。

网上采购成交金额快速增长。截至 2008 年底，网站累计成交 5860 亿元，年均增长率超过 65%。从 2006 年起，网站年采购金额突破 1000 亿元，2008 年达到 1560 亿元，是 2001 年的 20 倍。

网上采购物资品种从最初的 8 个大类 5000 个品种迅速扩大到目前的 56 个大类 71 万多个品种；网上交易用户从 2400 个发展到 28042 个，注册供应商从 300 家发展到 20098 家；经过持续不懈的努力，中国石化生产建设所需主要化工原辅料、钢材、煤炭、机电设备全部实现网上采购。网上采购范围从物资采购进一步扩展到运输、报关、保险等物流服务采购；随着进口物资的不断扩大，中国石化物资采购电子商务正在向全球化采购迈进。

（三）主要功能和业务流程

中国石化物资采购电子商务系统是构筑在国际互联网上专门用于物资采购业务操作和信息传递的内部网站系统。中国石化各企业和中国石化供应商网络成员单位可以通过中国石化内部网或公网登录到网站，根据不同的用户角色和所分配的业务权限执行浏览信息、提报采购需求、询价、报价、比价的采购相关业务操作。网站信息根据角色和权限的不同相互之间严格保密并且可以全程追溯。

1. 网站主体框架

网站主体框架和主要结构如图 3-30 所示。

电子商务系统主要由数据库服务器（后台）和浏览、应用服务器（前台）以及防火墙组成。整个系统架构在石化内部网上，对外与国际互联网连接。总部所属各分（子）公司既可通过国际互联网，又可通过石化内部网访问本网站，石化客户、物资采购供应商通过国际互联网直接访问本网站。

硬件系统：包括前台和后台。后台数据库服务器采用两台 IBM 670 高级服务器，并共享 1 台磁盘阵列（目前 7 块磁盘总容量为 130GB，并互为备份）；前台浏览、应用服务器采用 DS10 型 Alpha 计算机，并使用 1 台负载均衡器合理平衡负载。

数据库系统：采用全面支持国际互联网应用的 ORACLE9i 数据库。前台和后台用防火墙进行隔离。

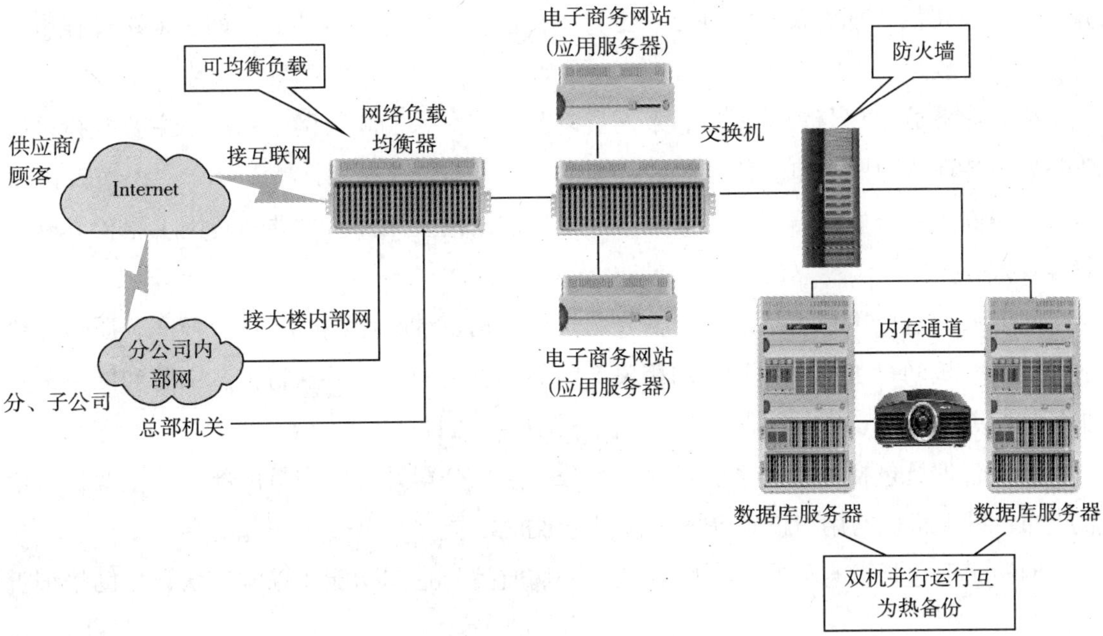

图 3–30　网站主体框架

2. 网站系统构成

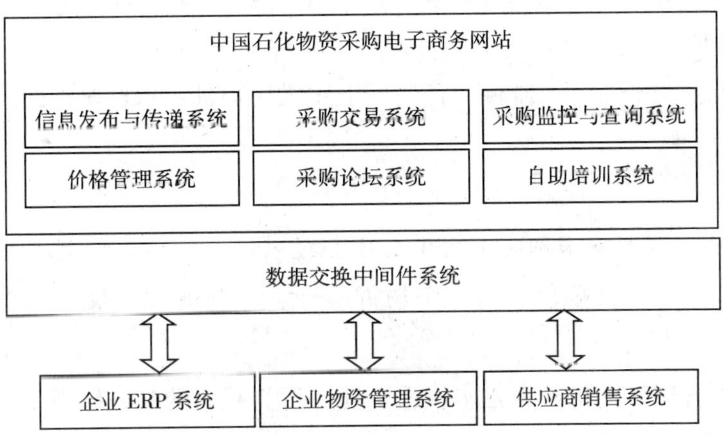

图 3–31　网站系统构成

3. 网站系统的主要功能

网站的主要功能包括采购管理、供应商管理、信息发布和系统管理。

网站系统共设计了五类用户角色：领导用户、采购业务员用户、供应商用户、网上采购监控用户和系统管理员用户。

领导用户包含集团公司、股份公司、分（子）公司领导，物资装备部及处室领导、分（子）公司供应部门及科室领导。主要执行信息浏览、采购业务查询、采购过程审批与监控等功能。

采购业务员用户分为计划员、采购员以及自定义采购相关网上用户。主要执行采购业务处理各环节的操作和信息浏览。

供应商用户指中国石化供应商网络成员单位的网上用户。主要执行网上报价和配送报表录入等操作。

网上采购监控用户包括总部、各分（子）公司审计、纪检、监察、合同、质检、价格、生产、机动、工程设计等采购相关部门的网上用户。主要执行信息浏览和网上采购业务监控等操作。

系统管理员包括分总部系统管理员和分（子）公司系统管理员两部分。主要执行信息发布、网上机构与用户设置等系统管理与维护操作。

网站主要包括信息发布、采购管理、采购监控与查询功能、采购论坛和自助培训五个部分。

（1）信息发布。

1）重要通知。由物资装备部发布，包括集团公司、股份公司、物资装备部发布的文件、函件、指导价格、物资要闻等。

2）网站主页信息。由物资装备部或企业发布，包括采购需求、企业信息、供应商及考核信息、物资调剂信息等。

3）意见交流。类似于网上邮件，任何网上正式用户都可以给其他任一个用户或单位发送邮件。

（2）采购管理。

1）订单管理。网上的采购需求订单是企业经过平衡后的采购需求计划，由企业计划员提报到网站。一条订单仅包括一个物资品种。计划员可以录入、提报、修改、删除订单。

2）询价方案管理。询价方案是本次采购业务行为政策的具体体现。主要内容包括采购方式的选择、供应商范围的确定。询价方案由计划员编制，部门或科室领导审批。询价方案编制完成并经领导审批通过后由计划员下达给采购员。计划员可以录入、提报、修改、删除询价方案。

3）询价书管理。询价书由询价方案自动生成，主要内容包括报价截止时间、交货地点的确认和物资明细等。询价书由采购员编制。询价书编制完成后系统自动发给相关供应商。采购员可以录入、提报、修改、删除询价书。

4）报价书管理。供应商针对企业发布的询价书进行报价。报价书由供应商编制，报价为密封报价。在报价截止期之前供应商可以修改报价，报价截止期后供应商不能修改报价。采购员在报价截止期之前可以看到有几家供应商报价但是不能看到报价书内容，报价截止期后，采购员可以揭示报价书并依据报价书编制采购方案。在报价截止期之前，供应商可以修改、删除报价书。

5）采购方案管理。采购方案由采购员根据询价书、报价书生成。采购方案为本次采购行为的最终确定，内容包括价格确定和供应商确定。采购员要组织采购相关人员对每一份报价书进行打分评价。采购方案编制完成后必须由部门或科室领导审批。采购员可以生成、修改、删除采购方案。

6）合同管理。合同由采购员根据采购方式依据订单、询价方案、采购方案等生成。网上合同为合同要素。主要内容包括供需方名称、交货时间、地点、标的、总价和物资明细等。采购员可以生成、修改、删除合同。合同签订后采购方应组织相关人员对合同执行情况进行打分评价，合同执行完毕后采购员要对合同进行核销。

7）采购交易管理还包括直接集中采购反馈单管理、招标信息发布与招标结果录入管理、协议管理、配送管理等内容。

（3）采购监控与查询功能。主要内容包括对采购过程中以及采购完成后对采购业务流程主要环节的过程监控和事后检查，以及对采购结果的统计分析。主要环节包括订单、询价方案、询价书、报价书、采购方案、合同等内容。

（4）采购论坛。采购论坛是中国石化采购管理和操作人员进行交流的平台，目前共有物资管理、现代供应物流、采购管理、电子商务与网上采购、集中储备等板块。大家可以在这里发表真知灼见、探讨问题。

（5）自助培训。自助培训系统可以对以上五类用户进行自助式培训。以采购员为例：采购员可以根据系统自动生成的询价方案生成或编制询价书并发给虚拟供应商，虚拟供应商自动报价，采购员根据系统提示完成后续报价揭示、采购方案编制、合同等环节的操作。自助培训系统按照用户角色和权限，将采购业务流程的操作一气呵成，不再需要培训教师的介入，非常适合企业自行组织网上操作培训工作。

（6）采购业务流程。网上采购业务流程的设计完全体现了中国石化现行采购管理体制，共有总部直接集中采购、总部组织集中采购和企业自行采购 3 种采购类型，协议采购、询比价采购、动态竞价采购、招标采购、配送采购、特殊采购 6 种采购方式。对于总部直接集中采购，操作主体为总部业务员，企业计划员提报订单后，由总部进行操作，合同执行完毕后由企业采购员核销合同；对于总部组织集中采购和企业自行采购，操作主体为企业业务员，企业业务员按照网上采购流程自行完成采购业务操作。以询比价采购为例简要描述如下：

询比价采购流程适用于一般大宗、通用且为买方市场的物资，分为公开、定向询比价两种，其中定向询比价要求供应商必须在 3 家以上。

具体操作流程为：计划员录入采购需求订单，检查无误后提报到采购网站；计划员根据订单编制询价方案，采购方式确定为（公开、定向）询比价采购，经领导审批后下达给采购员；采购员根据询价方案编制询价书，并将询价书在网上发布；供应商在网上查看询价书，并根据询价书报价（编制报价书）；到达报价截止期后，采购员揭示报价，组织对报价进行打分评价；采购员根据报价书编制采购方案，并报领导审批；采购员根据审批后的采购方案编制询比价通知，发给参与报价的全部供应商；采购员根据询比价结果编制采购合同并对采购合同执行情况进行打分评价；合同执行完毕后采购员对合同进行核销操作。

四、案例点评

自 2008 年金融危机以来，化工行业一直运行在周期性波动的谷底，石化领域的竞争日益加剧，降低成本已经成为企业最有效的武器之一。但化工企业的产品成本构成中，材料成本往往占到产品总成本的 60%~80%，材料的采购成本控制成为企业成本管理的主要部分。

化工行业采购面临众多难题，首先，产业链条很长，处于产业链不同环节的企业采购物资的种类各不相同。其次，化工行业原料和产品价格的周期性波动非常明显，一些原料供应商合同报价的周期已经变为 1 个月甚至 1 周，这对企业实时跟进提出了更高要求。此外，设备类物资采购缺乏足够信息也大大增加了采购的难度。

物资采购电子商务网的建设与发展，是中国石化以信息化带动工业化，利用网络信息技术改造和提升传统产业取得的重大成果，标志着中国石化彻底告别了传统的物资采购模式，全面进入网络化采购新时代。与传统的采购模式相比，电子商务具有无可比拟的优越性。在统一的平台上，按照统一的流程，在统一的供应商网络内实施采购业务，使中国石化物资采购工作发生了脱胎换骨式的变化。目前，中国石化已经形成了“统一运作、统筹调控”的资金集中管理模式，资金集中度上升到 92.6%，支出集中度超过 97%，物资采购电子商务系统网上采购率达到 97%。

目前，中国石化电子采购已经成为企业信息共享、决策制定、过程实施、操作监管和供需协同工作的综合性采购业务平台。采购方可以在平台上发布采购需求，可以自主地选择供应商，并采取相应的采购策略和采购方式，如对大宗战略物资，可以实施战略协议采购；对市场竞争充分的物资，可以选择询比价或动态竞价采购；对零星、紧急的物资，可以实施配送采购。采购管理者还可以在平台上实时了解采购需求、采购的历史情况以及采购过程进展情况，随时掌握并分析采购规模、渠道、价格等重要信息，进而适时调整采购策略。

借助电子商务，中国石化传统采购模式实现了重大变革，显著规范了采购业务，降低了成本和费用，实现了采购信息的快速产地和广泛共享并且极大地提高了工作效率。

参考文献

[1] 代建军. 中国石化物资采购电子商务系统 [J]. 当代石油石化，2003，11 (1).

[2] 周有武，熊建新，李静. 中国石化物资采购技术指南 [J]. 中国石化 2010 (6).

[3] 姜海莲. 供应链模式下降低物资采购风险的对策 [J]. 中国石化，2005 (2).

[4] 王晓. 中国石化物资装备网建立焊接设备招标采购平台 [J]. 现代焊接，2007 (7).

[5] 方宜宁. 中国石化电子商务的发展与启示 [J]. 安庆师范学院学报（社会科学版），2004，23 (3).

[6] 邓永国. 企业物资采购风险研究 [J]. 中国物流与采购，2008 (12).

[7] 曹湘洪. 中国石化信息化建设的初步实践和引发的思考 [J]. 化工进展，2003，22 (10).

[8] 陈学东，王冰，杨铁成等. 基于风险的检测（RBI）在中国石化企业的实践及若干问题讨论 [J]. 压力容器，2004，21 (8).

[9] 肖莉，杨传书，费海涛等. 关于石油工程信息化需求与建设策略的思考 [J]. 石油钻探技术，2011，39 (3).

[10] 中华人民共和国工业和信息化部，http：//www.miit.gov.cn/n11293472/n11293877/n11301602/n1222 2003/.

第六节　大同煤矿集团的安全导向信息化

一、大同煤矿集团公司概况

在三晋大地北部，镶嵌着一颗璀璨的塞上明珠，这就是国务院首批公布的全国 24 座历史文化名城之一——大同。数千年的历史变迁，在大同这块土地上留下了无数的自然景观和人文景观，集北魏风韵和辽金风流于一城，云冈石窟、北岳恒山、悬空寺……举世闻名。

大同作为闻名全国的能源重化工基地，更以其丰富的煤炭资源赢得了华夏“煤都”的盛誉。大同煤低硫、低磷、低灰分、高热值，是稀有的优质动力煤和化工原料煤，其品质称冠全国。大同被誉为中国“第一煤都”。而在这“第一煤都”正航行着煤炭航母——同煤集团。

大同煤矿集团有限责任公司（以下简称“同煤集团”）的前身大同矿务局成立于

1949 年 8 月 30 日，2000 年 7 月改制为大同煤矿集团有限责任公司。公司现有总资产 750 亿元，职工 20 万人，矿井 54 对，东西跨度 300 多公里、南北跨度 600 多公里的区域内，多数矿井为多风井通风，通风网络较为复杂。2008 年，公司煤炭产销量 1.22 亿吨，连续四年突破亿吨。现已形成以煤炭为主，电力、化工、冶金、机械制造等多业并举的特大型综合能源集团。正在建设的晋北煤炭基地是国家规划的 13 个大型煤炭基地之一。

同煤集团有着悠久的开采历史，在明末清初就有了一定规模的开发和利用。企业成立 60 年来累计生产煤炭 17 亿吨，上缴利税 340 多亿元。同煤集团开采技术先进，创造了不同地质条件下煤炭开采的技术和装备等“11 个全国第一”；企业文化底蕴深厚，人才、管理、队伍等方面在同行业具有明显优势；产品过硬，大同煤发热量高，灰分低，是工业食粮中的精品，畅销全国电力、冶金、建材等多个行业，并远销日本、韩国、印度、土耳其等多个国家。产品被列为“中国十大世界影响力品牌”、“世界市场中国十大年度品牌”、“国家免检产品”。企业曾荣获全国“五一”劳动奖状、“金马奖”等多项荣誉。2008 年在中国 500 强企业排序中排名第 114 位。

同煤集团深入贯彻落实科学发展观，加快产业结构调整，确立了“树立新思想，实施新战略，建设新同煤”的总体发展思路。“新思想”就是以科学发展观统领各项工作。“新战略”就是“81620”：8 字奋斗目标是“做强同煤，造福员工”；16 字发展方略是“心齐人和、重建扩源、创新提升、共同富裕”；20 字员工行为要求是“尽心履职责、主动抓工作、提高执行力、落实全过程”。“新同煤”就是：建设和谐美好、强势竞争、充满活力、殷实小康的新同煤。

同煤集团未来五年的奋斗目标是做强做优五大产业，实现三个跨越、两个翻番和两个提升。即做强做优煤炭、电力、化工、冶金、煤机制造五大产业。实现由传统资源型企业向综合能源集团跨越、由传统发展模式向新型工业化跨越、由粗放管理向精细化管理文化强企跨越。截至 2012 年，企业总资产翻一番，煤炭产销量翻一番，销售收入大幅提升，员工生活质量大幅提升。

2011 年，同煤集团紧抓“综改实验区”这一历史机遇，谋划转型跨越发展大计，各项工作快速推进，成果丰硕，在资产总额、投资总量、煤炭总量、电力总装机容量、销售收入、非煤产业销售收入、员工人均收入、安全低控目标实现了“八项历史性突破”。开创了发展环境最优、发展速度最快、发展质量最好、员工群众得到实惠最多的新局面，企业跨上经济发展的快车道。

同煤集团深入贯彻落实科学发展观，加快转型越发展，确立了“建设新同煤，打造新生活”的战略愿景，提出了“五个一”战略要求、“三个三”战略思路和“十条”战略路径。

“新同煤”是企业经营形态由传统型向国际化跨越，建设多元发展、开放创新、安全高效、实力强盛的国际化新同煤。“新生活”是员工生活在现有的基础上向现代化跨越，打造环境优美、民主和谐、文明快乐、殷实富足的现代化新生活。

“五个一”战略要求：营造一个公平正义、风清气正的工作环境；建设一支团结务实、勇于担当的干部队伍；形成一个管理创新、决策民主的运行机制；创建一个廉洁奉公、和谐稳定的良好局面；坚持一个关爱员工、惠及民生的根本宗旨。

“三个三”战略思路：坚持“三个依靠”，依靠各级组织、各级干部、广大员工；抓好“三项重点”，抓好安全稳定、转型发展和惠及民生；改进“三种风气”，改进作风、会风、文风。

“十条”战略路径：煤炭主业做强的路子；电力扩容做大的路子；融资扩张的路子；分级经营的路子；以质增效的路子；兼并重组的路子；国际化战略发展的路子；管理创新的路子；安全发展的路子；和谐惠民的路子。

产业结构布局：打造五条产业链，即打造煤—电—建、煤—电—化（气）、煤—冶—机、煤—电—铝、煤—电—硅五条产业链；建设五大循环经济园区，即以塔山园区为典范，建设东马潘（东周窑—马道头—潘家窑）、轩岗、朔南、白家沟等5个产值超百亿元的循环经济园区；形成八大产业，即形成煤炭、电力、煤化工、冶金、机械制造、建筑建材房地产、物流贸易、文化旅游八大产业；突出四大抓手，即突出抓好煤炭做强、电力做大、资本做活、贸易做实；建设11座千万吨级矿井，即建成塔山、梵王寺、潘家窑、白家沟、北辛窑等11座千万吨级矿井。

二、我国煤矿企业安全生产现状以及存在的问题

近年来，全国一直贯彻落实国务院及有关部门一系列与煤矿企业安全生产相关的会议内容和文件精神，并加强煤矿治理整顿工作，强化管理监督和现场督导力度等多项措施，有力地推动了煤矿安全生产管理工作。但煤矿重特大事故仍旧时有发生，安全生产现状依然十分严峻。据统计，截至2010年6月，全国各类煤矿共发生重大事故（一次死亡10~29人）共11起，其中江西、河南各2起，内蒙古、河北、新疆、湖北、山西、贵州、湖南各1起，共造成170人死亡；全国各类煤矿共发生特大事故（一次死亡30人以上）共4起，其中河南2起，湖南、山西各1起，共造成165人死亡。煤矿企业安全生

产事故高发的形势，反映出我国煤矿企业安全生产不容乐观的现状，暴露了其中存在的问题。

（1）我国大部分煤矿的地质条件复杂，极易引发重大事故，因此给安全生产造成极大的困难。并且随着开采深度的不断增加，冲击地压危险性加大以及通风排水难度增大等不容易改变的事实，使得煤矿安全生产管理面临巨大考验。

（2）安全管理的技术及设备的落后性。与西方发达产煤国相比，我国煤矿应用技术的研究起步相对较晚。另外，受传统经营思想的影响以及煤矿企业经济实力的制约，使得我国产煤装备和安全监控设备较为落后。

（3）安全信息管理体系的不完善。安全信息是安全管理工作的主要判断依据，它主要包括事故以及职业伤害的记录、分析以及统计，职业安全卫生设备的研究、设计、生产以及检验技术，法律、规章、技术标准以及其变化动态，教育、培训、宣传以及社会活动，国内新技术动态、隐患评价以及技术经济分析、咨询、决策系统等。在这些方面，我国多数煤矿仍处于起步和探索阶段，信息传递周期长，尚未形成完整的体系，实际应用中仍存在较大欠缺。

（4）安全生产投入精力不足，基础设施薄弱，安全管理技术相对滞后，不能为安全生产管理提供技术支持和保障。目前，全国约有 1/3 的煤矿存在不同程度的采掘失调以及水平接续紧张的问题，主要的生产设备老化以及超期服役等问题。

（5）我国煤矿企业安全生产还存在以下的问题：专业技术人才严重缺乏，从业人员的素质偏低；煤炭产业的集中度不够，生产力水平依旧不高；一部分管理者安全意识薄弱，法制观念不强；煤炭行业的管理弱化，煤矿安全技术标准严重落后等问题。

传统的安全管理是以经验教训为依据，现代的安全管理则是以企业生产系统整体为对象，采用安全分析手段和现代控制方法，分析生产系统可能存在的各种危险因素，做好系统预防和控制，使危险因素始终保持在可控制的安全状态。目前，我国煤矿企业的安全管理还处在传统经验的安全管理与现代系统安全管理的过渡阶段。

三、煤炭发展的信息化趋势

信息技术在煤矿安全生产装备、技术、人才、管理等方面都发挥着积极作用，并且在“安全第一，预防为主”的安全生产方针和“以人为本”的安全理念前提下，安全生产管理方面的作用就显得尤为重要。煤矿安全管理是煤炭企业生产管理的重要组成部分，它为煤矿的安全生产提供了重要保障。目前，我国煤矿安全管理正处于从单一系统向网络系统、从静态管理向动态管理过渡的阶段。煤炭企业的安全管理信息技术系统主要包括安全监控系统管理、井下安全考勤系统、流程管理系统、隐患管理系统和专家智能系统等几部分。该信息技术系统结合煤炭企业安全管理的特点，通过信息技术合理的应用以及开发适合煤矿企业的煤矿安全计算机信息系统，并以此为基础建立信息化的安全管理指挥中心，可实现大量重要的安全信息数据的采集、分析以及处理，从而进一步促进煤矿企业的安全生产，提升煤炭企业的安全管理水平。

根据煤炭工业科技“十一五”发展思路的要求，煤炭业要发展煤矿安全生产信息化技术，开发适应煤矿井下环境的高速、可靠和经济的宽带综合网络系统，推进矿井计算机网络管理，研究煤矿数字信息网络综合自动化监测监控技术与装备，加快煤矿安全、生产、调度和运销一体化信息网络系统建设。

经过几年的发展，以信息流为主要特征的煤矿机电一体化产品已在许多煤矿得到广泛应用。国产的以计算机为核心的电牵引采煤机、全数字直流提升机已占领了国内市场；我国已能生产用计算机监控的掘进机、胶带运输机、矿井供电设备等。煤矿安全生产监控系统得到迅速发展，目前，国产的煤矿安全监测系统已在大多数煤矿使用；此外功能单一的监控系统（如胶带机集中控制系统、束管系统等）也得到较为广泛的应用；高分辨三维地震勘探技术、各种电磁法探测技术、矿井地质灾害监测设备、矿井地质信息的计算机管理和综合分析处理技术，以及各类矿井组件的自动生产软件技术等也得到绝大多数企业的认可。

同时，随着传感器技术的发展，煤矿生产、安全、管理、营销等可采集的信息种类数量大大增加，而且这些信息以数字的形式通过网络传输，使信息得到更大的共享；由于网络技术的发展，数字、语音、视频等各种信息可以在同一网络平台上传输，使各种信息得到高度的集成；矿井机电设备实现远程自动控制，减少井下作业人员，实现少人甚至无人化是煤炭工业信息化追求的主要目标。

当前，无人工作面研究和实验得到国内外业内人士的注意，各种研究正如火如荼展开，因为一旦实现了全矿井自动化，不但可以大大减少井下生产人员，提高矿井的安全水平，而且生产系统也可以得到优化，进一步提高煤矿的生产效率，节约能源；信息化的发展趋势是利用所采集到的信息，实现生产设备故障预测预报、矿井安全状况的预测预报、预报瓦斯、水等灾害突出的危险性；随着能采集到的信息种类增加，各种信息可以实时、连续采集。

基于信息融合技术将渗透到生产、安全与经营各个层面，利用智能专家系统、现代企业管理理论，形成安全、生产、管理、营销各种决策支持系统，最终达到矿井高度信息化、自动化、高安全、高可靠、高效率及高效益的目的。由于井下人员流动性大，有的设备在生产中也是移动的，为了实时采集到他们的信息或对他们进行控制，移动通信和无线网络是煤矿信息化的发展趋势。

四、信息技术在煤炭企业安全管理中的几点应用

煤炭安全生产信息化平台为煤炭企业信息化建设提供了完整的解决方案。该平台以煤炭企业生产流程为基础，专业的业务处理为核心，集成了办公自动化、采掘、地测、通风、计划、机电设备等信息管理子系统，全面实现企业生产管理信息化。

煤炭安全生产信息化平台如图 3–32 所示：

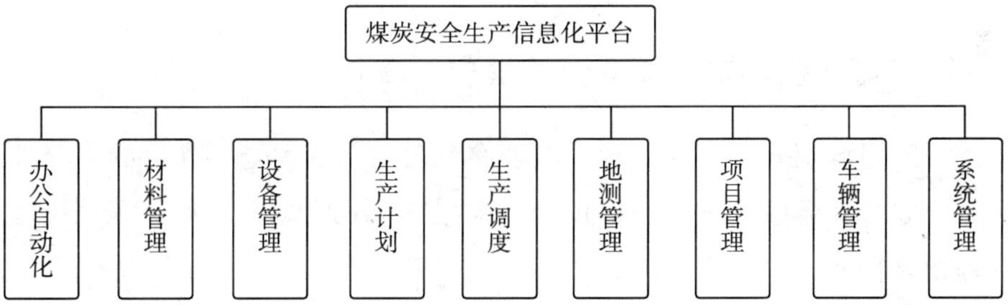

图 3–32　煤炭安全生产信息化平台

（一）安全监控系统在煤炭企业安全管理中的应用

该系统主要采用地理信息及集成新技术，关联其他业务系统如 DCS，对危险源和危险、许可作业进行安全监控，搭建高效的应急指挥系统，也是保证事故发生后降低事故损失，减少人员伤亡的必要条件之一。

地理信息化实现对企业内部及周边地区人口分布、道路属性、建筑物、生产装置和管线等信息的管理和更新。电子地图包括但并不限于如下图层：建筑物图层、危险源图层、应急资源图层、道路图层、电话分布图层、传感器分布图层、视频监控点分布图层、避难场所图层和人员分布图层。

监控和显示对象可以定制。比如企业重大危险源、特种作业、许可作业、特种设备、应急资源、地图地理信息、应急预案、知识库、各类传感器、各类（视频）监控点、手工或半自动输入输出设备等。应急资源可以是企业应急救援人员、救援物资、救援装备、

医疗救护、专家信息等。

（二）井下安全考勤系统

井下安全考勤系统的结构较为简单，主要有入井考勤点和出井考勤点，考勤机通过数据线和计算机主机相连接，每个考勤点通常安装 2 台考勤机。正在使用的井下安全考勤系统主要分为两大类：一是用金属片打卡的卡片式安全考勤系统，其入井考勤点和出井考勤点都设置在地面的井口处；二是用矿灯灯头打卡的井下安全考勤系统，入井考勤点和出井考勤点分别设置在井上和井下，或者都设置在井下。

（三）流程管理系统在煤炭企业安全管理中的应用

该系统通过对工作流程角色定义，工作流程管理，工作流程运行等主要功能，实现业务通过图形化的方式模拟，移植到系统中，从而达到方便、快捷的业务处理效果，提高工作效率，减少事故发生的可能性。

（四）隐患管理在煤炭企业安全管理中的应用

隐患按照隐患级别分级管理，隐患管理在分公司内实现隐患项目的申报审批、治理实施、验收，在项目验收后把验收评价结果上报总部。隐患的审批和跟踪流程实现精细化的全过程闭环管理。

隐患管理增强了对人员、工艺和实施生产运行中存在的安全、环境与健康方面的重大问题、缺陷以及事故隐患发现，风险评估，明确隐患处理职责，采取可靠的措施和手段，进行有效的控制和消除，减少职业伤害、财产损失及环境污染，确保生产的安全运行。

（五）专家智能系统在煤炭企业安全管理中的应用

从大多数煤矿的实际情况看，上面描述的信息技术在应用方面都还有局部性。一般情况下，这些信息技术的应用属于各个不同的科室和部门；从应用的内容上看，很多系统还停留在安全监测信息和安全管理信息的简单处理阶段，未能达到安全预测、辅助决策的层次。专家智能系统是信息技术在煤矿企业安全管理的最高层次。

总之，信息技术应用在煤矿安全管理中具有较好的预期效果：①可以有效地提升煤炭企业的安全预警能力和灾害应急处理能力，降低事故的发生率和减少财产损失；②准确、快速、灵活的安全管理信息数据的统计分析，实现了安全管理过程的规范化以及信息的标准化，降低了煤矿企业安全管理的难度；③及时跟踪工作效率和结果、明确工作责任，为安全考核提供全面的依据；④建立起一体化的安全信息平台，大大地提高了安全管理决策的准确性以及有效性。

五、煤炭航母的信息化爆发

与共和国同龄的大同煤矿，成立于1949年8月。2003年12月21日，在山西省委省政府的直接领导下，新的大同煤矿集团有限责任公司重组成立。新成立的同煤集团的发展战略就是要走现代化、集团化、洁净化、多元化、国际化的道路，实现传统产业新型化，新型产业规模化，建成商品煤基地、出口煤基地、煤炭深加工基地和市场投资主体，成为具有国际竞争力的特大型煤、电能源集团，实现“绿色同煤、科技同煤、诚信同煤、小康同煤”，为国民经济发展做出更大贡献。

经过这60年的风雨历程，同煤集团走出了一条“从小到大、由弱到强”的企业发展之路。经过改革和专业化重组，企业规模不断扩大，经济效益逐年攀升。

目前，同煤集团累计生产煤炭15亿多吨，上缴国家利税229亿多元。同煤集团无论从资源占有量、产运量、销售收入，还是固定资产、职工人数等规模优势上，都已成为继神华之后的中国第二大煤炭集团。同煤集团已经在我国能源资源领域具有举足轻重的地位。多年以来，同煤集团积极推进科技进步，鼓励自主创新，力图使自己成为技术密集型企业，成为中国煤炭开采业中最具科技含量、最具创新活力的企业。

同煤集团信息化建设本着高标准、高起点、实用性、经济性、先进性的宗旨，注重在实际应用上做文章，全面推进企业信息化建设。同煤集团本部逐步实现了办公自动化，计算机管理和电子商务信息化。

同煤集团于2001年成立技术中心，负责信息化基础设备建设，现集团公司已联局域网，网络出口带宽200M，共有服务器30台，PC机5890台，工控机19台，交换机40台。并接入大同市煤监机构。同煤集团建立了视频会议系统，数据库软件主要使用Oracle、Sybase、SQLServer、FoxPro等系统。同煤集团主要信息系统有：井下作业人员管理系统，煤矿产量远程监控系统，传感器监控系统，束管监系统，销售系统，财务系统，工资系统，仓储管理系统。各系统为集团公司安全、生产、管理提供良好服务。

2005年，同煤集团先后荣获全国企业联合会、中国煤炭工业协会和山西省国资委企业信息化先进单位，企业驶入了改革发展的快车道。

同煤集团技术中心是国家认定的100家国有企业技术中心之一，该中心下设的电子信息技术研究所是同煤集团信息化建设的主阵地，企业的科技进步贡献率达到了 37%，居全国煤炭行业之首。“信息化建设是企业快速发展的有力保证，是提高集团公司核心竞争力的重要手段。”这是同煤集团领导层的共识。他们针对企业规模大、信息量复杂、地理分布范围广等特点，与煤科总院合作，在大量调研、论证的基础上，制定出台了《大同煤矿集团信息化总体规划》，指导信息化建设快速、高效运行。

企业的发展离不开信息的传递和共享，而企业网建设是信息共享的前提和基础。2001 年初，同煤集团就建立了第一个主干为千兆光纤的快速以太网，并通过 10M 的 DDN 专线接入国际互联网。同时建立了企业门户网站，为“同煤”走向世界，实现电子商务，提供了基础平台。2003 年，同煤集团完善了平旺地区连接生产、经营、安全、地质、医院、学校 20 多个部门、大约 40 公里的主干光纤网，基本覆盖了公司本部主要的职能处室。

同时，同煤集团实行“一站式”上门服务，运用 NGN 网络不断提升传统网络的技术水平，网络规模在全煤系统中名列前茅，在山西省企业专网中排名第一。同煤集团成功地解决了西门子程控交换机远程监控和模拟监控终端技术难题。他们还开设了远程教学系统。2004 年是该集团公司信息化高速公路建设大踏步迈进的一年，他们共完成了公司本部大同矿区有线电视网、数据网、通信网、主干光纤传输网敷设工程达 200 公里，推进了企业信息化建设进程。同煤集团多次利用视频会议系统，专题学习、辅导培训，提高了工作效率，减少了费用支出。

从 2007 年开始，集团公司领导就提出要“坚持以信息化带动工业化，以工业化促进信息化，走出一条科技含量高、经济效益好、资源消耗低、环境污染少、人力资源优势得到充分发挥的新型工业化路子”。要求加快同煤集团信息化建设步伐，以信息化促进产业结构调整，加强信息资源的开发和利用，加大信息技术的应用力度。

公司依托同煤集团国家级的技术中心的优势，推进信息化建设，生产指挥调度、瓦斯监测监控和企业物流、财务、计划管理等十多个系统实行了信息化管理；加快了从劳动密集型企业向技术密集型企业的转变，基本实现了矿井规模大型化、采掘作业机械化、巷道支户锚索化、皮带运输高速化、监测监控信息化。

据最新统计，我国采煤机械化程度平均为 42%，国有重点煤矿为 75%。同煤集团的综采机械化程度达到 100%，高于全国大型煤炭企业平均水平 15 个百分点。

针对大同矿区“两硬”、“三多”的特有煤层赋存条件，同煤集团技术中心充分调动科研人员的积极性，研发、完善了短臂综采、无顶网下分层综采、5 米采全高综采、顶煤预爆破低位放顶煤综采、不规则煤层旋转综采、“三下”开采等十多种成熟开采技术，有的达到国内领先、国际先进水平。

正是在信息化战略的指导下，同煤集团的科技进步贡献率达到了37%，居全国煤炭行业之首。被中国科协、国家计委、国务院经贸委授予最高荣誉——“奉献杯”。

2010年，同煤集团信息化工作在组织体系、基础设施、信息系统的开发应用等方面取得了一定的成绩，信息化工作逐步进入了规范化、制度化、标准化、科学化的健康发展轨道，形成了具有煤炭行业特色的信息化建设管理体系、运行机制，为企业提高管理效率、推进管理创新提供了可靠的保证和有力支持。这主要呈现出七个特点：①完善组织机构，加强管理体系建设；②加强基础设施建设，奠定信息化发展基础；③加大系统开发应用力度，提升集团公司工作效率；④贯彻“人人都是通风员”的安全理念，推进两化在矿井安全生产中的融合；⑤发挥二级单位信息化建设的积极作用，大批成果不断涌现；⑥提升技能，强化实践，努力提高信息化人才队伍的综合能力；⑦紧跟国家信息化发展步伐，积极争取上级部门对企业信息化的支持。

2011年，集团公司信息化工作的发展思路：以科学发展观为指导，贯彻落实国家和省关于信息化及两化融合的相关政策，围绕“转型跨越‘十二五’，再造一个新同煤”的企业战略目标，以深入推进同煤集团“两化深度融合”为核心，逐步开展集团公司层面的应用系统建设工作，加强各二级单位及资源整合矿井信息化建设工作，初步在集团公司形成决策层、经营管理层、生产执行层三级综合管理体系，提高企业安全生产、经营管理、科学决策水平，提升大集团的集中管控能力和核心竞争力。

2011年是集团公司“十二五”开局之年，信息化工作蕴藏着无限的生机。广大信息化工作者在工作中要做到：①加强领导，统筹规划，确保集团公司信息化水平有序推进；②科学布局，加大投入，全面提升信息化基础设施承载能力；③围绕产业多元化发展道路，加快信息系统建设，扎实推进两化融合工作；④加强制度建设，形成制度体系；⑤建立人才培养机制，加强信息化人才队伍建设。

六、信息化技术铸就安全港湾

“安全为天”是煤炭企业的一句常用警语，更是同煤的一条治企根本，对于这项长期而艰巨的工作，同煤集团投入了巨大的人力和物力。特别是在安全技术上，同煤集团加大了投资的力度和技术创新的奖励。

近年来，同煤集团提出了“安全第一，生产第二”、“带着感情抓安全”等以人为本的十大安全理念，要求各矿井根据本矿的实际情况加大安全投入，鼓励各矿增加安全技术创新的奖励。同时要求严格落实各类安全制度，规定每吨煤必须提取 15 元用于安全投入。正是有了充足的资金投入，同煤集团的生产安全又迈上了一个大台阶。

信息化建设始终服从、服务于煤矿安全工作。同煤集团建立了《矿井通风瓦斯监测系统》，该集团公司和省局领导坐在办公室里就能直观地看到矿井通风瓦斯情况，此项目荣获了该集团公司科技进步二等奖。同煤集团信息化建设涵盖了人、财、物、产、供、销管理全过程。各二级单位充分共享信息资源，在统一信息平台上开展各项业务工作。集团公司先后开发了《物资储备计算机网络管理系统》、《网上物资招标采购计算机管理信息系统》、《劳动工资计算机管理信息系统》、《企化计算机管理信息系统》、《矿级机电设备计算机管理信息系统》、《生产调度指挥系统》，维护升级了财务、运销、社保、党建等一批计算机管理信息系统。如今，打开集团公司物资采购运用程序，就能清晰、直观地查看出集团公司各单位物资采购和存贮情况，极大降低了物资库存，提高了资金的利用率。

山西同煤集团忻州窑矿是一个高瓦斯矿井，地质构造复杂，瓦斯绝对涌出量大，瓦斯灾害已成为制约矿井安全生产及可持续发展的突出问题。瓦斯治理难题迫切地摆在该矿面前，瓦斯不治，矿无宁日。

忻州窑矿在保证安全技术措施资金使用率 100%基础上，每年都投入大量资金用于矿井“一通三防”装备更新、改造与技术方面创新。筹资 500 万元装备了集视频、音频、数字信息高速统一传输的 KJ—100 型监测监控系统。该系统可以实时连续地监测瓦斯、一氧化碳、风速、温度、压力、风门状态、风筒等环境参数，为矿上采取应急措施提供依据。在回采工作面全部安设了机载瓦斯断电仪，实现瓦电闭锁；集团公司首家建成并正式运行了 KSS—200 束管监测系统，随时对井下 20 个重点区域的一氧化碳浓度进行取样化验分析。

同时，忻州窑矿加强以总工程师为核心的“一通三防”技术管理工作，明确分工，落实责任，做好有关安全技术措施的制定修改、检查落实，合理设计，优化系统；加强技术交流合作，积极推广应用先进技术成果，为矿井“一通三防”管理提供可靠的技术支持。在综放工作面布置了排瓦斯巷，有效治理了工作面上隅角瓦斯；在巷道高冒区，采取注罗克休、艾格呢材料充填，防止瓦斯积聚；加强综放工作面放顶工作，布距放顶由 15 米改为 7 米，缩小了氧化带，规定所有综放工作面月推进速度不低于 50 米，综放工作面及下分层综采面必须在皮带巷串车后，安装气雾阻化液泵，实施喷注氯化镁材料避免煤炭自燃。

通过技术创新、制度完善、设备更新，忻州窑矿的安全环境得到了极大改善，要人命的“瓦斯老虎”得到了有效地遏制。

七、信息化系统的应用——以安全生产管理为例

（一）立项背景

根据《安全生产法》、《关于开展重大危险源监督管理工作的指导意见》（安监管协调字［2004］56号）、《重大危险源辨识》（GB18218-2000）、《关于规范重大危险源监督与管理工作的通知》（安监总协调字［2005］125号）及《晋安监协调字（2008）170号〈关于进一步做好重大危险源申报登记管理工作的通知〉》等文件精神，按照山西省安全生产监督管理局对全省危险源申报、登记管理的工作部署、工作要求、时间安排及同煤集团的工作现状，山西省危险源申报工作的技术支撑方为同煤集团提出了本工作方案。

重大危险源指的是长期或临时生产、搬运、使用、储存危险物品，且危险物品的数量等于或者超过临界量的单元（包括场所和设施）。

按照《安全生产法》的规定，生产经营单位对重大危险源应当登记建档，进行定期检测、评估、监控，并制定应急预案。生产经营单位应当按照国家有关规定，将本单位重大危险源及有关措施、应急措施报有关地方人民政府负责安全生产监督管理的部门和有关部门备案。

近年来，随着经济的快速向前发展，集团子公司数量不断增多，规模也不断扩大，集团安全生产监督管理局一方面要努力克服人手少、车辆少、经费紧张的困难，积极地开展安全生产检查和事故隐患整改工作；另一方面还需及时向上级汇报安全生产各项情况，如伤亡人员、隐患数、重大危险源等情况。而集团的安全监管工作仍停留在传统的半手工作业方式，现有的电子报送处理方式也比较落后，数据有效性低，已不能适应今后的数字化管理模式，使安全生产的压力越来越大，隐患出现事故前的预防监督和事故后的紧急救援力度不够。与发达地区相比，集团安全生产监督管理信息化水平仍存在着相当大的差距，迫切需要改进工作方法、完善监管手段、规范行政秩序。因此，构建高效、快捷、安全的“信息化办公”已势在必行。

从重大事故隐患治理到重大危险源普查（申报）、监控是重大事故预防思想的进步，是从源头上抓预防，是落实预防为主、关口前移的具体体现，也是国家安全生产法律、法规的强制要求。通过对重大危险源的普查登记和建库工作，就可以进行重大危险源的监控和分析。由于重大危险源的普查和监管工作需要全面和有效地进行，就需要各级安

全生产监督管理部门的协调和广大生产、经营、储运等使用、经营重大危险源的企业的配合和支持，尤其企业必须将企业的具体危险源信息提供给政府，由于危险源多并且管理繁杂，所以有一套符合国家有关标准的、普遍适用的、易用的和及时收集和分析的重大危险源监管系统软件将大大提高安监部门的工作效率，建立省（区、市）、市（地）、区（县）、企业四级重大危险源监控信息网络系统提供一个专业的、标准的、可靠的信息化平台。

要想继续保持集团安全生产工作的良好发展态势，保持集团安全生产形势的进一步稳定好转，必须提升安全生产的监管手段，充分利用现代技术，实现安全生产企业特别是重大危险源企业信息化监管。不断推动安全生产监管手段向更高、更深、更实的方向发展，逐步利用现代信息网络技术，建立省、集团和子公司三级信息监管网络平台，实现由单一的“人防”向“人防”与“机防”相结合的监管方式转变，实现本辖区内重大危险源企业综合管理工作的科学化和制度化。这是贯彻落实“安全第一，预防为主”方针，实施“关口前移”、“重心下移”、“科技兴安”和深入贯彻落实《安全生产法》的具体体现。

同煤集团作为山西省为数不多的中央驻晋企业，信息化程度相对较高，构建《重大危险源监督管理系统》条件是可见的，尽快启动系统的建设，对于落实科学发展观、构建和谐平安的同煤具有重大意义。

（二）项目内容

同煤集团重大危险源监督管理系统是“省局—集团—企业”三级重大危险源监管网络建设的重要组成部分。系统主要侧重于本集团重大危险源申报、监管工作，以配合省局对集团内发生重大危险源普查工作。建设内容主要包括同煤集团重大危险源监督管理系统软件工程以及运行系统相配套的硬件网络建设两方面。

在软件系统方面，通过重大危险源监督管理系统普查出的全区重大危险源数据库，可以摸清家底，为集团安监局日常综合监管工作提供基础数据，加强对重大危险源、重大安全隐患、重点部位安全生产日常动态监管和今后重大危险源实时监测预警的管理。另外，本系统是整个安全生产监管系统的一个子系统。

在硬件网络方面，本系统平台软硬件主体架构基于 Internet 互联网，软件采用先进而实用的 B/S 结构，便于以后用户使用、灵活加载、系统升级和系统维护。保证企业无须安装任何程序便能使用最新版本系统功能。硬件既要采用先进的概念、技术和方法，又要注意结构、设备、工具的相对成熟。不但能反映当今的先进水平，而且具有发展潜力，能保证在未来若干年内占主导地位，并能顺利地过渡到下一代技术。让监管部门及时、准确地了解重大危险源分布、危险物资性质、应急预案等各项安监信息，有的放矢，高效管理，有效减少重、特大事故发生。

考虑到众多企业用户的同时在线使用等因素，应用服务器和数据库应选择目前主流配置，同时加大内存和硬盘容量。应用服务器是主机系统关键应用，应用程序代码存储，承担内部业务系统之间，以及内外部系统之间数据运算、接口与数据交换；数据库服务器是系统的数据中心，承担系统的数据存储、计算、统计等核心工作。

同时，由于系统基于 Internet 互联网应用，软件采用先进而实用的 B/S 结构模式，整个系统的运行需要依托高速率的固定 IP 宽带网络。具体情况视集团机房建设情况而定。

（三）项目实施应用情况

通过本软件实现了企业重大危险源普查数据录入；管理端重大危险源辨识；重大危险源查看及审核；重大危险源查询、统计输出。

在线查看企业上报的重大危险源普查信息、填报状态并进行审核，符合要求审核通过则保存到管理端数据库，为集团公司重大危险源管理提供了平台，保证重大危险源的良好监控，为打造“零事故环境”，创造“零事故现场”创造了条件。

（四）资金投入

本项目的建设投资为同煤集团危险源监督管理系统所需建设费用，建设投资包括危险源监督管理系统软件工程费、企业申报模块、中心端管理模块、与省安监局的数据接口、平台升级维护费用，本部分投入为 20 万元。服务器 10 万元。其他相关设施，例如打印机、扫描仪等 2 万元，共 32 万元。

（五）经济社会效益

通过重大危险源监督管理系统普查出的集团公司重大危险源数据库，及时、准确地了解重大危险源分布、危险物资性质、应急预案等各项安监信息。另外，本系统是整个安全生产监管系统的一个子系统，通过联网应用本系统，有的放矢，高效管理，有效减少重、特大事故发生。

（六）问题与建议

该系统具有广阔的应用前景，通过对该系统的进一步升级改造可以扩展对重大事故隐患的监控与管理，对全集团公司各矿、厂的重大危险源及重大事故隐患进行监控、监督与管理，为集团公司安全管理水平提升发挥重要作用。

但是，各二级单位对新系统不是很了解，对系统使用不太熟悉。重大危险源管理是一项专业性强、技术含量高、难度大的工作，基层各单位对此认识还不够高，重视程度有所欠缺。各矿需培训专职重大危险源系统管理人员和操作人员各1名，由于专业性强，缺乏此方面管理人才。

对于政策措施，建议对危险源管理系统应用较好的单位组织进行交流学习，逐步完善系统。国家在安全信息化开发、投入上给予扶持，不断提升信息化水平。

八、案例点评

20世纪80年代以来，随着计算机技术、通信技术、多媒体技术和网络技术的迅猛发展，信息化的时代到来了。这场信息化技术革命推动了各行各业的发展，大同煤矿集团公司抓住发展机遇，紧跟国家信息化发展步伐，集团公司的信息化工作在组织体系、基础设施、信息系统的开发应用等多个方面都取得了一定的成绩。信息化工作逐步进入了规范化、制度化、标准化、科学化的健康发展轨道，形成了既具有煤炭行业特色又兼具集团公司特色的信息化建设管理体系、运行机制，为企业提高管理效率、推进管理创新提供了可靠的保证和有力支持。经过多年的建设发展，集团公司已经完成了“一通三防”监测监控系统、煤矿产量监测系统、井下人员定位跟踪系统、办公自动化系统、财务管理信息系统等多个煤矿企业信息化系统的建设工作。信息化工作的不断发展不仅有效降低了集团公司的运营成本，契合当前低碳环保的经济理念，提高了集团公司的决策能力、管理水平，而且还推动了集团公司重构业务流程并积极优化组织结构，提高了集团公司的安全生产能力，促进了集团公司在管理、机制技术等多个方面的创新。

大同煤矿集团的安全信息化导向模式取得了一系列的成果，在煤炭行业的信息化建设队伍中处于先进地位，但是集团的信息化建设同样也存在着种种挑战，如信息化基础较差、整个集团的信息化建设缺乏规划、信息化人才队伍建设不完备等。同时，随着金融危机的进一步恶化，我国煤炭行业兼并重组步伐进一步加快，集团型企业将逐步成为市场竞争的主体。煤炭企业集团化对信息化技术的应用需求也逐渐显现。煤炭企业的整合，大集团战略的实施已成为煤炭企业发展的主旋律。伴随着集团企业的整合、统一，一系列针对原有中小型煤矿、矿务局体制下的管理信息系统将不再适用，能够支撑集团企业战略实施的信息化产品将成为应用的主流。如支持集团企业的全面预算管理、战略性人力资源管理、集中核算型财务管理、资金监管、资本运作等。

随着市场经济体制的逐步完善，煤炭行业组建大集团，增强核心竞争力成为必然。与此相对应，煤炭集团企业对数据的集中化管理保持强烈的需求。数据管理的集中化，不仅有利于提高统一性，还将提高数据的价值，对于改善企业业务管理和经营决策水平有极大帮助。煤炭信息化建设已经成为煤炭企业可持续发展的必要手段。同时，随着科技的发展，信息技术又上升到一个新阶段——物联网技术。物联网技术的基本特征是全面感知、可靠传送和智能处理，它的发展打破了旧有的信息化建设思维模式，这种新的理念和技术正在逐渐走进生产和生活。煤炭的产生有着复杂的生产过程，涉及的系统很多、战线较长，并且还受地质条件、矿山自身情况等因素的影响，因此对煤矿安全生产和科学管理方面要求较高。在未来将运用物联网技术，通过全面感知，对矿区的人员定位、设备自动化、环境的安全监控等的全面感知，并通过高速网络实现全面覆盖，能更好地掌握和控制矿山的运营情况，提高安全性能和管理的有效程度。因此，煤炭产业运用物联网信息技术推动信息化发展是必然趋势。

总的来说，信息技术在我国煤矿安全生产管理中的应用还处于起步阶段，存在一些问题，也面临许多困难。作为中国煤炭生产的主要基地，同煤集团已经在信息化发展中走在了全国的最前列，但是从安全生产、应急救援、资源利用等方面来看，煤炭信息化还有很长的路要走。不过，我们相信同煤集团在经过集团化改革后，充分利用信息化战略提供的机会，必将成为具有国际竞争力的特大型煤、电、化、铝新型能源集团。这艘传统的煤炭战舰终将成为新能源航空母舰！

参考文献

[1] 大同煤矿集团官网，http：//www.dtcoalmine.com.

[2] 邱玉霞，秦佳佳，赵文，张志军.煤炭产业信息化建设现状及其发展趋势［J］. 煤炭经济研究，2012（8）.

[3] 贾必江. 浅议大同煤矿集团有限责任公司信息化建设中的问题及对策［J］. 太原城市职业技术学院学报，2013（8）.

[4] 中国知网，http：//www.cnki.com.cn/Article/CJFDTotal-TMJS200204027.htm.

[5] 中华人民共和国工业和信息化部，http：//www.miit.gov.cn/n11293472/n11293832/n12843986/12853240.html.

中国企业信息化管理案例

第七节　普利特的质量导向信息化

一、公司基本信息介绍

立志成为世界一流改性塑料代表的中、高档材料品牌——普利特，创立于 1993 年。上海普利特复合材料股份有限公司经过多年的市场化运作，目前已拥有五大系列 300 余种品级的改性塑料产品，为汽车制造、家用电器、电子信息等企业提供配套服务，成为专业从事电子材料、高分子材料、橡塑材料及其制品等高性能塑料复合材料研究、生产、销售和服务的民营高新技术企业。普利特已经与上汽集团、一汽集团、东风汽车、上海大众、一汽大众、上海通用、奇瑞汽车、华晨汽车、长安福特马自达等汽车公司成为重要的合作伙伴。据统计，2007 年，“普利特” 牌汽车用塑料复合材料的国内市场占有率达到 5.83%，位于国内同行业前两位。

“普利特” 商标产品先后获得国际质量金奖 1 项，国家重点新产品 5 项，上海市级科技成果奖 22 项，申请发明专利 116 件，公司主导产品荣获 “上海市科技进步奖”、“上海市名牌” 等诸多称号，普利特已成为车用塑料复合材料行业中全国规模较大的塑料复合材料供应商之一。

公司是国内专注于生产汽车用改性塑料产品的主要企业，国家火炬计划重点高新技术企业。目前拥有五大系列 300 多个品种，形成年产约 5 万吨的生产能力，汽车用改性塑料产量在国内企业中居前，其中改性 ABS、PC/ABS 合金产品产量排名第一，改性 PP 产品产量也居前列。公司为汽车制造、家用电器、电子信息等企业提供配套服务，专业从事高性能塑料复合材料研究、生产、销售和服务，是行业内较早获得汽车行业相关资格认证最齐全的企业之一。公司拥有 21 项发明专利，另有 95 项正在申请注册的发明专利。

（一）经营概况

普利特是国内汽车用改性塑料优势生产商之一，主要产品有改性聚烯烃类、改性 ABS 类、塑料合金类改性塑料。公司是上海市高新技术企业及国家火炬计划重点高新技术企业。目前，拥有 19 条生产线，合计产能 4.8 万吨；2008 年公司改性塑料总产量为 2.18 万吨。2006 年公司在上海市场占有率 24.51%，全国占有率 6.98%；2008 年公司在上海市场占有率为 28.05%。

公司终端客户为汽车厂商，直接客户是汽车零部件生产商，用于生产门板、仪表板、座椅系统附件、饰柱、发动机周边设备等汽车零部件。公司主要客户有延锋伟世通、上海华德、上海胜德、宁波华翔、长春西博等国内知名汽车部件厂商。终端客户有上海大众、上海通用、一汽大众、一汽轿车、长安福特等汽车厂商。

2009 年，在董事会的正确领导和全体员工的不懈努力下，公司致力于为汽车工业“节能、环保安全和舒适”的发展趋势提供优质原材料，抓住由国务院颁布《汽车产业调整和振兴规划》等一系列政策给汽车工业带来的行业发展战略性机遇，依靠技术创新和优化管理，紧紧围绕公司经营目标，坚决实现重大项目的突破，实现了公司经营规模和效益的快速增长。2009 年，公司销售收入 4.90 亿元，销售各类改性塑料产品 3.29 万吨，分别比 2008 年同期增长 34.67%和 48.87%，销量的增幅超过我国汽车销量的增幅；实现净利润 9607.29 万元，比 2008 年同期增长 146.90%。

（二）质量方针

上海普利特复合材料股份有限公司始终坚持“争创世界一流”的质量理念和“零缺陷、零等待、零距离”的经营理念。公司按照科学的方法进行质量管理，先后建立实施了 ISO9001:1994、QS9000:1998、VDA6.1:1998、ISO9001:2000、ISO/TS16949:2002 质量管理体系，公司制定了“坚持‘争创世界一流’的质量理念，为顾客提供零缺陷的产品和服务，确保顾客充分满意”的质量方针。公司推行“内外部顾客”和“使内外部顾客满意度”观念，各个环节层层严把质量关，公司在质量控制上对原材料、生产过程产品、成品、出库产品四个环节进行检验控制，确保“不接收不良”、“不生产不良”、“不交付不良”。公司提出“质量是策划出来的”理念，在产品设计开发时，严格认真地进行APQP 策划和 FMEA 分析，寻找质量隐患，并制定相应控制措施，使质量“一开始就做好”。在质量问题和客户投诉处理上做到“原因不明不放过、无处理措施不放过、处理措施无效果不放过”，确保质量事故能够及时有效地得到解决，并不会再次发生。公司采取 PDCA 管理模式进行质量改进工作，每年都实施完成 5 个以上的质量改进项目，使公司质量水平持续提高。

公司为了提供质量管理能力，配备了充足的资源，质量管理人员占总人数 9%，其中中级质量工程师 2 名。

公司修建了 150 平方米的现代化的检测实验室，配备了德国、意大利、美国、日本进口的各种世界最先进的检测设备（如德国 ZWICK 的高低温电子万能试验机、电子冲击试验机、球压/洛氏/邵氏硬度计；美国 ATLAS 的氙灯老化试验仪、燃烧仪；意大利 CEAST 热变形/维卡软化点温度测试仪、铣缺口机；日本美能达测色仪、光泽度仪、日本三洋超低温试验箱等），能够承担 GB、ASTM、ISO、DIN 等标准的塑料熔融指数、密度、灰分、燃烧性能、热变形温度、维卡软化点温度、表面硬度、光泽度、球压痕/洛氏/邵氏硬度、高低温拉伸/弯曲性能、高低温冲击性能、热氧老化、光照老化、色差、含水率、气味、电阻等试验项目，并按照 ISO/IEC17025:1999 标准要求进行实验室管理，为质量管理和质量控制提供了充分保障。

公司严谨规范的质量管理，使顾客满意度稳步提高。公司规范的质量管理和优异的产品质量受到了各方的好评。公司连续多次被汽车领域客户评为 A 级供应商和优秀供应商，2002 年荣获国际权威的 BID 国际质量金奖，2003 年被评为上海市计量合格单位等。2007 年，上海市质量协会授予普利特年度上海市实施卓越绩效管理先进企业荣誉。

2000 年 5 月，普利特与上海交大合作成立了“汽车用改性塑料联合实验室”，实现了强强联合、优势互补。普利特公司装备先进，技术力量雄厚，拥有国际一流的生产设备和检测仪器，并先后通过了 ISO9001、QS9000、VDA6.1、ISO/TS16949、ISO14001、OHSAS18001 管理体系认证。公司建立了上海汽车用塑料复合材料行业第一家市级企业技术中心，连续四年荣获上海市名牌产品称号，被授予首批上海市知识产权示范企业，首批上海市科技小巨人企业，入选“中国民营企业自主创新 50 强”称号，通过第十一批上海市著名商标的认定，2007 年 8 月被评为“中国优秀民营企业”。

“高科技、服务优、国际化”是普利特人不懈的追求；“中国改性塑料第一品牌”是普利特人奋斗的目标；“争创世界一流”是普利特人永恒的理念。普利特正以其品牌的感召力和核心价值对当今中国复合材料市场产生影响，普利特——知识经济时代创新与变革的缩影！

二、发展历程——技术才是敲门砖

自2000年起，普利特销售额以每年超过50%的速度递增，2008年销售额达到了3.7亿元，利税达到了6000万元，公司2006年被认定为科技小巨人企业。普利特公司连续多年高速发展，得益于公司长期以来重视高新技术成果产业化、产学研紧密结合以及追求卓越的理念和企业精神。

普利特的前身是同济大学普利特化学研究所，因此公司自成立之日起就与大学研究所有着天然的血缘关系。随着公司的日益发展壮大，产学研合作更成为公司技术创新不可或缺的重要组成部分。

2000年起，普利特与上海交通大学合作成立了“汽车用改性塑料联合实验室”，设立主任、副主任各1名，分别由交通大学和公司指定专人担任，负责实验室日常事务，公司先后投入约160万元用于联合实验室的建设。每年联合实验室定期召开工作会议，交流研究成果，探讨下一步的工作计划。在联合实验室的共建过程中，公司主要提供必要的研究经费、所需的各种原材料以及为交大化学化工学院各类学生提供实验、实习基地，交通大学化学化工学院则提供测试条件和人员，同时帮助公司培训专业技术人才，做到了资源共享、优势互补。通过几年的合作，已成功开发了汽车用多种改性塑料，并有3项专利技术转让给普利特，合作申请专利1项，联合实验室运作7年来取得了满意的结果。

随着产学研工作的深入，公司自身自主创新能力不断增强，2004年公司研发中心被认定为上海市级企业技术中心，普利特投入大量资源从三个不同的层面进行技术创新活动，建立了“仿（模仿二次创新）、集（集成创新）、原（原始创新）”自主创新“三级跳”模式：第一个层面是模仿二次创新的部门——应用开发部，它面向汽车和通信领域的改性塑料，瞄准现有的目标市场，提供客户可接受的高技术产品；第二个层面是集成创新的部门——技术研发部，它通过与上海交大、复旦大学、上海大学的合作，利用“产、学、研”平台，着重解决改性塑料领域的共性技术等重大关键技术；第三个层面是原始创新的部门——战略研究部，它是复合材料产业未来发展的技术，是从事前瞻性关键技术的积累，进行原创性研发工作。目前，普利特已初步形成了“仿、集、原”自主创新“三级跳”的研发模式。

除此之外，普利特还进行一系列的群众性技术创新活动，建立起一系列的创新激励机制和保障机制，基本形成富有普利特特色的技术创新体系。普利特通过把知识产权的创造、运用纳入技术创新、生产、经营等各个环节，同时加大对知识产权的保护力度，使之成为促进企业技术创新的重要动力。2004 年以来，普利特成立了知识产权管理办公室，完善了知识产权管理制度，使公司技术创新水平不断提高，取得了良好的成效。

2006 年，普利特创建了“地壳式”知识产权保护模式，即：将技术诀窍和商业秘密作为知识产权的核心层（地核），它们是非公开的，是企业的生命，需要重点特别加以保护；将专利和著作权作为知识产权的中间层（地幔），是半公开的，是企业占领技术高地采取的维权行为，需要重点监控；而将商标作为知识产权的表层（地壳），它需要在市场上大力宣传弘扬，以提高品牌的美誉度和认知度。同时建立了竞业禁止和保密协议等制度，加强对商业秘密的保护力度，并通过 ERP 系统内权限设置加以控制。专利和著作权奖励制度的实施确保专利申请和授权数每年以 50%的速度增长。

公司还与上海大学纳米中心展开了紧密的产学研合作，2008 年，双方合作项目“无机粉体精细化加工及材料复合关键技术开发和工业化应用”项目获得 2008 年度上海市科技进步奖一等奖。今后，产学双方将进一步加大合作力度，充分利用学校的人才、信息、测试设备、科研成果等优势，以及企业成熟的将科研成果转化的有利条件，开发高附加值的产品，实现企业、大学双赢的局面。

目前，普利特已累计申请发明专利 116 项，其中 21 项已经获得授权；对“普利特”商标进行跨类、跨地区防御性注册，已经获得中国、日本、印度、西班牙商标共计 5 件，以把“普利特”创建成为中国塑料复合材料第一品牌为己任，公司正分步骤、分阶段实施驰名商标建设工作。公司商标被认定为上海市著名商标，“汽车用塑料复合材料”连续五年被评为上海市名牌产品。公司 2006 年被认定为上海市知识产权示范企业。

截至 2009 年 5 月，公司参与项目研发人数达 58 人，占员工总数的 28%，建立了包括 2 名教授博导、5 名博士、15 名硕士在内的高层次研发团队，培养了高层次管理人才 5 名充实管理岗位；近五年科研经费支出占销售收入的比重保持 3%以上，2008 年达到 3.18%；技术中心投入确保每年不低于 200 万元，用于实验室建设，保持同行业研发设备的领先地位；产学研合作经费占总经费的比例不低于 20%；设立专项资金用于专利信息库建设和群众性的技术创新奖励。

2000 年以来，公司的汽车用新型改性 ABS 材料，汽车用新型增韧、填充增韧聚丙烯材料，高韧性 PC/ABS 合金，耐划痕橡胶增韧滑石粉填充聚丙烯，低气味、高抗冲、抗紫外、耐热 ABS 材料，环保、抗紫外、阻燃改性苯乙烯共聚物及其合金等项目被认定为上海市高新技术成果转化项目；高抗冲耐热 ABS 材料、增韧填充增韧 PP 材料、高韧性 PC/ABS 合金材料、耐划痕橡胶增韧滑石粉填充聚丙烯材料等产品先后被列为国家重点新产品和上海市优秀新产品计划项目，被认定为国家重点新产品，2006 年，高韧性 PC/ABS 合金项目被认定为国家火炬计划项目（项目编号 2006GH030288），所有这些专利技术全部具有自主知识产权，其产品的技术水平均接近或达到国际先进水平，专利产品销售占全部销售收入的 76%以上。

秉承“真诚为您服务”和“为客户创造价值”的服务理念，通过与汽车公司合作开发汽车内饰标准色板数据库，以及协助汽车公司完成汽车内饰颜色优化匹配工作；普利特注重管理出效益，通过信息化提高管理水平，普利特已实施了第三期 ERP 系统，将信息化管理覆盖业务全部流程。普利特实施编制了各个岗位的岗位职责、考核方案和薪资方案，实行目标管理，将目标业绩与薪资挂钩，通过激励机制调动员工积极性；为了规范各个环节作业，公司依据 ISO/TS16949:2002 质量管理体系要求，编制了各个环节的作业文件和注意事项，规范了各个环节的作业要求；为了提高员工的质量意识，在生产过程中进行员工自检和组长巡检相结合，严格控制工艺和产品质量；在生产现场推行 6S 管理和看板管理，使现场整洁安全。

2008 年，公司获得上海市质量金奖。普利特注重以人为本，加强对员工的企业文化和企业核心价值观的教育培训工作，形成了文化管理向企业管理的渗透机制，最终达到企业管理的最高境界——文化管理。

为了继续不断增强公司竞争力，抢占国内汽车用复合材料市场，公司于 2007 年下半年开始筹措上市计划，拟以 IPO 方式在深圳交易所中小板块上市，募集资金 2.74 亿元，产能由 2007 年的 5 万吨在未来 5 年提升到年产 15 万吨规模。目前，普利特公司已经通过证监委发审会审核。普利特未来将继续推进科技成果产业化进程，深化产学研合作，并不断提高自主创新能力，与国外知名跨国公司同台竞技，打造中国汽车用复合材料第一品牌。

1998 年，桑塔纳 2000 的改型，使上海普利特有了与美国 GE 公司同台做对比试验的机会。结果所有物理和机械性能指标相当，但“耐光照”老化试验一项指标上海普利特超越了美国 GE 公司，最终，普利特成为桑塔纳 2000 内饰材料全球唯一定点厂家。从此，普利特产品以过硬的质量、优良的性价比成功替代了进口材料，一举打开了局面。普利特的产品遍布在汽车的各个地方，大到汽车的门板、保险杠，小到锁扣、按钮等各种各样的按键，品种多。核心产品有三部分：第一部分是改性 ABS，目前在国内的地位是只要汽车上用到 ABS 就能想到普利特，因为普利特是依靠 ABS 起家的，技术比较领先；第二部分是改性 PP，也是汽车上用料最多的，能够看到的大部分件像仪表板、门板、保险杠等都是使用聚醚西制作的；第三部分是 PC/ABS 合金，普利特的产品都是围绕汽车来制作的，95%的产品都与汽车相关。张祥福说，2003~2006 年，公司一直保持着快速增长，虽然 2008 年的金融危机对企业产生了一定的影响，但今年上半年基本做到了利润与去年持平，今年有特殊的情况，产量创了历史新高，但因为现在原材料价格降低，所以销售数据看上去减少了，实际上是比往年有所增加。良好的销售状况得益于汽车工业的市场销售比较好。

三、信息化 2/8 原则

普利特是上海制造业信息化专项扶持的科技小巨人企业，在得到政府的大力帮助后，普利特从 2007 年开始企业信息化进程。张祥福介绍说，普利特最初上线的是 ERP 系统，然后把产品开发系统和 ERP 系统有机集成，实施商业智能化、仓库条码管理和货位管理系统，企业曾计划到 2010 年实现电子商务及客户关系管理。在企业信息化工程中，普利特总结出了一套自己的办法：ERP 系统的实施符合典型的 2/8 原则：80%符合标准软件，20%个性化设计，但所需费用比例是 50：50。普利特的信息化建设遵循着 2/8 原则，使用国产化软件满足了企业 80%的需求，同时结合企业自身实际情况个性化设计开发配套的软件系统，让软件在企业中发挥最大的效果。

“普利特的信息化搭建了用友的平台，同时加上企业根据自身情况研发的软件与之配套使用，在公司信息化建设中不仅能够把信息化的平台建设起来，而且能够非常好的契合公司的发展需求。”企业上系统的投入和系统后续改进的投入费用是差不多的，但很多软件商却把这部分放弃了。国外软件除了购买软件的投入外还有实施费用和每年的升级服务费用，且都非常贵，很多中小企业不能承受。而国产软件能够满足企业的大部分需求，后续可以花少量的钱做一些二次开发。同行的专家也告诉记者，普利特是实现使用国产化软件做到精细化管理的典型的企业。

长期以来，国内企业对国产软件商能否为企业实现精细化管理存有疑问，但普利特做到了。普利特用标准化软件来满足企业的 80%需求，更重要的是用个性化开发来满足企业特点的 20%需求，使信息化系统发挥了最大的效果。这是值得很多企业借鉴和学习的地方。“民营企业实施信息化一步一步走得非常坚实，从小处开始着手，国有企业在信息化上投入几千万、几个亿实施软件，但真正软件值不值，最终帮助企业创造多少效益，很多企业并没有做过评价。但民营企业在信息化上投入了几十万元，必须要由地方来赚取这几十万元，这可能是民营企业和国有企业最大的差别。实施了信息化系统必须能够为公司带来更大的效益，这是我们上信息化的动机。”张祥福感慨地说。

四、放心工程

普利特实施信息化取得的成效在企业里被称为放心工程。何为放心，张祥福解释为：让老板放心，让员工舒心。信息化系统所有的改进都是围绕着让老板放心，企业各业务过程互相牵制，企业实时的发展情况都在老板的掌控之下。员工舒心是让员工明确职责，清清楚楚做好自己分内的事，为员工提供便捷的工作方式，减少工作量，减少错误率。最直接的成效就是，企业的钱、财、物不多也不少，能够有效地、合理地控制是系统管理最大的好处。另外，对客户、业务员、供应商的贡献度大小明明白白，企业的支出清清楚楚。

以前，国外公司刚进入中国市场时的模式和现在有很大的不同，最初并没有把中国企业放在眼里，虽然汽车零部件开始国产化了，但复合材料却全部进口。公司真正打开车用复合材料国产化替代局面的是与美国 GE 公司的一场同台竞争。“我们有实力证明，国产的复合材料并不比进口的材料差，相反我们有我们的竞争优势。现在，普利特更有信心与国际厂商同台竞争。”企业上规模以后，必须要走信息化道路。利用信息化的手段，通过技术创新，普利特的国际竞争能力也大大提高。在桑塔纳 2000 内饰改型时，竞标单位有 3 家，其中包括美国 GE 公司、德国拜耳公司和中国的普利特，最终普利特胜出。

走进普利特公司的大门，很容易注意到公司的司标，它代表一只腾飞的燕子，象征着普利特的不断向上、快速发展；燕尾的四个支撑代表普利特发展的四块基石，即企业员工、客户、持续创新能力和合作伙伴。这只腾飞的燕子依据自身的优势在大浪淘沙般的激烈竞争中脱颖而出，成为新材料行业领军企业。

五、信息化建设没有终点

企业信息化建设只有起点，没有终点，需要不断完善，越早实施越好，因为它与企业的发展密切相关。“以前很多企业都说上 ERP 是等死、找死，实际上都不合适，因为 ERP 系统的实施对企业的发展起到非常大的推动作用。我们认为软件能够满足企业需求的 80%可以认为成功，成功与否关键在于企业本身，不在于软件的局部 Bug。”张祥福说。ERP 实施成功的 50%取决于实施负责人，所以企业的领头羊非常关键，其一定是企业核心人员，ERP 系统实施是一个漫长的过程，人员稳定非常重要。张祥福给记者描绘了普利特的信息化规划分为三个部分：第一内部管理，第二对外宣传，第三对外营销。在内部管理中实现企业内部业务过程计算机化，分别实施了 ERP（业务系统）、商业智能（分析系统）、生产管理（排产，计划跟踪）、员工绩效考核、预算管理、产品开发过程管理（工程设计，项目管理）以及公司个性化业务管理。对外宣传是指完善公司门户网站建设，对外营销是实施电子商务、客户/供应商关系管理（资源共享）。

2007 年以前，普利特销售收入在 2 亿元以下时，就自制及请人设计进销存软件。但很多企业在这个时候还没有打算开始实施信息化。2007 年，用友 ERP 实施（几乎所有模块），主要目的是将所有业务打通，并行一年，2008 年 1 月正式上线。2008 年下半年，产品开发系统与 ERP 有机集成（以前是自制软件），商业智能实施并上线。2009 年，以有限产能为基础的 MRP 运算设计和仓库条码管理和货位管理系统设计，2009 年下半年完善门户网站。下一步，实施预算管理、员工绩效考核、电子商务、客户关系管理已经列入公司的信息化规划中。用国产化软件实现精细化管理，“如果现在企业的计算机都瘫痪了，企业就不能运行了”。张祥福说。通过信息化，从研究人员到销售人员，从原料到产品再到市场，整个过程都存在计算机中。企业可以清楚地知道产品的效益组成，从而制定合理的报酬标准。

2007~2009 年，普利特销售收入从 2 亿元增长到 5 亿元，其中企业信息化功不可没。借助系统能很好地进行材料配套规划工作，计划对生产已经有了指导作用。信息传递及时、材料能较好的管控。实现了最初确定的实施目标，可满足目前业务管理需求。

（1）基础信息。建立了上海普利特复合材料股份有限公司共用资料和物料清单档案，对现有的材料进行统一管理，方便查询和统计。通过权限管理，必要资料可供相关部门共享，有效地规范管理企业各项基础数据。

（2）销售管理。建立了销售业务的管理系统，在系统上可实现多角度建立销售订单的执行情况跟踪查询。计划员按客户订货的需求录入销售订单，并依实际出货情况录入发货单，开立销售发票，最后将销售发票上转财务应收，自动生成应收账款，供财务进行审核确认应收账款和销售收入及销售成本。

（3）采购管理。快速响应客户订单，通过“采购订单执行统计表”和未按时到货的自动预警功能，可随时跟踪采购合同的执行情况，追踪采购交货状况，以保证供应生产用料需求的及时准确。

（4）生产制造管理。生产制造业务的全面有效管理，生产线用料定额领用和生产缺料的事前控制以及生产过程的控制，及时准确地 MRP 运算。

（5）库存管理。清晰的收发存管理，通过对仓库收发类别的管理设置和仓库的有效设置，清楚地实现了各存货收料、领用、入库、出库等进出仓库的各种业务管理，为财务核算产成品成本提供了及时、准确的数据。

（6）财务管理。按照生产订单成本的有效应用，可以明确地核算到每一个生产订单的材料成本、人工成本和费用成本。全面的账务处理，在系统上实现了财务应收账款、应付账款、固定资产、存货核算、成本、总账和财务报表业务的有效管理，为企业领导提供及时、正确的财务信息，以供企业领导作决策分析。

（7）实现了上海普利特复合材料股份有限公司各项业务如销售、采购、生产、仓库、财务等业务有机整合，构建了 E 化管理平台，做到企业管理信息化。

上海普利特复合材料股份有限公司 ERP 系统的实施是成功的，充分地把对软件系统的理解与对企业管理的深刻认识有机结合起来，并应用到整个实施过程中。通过规范基础管理、统一物料信息、优化部分业务流程、编制整个系统的应用准则和规程，在系统应用的基础上有效地促进了企业管理的规范，将对企业综合管理水平进一步提高产生积极而深远的影响。

“以前，公司总认为客户的产品定价是企业利润的关键，但实际做下来发现，采购成本起着至关重要的作用。以前还很不能理解，但 2012 年由于原材料价格下降，2012 年上半年的利润就相当于 2011 年全年的利润了。”张祥福谈道。

如今，普利特通过 BI 的实施使企业所有的业务指标都能够准确地展现出来。比如，通过 2008 年的客户销售收入前 50 位的利润报表，做相关的利润分析，可为领导展现出客户为企业赚了多少钱。通过分析发现，实际上第一大的客户给企业带来的利润非常小，只是增加了销售量，而有些销售量不大的客户所产生的利润率却非常高。通过报表分析出销售收入、研发成本等各方面产生的成本支出，还可以统计到每一个人、每一个部门，能够计算出每一张订单的成本，这对于传统的财务软件来说很难实现。BI 把企业所有的数据拿出来进行分析的过程，从不同的角度进行分析，同样是销售订单，不同的业务经理会从不同的角度进行分析，采购经理和销售经理看销售订单的角度不同，会根据不同的需求做不同的报表分析。

未来，普利特会不断完善过程，根据企业的需求改进，做深层的数据分析和挖掘。普利特采取项目管理的方式，因为汽车的开发周期很长，一般是 2~3 年，从项目立项到批量生产需要很长时间，其中的人员流动是不可避免的，那么就需要一个系统能够完全跟踪所有的过程，可以 ERP 系统集成，以解决企业的流程和知识管理。张祥福说，实施信息化系统的目的是希望能够把知识固化到系统中。以前业务员离职时，不让他把公司的资料拷贝走都是很难的事情，但现在知识固化在系统中、流程中，任何人的离开对企业都不会产生任何影响，只要把离职的人的权限分配给接管的人就可以了，系统中记录着工作的前因后果。“做系统最大的好处是所有事情都可以做到明明白白、清清楚楚。各个环节相互关联，一环扣一环。”

六、案例点评

普利特作为一家专注于生产汽车用改性塑料产品的主要企业，同时也是国家火炬计划重点高新技术企业，对于质量管理有着成功的管理经验。公司提出“质量是策划出来”的理念，在产品设计开发时，严格认真地进行 APQP 策划和 FMEA 分析，寻找质量隐患，并制定相应控制措施，使质量“一开始就做好”。普利特将质量管理作为公司的理念，同时利用先进的管理方法很好地进行质量控制。

公司在对待质量问题和客户投诉处理上，做到“原因不明不放过、无处理措施不放过、处理措施无效果不放过”，确保质量事故能够及时有效地得到解决，并不会再次发生。公司采取 PDCA 管理模式进行质量改进工作，每年都实施完成 5 个以上的质量改进项目，使公司质量水平持续提高。

随着不断发展，普利特能够充分利用信息化的技术，将质量管理和信息化进程相结合。公司对企业的不同业务进行整合，构建 E 化管理平台，做到企业管理信息化。同时，通过 BI 的实施，使企业所有的业务指标都能够准确地展现出来，ERP 系统使用有效地促进企业管理的规范性。普利特将管理的实际问题和信息化的进程结合起来，为当下的制造型企业做出了楷模。

信息化的进程需要信息化技术创新作为基础和良好的管理体系作为保障，因而普利特充分利用信息化的 2/8 法则：80%符合标准软件，20%个性化设计，但所需费用比例是 50：50。普利特使用国产化软件满足了企业 80%的需求，同时结合企业自身实际情况个性化设计开发配套的软件系统，让软件在企业中发挥最大的效果。再者，普利特还进行一系列的群众性技术创新活动，建立起一系列的创新激励机制和保障机制，基本形成富有普利特特色的技术创新体系。普利特通过把知识产权的创造、运用纳入技术创新、生产、经营等各个环节，同时加大对知识产权的保护力度，使之成为促进企业技术创新的重要动力。2004 年以来，普利特成立了知识产权管理办公室，完善了知识产权管理制度，使公司技术创新水平不断提高，取得了良好的成效。

参考文献

[1] 中国信息产业网，http://www.cnii.com.cn/lhrh/content/2009-10/12/content_701694.htm.

[2] 上海普利特复合材料股份有限公司，http：//www.pret.com.cn/Web2010/.

[3] 腾讯网，http：//finance.qq.com/a/20120419/000171.htm.

[4] 中国注塑网，http：//oa.yxx.cn/company1/pretermission/?memberID=shipstz168.

第八节 传化集团的物流导向信息化

一、传化物流基本情况

（一）发展历程和概况

传化集团（以下简称“传化”）从 1997 年开始探索物流，从组建为企业自我服务的“自备车队”开始，经历了“集团企业内部运输企业”、“为集团内外企业提供运输配送服务的企业”和“物流平台经营企业”四个阶段。自 1999 年起探索物流平台的建设，2000 年确立现有物流平台基本模式——公路港物流模式。2002 年开始投资建设首个基地——浙江传化物流基地，并于 2003 年 4 月 18 日正式营业。

浙江传化物流基地有限公司位于浙江萧山经济技术开发区、沪杭甬高速公路萧山出口处，建设规模 560 亩，投资 3 亿元，由著名民营企业传化集团投资兴建，是杭州湾、长江三角洲地区一个重要的公共物流运营基地，旨在整合社会物流资源，为工商企业和第三方物流企业提供专业化综合物流服务平台。

苏州公路港位于苏州市金阊新城内，总面积 588 亩，总投资 10 亿元，是苏州市的重点工程，金阊新城的核心项目。2010 年 5 月 11 日正式投入运营。现已入驻各类物流企业 500 多家，新整合社会车辆 4 万多辆，建设运营了 185 条辐射全国的城际货运班车专线，服务苏州市及周边地区工商企业 20000 多家。2012 年实现营业总额 21.76 亿元。

成都公路港位于成都市北部的新都物流中心，总投资 15 亿元，总面积 1150 亩，是四川省、成都市以及新都区政府的重点项目，2009 年 5 月 20 日正式投入运营。现已入驻各类物流企业 1000 多家，新整合社会车辆 10 万多辆；建设运营 200 多条覆盖全国的城际货运班车专线，服务成都市及周边地区工商企业 20000 多家。2012 年实现营业总额近 47.12 亿元。

富阳公路港由多元化民营企业集团——传化集团规划建设，项目总占地面积约 460 亩，总建筑面积约 22 万平方米，预计总投资 4 亿元，是大杭州西部“经营规模最大、服务功能最齐全、交易环境最优质”的综合型现代化物流枢纽。基地秉承传化独创的公路港物流模式通过建设运营大型公路港平台，即通过建设运营物流信息交易中心、运输中心、专线快运中心、仓储中心、配套服务中心的“4+1”功能模块，集聚与整合物流资源，实现物流企业和社会车辆这两大物流主体在平台内“集约化经营、信息化管理”的目标。基地建成运营后，预计将入驻各类物流企业 250 多家；日流动车辆 2000 多辆，建设运营辐射全国的零担快运专线。基地通过各功能中心的有效协同运作，实现物流服务、物流载体和物流需求三大资源的集聚，为入驻基地的第三方物流企业和货运司机提供一站式服务，提高运作效率。

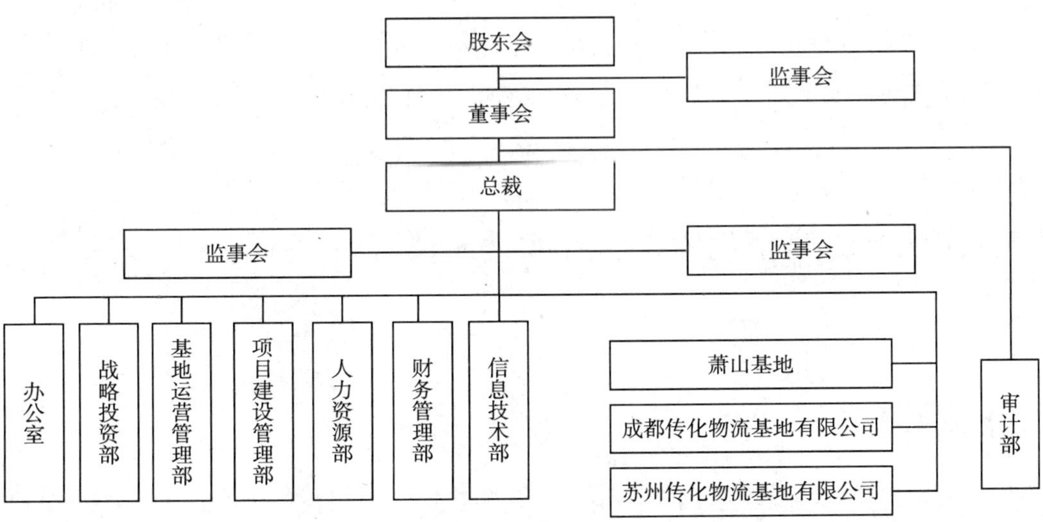

图 3–33　浙江传化物流基地有限公司组织结构设置

（二）业务发展情况

传化公路港物流定位于“物流平台整合运营商”，在“与您共同成就事业，推动区域经济发展”的经营理念指导下，按现代物流基地的要求进行规划与建设，浙江传化物流基地通过信息交易、运输、仓储、配送、零担快运、管理服务“六大中心”以及完善的配套服务功能模块，快速形成了物流服务、物流载体、物流需求、物流管理服务四大资源的集聚，提供“信息交易、商务配套和物业”等系统服务培育专业第三方物流企业。

基地的建成与投入运行为该区域内工商企业和物流企业提供了一个优质的综合性物流服务平台。通过构建的全新物流平台，有效解决制造业和物流业供需双方的矛盾，实现两者的良性互动，有效地提升了当地的物流效率，优化了区域投资环境，推动了物流产业发展，优化和促进了社会分工合作体系，推动了区域经济的快速发展。

目前，基地已形成了 40 多万辆的社会车源运输网络。日整合车辆达 3000 辆，来自省内外的 480 余家物流企业已进驻传化物流基地开业运作，直接提供就业岗位 5000 多个，同时为 21000 多家工商企业提供周全的货物仓储运输、配送等服务，日货物交易量达 30000~50000 吨，每日交易信息发布量达 7000 条以上。浙江传化物流基地已成为浙江省最大的物流服务企业平台，2007 年实现基地营业收入 30.92 亿元，2007 年基地上缴税款 1.2 亿元，2008 年基地营业收入将突破 35 亿元。

传化公路港物流创新性商业模式得到广泛认同，2004 年以来共获得国家级荣誉 18 项和省市级荣誉 30 项。2004 年被评为“交通部重点联系企业”，2006 年被评为“中国物流示范基地、国内首家 ITC 师资培训基地”，2007 年被评为“国家 5A 级综合服务型物流企业”，2008 年被评为“最佳物流平台模式创新企业”，名列“中国物流企业 50 强”第 16 位，获得中国物流行业改革开放 30 周年“中国物流旗帜企业”等荣誉称号，并参与了国家标准《物流园区分类与基本要求》、《社会物流统计指标体系及方法》的制定。

二、传化物流信息化建设历程和投入情况

（一）发展历程

传化物流定位于物流产业的薄弱环节——公路物流，以自身的核心能力来实现事业愿景，提出了以信息化为核心，以国内物流为基础，以公路运输为依托，成为连接国内

物流与国际物流的枢纽节点，成为连接公路运输与其他物流环节的节点的战略定位。

传化物流领导高度重视企业自身和客户信息化建设工作，在信息化建设上进行了大量的投入。公司成立了专门组织——信息技术部，直接向总裁汇报工作，拥有 20 多个大专以上计算机、管理、物流等各方面专业人才的管理及技术队伍，承担着公司所有的信息化工作任务。通过信息化系统的建设，企业成功培养了一批计算机管理和操作人员，这些专业技术人才为信息化项目的实施提供了扎实的技术力量与人才保障。当前公司对信息技术部提出了更高的要求：信息技术部是公司数据中心，为公司决策提供依据的组织，物流信息化战略规划制定者、信息化管理标准控制建立者、连锁基地建筑智能化建设者、物流电子化服务探索者、物流网络架构及信息安全建设者、连锁基地信息系统复制实施者、连锁基地信息运维及增值服务监督指导者。

回顾几年的信息化建设历程，传化物流走过了信息化探索、运营支撑、优化提升和信息化复制等阶段，如图 3–34 所示。

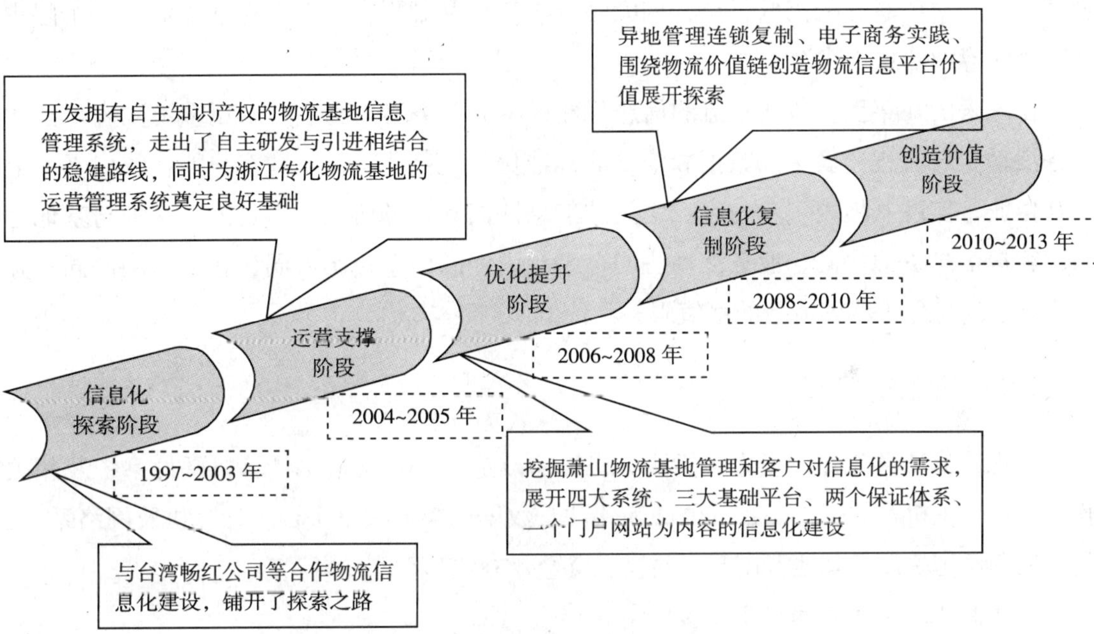

图 3–34 传化物流基地有限公司信息化发展流程

“摸着石头过河”。在 2002 年，国内的物流信息化管理正处于起步阶段。传化物流作为物流平台运营商，不同于第三方物流，“公路港物流”作为一个创新的商业运营模式，在国内物流领域没有类似成功的信息化建设模式可借鉴，更谈不上直接购买成熟的物流业务管理软件。

2003 年，公司与台湾畅红公司等合作开发停车管理系统，为物流信息化建设铺开了探索之路。经过一段时间的应用，发现其功能太过简单，随着进出基地车辆数量的激增，系统已不能适应车辆进进出出物流基地的便捷需要。由此开始了传化物流第一个自主开发的软件——“停车收费智能管理系统”的探索。

自 2004 年起不再从事具体的第三方物流业务，传化物流已经完全转型成专业的平台运营商。信息服务功能是传化物流平台运营模式的核心功能，主要完成货主、司机和承运人的登记、检验、信息受理、投保、查询、交易等业务，为第三方物流企业提供运营平台。基地开发了拥有自主产权的物流基地信息管理，包括停车管理系统 、信息发布管理系统、客户管理系统等功能模块，走出了自主研发与引进相结合的稳健路线，同时为基地的运营管理奠定了良好基础。

2005 年，以传化物流发展战略（2005~2010 年）作指导，提出物流事业战略信息化驱动的管理理念，以信息化管理手段形成有形、无形平台相结合的综合性平台，辅助和满足复制连锁的管理和资源整合的需要，巩固、扩大、维系和经营有形平台网络资源。通过物流信息化平台，进一步整合社会广泛的物流资源的理念。通过挖掘萧山物流基地管理和客户对信息化的需求，展开四大系统、三大基础平台、两个保证体系、一个门户网站为内容的信息化建设。

在未来的几年里，传化物流的信息化建设将以服务客户为主，对更多不同客户群的业务活动实现流程、表单、数据和信息的标准化、规范化，使不同客户能在统一平台上交互作业；实现基地内客户与客户之间的信息协同和业务协同，平台内的基地与基地之间的客户信息资源协同、业务活动协同，平台内外的信息资源协同、业务活动协同，并最终通过信息化手段创造新的增值服务和价值。

（二）投入情况

传化物流信息化建设投入包括相关机房的改造、装修费用，计算机硬件系统及相关软件费用、主机及数据中心系统硬件和软件、数据交换与共享平台、计算机及网络系统、其他配套设施费以及其他费用等，共投入资金 4700 多万元。

1. 信息化的系统架构与主要功能

传化物流的信息化建设基于公司业务扩张与终端渠道的管理需要，以物流信息优化为核心，以终端渠道管理为手段，对企业中的信息流、物流和资金流进行了全面设计。现已经逐步建立起基于计算机局域网络（特别是互联网）、数据库/电子数据交换、数字认证/数字签名等技术的物流信息化平台。

浙江传化物流基地物流信息化平台建设在总体结构上分三个层次：基础层、平台层和应用层。

（1）基础层：组建以公司总部为核心的容纳全国各地连锁物流基地、业务网点、集团总部的计算机广域网络系统。对于单个局域网络系统的主干为千兆、百兆到桌面的企业内部网，外围采用 DDN 或 VPN 方式互联。主机系统硬件采用双主机系统、冗余磁盘阵列的高可靠性和安全性方案。

（2）平台层：采用 TCP/IP 协议和先进、可靠的网络管理软件，使传化物流基地物流信息化平台具有可集异种局域网、异种操作系统的开放性系统。中心数据库采用 ORCAL 或 SQL SERVER 数据库。

（3）应用层：基地物流信息化平台建设系统的各个功能模块组成了系统的应用层，主要功能模块包括面向公共信息化服务平台营运商的“物流基地网业务管理系统”、面向物流企业的“基于供应链的物流企业业务管理系统”、“公共服务系统”，以及面向公众的“会员企业诚信管理系统”。

2. 物流信息化平台主要功能

传化物流信息化平台建设的目标，旨在通过先进的计算机、网络、数据库及通信技术，建立一个“准确、及时、标准、高效、安全”的全功能、多层次、开放式的、智能化的、协同化的环境。

当前，传化物流信息化平台支持并充分利用实体资源，稳健地拓展服务与功能，把握客户需求，制定相应的信息化功能和服务策略，使得基地内部客户协同，以单一基地内部信息系统为主，内部信息基本信息化，内部信息系统网络化管理，网站对外发挥作用，主要实现支持基础服务收益等。

主要功能可以概括为四大应用系统、三大基础平台、两个保证体系、一个门户网站，如图 3–35 所示。

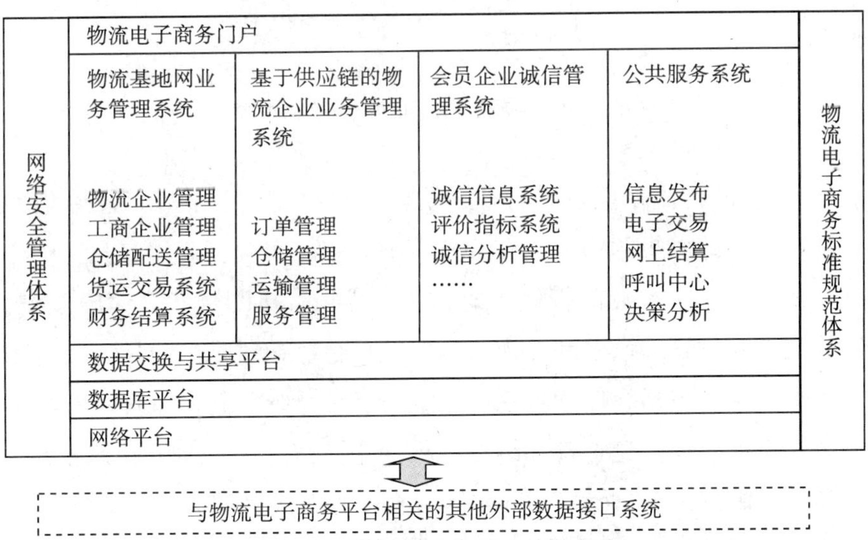

图 3–35　物流信息化平台建设内容

（1）四大应用系统。四大应用系统包括面向公共信息化服务平台营运商的“物流基地网业务管理系统”、面向物流企业的“基于供应链的物流企业业务管理系统”、“公共服务系统”以及面向公众的“会员企业诚信管理系统”。

1）物流基地网业务管理系统。根据物流基地的运作模式和主要业务，建立网络化的物流基地业务管理系统，通过基地与基地之间、基地与物流企业之间的网络联系，进一步整合社会物流资源，实现物流信息的一体化管理，为客户提供物流过程全程服务和个性化服务，包括物流企业管理、工商企业管理、仓储配送管理、货运交易管理、财务结算管理等。利用多个基地的网络化源，更好地延伸对客户的仓储、运输、配送服务，提供信息平台。物流基地网业务系统及流程如图 3-36 所示。

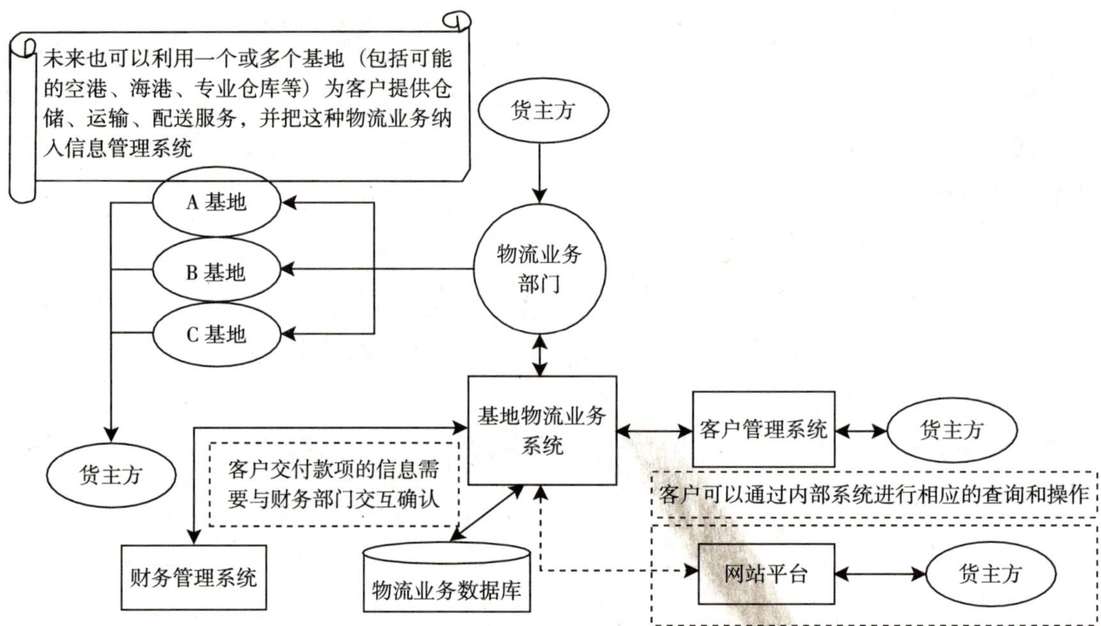

图 3-36　物流基地网业务系统及流程

2）基于供应链的物流企业业务管理系统。创新物流企业业务信息管理和处理的模式，开发了基于供应链思想的物流企业业务管理系统，实现以公司自我为中心的管理模式过渡到以供应链为基本单元的管理模式，通过货物直接配送和仓储虚拟整合等手段，全方位提高物流企业的管理水平和能力。这些管理系统通过推广应用，提升了中小物流企业信息化水平，主要包括仓储管理系统和客户管理系统。仓储管理系统功能及其流程是面向工商企业提供仓储信息管理和维护，维护仓储信息，有助于业务开展。仓储管理系统功能及其流程如图 3-37 所示。

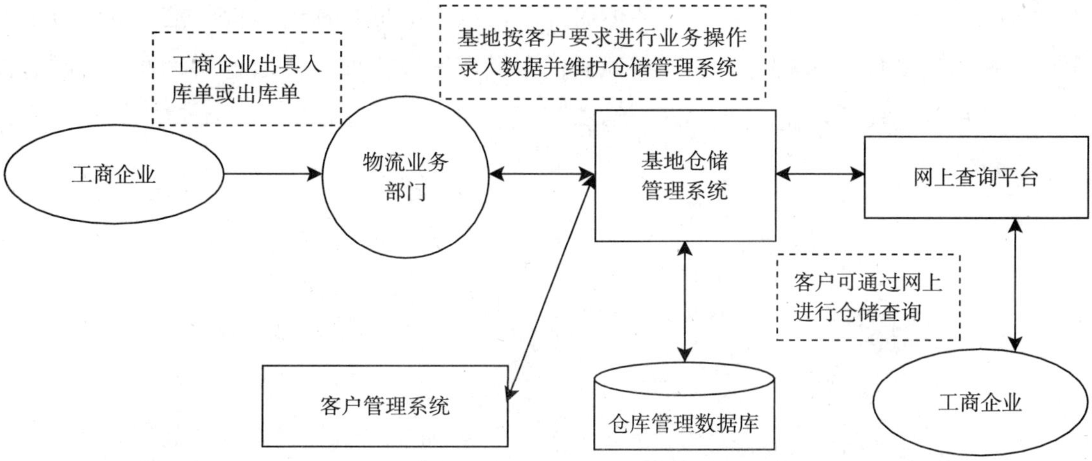

图 3–37　仓储管理系统功能及其流程

客户管理系统功能及流程实现为基地客管中心提供管理、维护基地客户档案信息的功能并实现部分客服流程的电子化操作，为基地客户提供相应查询，以及切入其他系统模块进行相应操作的功能。系统方便了基地对客户的服务和管理，提高了客户满意度。客户管理系统功能及流程如图 3–38 所示。

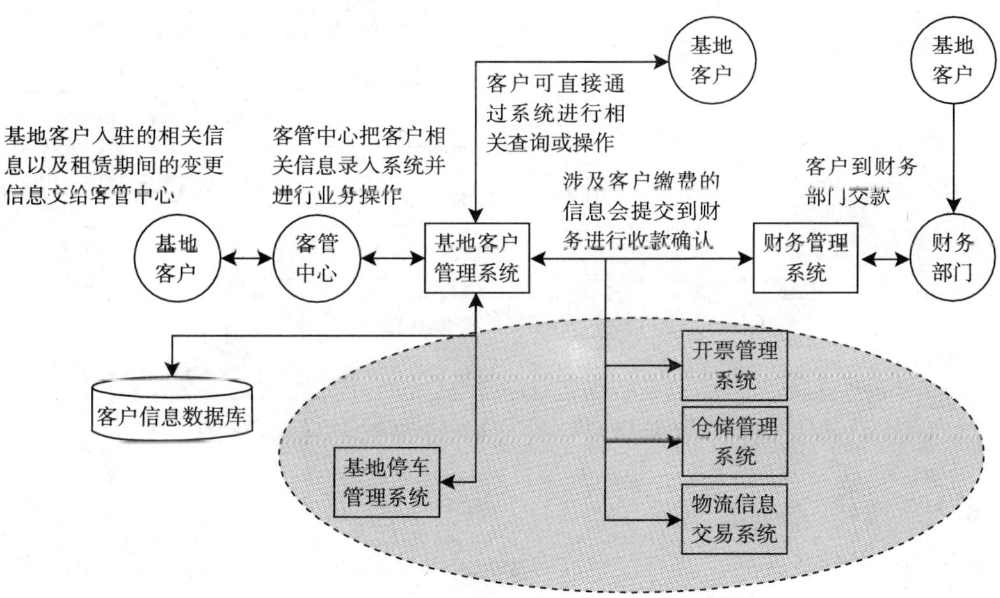

图 3–38　客户管理系统功能及流程

3）会员企业诚信管理系统。建立会员诚信管理系统，通过信用评价，建立会员企业的信用档案。通过会员制管理，形成自评机制、行业协会评价机制、第三方评价机制。对运输车辆提供诚信车辆认证服务，构建诚信车辆认证系统，提供权威性的车辆牌照、驾驶证、车主或司机身份证的三位一体验证，可以帮助货主杜绝骗货可能；而诚信车主也可通过申请诚信车辆认证，加入基地诚信车辆数据库，增强公信力和竞争力。诚信管理系统的应用为实现网上交易、网上结算创造信用条件。诚信车辆系统功能及其流程如图 3-39 所示。

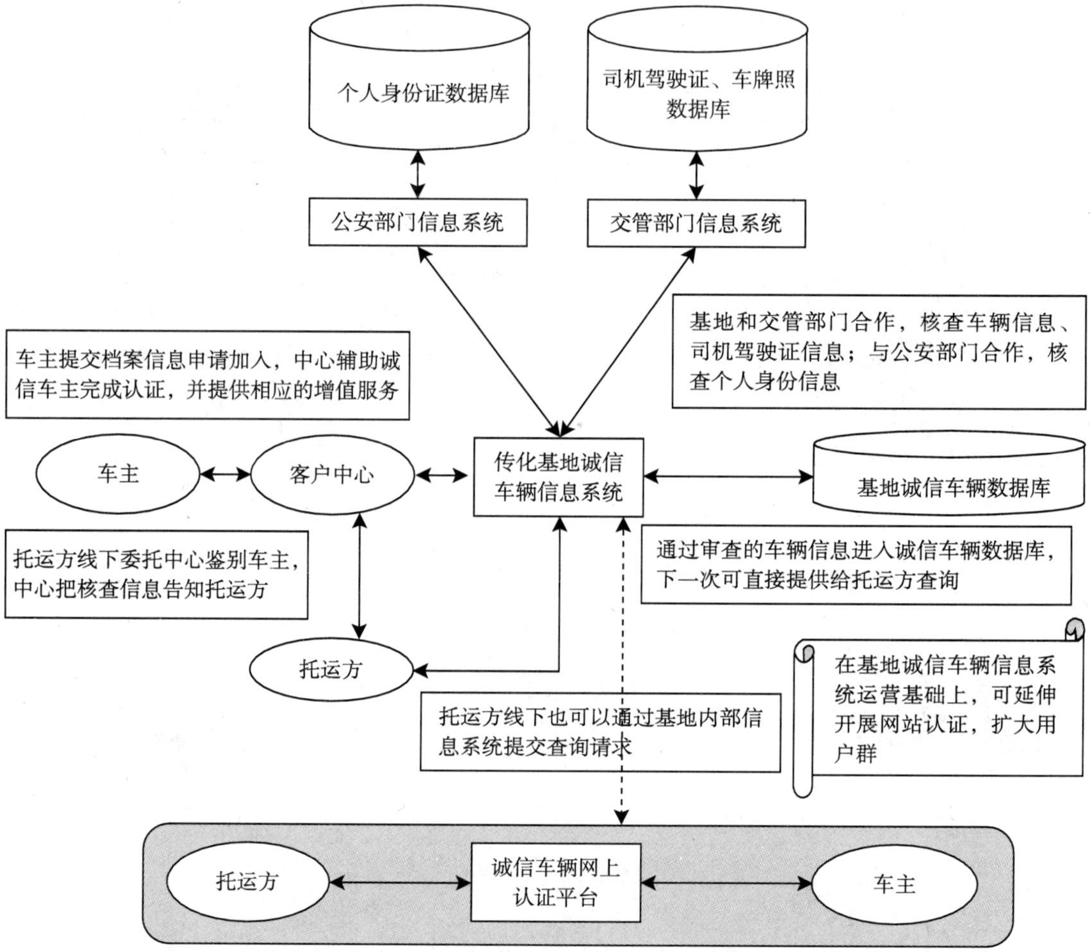

图 3-39　诚信车辆系统功能及其流程

4）公共服务系统。建立包括信息发布、电子交易、网上结算、呼叫中心、决策分析等子系统的公共服务系统。通过信息发布系统可即时发布和查询物流信息。通过传化物流信息平台对即时运力车源信息、即时货源信息的整合，托运方和承运方可以快速获取更多的物流信息，部分信息匹配的托运方和承运方经过线下谈判可达成交易。

（2）三个基础平台。三大基础平台包括网络平台、数据库平台以及数据交换与共享平台。

1）网络平台。以物流基地的局域网（LAN）为基础，利用 Internet 建立连接各物流基地节点的 Intranet 和面向服务对象的 Extranet，并利用公共无线网络平台，提供手机、PDA 等移动设备的无线接入。

2）数据库平台。以大型关系数据库管理系统为基础，建立物流企业数据库、工商企业数据库、交易数据库、综合数据库等，为物流信息资源的交换和深度挖掘打好基础。

3）数据交换与共享平台。建立数据交换与共享平台，提供一整套规范的、高效的、安全的数据交换机制，实现内部信息系统之间、信息系统与公共信息化服务平台网站之间以及与外部信息系统（包括政府电子政务系统）之间的数据交换与信息共享。

（3）两个保证体系。

1）物流信息化平台标准规范体系。建立一套贯穿物流服务业务管理全过程、将物流各环节有机连接起来的标准规范体系。标准规范体系建设是物流信息化平台建设的基础性工作，主要包括数据交换标准、物流服务操作过程标准和客户服务标准等。

2）网络安全管理体系。建立包括信息网安全管理技术（包括防火墙、入侵检测、防病毒、基于 PKI/CA 的数字认证等）和安全管理制度的信息网安全管理体系。

（4）一个门户网站。以四大应用系统为基础，建立公共信息化服务平台门户网站。公共信息化服务平台门户网站是有形市场服务向虚拟市场服务的转移，可在任何时间、任何地点为各类客户提供个性化物流服务产品，包括信息服务、货物跟踪、车辆验证、咨询服务、查询服务、物流业务处理的 ASP 服务等。基地物流信息化服务平台网站各功能如图 3-40 所示。

三、传化物流信息化应用情况

（一）物流信息化产生的效益

传化物流创新地实践了“公路港物流”模式，构建了全新的物流平台。传化物流信息化建设和服务经过几年来的探索实践，与有形的物流平台相融合，已经成为物流平台模式核心竞争力内容。通过信息化手段，有助于物流平台有效解决制造业和物流业供需双方的矛盾，在实现两者的良性互动方面起到了关键的作用。

1. 创新性平台集聚物流资源促进制造业发展

传化公路港物流平台首创基地——浙江传化物流基地经过 10 年的探索实践，在促进制造业发展，降低企业物流成本，强化企业核心竞争力，创造“第三方利润源泉”方面

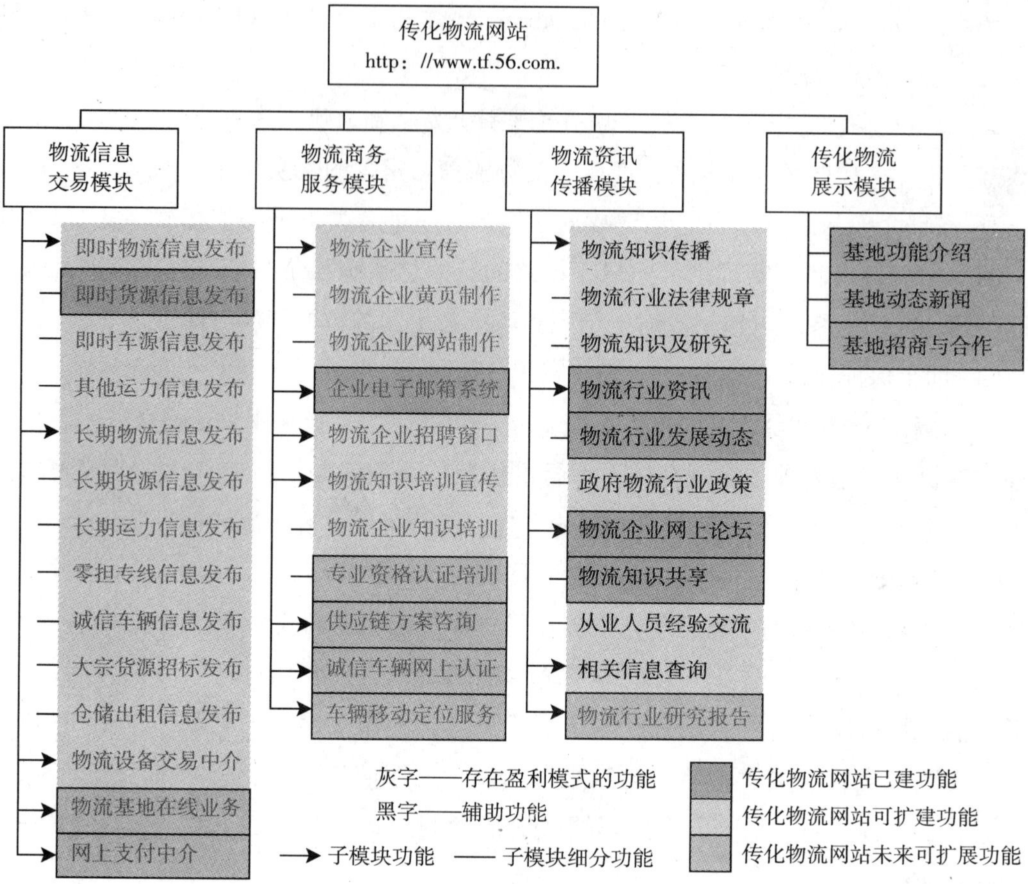

图 3-40 基地物流信息化服务平台网站功能

表现突出。浙江传化物流基地已经集聚 480 余家来自省内外的专业运输、仓储、零担、货代等物流企业，整合了近 40 万辆的社会车源运输网络，日整合车辆超过 3000 辆，日承运货物量达 3 万~5 万吨。物流基地内各种资源的协调运作，为周边 21000 多家具有一定规模的制造企业和商贸企业提供专业化的物流服务，周边企业物流外包比例从 2002 年的 36%增加至 2007 年的 80%，并为其降低物流成本 40%左右。根据有关数据统计显示，浙江传化物流基地为这些企业降低的成本额在 2006 年达 15 亿元，到 2007 年节约成本额达 21 亿元，2008 年度超过 25 亿元。而且，基地作为一个公共性平台，其信息量、交易量每月都在提升，集聚效应和降本效应还在进一步的发挥与提升中。物流资源的集聚为物流企业与制造企业之间构建结实的桥梁，带动制造企业和物流企业的联动发展。

2. 创新性平台孵化促进物流企业成长

随着制造业企业外包需求的扩大和城市配送要求的提高，对作为物流市场主体的第三方物流提出了更高的要求，而目前中国国情，第三方物流企业普遍呈现散、小、乱的现状，其管理水平较低，综合化程度较低，信息化水平低，要实现制造业企业和物流企业的有效互动，需要将第三方物流企业这个短板加强。

化物流创新性平台通过信息化手段，把物流服务资源、物流设施和设备资源、物流客户资源和管理服务资源四大资源进行无缝对接，培育专业物流企业，推动物流产业发展。浙江传化物流基地服务的物流企业从2002年的150家上升至2007年的480多家；信息化水平得到大幅提升，信息化交易方式实现全覆盖；平台营业额逐年增加，从2003年的0.3174亿元增加到2007年的30.9亿元，入驻企业平均营收规模5年内提升10倍。物流企业的壮大发展，更有效为承接制造企业业务外包创造条件，促进社会分工合作体系的优化，提高物流营运效率，节约社会物流成本。

具体而言，平台通过"基础设施共享效应、知识溢出与学习效应、竞争与标杆效应，专业化和分工效应、产业链延伸效应和联合经营效应"六大效应促进物流企业发展。例如：使物流企业节约建设成本，将有限的资源集中投入物流服务的核心业务；借助平台的产业集群从不同的角度、不同的业务链环节学习到不同的知识，提升各企业的服务能力与水平；在政府相关职能部门的入驻与监管下，在平台的规范化管理下，物流企业群内部形成"赛马效应"，构筑良性的竞争环境；借助企业间的协同效应的发挥，使企业间更好分工合作，专注擅长的核心业务；通过平台的资源整合，逐步衍生出如车辆会员服务、联合保险服务、融资服务等依托于规模效应的资源经营和价值链经营的新服务项目，使得入驻的各类企业获得共赢、多赢的效果；在物流平台的统一管理与服务下，方便多个不同规模与专长的物流服务企业联合形成一个"虚拟公司"对大型工商企业进行联合服务，极大地提升单个服务企业的市场竞争能力，也为物流产业的整合提供基础。

3. 创新性平台促进制造业和物流业的联动发展

制造业企业和物流企业供需双方联动发展需要一个良好的桥梁，而传化公路港物流平台正是扮演这样的角色。平台通过提供工商、税务、运管等政府职能部门一条龙优质服务，提供银行、保险、邮政、商务、通信、网络、汽配汽修等各项支持服务，提供餐饮、超市、住宿、娱乐、通信、后勤、物业等生活服务，并对物流企业进行规划的管理、培训与考核评介，培育了一批具有专业化、系统化服务能力的物流企业。同时，以诚信交易模式确保物流企业信誉，对物流企业进行信用等级评价，提供安全可靠的交易环境。制造业企业在这样的平台上，可以有充分的选择余地寻找适合自己需求的物流企业，更好、更快、更安全地把企业物流业务外包给信誉好、有强大平台依托的物流企业。

在传化物流平台上，通过信息化手段，共享信息，业务协同，使得物流企业交易链缩短、交易环节减少，交易成本大幅下降。根据经验，通过信息交易，可为社会运输经营户节约营销成本50%以上，加快信息交易的效率，使空车配货时间从原来的平均72小时缩减到目前的平均6小时，物流效率的提高使得制造业和物流企业供应链的交易速度成倍提升，运价指数得到大幅下降。同时，平台也吸引了大量的货物信息资源，每天在浙江传化物流基地信息平台上交易的信息达 7000 条以上，为入驻物流企业带来了更多的业务，使得制造业和物流业联动发展，形成良性循环，有效实现制造业企业和物流企业的共赢。

4. 打造新产品“路港快线”，使中小企业的“孵化”功能变得实际

依附于物流园区的网络化发展，传化打造出了路港快线这个产品。正是“路港快线”这个产品才使得传化对于中小企业的“孵化”功能变得更加实际。

为了打造市场需要的产品，路港快线项目组成员对苏州、成都和杭州三地的 3000 多家物流企业展开深入调研，分析了海量数据后发现：一边是快速准时但运价较高的高端零担产品，另一边是承担了中国零担市场 90%以上业务量的众多中小专线物流企业，却面临着运价混乱无序、服务参差不齐的窘境。为了在品牌化的市场中迅速拓展市场，路港快线制定了严格的准入标准，只有满足“五定”、“七统一”标准的才能被选入成为路港快线的会员企业。

安全方面：所有会员企业均通过传化公路港平台诚信体系认证并设置相应 KPI 指标考核，车辆统一运单、统一保险、统一理赔并且车辆均配备 GPS，货物运载可视化。

快捷方面：定班定线，无中转，并采用“后进先出”等方式，缩短提送货时间。

准时方面：班车定时定点，准时发车，车车安装 GPS，监控管理在途时间，确保准时到达。

节省方面：点对点运输，省去中转成本，降低整体运费，统一 400 咨询、下单、投诉、赔偿等配套服务，客户方便省心。

与此同时，路港快线这一产品充分释放了专线的“直达”优势，再借助传化公路港的网络优势、信息化优势、管理优势和资源的聚集优势，保证了安全、准时，从而使得购买高品质的公路快运服务不再昂贵，货主享受到安全、快速、准时、经济四大特点集于一体的高性价比零担货运服务成为可能。

在满足广大货主“安、快、准、省”需求的同时，传化公路港物流所孕育的路港快线对参与其中的专线会员企业实施诸多的保护措施，徐水波介绍说：“他们享受统一 VIP 的服务，统一享受 400-866-5566 这个客服的服务，传化这个平台为他们带来大量的货源信息。”事实证明，路港快线所产生的利润要比其现有的专线利润高得多。

路港快线作为中高端产品，围绕集约化的方向，在线路的选择上采取有限的企业参与某个专线的原则。对此，徐水波解释说：“这样可以很好地培养专线企业的成长，在内部我们称之为有限竞争，适度垄断，以此保证做路港快线的会员企业在传化这个平台上有长足的发展。”

让人备感欣慰的是，在精心准备与用心策划之下，路港快线从最初的苏州 3 条专线的起运，已迅速上升为现在的 24 条路港专线。与此同时，苏州、成都两站启动后，货物到达准时率稳定在 95%以上。货损货差率远远低于行业 1%的水平，货主满意度达到 99%以上。

徐水波透露，路港快线出色的市场表现，一方面按照规划继续扩大原有的三个公路港平台的运营商规模，另一方面在新建的公路港平台和合作平台中直接植入运营。同时，也会吸收公路港平台外优秀专线物流企业加入，进一步加快路港快线的全国布局速度。

（二）当前存在的主要问题和困难

在国内中小物流企业眼中，企业信息化或可有可无，或朦胧未知。经过传化公路港物流平台几年孵化和培育，进驻平台的中小物流企业获得了快速发展，其信息化管理意识、观念等诸多方面得到了一定的提升和改观。但传化物流也深知，在为国内中小物流企业推广信息化服务过程中面临的信息化意识薄弱及信息化人才匮乏等问题和困难确实是知易行难。

1. 单个物流平台（园区）的孵化力量单薄

传化物流经过多年对基地的中小型物流企业进行信息化相关知识的培训、引导和灌输，在一定程度上提升了中小型物流企业对信息化的理解和认识。孵化和培育中小物流企业信息化应用能力的责任重大，但由于国内物流行业信息化建设刚刚起步，同时国内中小物流企业的“小、散、弱”等客观因素，传化物流单个企业的信息化投入建设相对整个物流行业及现代物流的需求来讲，更显得势单力薄，而且实际投入与产出矛盾突出。

2. 国内中小物流企业信息化意识薄弱

由于国内各中小型物流企业自身“小、散、弱”等客观的自身因素，其对信息化的重要性认识还是不够深刻。有些企业还没认识到物流信息化的重要性，或者说连物流信息化是什么都还不清楚，没有认识到物流信息化建设可能给他们带来的诸多好处，如管理的便捷、效率的提升、规范的流程等，只是更多在搞运输和仓储，不关注“形式”的物流信息化，更谈不上从供应链的整体目标出发进行整体规划。

也有些企业已经对物流信息化建设的必要性有一定了解，他们也在不断寻求更多的信息，还有一些企业已经在了解的基础上有了一定投入，但大多因为没有合适的信息软件和系统，没有持续的投入。

3. 中小物流企业信息化人才匮乏

物流信息化建设刚刚起步，中小物流企业缺乏物流信息化应用方面的人才，特别是既懂技术又能把握发展方向的人才更是太少。正是由于这样，更导致中小企业在这方面的观念比较落后，意识相对淡薄。即使有想法，也因为没有相关人才来推动企业的信息化规划和实施，觉得在物流信息化方面投入很多没必要或根本不值得，建立不了管理模式及与信息化要求的规范、协调的模式，导致了物流企业信息化进展缓慢和推广难的原因。

4. 物流企业信息服务需求多样化

进驻传化物流基地内的中小物流企业服务对象的多样化，使得其对作业系统信息化的需求呈现灵活化、个性化的状态，因而多数物流信息管理软件无法针对不同的物流业务提供个性化程序，二次开发成本过高。同时，中小物流企业处于不断的变化发展中，一旦业务模式发生变更，后续的再次开发变更成本更高。这就在物流软件供应商与中小物流企业之间形成了一个矛盾：既有的物流信息化系统成本高昂、功能刚性化与需求方可用资金有限、需求个性化的不一致，因此促使物流信息技术大系统和中小企业弱需求之间形成了一个严重的错位。

四、下一步工作打算

下一步，传化物流在练好企业信息化内功的同时，将继续扮演好中小物流企业孵化器角色，通过传化公路港物流平台培育和提升中小物流企业的信息化建设及应用的能力。同时，与浙江省道路货运公共信息系统以及现代物流行业其他信息化公共服务平台等共同推进物流信息的互联互通及物流信息管理系统应用的标准化工作。具体将从客户信息化服务和信息化平台功能的优化提升两方面着手开展具体工作。

（一）客户信息化服务方面

1. 进一步提升中小物流企业信息化意识

由于目前各物流企业自身的原因，对信息化的重要性的认识不够深刻，对信息化的依赖性不是很强，需要进一步加强进驻平台内物流企业对物流信息化的认识和引导，同时配合政府相关部门做好非平台内中小物流企业信息化应用的培训及信息化知识普及等，开展的方式和途径包括多种，如一对一培训、信息化大讲堂等。

2. 培育中小物流企业信息化建设及应用能力

对进驻基地的企业物流信息化建设需求进一步深入分析和研究，通过为诸多中小物流企业提供咨询、实施、售后等全生命周期服务所累积的经验，总结中小企业信息化需求的规律和特点，逐渐研制出满足他们需求的定制开发的软件。

为进驻基地的中小企业进行信息化实施时，从物流企业最需要、最实际的一点入手，再逐步扩展到其他方面，逐步完善，最终形成满足物流企业经营、管理和发展的管理系统，并通过以点代面，在区域范围内做好中小物流企业信息化应用的推广和使用。

同时，根据中小物流企业的自身实际和特点，为其做好信息化规划参谋。

（二）信息化平台优化提升

传化物流信息化平台也将支持并充分与物流实体资源相融合，通过与实体平台从单一基地到网络化基地的发展过程相结合，以“优化提升，发展突破”的指导思想，把握客户需求，稳健地拓展信息化服务与功能，围绕“四大系统”提供的功能，并将其进一步地提升和完善，建设成面向长期发展的开放式的服务中小物流企业应用的物流信息化平台，如图 3-41 所示。

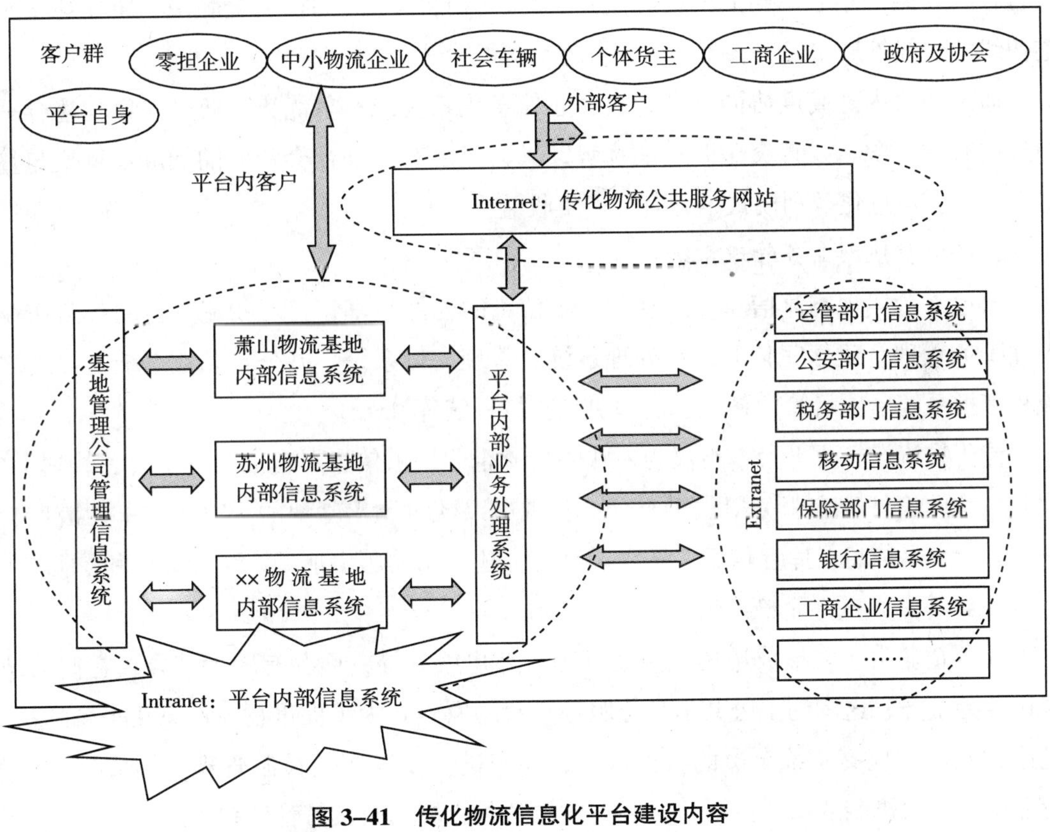

图 3-41　传化物流信息化平台建设内容

传化公路港物流总裁徐水波谈道，传化意欲打造布局全国的“一核60平台”物流网络，意在做专线运输企业做不了的事情，把网络建起来，发挥信息化的优势，从而突破物流园区多年来无法实现网络化集约的困境。

传化作为一个平台定位的核心是开放性的，传化物流在快速网络化的过程中欢迎各类的专线企业入驻传化物流园，同时以同样包容的心态欢迎各类物流园以及各类的停车场与传化形成各类物流园以及各类停车场与传化形成各种合作关系。传化同样愿意将物流园的标准模式输出，这也是传化物流产业强国的理想。

“传统的物流园和停车场纳入到传化这个品牌下，通过传化的信息化和管理模式，可以让加盟者获得更多的利益，这类似于酒店的管理模式，资产是你的，但是管理模式外包给了传化。”徐水波对这一合作模式充满信心，在他看来，传化给予合作者的回报率比园区本身产生的回报率要高，理由是传化全国园区网络化的协同效应。

杭州为核心，首先是一个经营管理总部，传化未来全国60个平台的管理在这里；其次是信息化的中心，这个中心既包括云计算平台的中心，也包括移动互联的中心，同时还包括物联网的中心。与此同时，杭州更是作为传华物流的投资金融中心所在地及对路港快线的班线管理中心所在地。

通过平台内外高度协同互动，建立起信息化系统的竞争优势。通过聚集与整合平台内外的客户资源，发挥突破时空的优势，大力拓展对外部社会资源的低成本聚集与整合经营，形成信息化盈利模式，并直接产生收益。

1. 物流基地网业务管理系统

通过平台实现物流信息的互动和有限信息的外部共享，针对物流平台的各项作业和各项事务管理，建立完整的信息处理系统、管理支持系统、办公自动化系统、异地之间流程审批系统、项目管理系统、管理决策支持系统等。

传化物流信息化平台，不仅为入驻的物流企业提供信息平台、交易平台、管理平台，同时也为政府管理和服务提供了平台，实现可以随时调出基地的实时停泊车辆信息、货源信息、交易信息、库存信息，还可以进行上述数据的历史追溯、统计分析和挖掘。

2. 会员企业诚信管理系统

会员企业由于在形成历史、企业管理、客户服务等方面存有较大差异，它们的诚信建设良莠不齐，这制约了公共信息化服务平台的发展。为了促进物流信息化平台的快速、健康的发展，提高系统会员的诚信水平，还需进一步完善会员制管理，形成自评机制、行业协会评价机制、第三方评价机制，建立完善会员企业诚信管理系统。

诚信评价结果及时地反馈给企业，一方面使它们能够及时知道企业当前诚信评价结果；另一方面可以引导企业经营行为，提高企业服务质量，促进企业诚信建设。同时，对于诚信的企业可以通过媒体向社会进行公布，扩大诚信企业的影响，提高诚信水平的知名度。

在诚信评价体系运作逐渐完善的情况下，诚信评价考虑更长远的发展，进一步扩大其影响力，将服务范围扩展到全国的道路货运企业。

3. 基于供应链的物流企业业务管理系统

基于供应链的物流企业业务管理系统继续完善运输管理系统，实现运输资源管理。运输成本包括单车营运成本的管理，运输计划管理。完善订单管理，为物流企业提供统一订单，提供用户整合，一站式供应链服务，提供增值数据分析功能，对系统内的货流方向、货品分布、货流趋势提供分析，对运作成本进行分析并提供辅助规划方案。完善客户管理系统，实现为物流企业建立客户资料、分析客户的购买行为、对客户实施分类管理、实施专家营销、帮助客户重整物流业务流程等目的。

4. 公共信息化服务平台门户

通过将信息系统延伸到物流供应链的应用，并打包到公共信息化服务平台门户网站，为上、下游客户提供完整的服务，如货运信息交流、客户诚信查询功能、货物跟踪与车辆验证、虚拟仓库管理、直接配送管理、网上报价、网上交易和结算和网上支付等功能。实现打包要素与网站要素两大部分的基本功能与要点，先以信息服务为主，逐步过渡到基于供应链的“一站式”全程物流业务服务。

在一定的数据与信息基础上，完善信息化平台提供的决策支持的功能，依托系统的中心数据库建立数据仓库，对物流信息进行深度挖掘，为信息中心、行业管理部门、工商企业客户、运输企业客户提供决策支持数据，并提供统计、分析报表及其工具库与知识库等高端信息服务产品。

5. 外部接口管理模块

通过数据交换平台的数据交换标准，逐步实现和完善信息采集与发布的接口、与银行网上结算的网关、与 PKI/CA 中心数字认证的接口、与政府相关部门的电子政务的接口等功能。

建立与浙江省道路货运公共信息系统以及现代物流行业其他信息化公共服务平台接口功能，共同推进物流信息的互联互通及物流信息管理系统应用的标准化工作。

五、案例点评

自从2008年金融危机爆发，诸多数据表明物流行业受到金融危机的影响很直接、明显，上海一统、广东翔盈快递的倒闭就是例证，而国内民营快递龙头企业——宅急送放出裁员消息，其业务量也从过去40%的增长放缓到现在的15%~20%。用信息化促进物流企业经营管理水平的提高，可能是中国物流企业御寒的一件冬衣。

传化“公路港”平台通过实体平台与信息平台的联动，打通上游货源信息、中游物流服务信息和下游车源信息的物流价值链，实现车、货信息快速高效匹配，从而大大提升了卡车运营效率。据测算，通过杭州、成都、苏州三个基地的运营，每年可减少卡车空载里程约3.9亿公里，相当于绕全国高速公路4000多圈，节约柴油5900多万升，减少二氧化碳排放19.2万吨，相当于1000万棵树一年二氧化碳的吸收量。传化为全国的节能减排做出了巨大的贡献。

“公路港”物流公共服务平台已成为中国国情下物流市场进一步发展的制高点。由于公路港平台有着显著的“产业集中”优势——参与信息交易的中小物流企业群集中、前来配货或享受配套服务社会车辆群体集中、专线物流企业实体作业集中以及公共平台服务集成和经营集约的特点，非常利于当前形势下，政府部门找准载体，集中力量，快速、高效地推动物流信息化工作，切实促进公路运输效率的整体提升。

政府可以将已有成功运作经验和有持续创新实践能力、有社会责任感的传化物流以及其他优秀龙头企业的平台“规划建设标准体系”与“运营管理标准体系”作为总结推广基础，结合公路运输行业特点和发展阶段特点，总结提炼为“第四方物流”或“公路物流平台”的行业标准体系，实现全国网络化和物流业务一体化运作，让各地多个物流平台之间有信息的互联互通，信息共享、方便交易、提高效率，预防“信息孤岛”。

但值得一提的是，道路运输和物流平台等关键环节，都有大量的货物分拣和实物流动，时刻面临着危化品、违禁品甚至毒品等储存运输的风险，传化应该加强危化品运输的专业化管理。同时，也要注重信息技术的更新，通过信息化手段来加强扫描测定、跟踪定位管理，即使出现问题也能快速反应、透明管理，用信息化手段守住安全底线。

参考文献

[1] 传化集团网络，http：//www.etransfar.com.

[2] 中国物流网，http：//www.chinawuliu.com.cn/information/201303/12/213593.shtml.

[3] 李静宇. 传化公路港：打造开放与包容的合作平台 [J]. 中国储运，2013 (2).

[4] 徐水波. 用公路港来提升物流效率 [J]. 中国储运，2013 (1).

[5] 汪玚. 立体布局　全面提速——传化公路港“路港快线”在杭启动 [J]. 交通建设与管理，2012 (12).

[6] 王之泰. 物流园区发展与创新探讨 [J]. 中国流通经济，2009 (5).

[7] 王蕾蕾. 物流信息化管理问题研究 [D]. 吉林大学硕士学位论文，2009.

[8] 董军. 企业集团物流网络管理模式研究 [D]. 北京交通大学硕士学位论文，2011.

第四章 信息化与创新管理

第一节　乐视网信息化商业模式创新

一、基本情况

乐视网信息技术（北京）股份有限公司是一家2004年成立于北京中关村的国家级高新技术企业，主要发起人为贾跃亭，注册资本为7500万元。企业倡导以不断的技术领先引领市场，致力于世界最前沿P2P+CDN网络视频存储及分发应用技术和手机视频技术的研发与创新。

乐视网连续三年获得：德勤"中国高科技高成长50强"，"亚太500强"，《互联网周刊》"2008年度成长最快的视频网站"，清科"2009年中国最具投资价值企业50强"，中国互联网大会"网络视频及数字娱乐年会媒体十大关注企业"等一系列奖项与荣誉。

乐视网于2010年8月12日在中国创业板上市，股票代码300104。乐视网是唯一在中国A股上市的视频网站，一直致力于打造基于视频产业和智能终端的"平台+内容+终端+应用"完整生态系统，为用户提供垂直整合的完整价值链，通过持续创新不断改变人们的生活方式。

2011 年和 2012 年，乐视网业绩增速连续两年位居网络视频行业首位。目前，乐视网用户规模和广告营收双双跃居互联网公司 20 强。2012 年，乐视网用户增速高达 255.6%，远超第二名 76%的增速；凭借最全的影视剧库和“乐视制造”这一视频网站自制第一品牌，乐视网已成为专业长视频第一的视频网站，付费业务和版权分销业务长期稳居行业第一，广告业务增长迅速，TV 终端业务更是引领行业发展。

乐视网包含网络视频及智能终端两条业务线，一是以“Hulu+Netflix”模式为主的长视频网站业务；二是以超级电视等智能终端以及第三方开发平台 LeTV Store、LeTV UI 操作系统为主的乐视致新业务。乐视网主要经营范围是网络视频基础服务和视频平台增值服务业务，是国内领先的互联网高清影视剧视频服务及 3G 手机电视服务商。主营业务包括网络高清视频服务、网络标清视频服务、个人 TV 服务、企业 TV 服务、网络超清播放服务、手机电视服务、视频平台广告发布服务、网络版权分销服务及视频平台用户分流服务。不同于国内其他主流视频网络采取免费服务的经营模式，公司网络视频服务采取“付费+免费”的经营模式，并且已经成为我国目前最主要的付费视频网站之一，如表 4–1 所示。公司希望借助 3G 网络和三网融合的快速发展，坚持互联网和 3G 网络视频技术开发和应用的发展方向，努力成为中国最大的网络视频服务提供商，如表 4–2 所示。

表 4–1 网络视频基础服务细分

服务分项	服务内容	盈利模式
互联网视频基础服务	网络高清视频服务	收取包月服务费
	网络标清视频服务	免费
	网络超清播放服务	根据当月实际出库的播放机数量和约定的服务单价确认当月服务收入
	个人 TV 服务	免费
	企业 TV 服务	收取技术服务费
手机电视基础服务	手机电视技术和内容服务	收取技术服务费和内容服务费
	3G 手机乐视网服务	免费
网络视频版权分销服务	将正版影视内容分销给其他合作方	收取版权许可使用费

表 4–2 视频平台增值服务

服务内容	客户群	盈利模式
视频平台广告发布服务	广告客户	收取广告发布费
视频平台用户分流服务	具有相关用户群体的网站	收取用户分流服务费
网游运营业务	未开展	未开展

2012 年 1 月 12 日，乐视网与 CNTV 达成战略合作，正式进入互联网电视市场。2012 年 2 月，乐视网发布搭载安卓系统的 3D 云视频智能机 T1。用户可以通过 T1 把一

台普通电视变成智能电视，接入乐视网庞大的视频库进行视频点播。2013 年 3 月 5 日，乐视网又正式宣布将联手富士康，联手打造超级电视和乐视盒子等产品。在发布会上，乐视网副总裁梁军指出，与移动互联一起到来的还有大屏幕互联，在这种背景下，传统电视将“死”，未来的电视应该是大屏幕互联基础上的家庭智能娱乐中心。

二、“平台+内容+终端+应用”全产业链生态系统

贾跃亭说，在互联网、社会化时代下，真正逆袭的或者提供更好的用户体验的，我觉得会是互联网公司，只有跨界才能够打破传统思维禁锢。

乐视网作为中国第一影视剧的视频网站，拥有着丰富的视频资源，还有着国内大约70%的热门电影、电视剧的独家网络版权。乐视已不甘于只做一家视频网站，之前推出了自己独家的乐视 TV 机顶盒和乐视“超级电视”，再加上基于乐视 TV 的应用开放平台“LeTV Store”，乐视网步步为营勾画出了一条“平台+内容+终端+应用”的全产业生态链。

2004 年 11 月，乐视网成立。在整个视频网站行业不太重视影视剧版权的时候，乐视网就利用其先行优势，低价购买了海量的内容库。通过 9 年多的版权积累，乐视网建立起视频网站行业内最全的影视剧版权库。

2009 年，乐视专门成立了一个乐视 TV 事业部以研发机顶盒，杨永强还特意买了几个盛大的盒子来研究。

2011 年 1 月，乐视网开创并实施了“全网贴片”的广告模式，即将广告内置于影视剧内容中，直接分销给合作伙伴，实现投放乐视网广告的客户，同时达到投放国内主要视频网站的全网贴片效果。

2011 年 5 月 13 日，国内第一影视剧视频网站乐视网在北京召开云视频战略发布会——暨乐视网 TV 版与海信合作签约仪式。发布会上，乐视网 CTO 杨永强正式宣布了乐视云视频战略，海信公司成为乐视网 TV 版首家战略合作伙伴，此举也标志着云视频从概念阶段上升到了试商用阶段，乐视网正式开启了云视频时代。

2012 年 1 月 12 日，乐视网与 CNTV（中国网络电视台）达成战略合作，乐视新推出的互联网电视机顶盒，唯一链接至 CNTV 互联网电视集成平台，乐视互联网电视机顶盒与 CNTV 互联网电视集成播控平台之间属于完全绑定关系，CNTV 互联网电视集成平台对乐视网终端产品的控制管理具有唯一性，每台乐视互联网电视机顶盒都拥有广电总局发放的唯一编号。

2012 年 2 月，乐视网发布搭载安卓系统的 3D 云视频智能机 T1，无硬盘版售价 1920 元，2TB 硬盘版售价 2980 元。

2012 年 6 月中旬，贾跃亭参加了中国电子视像行业协会秘书长白为民组织的一个采购团，亲自带队赴台购买面板。

2012 年 11 月 12 日，乐视网董事长兼 CEO 贾跃亭在其微博中透露，公司已与李开复执掌的投资机构创新工场达成合作，并将在未来致力于乐视网“超级电视”的发展。

2013 年 1 月 15 日，新版乐视盒子 C1 开放预约，凡成功注册并预约购买的用户在 21 日 C1 发布当日可以只花 399 元就同时获得价值 499 元的 C1 和价值 490 元一年期乐视 TV 版服务，由于定价低廉，5 万台现货在 7 小时内售罄。

图 4–1　乐视盒子 C1S 降临

2013 年 4 月初，乐视网发布公告，乐视网、乐视控股、富士康子公司深圳市冠鼎建筑工程有限公司（以下称“冠鼎工程”）三方以现金方式对乐视致新（乐视网控股子公司，负责 TV 项目）进行增资，增资总额超过 3 亿元。冠鼎工程出资 1.3 亿元，占乐视致新 20%的股权。郭台铭继李开复之后成为乐视另一名战略投资人。

2013 年 5 月 7 日，乐视网正式发布超级电视产品。贾跃亭称，要像苹果一样，将电视机互联网化，彻底颠覆传统电视行业。乐视给所有人画了一张大饼：夏普的面板+高通的芯片+富士康的代工=乐视超级电视。

2013 年 5 月 28 日，乐视网临时停牌。

2013 年 6 月 5 日，联想、乐视两家同时召开各自的新闻发布会，乐视宣布 7 月 3 日超级电视 X60 将开放购买。

“从 2004 年开始，其实我们就有一个要把电影电视剧的正版视频搬到电视机上的想法，只不过当时各种客观条件不具备而已。2009 年，5 年之后，我们就开始做大屏，开始时研发盒子，2012 年开始做电视机了。”贾跃亭说。

他一直有一个梦想，就是建立乐视垂直生态圈。

他早就埋下伏笔，例如乐视网所有独家版权都是全网络的，包括 PC、移动、TV 版，前两年为了盈利、现金流，乐视卖出不少版权，但是仅限于 PC 端。TV 端的版权，他一部都没有销售，乐视网还早早就注册了名为“乐视 TV”的商标。

乐视 TV 超级电视的推出，为乐视“平台+内容+终端+应用”的全产业链添加上“最后一屏”，也标志着乐视已建成一套完整生态系统。贾跃亭所言的优势来自乐视网对全产业链的布局，这一产业链模式也被业界称为“乐视模式”。

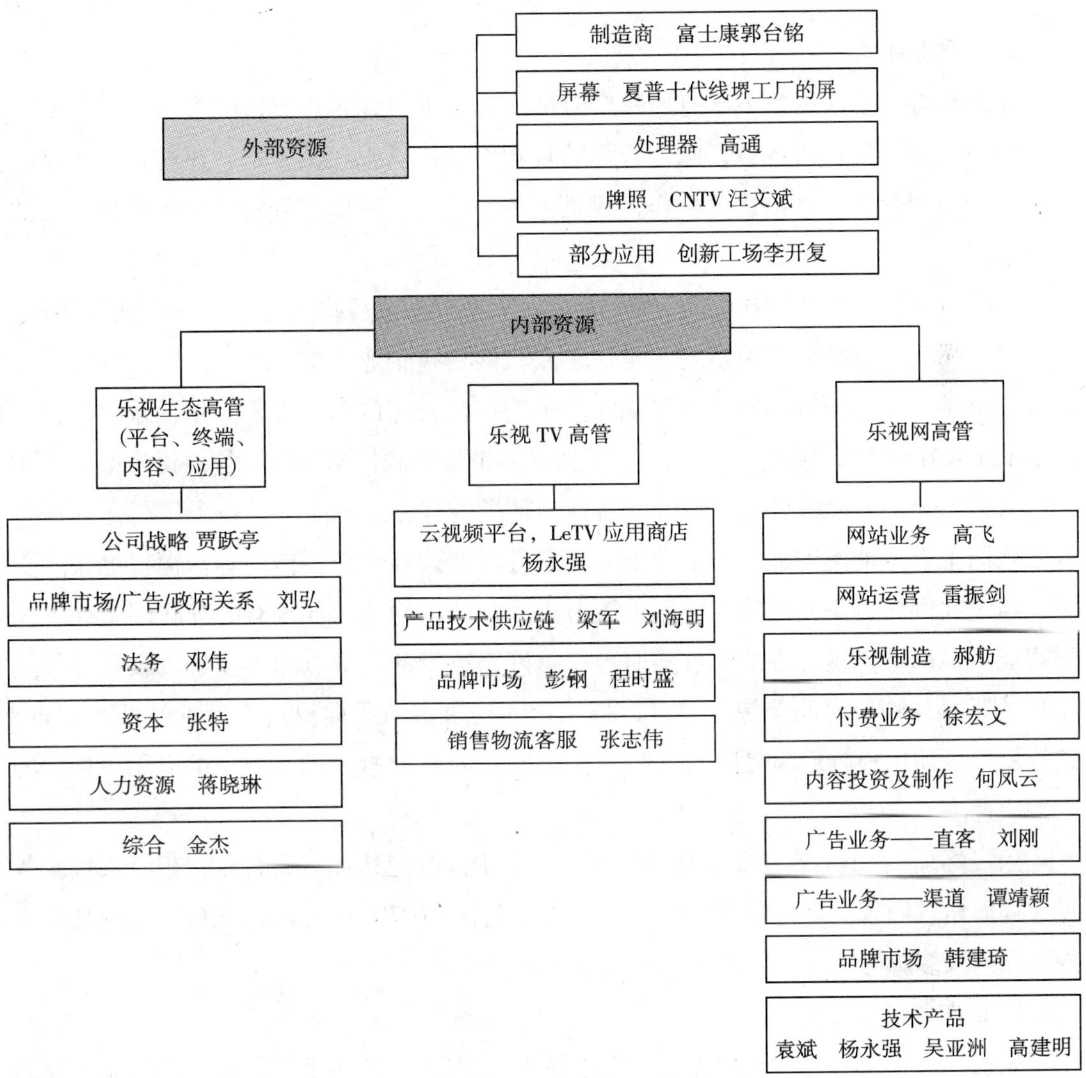

图 4–2　整合内外部资源

三、“平台+内容+终端+应用”业务体系

（一）平台：全球领先的云视频平台+自有电商平台

1. 云视频平台

在平台端，乐视网致力于打造一个云视频开放平台，客户覆盖网络视频、电商、教育、门户、旅游等各行各业，除为合作的视频网站提供视频服务外，还与京东商城、淘宝网、当当网等多家网站达成合作，提供上传、转码、存储、分发、播放等全方位的视频服务。

技术（带宽）是用户决定使用的最终决策者。视频网站的播放质量起到直接作用，播放的流畅度、清晰度、稳定度，是每个互联网视频企业追求的永恒主题。内容分发网络和 P2P 下载加速原则是网页和终端用户最为广泛使用的两个方式。乐视致力于世界最前沿 P2P+CDN 网络视频存储及分发应用技术和手机视频技术的研发与创新（见图 4–3）。

所谓 CDN（Content Delivery Network），是指内容分发网络。其技术思想是尽可能避开互联网上有可能影响数据传输速度和稳定性的瓶颈和环节，使内容传输得更快、更稳定。通过在网络各不同的物理空间放置节点服务器所构成的在现有的互联网基础上的一层智能虚拟网络，这种系统能够实时地根据网络流量和各节点的连接、负载状况以及到用户的距离和响应时间等综合信息，将用户的请求重新导向离用户最近的服务节点上，这样就可以使用户就近取得所需内容，解决 Internet 网络拥挤的状况，提高用户访问网站的响应速度。

乐视网加大 CDN 等基础设施的投入，并与中国联通达成战略合作，积极进行服务节点布局。乐视网现物理总带宽 2T，总存储容量过 10 万 T，服务器近万台，在高品质内容服务保障及多屏融合互动等方面拥有多项专利技术。

2. 自有电商平台

乐视通过自建电商平台的方式销售乐视 TV，但鉴于自身条件所限，其物流、售后等环节外包给了第三方服务平台。

据乐视 TV 副总裁介绍，乐视的这套体系可以概括为“1+2+12+18+92+1842+……”即 1 个统一的服务标准，2 家专业客服外包公司，12 家专业售后服务公司的 1842 个服务网点 100%覆盖全国直辖、省会和地级城市，18 家物流服务商，其中 3 家全国性物流承

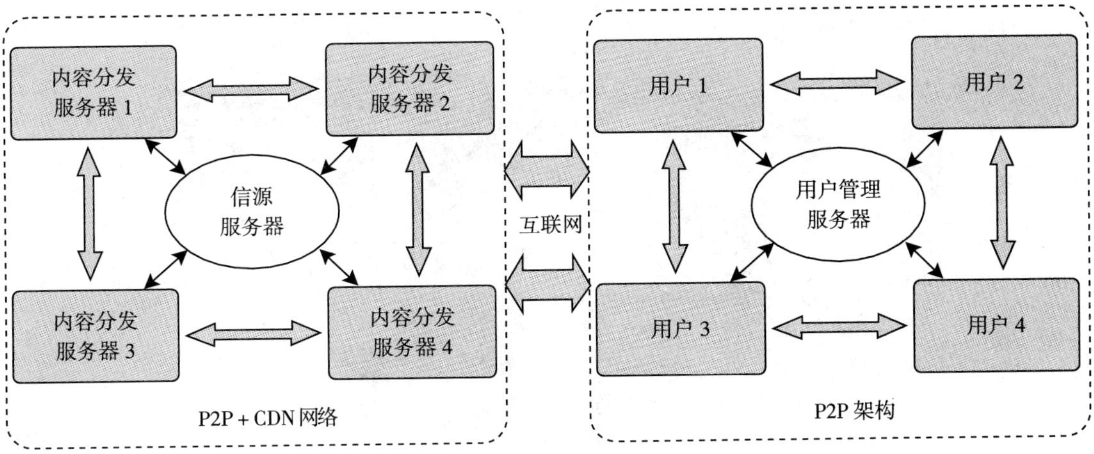

图 4–3　乐视 P2P+CDN 技术工作原理

表 4–3　各技术类型对比

技术类型	传输协议	功能	易用性	带宽占用
CDN 流媒体分发技术	通常采用 HTTP 传输协议	支持点播为主，无须等待缓冲	好，无须安装插件	高
P2P 流媒体技术	通常采用私有 P2P 传输协议	点播/直播，通常须等待缓冲	差，必须安装客户端或插件	低
乐视 P2P+CDN 技术	兼容 HTTP 协议，并在 P2P 协议下传输	点播/直播，无须等待缓冲	好，无论是否安装都可以观看	中

运商，15 家区域性物流承运商，首批物流覆盖全国 92 个主要城市，将来覆盖城市超过 120 个。

乐视自建的电商平台是乐视商城，域名为 shop.letv.com，主要销售产品包括乐视 TV·超级电视、乐视盒子等终端产品和相关配件，以及基于乐视生态所提供的内容服务——乐视网 VIP 点卡。乐视商城运用“CP2C”营销模式，全流程直达用户。目前，乐视商城全场免运费，能够覆盖全国 25 个省、185 个城市。

（二）内容：行业最全的影视剧版权库+自制剧

1. 影视剧版权库

很多人是通过一部《甄嬛传》知道乐视的，因为这是当时唯一能够观看该剧的视频网站。《甄嬛传》还在拍摄时，贾跃亭就以 2000 万元买下独家网络版权，最终赚了 3 亿元。内部人认为，这不是因为贾跃亭个人慧眼识珠，而是因乐视有重视正版版权购买的传统，有几十人的团队专门研究剧本。从乐视成立开始，团队一直千方百计购买版权，当时连版权拥有方都嘲笑贾跃亭。“疯了，乱砸钱”，内部高管会议上也几乎是集体反对。而贾跃亭不以为然，硬是买下 9 万多集电视剧、5000 多部电影网络版权，其中已采购还尚未

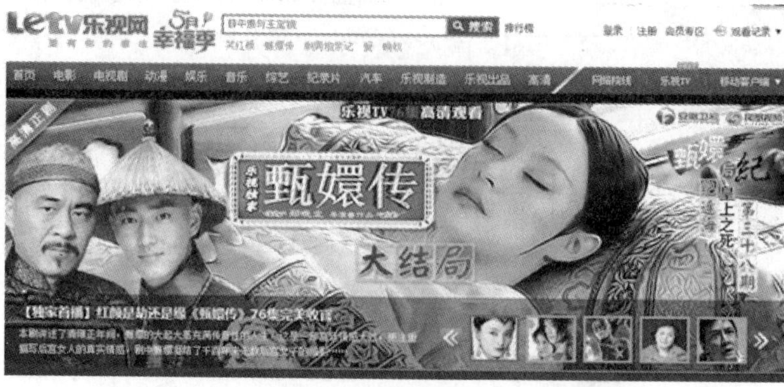

图 4-4 乐视网独家网络版权——《甄嬛传》

上线的独家版权影视剧高达 130 部，接近 5000 集。

乐视网是国内最早购买影视剧版权的视频网站。从 2004 年开始，在整个视频网站行业不太重视影视剧版权的时候，乐视网就利用其先行优势，低价购买了海量的内容库。通过 9 年多的版权积累，乐视网建立起视频网站行业内最全的影视剧版权库。乐视网对于影视剧版权的购买策略是“前期介入”模式，即在影视拍摄期间甚至是更早的拍摄筹备期，乐视网以预付采购款的形式购入版权，直接以相对优势的价格拿下热播剧集的网络版权。同时，乐视网与上游内容制造商制定了合作的长期发展战略：其关联公司积极涉足上游产业，建立影视公司，加大对优质片源的投入，拍摄有影响力的电影电视剧。通过题材、主发阵容、导演、播出平台等多维度的考评，对热播预期和版权价值进行判断，与合作方约定固定收益率和优先采购权，并且与版权方签订了无限连带责任协议，降低购买风险。除此之外，乐视网还与全国 100 多家律师事务所签署版权联合保护协议，共建影视剧正版生态链，以保证版权价值不会因为“盗版”而贬值。

乐视网目前拥有国内最全的正版影视剧版权库，锁定 2012 年热门影视剧独家网络版权的 60%以上，2013 年热门影视剧独家网络版权的 40%~50%。乐视网已采购未上线的影视剧资源超过 200 部，是其他视频网站同类资源总和的两倍多。

经过多年的积累，乐视网在内容数量、质量和采购渠道等方面具突出优势。同时，乐视网与上百家的版权方和版权代理机构建立版权交易关系，与实力强大的影视剧出品方和发行方建立长期稳定的合作关系。此外，公司与中影集团、中央电视台等的战略合作，增强了公司对优质视频节目的采购优势。

2. 自制剧

2012 年初春，《东北往事之黑道风云二十年》掀开乐视网自制剧神秘面纱，16 天破 2 亿播放量。盛夏之际，《女人帮·妞儿》创 2012 年网络自制剧“剧王”，破 10 亿播放量。深秋将至，《青春大爆炸》又开了网络自制剧反向输送电视台黄金档的先河，在成都电视台以每晚 3 集的速度热播。岁入寒冬，乐视网热力放送《我怀了你的孩子》，并强势推出乐视午间自制剧场。

在北京“2013 娱乐整合行销战略”发布会上，乐视网宣布从 2013 年 1 月 1 日起开播乐视午间自制剧场，每天中午播出一集自制内容“徽记食品”将成为该栏目的首家战略合作伙伴，共同传播“小快乐，大能量”的联合品牌诉求。

2013 年 11 月 4 日，乐视网为旗下年度自制大剧《女人帮·妞儿》第二季举行了一场盛大的上线发布会。区别以往影视制作公司的新剧“开播”发布会，此次《女人帮·妞儿》第二季的“上线”发布会似乎说明，如今视频网站对于内容的制作与传播已经驾轻就熟。

“乐视自制”已成为网络视频自制第一品牌，打造了《东北往事》、《魅力研习社》、《我为校花狂》、《午间道》等精品节目。第二部自制剧《女人帮·妞儿》即将上线，虽然自制剧的质量无法和热门大剧相比，但是自制部分如果能每年出一两部大片的话，无论是收入还是品牌都将得到大大的提升，有利于公司竞争力的提升，这需要由未来企业的人力物力的投入程度而决定。

乐视网 COO 刘弘表示：随着视频网站“321”竞争格局的形成，差异化竞争日趋明显，自制剧成为主流视频网站的主要竞争点。乐视午间自制剧场体现了“乐视制造”作为互联网自制第一品牌的创新力和领导力。

（三）乐视 TV 3D 云视频超清机

乐视 TV 3D 云视频超清机是乐视网基于 TV 端创立的娱乐科技品牌，是乐视网的战略级产品。目前，消费者对极致高清体验的刚性需求，“互联网+高清大屏幕电视”的组合正在成为人们获取极致视听体验的新趋势。乐视 TV3D 云视频超清机独创的在线 3D 和 1080P 传输技术，能为用户提供海量影视剧，其中更有行业最全的正版 3D 影片库，为用户提供了蓝光碟机、高清机顶盒、高清播放机、IITPC 等无法比拟的极致体验，具有“超清晰、很 3D、最 HIFI、全影视、云服务”五大优势。乐视 TV 将与广大合作伙伴一起，致力于消费者的极致体验，共同掘金千亿互联网超清机市场。

（四）应用：乐视 TV 应用开放平台与开发者合作共赢

2013 年 3 月 31 日，乐视网联合人人、新浪、搜狐、掌上明珠、游戏圈等多家知名互联网公司共同启动“乐视 TV 应用市场”。同时发布了“乐视开发者扶持计划”，为智能电视应用开发者提供启动资金支持，为优秀的智能电视应用保驾护航。

构建丰富“内容服务”是智能电视发展的核心。乐视 TV 应用开放平台，是国内第

图 4–5　乐视 TV 界面

一个面向全终端、所有用户、开发者开放的智能电视应用平台，通过电视客户端、官方网站，可为用户提供智能电视应用下载等服务，可实现一站式下载、管理、升级智能电视应用。乐视 TV 应用开放平台拥有资源丰富、内容多渠道分发、应用云推送安装、多操控设备支持、支付快捷等特点，是智能电视、智能机顶盒的必备之选。

智能电视应用平台与常见的智能手机应用平台不尽相同。二者虽同为海量应用提供开放平台，吸引第三方应用接入，借以整合资源，然而从商业模式及产品体验乃至操作习惯等方面又有明显的差异。受限于 TV 私密性较低，社交应用恐难得到较好体验。然而优质的视觉效果、更加便捷的交互体验，使得游戏、教育及音乐视频应用将在智能电视时代得到长足发展。

为吸引更多优秀应用，乐视网采取 3∶7 比例的分成模式（开发者占 7 成），面向第三方应用开发者，降低门槛，提供资金与测试终端测试等技术支持。同时提供强大的支付平台，用户可根据习惯选择相应方式进行支付。另外，在广告及统计方面，开发者也可在平台上获取部分收益。

在商业模式上，乐视网选择前向收费与后向收费相结合的方式。所谓前向收费，指通过用户购买应用获取收益；后向收费则是指用户下载免费应用后，购买游戏道具或后续剧集等实现平台营收。除此之外，平台也可通过广告实现部分盈利。

四、全产业链优势

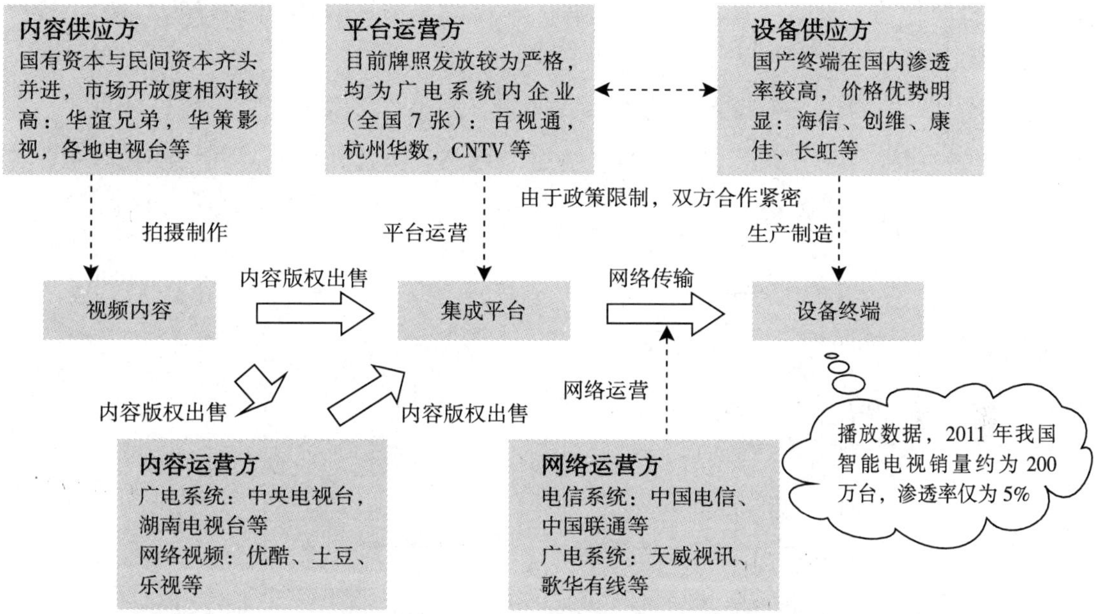

图 4-6 网络视频网站可以内容提供商的形式与互联网电视开展合作

资料来源：公开信息，中企公司研究部。

从图 4-6 中可以看出，内容提供商与电视台合作的产业链关系图，形成了视频内容—集成平台—设备终端的全新产业链。乐视网的高清智能终端机的商用，打通了整个产业链的所有环节，用户流量和覆盖率将成倍增长，业务规模将上个大台阶。上游的版权独占、下游 PC 端的流量上升、互联网电视端的入口抢占，加上正现金流，乐视已经打造了一个“全产业链”的故事。

之所以有这样的布局，贾跃亭是想要开创一个崭新的盈利模式。将硬件和软件进行垂直整合，先通过低价的硬件占领市场，再通过收取内容服务费赚取真金白银。在他看来，无论怎么横向整合，都是加法，只有产业链各个环节真正垂直的水乳交融，才能是乘法甚至是指数级的效应，从而获得爆发式的成长。

同时，“平台+内容+终端+应用”的创新商业模式布局优势，实现 PC、Phone、Pad、TV 四屏合一的全屏幕覆盖，以全产业链布局逐步达到对目标用户的全时段、多维度曝光，实现多屏整合营销。

(一)“付费+免费”盈利模式

目前，互联网视频领域主要有三种模式：第一种是 VOD 的视频点播模式；第二种是视频分享模式；第三种是以 P2P 技术为核心的网络电视。不同于以上这三种模式，乐视网独创的是“第四种模式”，即“付费+免费”的商业模式。一方面，网站对购买了版权的内容进行互联网上的收费发行；另一方面，网站推出免费的客户端，用户自由上传各种影视视频，并进行视频分享。

乐视网主要付费服务项目包括网络高清视频服务业务、网络视频版权分销服务、视频平台广告发布业务和视频平台用户分流业务、网络超清播放服务、网络游戏运营业务和网络视频短片制作业务。

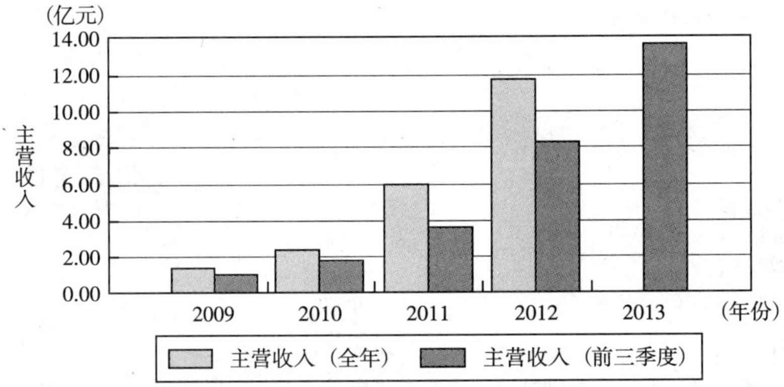

图 4–7 乐视 2009~2013 年主营收入

图 4–7 中为 2009~2013 年乐视网的主营收入，可见乐视依托全产业链的“付费+免费”的盈利模式带来了不断增长的利益。

1. 正版内容点播收费

乐视高清影院提供单片点播（1~10 元）、包月（30 元）、包季（70 元）、包半年（120 元）、包年（240 元）、包三年（360 元），其中只有极少数的节目应版权方的要求只提供单片点播服务。用户单片点播的有效期为 48 小时或 72 小时，用户包月及其以上的有效期即为所订购的服务种类。高清影院现在提供三种支付方式：移动/联通手机话费支付、神州行/联通/电信充值卡、网银支付。

乐视网有行业最全的影视剧版权库，为正版内容点播服务提供了扎实的基础。目前，在付费领域，乐视网的市场占有率约为 10%，位居第一。

乐视网在 2009 年拥有 30 万活跃收费用户，每人每月至少付费 30 元，可保证乐视网有源源不断的收入。2009 年，乐视网实现收入 1.4 亿元，其中网络高清视频服务收入 7354 万元，视频广告收入 3693 万元，收费模式带来的收入在总收入中占比很高。2012

年，乐视网付费用户的人数目前已有 75 万，高清视频服务收入为 1.5 亿元。

2. 版权分销

从 2008 年开始，国家对版权控制加强，网站盗版视频被迫下架。

2009 年 9 月 15 日，搜狐联合激动网和优朋普乐三家发起成立中国网络视频反盗版联盟。这是一个由视频版权权利人、网络视频企业以及相关利益方组成的，实施自我管理和联合维权活动的跨行业社会组织。

2013 年 11 月 13 日，中国网络视频反盗版联盟发布“中国网络视频反盗版联合行动宣言”，表示将联合对抗百度、快播等日益严重的网络视频盗版和盗链行为。优酷土豆集团、搜狐视频、腾讯视频、乐视网国内四大视频网站联合中国电影著作权协会、美国电影协会等 10 多家机构和版权方齐齐将“枪口”对向了百度、快播，称已向法院起诉百度、快播的盗版侵权案件共立案百余起，涉及百度盗链、盗播移动视频版权的影视作品逾万部，向百度索赔由此带来的损失 3 亿元。

以上事件可以看出国家对盗版的打击力度进一步加大，网络视频服务提供商对影视剧版权的争夺越发激烈，激烈的竞争抬高了国内版权的价格。而已经拥有了庞大的影视剧库和优质的独家版权内容的乐视网，则从网络视频版权分销中获得了巨大的收益。

2008 年，已经有了一定版权积累的乐视网摸索出了版权分销这一创收模式，以使手中的版权转化为实在的利润。首先，由乐视网“批发”采购大量独家、热门影视剧的网络版权，然后将版权“零售”给其他急需购买版权的视频网站，赚取差价。这一年，通过版权分销，乐视网获得了 340.93 万元的营收。随着各大视频网站不断加大对版权的投入，版权分销逐渐成为乐视网最大的营收来源及盈利点。2011 年，得益于视频版权价格暴涨，乐视网实现版权分销收入 3.56 亿元，占总营收的 59.48%，净利润也大幅增长了 61%，达到 1.31 亿元。2012 年，乐视的收入中版权分销收入为 5.5 亿元，占总收入的 47%。

3. 硬件收入

2012 年 2 月，乐视网发布搭载安卓系统的 3D 云视频智能机 T1，无硬盘版售价 1920 元，2TB 硬盘版售价 2980 元。用户可以通过 T1 把一台普通电视变成智能电视，接入乐视网庞大的视频库进行视频点播。2013 年 1 月 15 日，新版乐视盒子 C1 开放预约，凡成功注册并预约购买的用户在 21 日 C1 发布当日可以只花 399 元就同时获得价值 499 元的 C1 和价值 490 元一年期乐视 TV 版服务，由于定价低廉，5 万台现货在 7 小时内售罄。

乐视 TV 推出 3D 云视频超清机及智能机，首推的 T1–3D 云视频智能机，配备基于 Android 智能系统深度优化的操作系统 LeTV UI，支持上千拓展应用的同时，创新提出了“九键操作”——上、下、左、右、电源、返回等九枚基本按键的简约遥控器，最大程度上简化用户操作步骤。

2013 年 7 月 5 日的消息称，1 万台乐视 TV·超级电视 X60 在乐视商城开售，仅 49 分钟即被抢购一空，创造了国内大尺寸电视瞬时销售第一的纪录。据乐视 TV 透露，首批 1 万台 X60 售罄后，销售通道长期开放，消费者可直接购买。目前，X60 的购买人数仍在持续增长中，排队周期已达两周。

由于乐视 TV·超级电视秉承“千万人不满，千万人参与，千万人研发，千万人使用，千万人传播”的理念，使得超级电视充分体现互联网精神，快速迭代，不断升级。超级电视采取以用户为主导的“CP2C”营销模式，让超级电视能够全流程直达用户，这对互联网时代的消费者具有很大的吸引力。

乐视网以前坚持高架策略是为树立高端品牌定位，培养用户习惯。随着智能机顶盒市场的日益成熟，乐视网通过低价策略来迅速占领市场。这次推出颠覆式的“0+399 元”价格策略，主要是基于对用户需求的考虑，广大用户都希望以极高的性价比去享受更多高清影视服务。另外，与传统 IT、手机、家电等硬件制造商仅靠硬件获利的区别是，乐视可以依靠独有的生态系统、盈利模式和营销模式，实现在硬件上的 0 元送，然后通过内容、广告获取收入。

（二）依托云平台的多屏合一营销体系

乐视网倾力打造业界领先的云视频平台，无论在规模还是技术方面均居于行业领先位置。物理总带宽 2T，总存储容量过 10 万 T，服务器近万台，在高品质内容服务保障及多屏融合互动等方面拥有多项专利技术。

在 PC 领域，乐视网成为独立视频网站的领军者；在移动端，乐视网在 Android、Phone、Pad 全面发力，用户量迅速增长至 5000 多万；而在 TV 端，市场蓝海正在形成，盒子和超级电视将全面抢占 TV 端广告平台。乐视已经建立了基于云平台构建的覆盖 PC、Phone、Pad、TV 等多屏的营销体系，为广告客户提供了精准的多屏营销服务，对用户进行全时间段、全场景覆盖。

以广汽本田为例，乐视网为其量身打造了覆盖四屏的营销方案。首先，通过乐视网 iPhone 客户端“广本歌诗图影视专区”，锁定用户上班路途时间，专题曝光量突破 4500 万；在 Pad 端，推出“广本歌诗图影视专区”，锁定用户睡前时间，获得 3200 万的曝光量。其次，通过乐视网 PC 端“广本歌诗图剧场”，锁定上班族午休时间，相关品牌曝光量达到 1.2 亿。此外，通过 TV 端的品牌投放，锁定乐视网用户晚餐时段的黄金时间，乐视网为广汽本田在乐视 TV 云视频智能机量身定制 1080P 超清广告，在乐视网 TV 版推出广本歌诗图剧场专题，总曝光超过 100 万，乐视网成为首家推出 TV 端超清广告的视频网站。多屏营销策略，有效提升了视频用户对广汽本田品牌价值的认知。

1. 乐视罗盘精准营销系统

2013 年，乐视网立足于“一云多屏”战略，在视频行业中首次创造性地推出“乐视罗盘精准营销系统”。罗盘系统由一针七盘构成，内核罗盘广告发布系统驱动，一针精准指向广告主营销需求。通过罗盘广告发布系统、受众人群、时间状态、内容资源、地域分布、行业客户、媒介产品七大维度的罗盘构建，以及多屏轰炸、地网联动、首位独占等九大媒介优化产品，乐视网能够精准筛选出与传播目标最为匹配的视频内容资源和广告资源进行投放，在多屏时代下帮助广告主有效提升媒介投资回报率，科学准确地完成跨多屏媒体效果评估和计划优化。鉴于此，广告主得以对跨屏优化的准确量化评估，并以最优化结果实现营销目标。

对乐视的合作伙伴来说，“科技+精准”的全新视频营销系统，将在多个维度全面提升广告主投放实效。乐视网罗盘精准营销系统的价值，在于紧扣品牌传播诉求，第一时间为该项目寻找到最优化的媒介投放机制，并精准推荐最契合的优质视频内容，从而实现高效投放。

2.“全网贴片”广告模式

视频网站行业普遍采用的广告模式：视频“前贴、暂停、后贴”的广告模式和植入广告模式。视频 “前贴”的广告模式，即在视频内容播放时播放广告商的品牌广告。视频“暂停”的广告模式，即在视频内容播放过程中暂时中断一下，插播广告商的品牌广告。视频“后贴”的广告模式，即在视频内容播放完结时，播放广告商的品牌广告。贴片广告是视频网站广告最明显最外在的广告形式，属于显性广告。植入广告模式是把广告商的产品或其服务具有代表性的视听品牌符号融入视频内容中，可以以台词表述、角色扮演、道具呈现、场景提供等方式植入。与贴片广告相比，植入式广告以一种隐性化、人性化的方式将广告商的品牌或服务融入视频的剧情中，跳脱了传统广告直白诉求模式，以更加隐蔽、积极、动人的形态潜入观众的视野，令观众在不经意间构建起对品牌或服务的潜意识知觉，属于隐性广告。

乐视网在充分实施视频网站行业传统的广告模式的同时，于 2011 年 1 月开创并实施了“全网贴片”的广告模式，即将广告内置于影视剧内容中，直接分销给合作伙伴，这样，广告主只需要选择投放乐视网一家就能达到覆盖国内主要视频网站的全网贴片的效果。据了解，目前风行、暴风影音、56 网等多家视频网站已经表现出很强的合作意向。乐视网拥有“国内第一影视剧库”的丰富内容资源，在许多优秀的影视剧上拥有独家网络版权，凭借其在中国 A 股上市带来的知名度和影响力，使得“全网贴片”广告模式具备了实施的基础。同时，乐视网非常注重视频内容的评估和筛选。精彩的视频内容会引来巨大的客户流量，而客户流量则成为广告商投资的重要判断标准。可以预见，“全网贴片”模式的推出将给乐视网带来崭新的发展机遇，实现广告商、影视剧制作公司、乐视网、分销网站等合作方共赢的局面。

3. 1080P 超清广告

“就收视体验来看，电视屏幕依旧最好是毋庸置疑的。电视收视下滑无关电视，只是电视所承载的内容让观众不断流失。”乐视网销售副总裁刘刚说道。在他看来，未来的电视概念可以变为成“电视屏幕”，在这样一个收视体验极佳的屏幕上呈现的是更加优质的内容，从而挽回大量流失的观众。而对于广告主来说，电视的回归将为广告主开辟一条新的广告之路。

乐视网首创的 1080P 超清广告形式就用于“乐视 TV”云视频超清机上，1080P 的广告清晰度将满足对广告质量要求非常高的知名品牌，给收看广告的用户更清晰直观的感受。

“1080P 超清广告开创了一个先河，使得大屏的广告价值能够与电视台相媲美。”刘刚解释道，乐视网为广汽本田、蒙牛、三星等广告主在乐视 TV·3D 云视频超清机和乐视 TV·3D 云视频智能机定制的 1080P 超清开机广告，用户打开乐视盒子即可观看。区别于 PC、移动端广告只能覆盖单个人，电视主要是以家庭收看为主，开机广告具备品质高、到达率高、用户群体高端的特点，并且能够影响最广泛的家庭人群，覆盖力度更强。

（三）携手电商，视频购物创新营销模式

乐视网目前已经与京东商城、淘宝、苏宁易购、好乐买、每克拉美等电商平台以及其他行业各类网站开展了合作，通过视频营销创新，开发视频新价值。在与电商合作方面，乐视网力推全新的视频化网络购物方式，为消费者提供“身临其境”的购物体验，打造集购物、休闲、娱乐于一体的购物模式。

不久前，乐视网与京东商城一起推出“网络视频购物专区”，共享热门影视剧，让用户在购物的同时，可轻松观看最新的正版热播影视剧，目前统计的流量转换订单率非常可观。乐视与电商的合作，开创了云平台下品牌营销的新模式。

五、未来趋势

娱乐行销：在娱乐行业进行全产业链布局。在北京“2013 娱乐整合行销战略”发布

会上，乐视网营销副总裁刘刚详细解读了“B.E.A.T.”战略。

“E”（Entertainment Marketing）——娱乐行销，乐视网通过兄弟公司“乐视影业”、自有品牌“乐视制造”、“乐视音乐”与Elle合作的“乐视风尚”及2013年重点打造的“乐视体育”，在娱乐行业进行全产业链布局，以最强明星资源与最专业制作能力实现深度的娱乐行销。

除乐视影业、乐视制造外，乐视音乐、乐视风尚和乐视体育均为乐视网的频道。乐视网在2013年着重打造乐视体育频道。

（一）乐视影业

图 4–8 乐视影业

乐视向上游拓展，旗下的乐视影业已进入影视剧制作领域，并高调签下张艺谋作为艺术总监。

乐视影业成立时间是2011年，创始人是张昭，定位为“互联网时代的电影公司”。2012年，张昭决定加盟乐视影业的主要原因就是希望借助互联网的基因改造传统电影的营销与发行。张昭在出品发行影片的同时，试图建立“一定三导”和“三屏联动”O2O的电影市场系统。他一直坚信，互联网的力量要比传统电影的力量大，乐视影业构建的将是涵盖观影用户、影院、制片方和品牌商在内的四边平台商业模式。

张昭的“互联网的方式”，简而言之就是“一定三导”：“定”是电影产品在广大消费者心中的定位，“三导”包括社会化媒体的“导航”、影院观影综合服务平台——APP“乐影客”的“导流”和地网营销系统的“导购”。

乐视影业的商业化还要强调“三屏联动”，乐视网这个网络视频播放平台，以及乐视超级电视这个家庭点播平台都是张昭计划中的营销发行和变现渠道。张昭举例说，以后可以尝试用户视频网站上面点击预告片花1毛钱，当用户购买影票时预告片的钱将在票价中扣除，他认为付费的预告片让人更有点击欲望，从而把兴趣转成收入，也是对影片宣传的投入程度的价值实现，这就是大数据的商业化应用。

在张昭看来，未来乐视影业在影片制作、营销发行、导流导购，以及衍生品和本地化生活服务等与观影相关的每个环节都能够获得收入，乐视影业构建的将是涵盖观影用户、影院、制片方和品牌商在内的四边平台商业模式。与目前大部分影业公司把精力放在影片制作、艺人经纪上不同，张昭认为乐视影业未来的最主要的收入还是来自于发行。他现在面临的最大的挑战就是如何扩大影片发行的规模，他认为仍然要依靠互联网和数字化流程的管理，开发大量的社交化工具和平台软件，这样才能显现管理的平台化，提高效益。

（二）乐视体育

除了对热播大剧内容的网罗，乐视在 2013 年也在筹划如何有效提升具有长效优势的体育内容营销价值。在刘刚看来，“体育内容能够锁定更精准的人群，他们对内容更执着、更专注、层次更为高端。”在巩固影视核心资源基础上，从多个领域开展频道品牌精细化运作，体育内容和基于体育内容的营销将成为以奇制胜的关键。乐视网将通过体育内容的不断优化，来吸引更多的高端用户。

目前，乐视网体育频道内容涵盖篮球、足球、网球、高尔夫等运动项目，锁定英超、西甲、意甲、法甲、中超 、中网、CBA、欧洲篮球冠军联赛及其他北美高端赛事，全方位报道国内外体育赛事。此外，乐视网体育类自制节目也异彩纷呈，《数说 CBA》、《乐视体育早班车》等已经上线，并获得许多乐迷的青睐。

在终端布局上，乐视体育将推出移动客户端，布局移动领域，从而实现 PC 端到移动端再到 TV 端的多屏全覆盖。同时，乐视网依托在影视剧领域的经验，将体育营销与明星资源充分结合，实现体育营销与内容建设齐头并进。

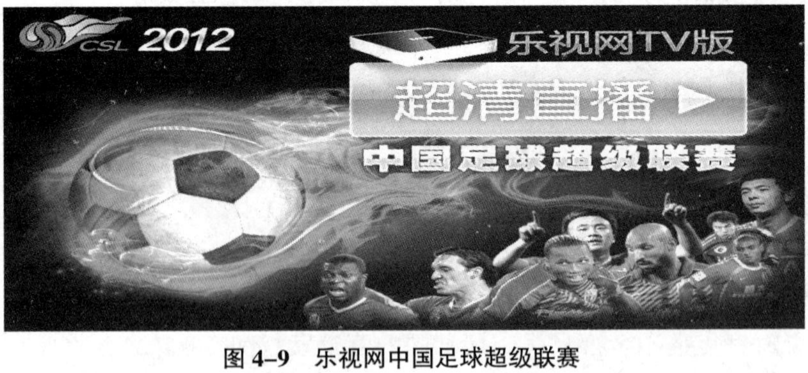

图 4-9　乐视网中国足球超级联赛

六、案例点评

企业信息化成功离不开商业模式的创新，乐视为企业信息化商业模式创新提供了一个很好的范例。截至 2013 年 10 月，我国电视销量最好的是不做电视的互联网企业，预计全年超级电视销量达到 20 万台。乐视成功运用互惠规范的网络力量改造商业模式，从互联网角度将“内容服务”加入电视。它与传统电视制造企业不同，先通过低价的硬件占领市场，再通过收取内容服务费赚取利润。而内容的提供又是由互联网企业联合共同完成。

乐视的独特的商业模式——“平台+内容+终端+应用”全产业链生态系统，也被业内称为“乐视模式”。与单一的 P2P 技术或 CDN 技术相比，公司的乐视 P2P+CDN 技术在技术原理上具有并发能力强、用户体验好、内容清晰度高和资源安全度高等优势。

虽然，乐视已经创建了全产业链生态系统，但是以乐视的实力，使整个生态系统焕发活力并非易事。毕竟乐视不是苹果，贾跃亭也不是乔布斯。首先，在乐视的商业模式中，用户数量是至关重要的因素，只有用户数量达到 100 万或者 1000 万，贾跃亭通过收取服务费盈利，通过发布广告盈利的商业模式才有可能实现；退一步来说，只有销售量提升，才能摊薄电视机在生产、营销、服务上的巨大成本。乐视应该更加注重用户培育，提高基础用户数量。其次，即使是打通全产业链的苹果，其主要营收仍然来自于硬件产品，而非内容服务。因此，乐视网想要通过依靠独有的生态系统、盈利模式和营销模式，实现在硬件上的 0 元送，然后通过内容、广告获取收入的想法仍需接受现实的考验。最后，乐视网的优势在于对核心用户的把控。目前，乐视网拥有 75 万月活跃付费用户。首先让用户认可的是它的服务，而它要了解用户喜欢什么，想要什么，将来会对什么感兴趣。而且依托云视频平台，乐视已经实现 PC、TV、手机、Pad 等“多屏联动体验”。乐视也在致力于乐视体育、乐视影业等多领域的发展。相信不久的将来，乐视一定能够给用户以独特的用户体验，并且迎来新的利润增长点。

参考文献

[1] 李雪峰.“平台+ 内容+ 终端+ 应用” 乐视网业绩逆市上涨 [J]. 股市动态分析，2012（12）.

[2] 苏亮. 打开智能的盒子　乐视 TV 开创智能终端蓝海时代　乐视网 COO 刘弘和乐视 TV 总经理梁军访谈 [J]. 家用电器，2012（3）.

［3］李雪. 中国视频网站盈利模式优化研究［D］. 湖南大学硕士学位论文，2008.

［4］付云. 乐视的全产业链困惑［J］. 经理人，2013（7）.

［5］郑道森. 乐视反"围剿"［J］. 商周刊，2013（13）.

［6］饶霞飞. 乐视盒子不只是一个硬件——专访乐视网副总裁，乐视致新高级副总裁杨芳［J］. 新财经，2013（1）.

［7］伏昕. 乐视迷局［J］. 中国企业家，2013（11）.

［8］关薇. 中国视频网站发展初探——以乐视网为例［J］. 今传媒，2011（11）.

［9］吴雪. 浅析乐视网盈利模式［J］. 中国经贸导刊，2012（17）.

［10］梁晶晶. 乐视网：科技提升视频营销价值——专访乐视网营销副总裁刘刚、谭靖颖［J］. 广告大观：综合版，2013（5）.

［11］李雪峰. 乐视网："正版+付费"双驱动［J］. 股市动态分析，2011（42）.

［12］朱蕊. 乐视网推智能电视突围分销模式之困［J］. 股市动态分析，2012（38）.

［13］刘校豆，宋建锋. 竞合格局下传统电视与网络视频的融合与创新——基于乐视超级电视的经营战略视角［J］. 传播与版权，2013（3）.

第二节　中国移动物联网信息化技术创新

一、中国移动简述

中国移动通信集团公司（以下简称“中国移动”）于 2000 年 4 月 20 日成立，注册资本 3000 亿元，资产规模超过万亿元，拥有全球第一的网络和客户规模。

中国移动全资拥有中国移动（香港）集团有限公司，由其控股的中国移动有限公司（简称“上市公司”）在国内 31 个省（自治区、直辖市）和香港特别行政区设立全资子公司，并在香港和纽约上市。2011 年列《财富》杂志世界 500 强 87 位，品牌价值位列全球电信品牌前列，成为全球最具创新力企业 50 强。

中国移动主要经营移动话音、数据、IP 电话和多媒体业务，并具有计算机互联网国际联网单位经营权和国际出入口局业务经营权。除提供基本话音业务外，还提供传真、数据、IP 电话等多种增值业务，拥有“全球通”、“神州行”、“动感地带”等著名客户品牌。

目前，中国移动的基站总数超过 90 万个，客户总数接近 6.5 亿户。中国移动连续七年在国资委考核中获得最高级别——A 级，并获国资委授予的“业绩优秀企业”称号。连续四年进入《金融时报》全球最强势品牌排名。上市公司连续四年入选道琼斯可持续发展指数，是中国内地唯一入选的企业。同时，中国移动积极投身社会公益事业，连续三年荣获慈善领域最高政府奖“中华慈善奖”。

中国移动是联合国全球契约（Global Compact）正式成员，认可并努力遵守全球契约十项原则，同时加入该组织倡导的“关注气候变化”（Caring For Climate）行动。中国移动是气候组织（The Climate Group）成员，努力在应对气候变化中发挥积极作用。

中国移动组织架构如图 4-10 所示。

二、物联网简述

1999 年，美国麻省理工学院（MIT）首次提出物联网的概念，国际电信联盟（ITU）在 2005 年的年度报告中对此概念的含义进行了扩展。通过对物联网的跟踪研究，我国提出的物联网定义是：对物体具有全面感知能力，对信息具有可靠传送和智能处理能力的连接物体与物体的信息网络。全面感知、可靠传送、智能处理是物联网的特征。

“全面感知”是指利用射频识别（RFID）、二维码、GPS、摄像头、传感器、传感器网络等感知、捕获、测量的技术手段随时随地对物体进行信息采集和获取；“可靠传送”是指通过各种通信网络与互联网的融合，将物体接入信息网络，随时随地进行可靠的信息交互和共享；“智能处理”是指利用云计算、模糊识别等各种智能计算技术，对海量的跨地域、跨行业、跨部门的数据和信息进行分析处理，提升对物理世界、经济社会各种活动和变化的洞察力，实现智能化的决策和控制。

近年来，全球主要发达国家和地区纷纷抛出与物联网相关的信息化战略，期望借助物联网来寻求金融危机解决之道，从而刺激经济增长。2008 年底，IBM 向美国政府提出的“智慧地球”战略、2009 年 6 月欧盟的“物联网行动计划”以及 2009 年 8 月日本的“i-Japan”计划等都是利用各种信息技术来突破互联网的物理限制，以实现无处不在的物联网络。

以上国家和地区信息化战略的共同点是：融合各种信息技术，突破互联网的限制，将物体接入信息网络，实现“物联网”；在网络泛在的基础上，将信息技术应用到各个领域，从而影响到国民经济和社会生活的方方面面。美国的战略强调传感器及其网络等感

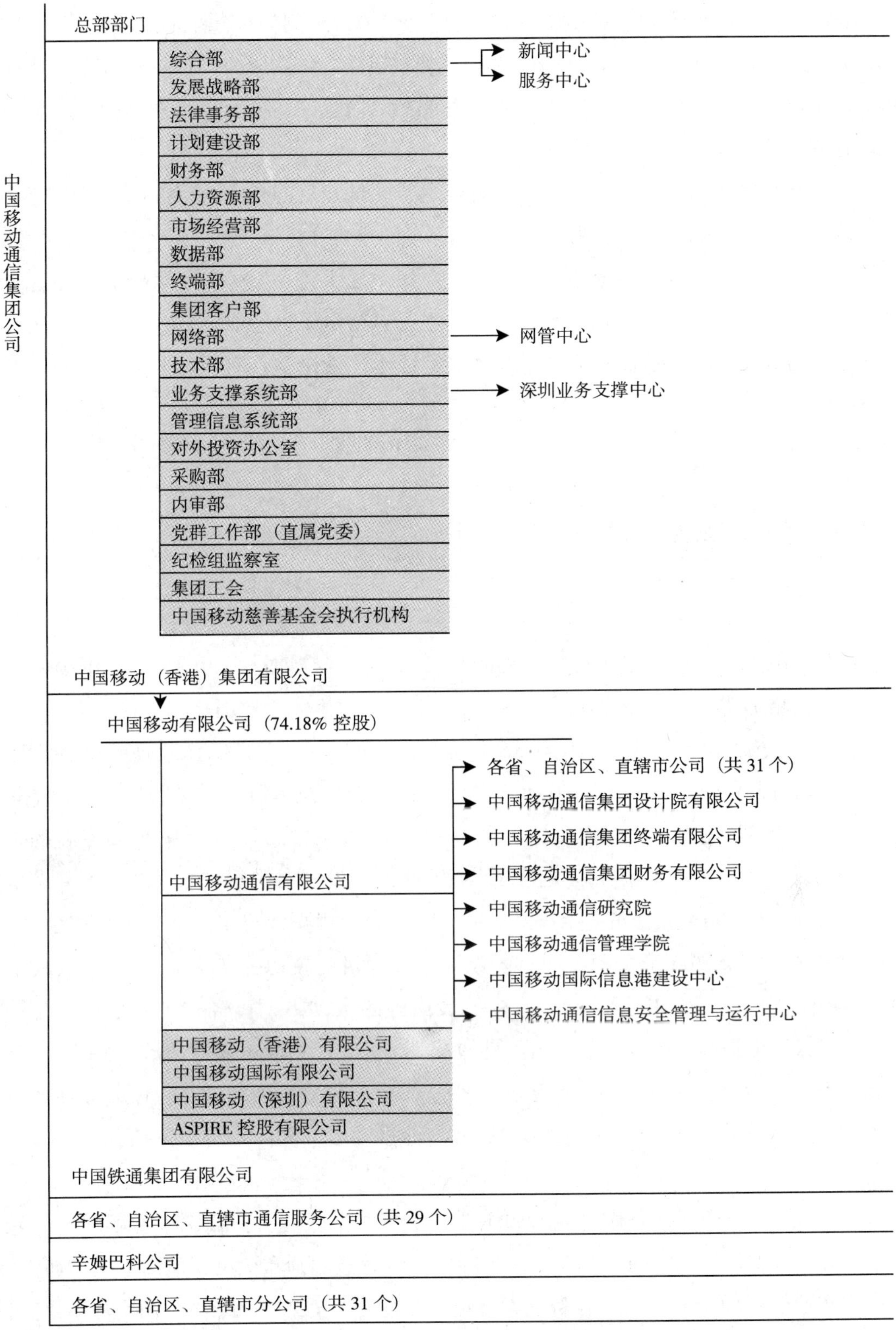

图 4–10　中国移动通信集团组织架构

知技术的应用，提出建设智慧型基础设施；欧盟的计划具体而务实，强调 RFID 的广泛应用，注重信息安全；日本的计划强调电子政务和社会信息服务等信息化应用。从这三个战略计划中可以看出：未来信息产业的发展在由信息网络向全面感知和智能应用两个方向拓展、延伸和突破。

在整个物联网的发展过程中，运营商扮演着举足轻重的角色。一方面，运营商掌握着手机即个人标签识别终端；另一方面，运营商控制着信息传输网络及其对个人终端的服务。运营商可以通过提供增值服务的方式向用户提供相关服务，也可以通过促进个人终端的更新换代来吸引用户。另外，运营商还可以与电子标签制造商合作，开发适用于现有网络的电子标签，从而降低整个物联网的成本。无论是在哪个环节，运营商都可以从中获利。

三、中国移动互联网实施运作

物联网的无限商机激发了中国移动的昂扬斗志。为推动物联网的发展，中国移动主动出击，战略部署已初现端倪。

（1）建立技术研究基地，加快与 TD 融合，以技服众。中国移动在江苏省无锡市建立了物联网研究院，重点开展 TD-SCDMA 与物联网融合的技术研究和应用开发，同时还在无锡建立了物联网数据中心，以支撑物联网相关业务。在 2009 年 11 月 20 日举行的物联网高峰会议上，中国移动研究院人士表示：物联网的发展对中国有重大战略意义，也是中国移动 TD-SCDMA 成功的重大契机。中国移动推动物联网与 TD-SCDMA 融合试点，能够充分争取国家的政策资源，通过国家高科技项目的资源为 TD-SCDMA 争取政策扶持。TD-SCDMA 产业在中国移动一系列发展措施的推动下，已经初步显示出产业链壮大、客户接受度提高的趋势，显示出可喜的发展态势。而物联网需要 3G 的高带宽和高频谱利用率的支持，二者具有融合的基础。TD-SCDMA 与物联网的融合，可以提高客户对中国移动的品牌认知度，让中国移动“民族产业推动者”和“高科技开拓者”的形象深入人心。

（2）初探商业模式，争做行业的领头羊，市场占优。运营商在未来物联网的产业链中，需要从“普通管道”向“智能通道”转变，最后做端到端应用，从而主导产业发展。物联网产业链规模十分庞大，行业之间会进一步融合，在物联网领域，中国移动将定位为数字化时代数字内容和数字应用的端到端集成、整合、分发的提供者。这充分表达了中国移动想延续2G时代其霸主态势，争做物联网时代领头羊的决心。值得一提的是，中国移动在发展过程中表达了同其他产业链相关者合作的期望，以共同推进物联网的发展，从而推动联网标准、产业合作模式、政策法规等各种问题加速解决。

（3）参与协议标准制定，时刻把握发展动向，掌握行业脉搏。标准作为技术的高端，对我国物联网产业的发展至关重要。如果标准制定滞后于产业发展，标准不统一会使整个产业和市场混乱，更让用户感到无所适从。由于目前国际上相关物联网规范比较复杂，甚至还没有建立一套统一、成熟且被大规模应用的标准，这导致传感器不能像计算机配件一样即插即用，极大地限制了物联网的发展。我国已成立传感器网络标准工作组，将统筹规划传感网的标准研究，积极推进标准化工作，加快制订符合我国发展需求的传感网技术标准，建立健全标准体系，力争主导制订传感网国际标准。2009年开始的六项传感网国家标准为：标准体系与系统架构、协同信息处理、通信与信息交互、标志、安全和接口。国内三大运营商及中兴、华为等通信设备商已参与此六项标准的相应制订工作。

（4）率先推出多款物联网应用服务，覆盖全国网络，争创品牌。据了解，截至2011年底，中国移动物联网终端数量已经超过1100万台。目前，中国移动已经开通了包括手机支付、物流管理、终端监控、电视卫星、农业蔬菜大棚监控等在内的一系列物联网业务。这是中国移动在物联网发展初期在物联网应用服务方面的初步探索。另外，中国移动已经在31个省（区市）开通M2M物联网应用，保证应用服务的有效实施。

四、物联网在中国移动的发展情况

从物联网服务提供者的角度，电信运营商具有提供物联网服务的天然优势，包括现有的、无处不在的通信网络覆盖、随时随地的接入能力、移动互联网领域的娴熟经验等。中国移动在中国的电信运营商中又具有特殊重要的地位，它在全国具有47万个基站，现有网络规模、覆盖范围、用户数量以及运营业绩均列全球第一。从技术的角度，机器到机器通信（Machine to Machine，MTM）是目前物联网的主要应用形式，中国移动意识到了物联网巨大的发展潜力，早在2007年就建立了MZM运营支撑中心，主要负责产品研究与开发、平台建设等工作。经过多年的技术攻关和产品研发，在MZM领域，中国移动目前已形成了一整套拥有自主知识产权的技术标准、解决方案和相关产品，而且已经面向政府、行业和家庭客户开展了针对不同需求的多元物联网应用实践。本部分将从中国移动物联网的技术创新、物联网与中国移动TD移动信息技术的结合、中国移动物联网的应用实践、当前中国移动物联网应用模式分析四个方面对物联网在中国移动的发展情况进行一一阐述。

（一）中国移动物联网的体系架构

由于现阶段物联网在中国的应用还比较零散，没有形成规模化、体系化的发展态势，因此要突破应用规模化的障碍，推动物联网产业由启动期向成长期转变，需要在产业链技术、应用形成系统的认识层面建立一套扩展性强的、开放的物联网体系架构。为了研究方便，结合现有的发展情况，我们把中国移动的物联网体系划分为三个层面，它们分别是感知层、网络层和应用层。

（1）感知层。主要由二维码标签和识读器、RFID 标签和读写器、摄像头、传感器、GPS 以及 MZM 终端、传感器网关、传感器网络等设备和技术组成。在这一层，主要是解决感知、识别物体、采集、捕获信息等方面的问题，当前需要突破的方向集中在获得更全面、更敏感的感知能力及实现小型化、低功耗和低成本的问题。

（2）网络层。首先是各种通信网络与互联网形成的融合网络。虽然普遍认为这是最成熟的部分，但仍需要解决 MZM 大规模应用普及以后，各种新的业务模型会对系统容量、QOS 的特殊需求。其次，网络层还包括信息中心、物联网管理中心、专家系统、云计算平台等负责对海量信息智能处理的部分。因此，网络层不仅需要具备网络运营的能力，还要有提升信息运营效率的能力，它是物联网成为普遍服务的基础设施。

（3）应用层。它指的是将物联网技术、行业专业领域技术充分结合以实现广泛的、智能化应用的解决方案集合。通过应用层，物联网最终实现信息技术、行业专业技术深度融合，并对国民经济，对社会发展产生广泛、深入、有力的影响。这一层的关键问题是信息社会化共享以及信息安全保障。

（二）中国移动物联网的技术创新

在物联网领域，中国移动的技术创新方向是把移动通信能力与感知层结合起来，通过在机器或物品内部嵌入 GSM/TD 通信模块，借助无线通信等接入手段，能够为客户提供全面的移动信息化解决方案，以满足客户对指挥调度、监控、数据采集与测量等方面的综合移动需求，即 MZM 应用。

MZM 作为一种以机器终端智能交互为核心的、网络化的应用与服务，与物联网的核心理念和发展思路是完全一致的。MZM 通信与物联网的唯一区别是，物联网的概念、应用场景、所采用技术会更宽泛一些；而 MZM 则主要聚焦于无线通信网络应用。作为物联网发展中需求最迫切的部分，MZM 具有广阔的、可扩展的空间。

当前，在 MZM 终端及应用的开发能力上，中国移动基本与国际水平保持一致；在通信协议的研究、技术体系架构、MZM 模组的研发上，中国移动由于其持续、定位准确的投入，甚至要领先国际水平。

经过数年的努力，中国移动已经形成了一整套拥有自主知识产权的、基于 WMMP 协议（Wireless Machine to Machine Protocol）的 MZM 解决方案。通过定义 MZM 通信语言 WMMP，使信息的交互过程更加容易理解，同时也为产业链中的各个相关者提供了一套统一的、可遵循的标准。同时，通过对 MZM 模组的自主研发，中国移动初步解决了终端标准化问题，从而为 MZM 终端的大规模定制扫清了障碍，更为突出的是，TD-SCDMA 作为当前应用热门的 3G 技术实现了与 MZM 的完美结合，更为 MZM 应用享受中国移动 3G 网络的高带宽提供了强有力的支持。

工信部在 2013 年给运营商发 4G 的牌照。高速率、高经济效益的 4G 无线技术，为中国移动互联网蓬勃发展、移动运营商上下产业链带来了前所未有的机遇。目前，中国移动 20.7 万基站的网络招标以及 4G 终端不断丰富，移动互联网变革来临。中国移动在 TD-LTE 网络终端以及业务方面都早已确立发展思路。

（三）物联网与中国移动 TD 移动信息技术的结合

中国移动对物联网和 3G 技术的投入及创新，会促进物联网和 TD 在中国的成功商业应用的动力。TD-SCDMA 是中国拥有自主知识产权的第三代移动通信系统，也是中国移动获得的 3G 牌照制式。TD 的发展需要有数据业务的强力拉动，而物联网应用正是符合这一要求的增强型数据业务。它将会有广阔的应用前景，以充分发挥 TD 网络的带宽优势，在发挥网络优势的同时，加速 3G 产业链的成长成熟。

图 4-11　中国移动引领 3G 生活

TD-LTE 即 TD-SCDMA Long Term Evolution，中国移动对发展 TD-LTE 是尽心竭力，而且已经取得了非常明显的成效，包括扩大 TD-LTE 的国际影响和认同，不少国际厂商热情参与，多家国外运营商已经建立 TD-LTE 实验网。但是，无论是设备生产企业还是终端企业，都认为 TD-LTE 的真正成熟还需要一些时间。中国移动是 TD-LTE 产业链的领导者，积极推动了产业链的建设，也吸引了许多国外运营商。

中国移动在实现物联网与TD移动信息技术的结合上付出了很大的努力，包括完善现有网络、发挥TD产业链优势、积极推动无线传感器网络与TD网络的快速融合以构建适用于物联网应用的TD/GPRs/wsN（无线传感器网络）的融合网络、大力发展基于TD网络的物联网业务和提升TD网络的核心竞争力，通过这些细致、针对性强的努力，中国移动将会为物联网的发展提供强有力的网络支撑。

（四）中国移动物联网的应用实践

通过与各行业的广泛合作，截至2010年4月，中国移动MZM接入终端数已超过400万。交通、电力和市政领域成为应用的热门领域。

在交通领域，北京、辽宁、上海等地的公交车、出租车上已安装了超过110万台无线终端设备，可以实现对车辆的调度和管理。

在电力行业，为北京及重庆的电力公司、广东的南方电网等，实现了超过104万台无线电表的远程抄表；为江西电网2万台、分布在全省范围内的配电变压器提供运行状态的实时监测，实现用电检查、负荷管理、电能质量监测、需求侧管理、线损管理等高效一体化管理，一年降低电损1.2亿千瓦时。

在重庆，1200部安装在电梯里的、带光电感应传感器的MZM终端，将电梯运行状况实时地传送到智能管理系统，若电梯发生意外故障，无须工作人员或乘客报警，电梯管理部门将在最短时间获取相关信息，确保以最快的速度到达现场，处理故障。

此外，中国移动还在路灯监控、智能楼宇、手机钱包、动物溯源、环境监测等方面开展了广泛的应用。

作为2010年上海世博会的全球合作伙伴，中国移动正在用推动社会信息化的实际行动，将最先进的技术带入了世博，除了TD-LTE试验网这一最前沿科技的落户，还有物联网相关的三大亮点展现：具有射频识别（RFID）功能的世博门票和世博手机票，物流配送车辆上的定位器，还有黄浦江底的水文传感器。尤其是世博手机票，更是世博会历史上首创的举措。使用世博手机票者，在不更换手机号码的前提下，仅需要更换一张带有非接触通信功能的SIM卡，再通过简单的手机操作，就可以实现包含选票、购票、验票在内的多种功能。同时，为了方便用户管理和调配使用与世博有关的各种额度，用户在将钱存入与该卡相连的专用账户后，账户里面的款项在中国移动的合作商户处实现手机购物。

目前，中国移动TD-LTE试验商用网已经在广州、上海、杭州等15座城市实现了主要城区的全覆盖，TD-LTE的基站数已达2万个，同时开展了形式多样的大规模TD-LTE

图 4-12　中国移动 4G 图标

客户体验活动。据悉，中国移动业务推广初期的定位是年轻的，用于尝鲜的先锋群体，他们热衷于移动互联网，希望获得更快更好的上网体验。

2013 年 5 月 17 日，上海移动 TD-LTE 友好用户测试新体验活动正式启动，这意味着上海城区已具备了 4G 商用条件，各方面准备工作已经全面完成。上海移动在 6 月 1 日正式启动 TD-LTE 扩大规模试验友好客户的招募工作，在申城招募 5000 名友好测试客户，通过 MIFI、数据卡、CPE 家庭网关等数据类终端，提供高速上网服务体验。

业内人士认为，这是中国移动 TD-LTE 走向试商用的重要节点，用户将体验更加便宜、高速的无线网络数据业务。然而，未来 4G 业务的发展各方面观点不同：走高数据需求用户路线，提供差异化服务给愿意为高速率付更多费用的用户；或是以更有竞争力的资费套餐，面向整个市场推广；或是深度融合行业需求，打造特色行业 4G 应用。

从世界范围看，中国移动在 MZM 应用领域的广度、深度方面都处于领先地位。对物联网应用领域和商业模式的深入、细致、前瞻性的研究，将会推动 MZM 应用向更广范围、更深层次发展，中国移动也正在积极发挥自身优势，不断加大投入来研究物联网发展所带来的机遇，以更好地满足各行各业的移动信息化应用需求。

（五）当前中国移动物联网应用模式分析

总的来说，现阶段中国移动关于物联网的应用模式主要有以下两种：

（1）在个别相对成熟的应用领域，如电力行业无线抄表、交通行业出租车定位应用上，行业客户承担全部或大部分项目开发费用，运营商提供的只是传统的通道。

中国移动作为通道的角色为其提供各种短信或 GPRS 包月数据卡，ARPU 以 5~30 元为主。项目建设需要更多资金投入的平台开发费用、数据采集终端费用，主要是由相关行业单位或者用户承担。

无线抄表业务的商业模式相对简单，电业局承担平台开发费用和数据采集终端费用，其初衷是优化内部工作流程、提高整体工作效率。而出租车定位应用从市场角度来看则更有推广价值。终端设备（2000 元左右）由出租车司机承担，数据卡由移动公司免费赠送，平台开发费用前期由运输公司一次性承担，但是每个月要向出租车司机收取 50 元的通信费（其中运营商只收 5 元）。出租车司机被运输公司强制要求配备定位终端、开通定位业务，其积极性高低对项目推广的影响可以忽略。而对运输公司来说，平台费用是一次性支出，平台上先后每增加一个终端用户，可以多收取一份通信费，所以积极性很高。当然，运输公司开通出租车定位业务还有一个驱动是主管部门对运输行业的安全事故率有要求，他们需要实时掌握公司的车辆运行情况。

在这种模式里，行业客户具有绝对的话语权，用哪个运营商的数据卡基本上没有差别，所以运营商是被动的，能做的就是更好的服务、更低廉的价格。

（2）在个别新拓展行业应用上，如电梯卫士项目的开发推广上，运营模式更不完善，项目主要费用由运营商承担，项目相关合作单位只是配合推广，而运营商的实际效益收入依然是通道收入。

运营商作为项目的主导方，承担平台开发费用和数据采集终端费用（以某地市该项目为例，初期计划投入 1000 部终端，平台和终端费用大概 1000 万元）。在这种模式下，运营商不仅仅是通道，而是在联合系统集成商、终端厂商搭建应用平台，承担了整个产业链更多的推动责任。对于末端用户来说，需要投入的只是 70 元/月的数据终端通信费用，这也是运营商在项目投入运营后的唯一收入。对于当前的运营商来说，几乎是全投入、零产出，收入的是传统的通道包月费，但是却承担了开发、终端等费用，当然战略意义深远。运营商参与项目开发推广的主要积极性在于做行业领航者，其他项目参与方则主要是配合参与。在这种模式里，运营商是项目投资方和决策方，具有较大的主动权，能够限制其他竞争对手参与；同时由于投资巨大，不太容易被其他竞争对手模仿和替换。

中国移动显然是看到了 MZM 未来的巨大潜力，所以努力在这个市场上承担推动者的角色，包括采用各种方式大规模投入（如承担平台建设、MZM 终端费用等）以及安排营销人员积极参与实际终端推广等，可是从实际产业链来看，在这种商业模式里，运营商的投入产出显然是不成比例的，不符合市场的规律。

而对于终端厂商来说，傍上运营商这个大树后，推广就不用担心，只要做好售后服务基本就没问题了，而且单个终端效益也比较可观。但是，像这种行业应用的客户群毕竟非常有限，市场规模不可能像前几年移动梦网的发展一样呈数量级式扩张。对于具有规模效应的终端制造业来说，厂商的积极性显然也比较有限。大厂商看不上眼，基本上以地域性的小厂商为主。

由此可见，现阶段关于 MZM 或者物联网的商业模式依然是模糊的，甚至是不完善的。从当前中国移动的应用情况来看，MZM 行业应用不少，且通用模式是行业数据采集、数据传输、无线网络、应用平台，采集设备现在市场上有不少于 3000 种，且都能提供统一的出口（通过 RS232、485、RJ45 等），借助 DTu、3G 路由器等数传终端向应用服务器传送数据。在 MZM 应用初步实现规模化发展的无线抄表、出租车定位等行业中，客户 ARPU 值都不高，5~30 元的数据包月套餐已经完全可以满足客户需求。还有更多的行业应用无法实现规模化发展，还有待个性化、定制化开发，这也正是中国移动等电信运营商的劣势。此外，还有终端厂家不支持（因为市场利润有限）、用户付费后通信保障无法充分保障等因素限制制约，如果没有明确的商务模式支持，物联网要在中国实现规模发展很难。

五、案例点评

中国移动目前的业绩在通信运营商中处于领先地位，并且这一局面在相当长的时间内将不会改变。中国移动通信是一个财务稳健、能够产生稳定现金流的盈利性公司，也是一个充满发展潜力、具有发展前景的持续成长性的公司。

中国移动作为物联网参与方，主导物联网应用项目平台的建设与产品运营。多年来，中国移动把物联网作为未来突破业务增长极限实施蓝海战略的重要方向，积极开展物联网核心技术研发、加速成果转化、产业孵化、应用开发等。当前，中国移动形成一整套拥有自主知识产权的 MZM 解决方案，并且在物联网产业链中属中间环节，在优化物联网生态链过程中扮演重要角色。已经形成了物联通、宜居通、二维码、车务通、电梯卫士等 30 多项成熟产品及应用，服务用户规模达到 5000 万之巨，应用范围已经普及于环境、交通、农业、家庭、医疗等多个行业。中国移动在标准化、关键技术研发、业务运营和拓展方面取得了重要突破，为“感知中国”建设提供有力支撑。

当然，中国移动物联网创新实践也离不开有效创新管理，特别是协同创新管理。如何能够突破物联网在供应链上存在的系统集成与信息平台壁垒、隐私与信息安全壁垒、信息化改造成本壁垒、编码标识标准壁垒等，以及如何克服在科技水平、技术标准、公众推广、商业模式、信息安全、污染辐射等方面也存在诸多障碍，都考验着中国移动创新管理能力。只有集成电信运营商、内容集成商、系统集成商、业务提供商、终端制造商等组成产业联盟，强化诸多产业密切合作，才能为物联网的协同创新提供一体化的解决方案。

参考文献

[1] 中国移动网站，http：//www.10086.cn/aboutus/js/ 2013-11-10.

［2］黄海峰. 4G 为移动互联网带来变革　中国移动 TD-LTE 发展思路明确［J］. 通信世界，2013 (21).

［3］罗邦柱. TD-LTE 成熟度落后 6~12 个月　中国移动下半年发展友好用户［J］. 通信世界，2011 (3).

［4］陈景. TD-LTE 承载方式研究［D］. 北京邮电大学硕士学位论文，2012.

［5］张凌鸿，林长春. 移动改变生活［J］. 杭州通讯（生活品质版），2011 (2).

［6］高旭东. 中国移动 TD-LTE 发展战略思考［J］. 移动通信，2012，36 (7).

［7］张鹏. 中国移动 TD-LTE 扩大实验网规模　产业链提前“热身”终端招标［J］. 通信世界，2012 (47).

［8］肖华辉，李岱松. 中国移动 TD-LTE 演进及解决方案建议［J］. 长沙通信职业技术学院学报，2013，12 (2).

［9］周洪波. 物联网：技术，应用，标准和商业模式［M］. 北京：电子工业出版社，2010.

［10］马刚，杨大伟，葛雯. 浅析电信运营商物联网发展策略［J］. 邮电设计技术，2012 (6).

第三节　联想变革经理制的信息化组织创新

一、联想企业简介

联想集团于 1984 年在中国北京成立，迄今已经发展成为全球领先 PC 企业之一，由联想集团和原 IBM 个人电脑事业部组合而成。联想的 2007~2008 财年营业额达 164 亿美元。1997 年以来蝉联中国国内市场销量第一，并连年在亚太市场（日本除外）名列前茅(IDC)。联想集团于 1994 年在香港上市（股票编号 992)。

在过去的 30 多年，PC 在全世界迅速普及，改变了人们的工作和生活方式，极大地提升了生产力和社会效率，在这一历程中，联想扮演了至关重要的角色。作为全球 PC 行业的领导厂商，联想以自主创新和服务客户的理念，不仅连续 11 年保持中国市场领先地位，而且在中国和亚洲谱写了令人叹服的 PC 传奇。

面对新的时代，联想将秉承“成就客户、创业创新、正直互信、多元合作”的坚定信念，全力打造一个以快速成长和锐意创新为导向的全球化科技企业。联想将始终致力于开发、制造并销售最可靠的、安全易用的技术产品及优质专业的服务，帮助全球客户和合作伙伴取得成功。

联想集团通过自己的销售机构、联想业务合作伙伴以及与 IBM 的联盟，让新联想的销售网络遍及全世界。联想在全球拥有近 20000 名员工。制造和物流基地主要设在中国、墨西哥、美国、波兰、印度、马来西亚、日本和澳大利亚等。联想拥有庞大的分销网络，在中国有近万个零售点为客户提供服务。

联想集团的强大实力包括享誉全球的“Think”电脑品牌及最新的“Idea”电脑品牌，为商用客户和个人用户提供优质专业服务的能力。联想 Think Pad 笔记本电脑和 Think Centre 台式机在全球屡获殊荣，电脑配备了 Think Vantage 技术、Think Vision 显示器和一整套 PC 附件和选件。Idea Pad 笔记本电脑和 Idea Centre 台式电脑，通过创新的技术应用体验，极富魅力的时尚设计，帮助用户享受科技生活、工作和娱乐休闲。

联想集团凭借其领先技术的个人电脑产品、易用的功能、个性化的设计以及多元化的解决方案而广受欢迎。联想还拥有针对中国市场的丰富产品线，包括移动手持设备、服务器、外设和数码产品等。2006 年 2 月，联想同步在全球 10 个城市同期发布了联想中小企业电脑，掀开了 Lenovo 品牌国际化的营销战役。

联想集团是一家极富创新性的高科技公司，秉承自主创新与追求卓越的传统，联想持续不断地在用户关键应用领域进行技术研发投入。联想将最新的研发成果从实验室带到市场，转化为生产力并改善人们的工作和生活。联想集团建立了以中国北京、日本东京和美国罗利三大研发基地为支点的全球研发架构；在中国，联想还拥有北京、深圳、上海和成都四大研发机构。

联想为全球 PC 技术的进步做出了重要贡献。联想集团拥有包括众多世界级技术专家在内的一流研发人才，他们曾赢得了数百项技术和设计奖项——包括 2000 多项专利——而且开创了诸多业界第一。联想研发团队的最终目标是改善个人电脑拥有者的整体体验，同时降低总体拥有成本。

2003 年，联想将其英文标识从“Legend”更换为“Lenovo”，其中“Le”取自原标识“Legend”，代表着秉承其一贯传统，新增加的“novo”取自拉丁词“新”，代表着联想的核心是创新精神。2004 年，联想公司正式从“Legend”更名为“Lenovo”。

2004 年 3 月 26 日，联想集团作为第一家中国企业与国际奥委会签署合作协议成为国际奥委会全球合作伙伴。

2005 年 5 月 1 日，联想完成了对 IBM 全球个人电脑业务的收购，这标志着全球第三大个人电脑企业从此诞生。这笔交易的完成对联想是一个历史性的事件，标志着全球个人电脑产业新纪元的开始。

2006年2月，都灵第20届冬季奥运会上，联想提供了近8000件计算设备，历经17天冬奥会赛程，2次大型预演，16次测试比赛，100余项模拟检测，联想始终表现如一。联想以“零故障”的优异表现赢得了国际奥委会和都灵奥组委的高度信赖和评价。

2008年3~8月，作为北京奥运会火炬接力全球合作伙伴和“祥云”火炬设计单位，联想满怀热情地全方位参与了火炬接力运行，由联想选拔的近1700名奥运火炬手手持“祥云”火炬在全世界和中华大地传播了奥林匹克精神。同时，联想还以自身的信息技术、产品和服务，成功助力北京奥运会火炬祥云登顶珠峰，不仅为中国登山队提供了安全可靠的信息技术保障，还为中外媒体搭建了稳定畅通的信息平台，让全球公众共同见证这一盛事。

2008年7月，美国《财富》杂志评出2008年度世界500强企业，联想集团成为进入500强的首家来自充分竞争领域的中国民营企业。

2008年8月，作为国际奥委会全球合作伙伴，联想为北京奥运提供了30000件计算技术设备和580名工程师团队，为北京奥运会提供了信息技术、设备和服务支持，保障了奥运17天信息系统的完美运行。联想通过数字奥运体验馆和奥运网吧等为公众和运动员带来科技奥运的全新体验和便捷舒适的信息服务，还通过各项奥运营销计划成功地在全球传播了奥林匹克精神，塑造了联想品牌。联想以卓越的产品、创新的科技、优质的服务赢得了各界的一致赞誉，以完美的表现成功地支持了北京奥运会的顺利运行。

联想承诺成为一名负责和积极的企业公民，通过自主创新，不断改善经营，为社会发展做出贡献。联想坚信企业是社会的一个重要部分，并致力于与员工和当地社会一道改善人们工作和生活的质量。在2003年和2005年，联想分别向中国非典防治和南亚印度洋海啸灾区提供了资金帮助，在2008年5月的四川汶川地震后的第一时间，联想捐赠1000万元并组织员工献血。联想还积极支持中国的体育和健身事业发展，分别向中国国家女子足球队、北京2008年奥运会申办委员会和奥运火炬珠峰登山队提供资金和设备的支持。

二、联想业务变革背景

改革开放30多年后，中国企业凭借着惊人的增长速度大大缩小了与欧美企业的规模差距。但相对于欧美成熟企业而言，中国企业的流程管理方式较为简单。企业的流程管理往往就是简单的由企业管理层做决策，各个部门执行。这种粗放式管理在改革开放初期由于市场竞争的程度较弱和企业规模较小而并未出现很大的问题。但随着中国企业规模的不断扩张、中国市场的成熟和产业竞争的加剧，特别在中国逐渐成长为全球性企业的时候，这种不关注流程的简单管理模式已经无法满足现代企业管理的需要，企业的流程变化速度远远跟不上市场的变化，企业运营效率低下。

从竞争的地域范围来看，中国企业与世界其他企业的竞争范围已经由中国本土市场扩展为全球市场，无法拥有全球营销网络和全球供应网络的企业很难生存。如电脑行业，中国等新兴国家的个人电脑品牌很难在欧美本土与戴尔、惠普等世界品牌竞争。在亚洲和南美等地的新兴国家，个人电脑的巨头虎视眈眈，期望用他们强大的供应链、资金链以及品牌优势将中国等新兴国家的品牌电脑赶出国际市场。从产品本身来看，个人电脑的生命周期日益缩短，产品在设计、生产、推广、物流等各个环节的更新节奏越来越快。从市场需求来看，个人消费者对产品的要求越来越个性化，商务类采购者对产品要求已经从简单的性价比扩展到售后服务和商务增值等细节方向。这些变化对企业的管理能力，特别是决策层的管理能力要求日益提高。这同时也要求企业的销售、市场、推广等前端部门和设计、产品、物流、服务、财务、人事等后端支持部门有更高的运作效率，形成无缝整体运作体系。

在传统的企业管理模式中，企业的市场、销售、设计、生产、财务等职能属于各个不同的部门。这种严格的区分大大强化了企业的专业化能力，但这种细化的管理方式有两个副作用：一是企业的最高决策层没有机会了解各个部门的具体运作情况；二是各个部门之间无法实现高效率的无缝合作，从而导致企业运营效率低下。当企业需要经常进行密集的管理调整而适应多变的市场环境时，这种副作用就会愈来愈明显。比如，企业的总裁无法知道自己的某个决策在各个部门中会给实际运营带来多大的工作量，某些部门是否可以承受这种决策带来的后果。这可能直接导致此决策方案在执行后不了了之。又如，前端的销售总监在打单时既需要了解客户，又需要了解产品，也需要了解价格，更需要了解竞争对手的情况，而这些情况分别掌握在产品部门、财务部门、市场部门手中。在各个部门的反复沟通、纠缠中，商机却早已溜走。

在这种背景下，传统的中国企业决策和管理模式已经很难适应高强度的竞争环境。对于正在转型时期的中国电脑制造商而言，如果仍然选择传统的企业管理模式，毫无疑问会遭到市场无情的淘汰。因此，中国所有的电脑制造商都面临着这样一个无法回避的事实——传统管理模式的转型。具体来讲，当传统的前端市场部门和后端产品部门的合作方式无法适应高速运转和高强度竞争的市场环境时，当传统的企业领导决策模式无法适应高速运转和高强度竞争的市场环境时，企业家们应该如何创造一个模式去适应新的环境？这种新的模式应该具有哪些特点，又会怎样帮助企业家解决管理问题？

为了解决传统管理模式转型的问题。联想设置了业务变革经理这一新职务。业务变革经理在一定程度上帮助企业提高了运营效率，解决了传统管理模式转型的部分问题。本部分希望通过对联想业务变革经理的具体案例分析，总结联想业务变革经理与企业决策层和部门管理层的协作机制，揭示其在企业决策模式和企业管理模式方面的阶段性成果，为中国企业管理模式创新积累理论依据。

三、联想的业务变革

在联想 30 多年的发展历程中，企业根据市场环境和自身能力情况进行了四次大的变革。

（一）第一阶段

联想成立于改革开放初期，中国科学院投资 20 万元，以柳传志为代表的科技人员在中科院计算研究所的传达室办起了这家企业。联想初期的主要业务是代理 IBM 等全球各大个人电脑公司的产品。在这一时期，由于中国个人电脑市场未完全开放，整个电脑行业竞争乏力。在个人电脑产业中，制造商拥有市场的最大话语权。以联想、方正、长城为首的中国电脑制造商在卖方市场中保持着较高的利润率，在制造、流通、销售等各个环节中占有优势地位。联想初期的最大优势是与全国各大代理和企业级用户建立了良好的合作关系，为日后发展打下了良好的基础。由于经验和市场的因素，联想和中国其他大型企业都是运用引言部分所提到的粗放式管理，在不需要注意企业流程管理的情况下企业也可以赚取非常理想的利润。

（二）第二阶段

20 世纪 90 年代初，联想开始尝试推出自有品牌电脑，从商贸领域走向制造领域。然而随着中国对全世界开放了整个 IT 产业，降低进口关税，取消进口许可证，IBM、惠普等国外品牌大举进入中国市场，中国电脑制造商的生存环境有了天翻地覆的改变。这些企业拥有着本土企业没有的先进管理系统、强大的资金链保证以及本地企业望尘莫及的全球品牌优势。中国的供应商、渠道商和消费者也有了更多的选择，并逐渐提高了自己的话语权。与此同时，本土企业面临着日益激烈的市场份额竞争，很多本地品牌如长城电脑、四方电脑因无法适应巨大的市场变化而选择退出电脑整机市场。联想在柳传志和杨元庆的带领下，利用渠道优势，将供应链和库存的周转时间压缩为最短，走出了一条“贸工技一体”的道路。在这一时期，联想不仅没有像长城、四方一样退出中国市场，而是取得了中国市场占有率第一的成绩。联想注重自身渠道方面的流程改进，从而取得了相应的优势地位。虽然依靠管理层丰富的经验提高了企业供应链的运营能力，但联想并没有学习国际一流企业专门设置相应的流程管理职位。

（三）第三阶段

2004 年，联想并购了 IBM 的 PC 业务部门，拥有了国际一流电脑研发中心——大和实验室和一流的商务电脑品牌——Think，同时联想也得到了 IBM 的 PC 事业部的近万名国际员工和全球营销渠道。特别值得注意的是，联想从 IBM 获得了一个特殊的流程管理资源——业务变革经理（Business Transformation Manager）。2004~2008 年这段时间是联想业务最辉煌的时期，联想成为世界 500 强的一员、全球第三大个人电脑出货商。联想从一个区域企业成为一个真正的全球企业，拥有覆盖全球业务的组织架构和产品线（见图 4-13），联想从此成为世界个人电脑行业一流品牌中的一员。在这一时期，联想逐渐将业务变革经理这一职位纳入联想的组织框架内，逐步继承这一新式管理模式。而业务变革经理的主要任务则是帮助联想和 IBM 逐步融合，将 IBM 的流程管理与联想的流程管理有机地结合在一起，从而提高联想的运营效率。

<table>
<tr><td colspan="3">欧洲事业部</td></tr>
<tr><td colspan="3">亚太事业部</td></tr>
<tr><td colspan="3">中国及俄罗斯事业部</td></tr>
<tr><td colspan="3">美洲事业部</td></tr>
<tr><td>消费类产品集团</td><td>商务类产品集团</td><td>外设及数码类集团</td></tr>
</table>

图 4-13　2009 财年前联想的业务组织框架

（四）第四阶段

由于世界经济危机的影响，2009 年 2 月 5 日，联想发布了 2008~2009 财年全年业绩，全年净亏 2.26 亿美元，这是联想成立以来最大的亏损。为了摆脱史上的最大危机，柳传志重新出山担任集团董事长，并在 2009 年第一季度削减 2500 个岗位，约占员工总数的 11%。与此同时，联想调整了公司战略，将全球四大区的事业部整合为成熟市场集团（包括北美、欧洲发达国家和日本）和新兴市场集团（包括中国等其他市场）两大前端市场集团。将产品集团整合为消费类产品集团（主要为 Idea 系列产品）和商务类产品集团（主要为 Think 系列产品）两大后端市场集团（见图 4-14）。联想决策层提出双拳战略，即在成熟市场保护住目前的市场份额，在新兴市场主动出击，扩大自己的市场份额，提高产品毛利润率。这一系列的措施成功地将企业拖出泥潭。联想在 2010 财年盈利 1.29 亿美元，实现扭亏为盈。业务变革经理在联想的危急时刻体现了自己的价值。在此期间，联想根据市场和产业的变化，扩大了业务变革经理的职权范围，提高了业务变革经理的汇报级别。从而将业务变革经理作为提高公司管理流程效率和决策效率的重要组成部分。而业务变革经理也担当起公司变革的重任，梳理了各个区的全部流程并设计了适应新组织架构的全新业务流程。

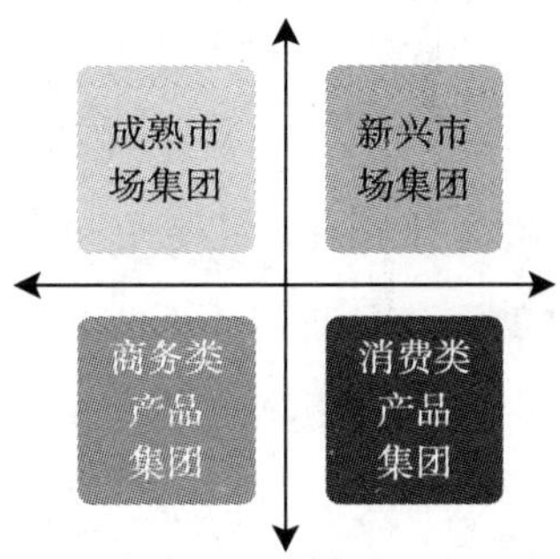

图 4-14　2009 财年后联想的业务组织架构

四、联想的业务变革经理制

（一）业务变革经理制产生的背景

如前文所述，业务变革经理是从 IBM 并购的一个新型管理岗位，而并非产生于联想内部。在联想发展的第三阶段，业务变革按照业务功能分为财务业务变革、服务业务变革、数据业务变革和战略业务变革（也称端到端业务变革）等六部分。分别隶属于首席财务总裁、首席信息总裁、首席运营总裁。以标准的自上而下的塔式方式进行管理。各个部门的业务变革经理由最熟悉本部门运营的员工组成，他们熟悉本部门的所有业务流程，是本部门对其他部门的业务接口，同时也为本部门的最高经理提供策划方案及决策时所依据的情报。在联想发展的第四阶段，业务变革经理不再以业务功能实行自上而下的塔式管理，而是按照地区分类整合为成熟市场业务变革部和新兴市场业务变革部，由首席运营官直接管理。以新兴市场业务变革经理为例，每个变革经理需要了解新兴市场的产品从设计到生产到定价到物流等所有的流程，同时也需要了解销售人员从寻找商机到报价生产订单的所有流程。

当新兴市场的决策层需要了解业务的过程时，不需要将各部门的负责人召集在一起，仅需将业务变革经理叫来即可了解。同样，当成熟市场要和新兴市场一起进行某个品牌发布或促销活动时，成熟市场的业务变革经理和新兴市场的业务变革经理一起运作一个实施方案后报给双方的地区执行官批准即可。由此可见，业务变革经理是一个新型的企业管理角色，他整合决策参谋、业务专家和业务接口职能为一身。

（二）业务变革经理的职能

联想在最初接纳业务变革经理概念时，只是沿用了 IBM 对这一角色的定义，即业务流程改进专家。随着市场的变化和本身管理水平的提高，联想意识到如果只着眼于某单一部门的业务改进，而不是以从市场前端到企业后端的全局来进行改进，那无论怎样的改进也无法适应市场快速的发展，于是联想增加了业务变革经理的岗位职能。业务变革经理的职能分为业务职能和咨询职能两大部分。业务变革经理的业务职能主要包括业务流程改进、业务流程沟通、业务流程培训三大方面。

1. 业务流程改进

业务变革经理一般是熟悉本地区所有业务流程的人。一单业务从商机到订单到配货到发票往往要横跨 8~10 个业务部门，所以联想的业务变革经理需要熟悉本区域各个国家的业务规则、财务流程、物流配送标准、运营部门操作流程等一系列的流程细节。在这些跨部门的流程中，业务变革经理需要了解，如果某一项流程中出了问题，需要找哪些部门的人用什么样的方法解决。如果市场有了新的商务模式，业务变革经理需要第一时间提出解决方案，让相关所有的业务部门的流程做出适当调整来适应新的商务模式。

2. 业务流程沟通

由于业务变革经理不隶属于任何一个业务部门，所以可以方便地和各个部门进行沟通，来帮助部门之间互相了解对方的业务需求和流程。另外，业务变革经理也需要和各个不同国家的业务部门进行横向沟通，以确保地区之间的业务可以顺利地协作完成。在联想，一台新型号的 Think 商务笔记本电脑需要在日本的大河实验室先进行研发、定型，需要美国的定价人员确定这台笔记本在各个地区的标准单价，需要中国深圳的生产工厂完成批量生产，需要由各大区的销售经理完成销售任务，需要全球物流部门进行货物配送。如果某地区要进行促销活动或参与其他商业竞争，则需要总部和地区的产品经理、价格经理和推广经理一起参与协作。这种商业活动往往需要横跨全球的十几个国家的几十个业务部门在很短的时间之内完成，业务变革经理需要了解各个国家和部门的意见并传达给相关的业务部门，并平衡各个部门之间的利益冲突，帮助各方达成统一的共识，并保证执行。

3. 业务流程培训

因为联想的业务变革经理精通联想四大业务集团的业务流程，所以他们经常充当高级经理人员培训师的角色，使联想各级管理人员了解本部门的运作方式和其他部门的合作方式，更加深入地了解业务可能存在的业务痛点，为未来可能发生的业务变革做好准备。

业务变革经理具有咨询职能，作为企业高层的参谋，可以为企业的决策提供依据和具体的方案。在联想，企业的最高决策层一般出身于销售业务，如消费类集团总裁刘军、新兴市场集团总裁陈绍鹏都是做销售出身。这些高层管理者精通宏观的市场变化，但由于个人精力所限，这些高层管理者无法详细了解每个下属部门的具体运作细节。在个人电脑竞争激烈的市场上，需要企业的领导者做出快速且正确的决定。由于联想业务变革经理精通各个部门的运作情况，且不隶属于任何单独的业务部门，他们可以站在一个相对公正的位置上看待各个部门的运作。当联想的领导想对业务做出改变时，业务变革经理可以公正且详细地评估出这些改变可能造成的影响，并根据实际情况将决策层的建议变成切实可行的方案。这种职能类似于美国政府的"智脑"集团。例如，美国政府想要出台某条针对中国的政策时，美国政府会请教一些"中国通"来评估这条政策对于中美关系的影响以及中方可能做出的反应。

（三）事例——业务变革经理与全球大客户业务

联想收购 IBM 的 PC 事业部的同时，将 IBM 的近 100 个全球大客户的 PC 业务也收入囊中。这些全球客户属全球 500 强企业，在全球经济中拥有着行业领导地位，但这些全球大客户的业务遍布全球各地，如果按照传统模式（见图 4–15）的采购、生产、运输等流程，联想将无法快速、准确地履行客户的订单并及时收回货款。由于美国政府取消了联想的供应商资格及惠普、戴尔等其他商家的激烈争夺，这些全球大客户对联想的采购额逐年减少。为了保持住这一标杆业务，联想的决策层希望能采用一种新的营销模式留住并扩大全球大客户的业务份额。联想的业务变革经理在研究了市场趋势和竞争者的信息后，向决策层建议采用新型电子商务（B2B）的模式来经营联想全球大客户。具体的方案是联想在全球大客户的企业网站内加入一页联想电脑的采购页面并将权限开放给对方所指定的采购人员。对方的采购人员可以在其企业内部的网站内填写想要采购的机器类型、配置、数量、配送地址等信息后点击发送，后台信息系统可以将客户的采购信息自动与联想的生产信息系统和物流信息系统相关联。联想的生产部门可以在第一时间将订单加入排产计划，同时将生产进度报给物流部门，物流部门同时安排出货、送货的时间和方式。当货物到达对方企业时，财务部门可安排应收账款等财务事宜（见图 4-16）。这个方案得到了联想决策层的批准，联想的业务变革经理沟通了各个国家的主管和各个业务部门的主管后，也得到了相关部门的支持。方案实行后，联想的全球大客户非常满意这项新的商务模式。在 2008 年金融危机后，联想的全球大客户业务不仅没有减少，反而又慢慢恢复起来。

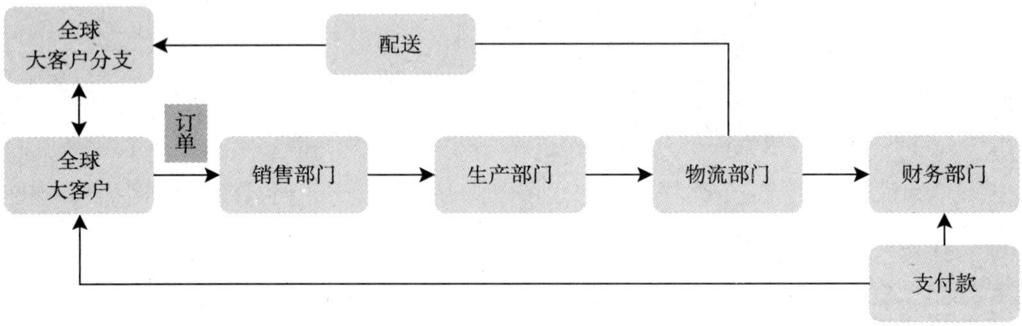

图 4-15　业务变革前的全球大客户业务流程

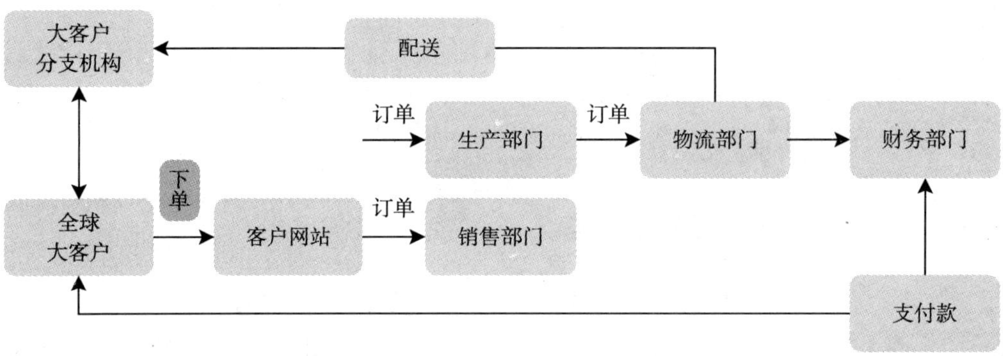

图 4-16　业务变革后的全球大客户业务流程

五、业务变革经理制与企业管理创新

可以看出，业务变革经理制有效地解决了企业流程无法跨部门、跨区域顺畅运行的问题，并为企业高层决策提供了有价值的参考意见。从联想的业绩来看，吸收并改进了业务变革经理制的联想 2009 年、2010 年、2011 年连续三年业绩得到了大幅度的提升。

联想的PC出货量已经超越了宏碁、戴尔，成为世界PC行业第二名。事实说明，业务变革经理制在整个企业管理上取得了卓越成效。

从联想的业务实践来看，业务变革经理填补了联想部门流程中的纵向管理空白和地区之间的横向管理空白，使业务前端部门和后端部门形成了无缝的链接，有效地整合了企业的资源。联想通过业务变革经理制，使各个部门以企业全局的利益为导向而调配资源，用事实印证了研究框架所提到的有效企业的流程管理应保证企业业务流程在不同部门间顺畅地运营，同时也可以保证在不同区域间顺畅地运营。实现这种管理应以业务流程再造为前提，以整合企业资源为方法，以提高企业流程运营效率为目的。具体来讲，联想业务变革经理制有以下三大创新点。

（一）市场前端和企业后端流程实现无缝对接

对于传统中国企业来说，企业前端销售部门和后端支持部门经常处于脱节的状况：前端的销售部门抱怨后端的物流部门效率低下，抱怨研发部门研发的产品根本无法取悦客户。而与此同时，后端的生产部门抱怨前端的销售部门根本不考虑生产承受能力，研发部门抱怨销售部门所提要求根本不符合技术规律。这种情况的产生，究其根本就是企业各个业务流程孤立，从而导致企业各个部门各自为战。

在联想的案例中，业务变革经理是市场前端业务部门和企业后端业务部门的衔接点。业务变革经理通过依据业务流程而非部门的管理方式可以兼顾整个企业的运作。业务变革经理兼顾销售、物流、研发等前后端的业务流程而非单独某一个流程，这从根本上改变了企业过去各个部门之间单独作战而非统一协调的运营方式。联想通过业务变革经理规范了企业各个部门的运营流程，防止了各个部门只关注自己部门的效益而忽略整个企业的利益，用业务变革经理作为纽带把前端业务与后端企业咬合起来，实现了无缝对接。

（二）全球业务流程实现无缝对接

一个全球性公司的业务流程需要横贯数个甚至数十个国家，中国的传统管理模式无法使企业的流程顺畅地在多个国家展开并进行。联想的业务变革经理制是中国企业全球业务流程管理上的一大创新，使中国公司的业务流程在全球顺利开展变为可能。

联想实现业务全球化后，需要把在中国本土市场的成功模式复制到全球各大区，而实际上全球分区各有各的本地实际业务特点。如印度邦与邦之间货物流通需要交税，美国BESTBUY等渠道商在店面零售业占有统治性地位。联想在国际化过程中复制中国本土成功流程时需要考虑当地的具体业务特点。在这一过程中，业务变革经理显得尤为重要。业务变革经理既熟悉总部各个部门的业务流程，又熟悉国际各个地区的业务特点。

作为中国总部和全球业务地区的桥梁，业务变革经理既需要将自己熟悉的业务流程悉数教授给国际团队，又需要根据国际区域的实际情况改变业务流程，如考虑当地的人文风格、管理风格、政治特性等，让中国本土的业务能够在国际上继续保持优势。联想的业务变革经理制在理论和实际上使得联想国际化的进程更为顺畅，保证了全球业务的同步性。由于业务变革经理的存在，联想的国际化实际上走在了中国各大企业的最前面。

（三）企业管理决策模式的创新

联想业务变革经理的职责之一是作为企业高层的参谋，为企业的决策提供依据和具体的方案。在欧美大型企业中一般都有类似于“智脑”之类的员工帮助企业的高管进行决策。在中国企业，担当类似职责的一般是部门负责人。部门负责人提供参考意见时或多或少会首先考虑本部门的利益，这容易造成决策效率低下或者决策执行不力的后果。尤其在激烈竞争、快速变化的个人电脑行业中，企业的决策必须能够跟上市场的快速变化，同时决策的内容也能够被企业的各个部门彻底执行。传统的决策模式根本无法满足这一快速的变化。在传统决策模式中，信息传递的延误和沟通效率的低下往往使得企业的决策无法赶上市场变化的速度。由于缺乏决策的依据，中国企业往往出现“拍脑门”等决策方式。业务变革经理的出现，在一定程度上改变了这种局面，由于业务变革经理深入前端市场部门和后端支持部门，他们了解市场上的第一手信息，也了解企业内部的情况，这为决策层做出快速正确的决策提供了信息依据。由于业务变革经理不隶属于任何一个执行部门，他们可以根据各个部门的实际情况，提供出一份较公正的决策执行方案，防止决策最后变成一纸空文。

通过分析联想业务变革经理在流程管理中的作用，笔者提出企业业务流程创新管理模式的框架（见图 4–17）。业务变革经理通过改善业务和区域部门的流程，保证企业的运作效率提高，同时为管理层贡献企业决策依据。

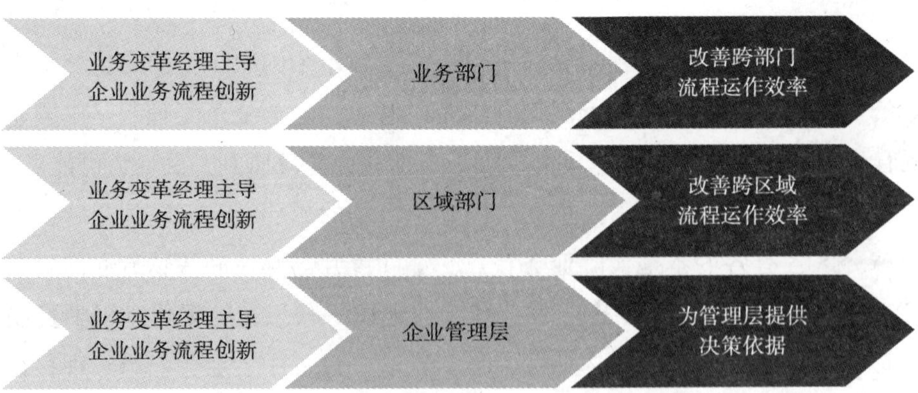

图 4–17　企业业务流程创新管理模式的框架

六、案例点评

联想作为中国 PC 行业的领军企业，也是我国企业信息化的先导者。在企业信息化的过程中，联想显示了一个行业领导者应有的敏锐性、迅速反应能力。2009 年，由于全球经济危机的影响，联想集团出现了成立以来最大的亏损。为了能够尽快减少损失，联想对业务进行了调整，并成功在 2010 财年盈利 1.29 亿美元，实现扭亏为盈。

在对业务调整的同时，联想意识到，在传统的企业管理模式中，企业的市场、销售、设计、生产、财务等职能属于各个不同的部门。这种严格的区分大大强化了企业的专业化能力，但这种细化的管理方式有两个副作用：一是企业的最高决策层没有机会了解各个部门的具体运作情况；二是各个部门之间无法实现高效率的无缝合作，从而导致企业运营效率低下。于是，联想开始了对于新的管理模式的调整，于是业务经理制模式应运而生。

联想根据市场和产业的变化，结合从 IBM 学习来的业务经理制模式，扩大了业务变革经理的职权范围，提高了业务变革经理的汇报级别，从而将业务变革经理作为提高公司管理流程效率和决策效率的重要组成部分。业务经理的高效率能力也得到体现：进行业务流程改进、业务流程沟通、业务流程培训，从而能够很好地横向管理整个业务，提高业务的管理效率。而业务变革经理也担当起公司变革的重任，梳理了各个区的全部流程并设计了适应新组织架构的全新业务流程。

联想实行业务经理制，填补了联想部门流程中的纵向管理空白和地区之间的横向管理空白，使业务前端部门和后端部门形成了无缝的链接，有效地整合了企业的资源。联想通过业务变革经理制，使各个部门以企业全局的利益为导向调配资源。同时，也为我国的企业信息化管理中组织结构注入了新的思想，这对新环境下的我国企业管理信息化探索有着重要的意义。

参考文献

[1] 苏敬勤，孙华鹏. 企业流程创新管理模式研究——以联想业务变革经理制为例 [J]. 管理案例研究与评论，2012（2）.

[2] 联想集团，http：//appserver.lenovo.com.cn/About/Introduction.html.

[3] 中国证券网，http：//www.cnstock.com/ssnews/2004-6-16/liuban/t20040616_582062.htm.

［4］中国食品科技网，http：//www.tech-food.com/kndata/1042/0085075.htm.

［5］百度百科，http：//baike.baidu.com/view/75723.htm?fromtitle=%E8%81%94%E6%83%B3&fromid=2545017&type=syn.

第四节　小米科技信息化战略创新

一、揭开小米科技的面纱

（一）小米科技简介

小米科技，全称北京小米科技责任有限公司（以下简称“小米公司”或“小米”），正式成立于2010年4月，总部设在北京市望京西路卷石天地大厦。在小米公司的创立背后有着以著名天使投资人雷军带领的一个强大的互联网管理团队。小米公司共计7名创始人，分别为主要创始人、董事长兼CEO雷军，联合创始人兼总裁林斌，联合创始人及副总裁黎万强、周光平、黄江吉、刘德、洪锋。小米的创始人主要来自谷歌、金山等行业一流的IT公司，他们都喜欢创新、快速的互联网文化。因而在其领导下，小米人形成了拒绝平庸、乐于创新的内部文化。作为一家专注于智能手机自主研发的移动互联网公司，面临行业激烈的竞争，小米设定了“为发烧而生”的产品理念，定位于高性能发烧手机，在市场中成功运用了“饥饿营销”的策略。虽然小米是一家创立不久的行业新成员，但其飞速发展的势头，让不少人感叹其创造了行业的神话。

图 4–18　小米科技

图 4–19　小米科技最新架构

（二）小米科技的发展历程

小米科技三次融资共集资 3.47 亿元，估值达到 100 亿美元，小米科技三次成功的融资也印证了其创新性的互联网手机模式。

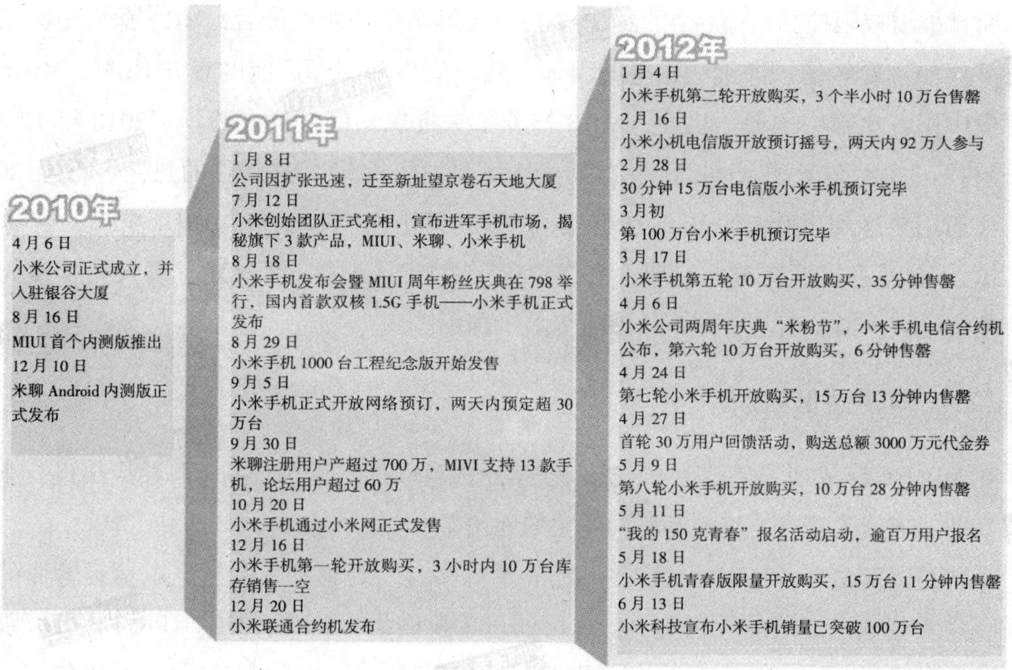

图4-20 小米科技发展历程

二、小米科技信息化三角协同创新

（一）MIUI系统

MIUI系统是小米科技基于Android原生深度优化定制的手机操作系统，对Android系统有超过100项优化和改进。MIUI系统还是中国首个基于互联网开发模式进行开发的手机操作系统，能够根据MIUI社区发烧友的反馈意见不断进行改进，并在每周更新迭代。

2010年8月，经过小米科技创始团队的顶尖管理和技术人员及小米发烧友共同参与开发的基于Andriod系统的创新性手机操作系统MIUI在小米论坛上发布，从那时开始，MIUI为小米公司的一夜成名奠定了基础，开创了手机行业里的先例。首先，MIUI主力瞄准的是以大学生为主的、追求性价比的小白用户群体。通过预留大量设置和美化选项，将现代众包模式运用于系统开发，给用户一种“我可以完全掌控我的手机”和“我是手机达人”的心理。其次，MIUI针对原生Android功能完善，它不仅使用统一的系统软件

UI，而且推出权限控制、流量控制、通知栏开关等实用功能。最后，MIUI 深入中国顾客体验，例如群发短信、详细的来电归属地，相对原生和国际厂商的官方 ROM，MIUI 的确更懂中国，更懂中国人。由此，MIUI 培养了一批忠实的发烧友粉丝。2010 年 12 月，小米科技正式发布米聊 Android 内测版，从而引发了网络交流软件的热潮，截至 2012 年，注册用户达到 300 万。从 2010 年 8 月 16 日首个内测版发布，MIUI 受到了全球 23 个国家、60 万手机发烧友的追捧，享誉中国、英国、德国、西班牙、意大利、澳大利亚、美国、俄罗斯、荷兰、瑞士、巴西等多个国家。

（二）即时通信米聊

在 MIUI 系统成功的基础上，小米科技推出的移动即时通信产品米聊横空出世。小小的移动即时通信工具有关移动互联网霸主的地位。

米聊是横跨 iPhone、Android、Symbian 手机平台、跨移动、联通、电信运营商的手机端，它实现熟人之间的社区交流。米聊通过手机网络（WiFi、3G、GPRS），可以跟你的米聊联系人进行实时的信息沟通，收发图片和音频，只消耗网络流量。在半年多的时间，这款由原谷歌和微软技术高手精心打造的即时通信产品首先在专业人士和演艺圈中走红，然后迅速普及广大的白领阶层，传播速度丝毫不亚于美国的 Kik。

从目前来看，能够与米聊 PK 的就是腾讯的微信了。从功能的角度来看，微信与米聊很相似，都是以熟人间的即时通信作为核心，同时又加入了很多移动 SNS 的成分。但在竞争中，米聊也有自己的优势：米聊的“广播”功能可以通过“大喇叭”吼一嗓子给所有的好友，米聊的“手写”和“涂鸦”也可以在触屏手机上乱画一气发给好友。米聊还导入人人网、MSN、邮箱以及新浪微博的好友资源。虽然，微信的新增用户数非常惊人，但米聊用户更加活跃。此外，小米科技通过与米聊、与自己的手机操作系统 MIUI 捆绑在一起，复制苹果“软硬兼施”的成功模式。谁将赢得这场战争的胜利？人们拭目以待。

图 4-21　米聊

（三）小米手机

小米手机在MIUI系统和米聊发布的基础上成功问世。2011年9月5日，小米手机正式开放网络预订，两天内预订超过30万台。在小米公司快速发展的三年内，小米手机已经推出了小米1、小米1s、小米2、小米2s、红米为主导的多款手机。与此同时，小米手机以独特的"为发烧而生"的产品理念和"饥饿营销"的策略，销量上屡创新高。2013年上半年，小米手机的销量更是已经突破了700万台，年度销量突破1000万台已成定局，实现销售收入突破300亿元，超过联想、华为等大公司的手机产品销售额，成为国产手机销售额第一名。

小米手机究竟好在哪里？网友经常会问："为什么都这么崇拜小米手机，真就这么好吗?"不用说小米高端做工和舒适的手感、性能出色的双核处理器、超大的屏幕和完美通话，更重要的还有一整套互联网推动方案。正如黎万强所说：小米的成功，第一是参与感；第二是参与感；第三还是参与感。从产品开发、到营销、到服务，用户全程参与。

借助于小米论坛，米粉参与调研、产品开发、测试、传播、营销、公关等多个环节。目前，在小米论坛上，除了有资源下载、新手入门、小米学院几个核心的技术板块外，后来增加了生活方式板块：酷玩帮、随手拍、爆米花等。目前，小米论坛注册已经超过1000万名，日发帖量超过10万个。除了线上活动外，还有更为强大的线下活动平台——"同城会"。目前，米粉"同城会"已经覆盖31个省市，各同城会自发搞活动。小米官方每两周都会在不同的城市举办"小米同城会"，然后根据后台分析某个城市的用户多少来决定同城会举办的顺序，在论坛上登出宣传帖后用户报名参加，每次活动邀请30~50个用户到现场与工程师做当面交流。

表4-4 小米社区流量与同类厂商社区对比

	日发帖量	总帖量	日用户数	Alexa	上线日期
小米社区	25万	1.3亿	970万	3000	2011.6
魅族社区	2万	未公布	400万	4099	2000
OPPO社区	2万	800万	未公布	10万	2005
华为花粉社区	约3000	未公布	16万	11000	2011.9
联想乐社区	2000	71万	47万	41949	2011.7
步步高社区	1.8万	1208万	580万	20600	2006.3

（四）三角协同创新

小米手机面世之初便取得了30万部不俗的销售量，但是这背后不得不提到米聊和MIUI系统积累的"米粉"市场。从发布时间线上可以明显看出，米聊和MIUI系统发布早于小米手机。在小米手机发布之前，米聊和 MIUI 系统已经积累了可观的“米粉”市场。小米手机搭载了小米科技自主的 MIUI 系统，并且安装了米聊软件，可以说小米手机的发布，集合了小米科技的优势产品。小米手机借助米聊和 MIUI 系统积累的“米粉”市场取得初步成功，米聊和 MIUI 系统也通过小米手机的硬件平台推广了其优良的性能和符合国人的操作性，从而形成了一种相互促进的作用。

小米手机问世之前，小米社区主要是使用米聊和 MIUI 系统发烧友的平台。小米手机问世之后，小米社区的功能得到进一步的扩展，从简单的交流社区转变为信息反馈并收集的平台，成为小米科技产品的营销平台，成为小米科技为广大用户提供服务的网络服务平台。小米科技的产品通过小米社区平台进行推广和服务，小米社区的关注度和活跃度也因为小米科技的产品销量不断增长而不断放大，这样也形成了产品与服务之间的互相促进效用。

在小米科技的成长过程中，小米手机、米聊和 MIUI 系统形成“铁三角”的关系。它们在产品性能上形成保障，如搭载 MIUI 系统和安装米聊软件保障了小米手机的性能，通过小米社区服务形成了产品“购买—反馈—服务”的一条龙服务，提升了小米科技产品的形象，提高了用户满意度；在营销渠道形成借力，如最初使用过米聊软件和 MIUI 系统的用户自然会对小米手机的发布产生兴趣，为小米手机进行潜在的营销，反之使用搭载 MIUI 系统和安装米聊软件小米手机的用户自然也会增加对 MIUI 系统和米聊软件的关注，也降低了营销费用；在资源利用方面，MIUI 系统和米聊的研发可以搭载到小米手机上，从而减少了购买其他手机系统的成本，同时也为 MIUI 系统和米聊做了免费的宣传。从而，小米手机、小米社区、米聊和 MIUI 系统形成的“铁三角”产生了一种内部协同效应，通过这种协同降低成本和提升销量来实现小米科技的不断发展和成功。

三、小米手机的网络营销创新

（一）低价高配，性价比高

谈论到小米手机，人们首先提起的一定是小米手机良好的性价比。以小米 2 为例，2012 年小米 2 全球首发，其配置如下：28 纳米四核 1.5GHz 处理器、2GB 超大运行内存、16GB 高速闪存、显示精度达 342PPI 的 4.3 英寸大屏、后置 800 万像素的相机、前置 200 万像素的摄像头等。这种高端配置无不使它与高端智能手机媲美，然而这样高的配置对应的价格却只有1999元。

对于众多的"米粉"和潜在用户来说，小米手机用可以媲美一流高端智能机的性能，但只有二流普通智能手机的价格，那么，小米手机的销量突飞猛涨便是自然。小米手机销量的飞涨在为小米科技带来高额的营业收入的同时，也在行业内形成了良好的品牌效应，预示了其强劲的发展势头，从而带来了成功的融资，为小米科技的进一步运营解决资金问题。同时，雷军所设想的互联网模式中，小米手机作为网络服务终端和软件载体的用户端口不断增加，为下一步实现网络服务打下基础。

（二）线上营销，低成本战略

面对如此高端低价的现象，人们必然会问为什么小米手机价格会如此之低？

对比小米手机和其他智能手机发现，小米手机与传统国产手机的区别在于：通过网上直销的方式很大程度上降低了小米的营销与物流成本。首先，小米公司不设立实体店铺，只采取线上销售的模式，省去了传统营销的中间环节，节约了店铺租金及传统市场营销中的经销商利润，在价格竞争中优势很大。其次，小米手机几乎不在传统媒体上投放广告，它近乎完全依赖新媒体炒作，其广告成本较传统广告模式低很多。最后，小米公司采取产品订购在先、发货在后的模式，达到零存货状态。通过与快速便捷的物流公司合作，直接由物流公司将手机送到消费者手中，大大降低了仓储、安保及运输成本。

小米科技采用当下流行的电子商务B2C线上直销模式，取代销货速度慢、店铺代理成本昂贵的传统销售经营模式，树立了国产手机线上销售的典范，更大程度地节约成本，实现快速高效。同时，电子商务B2C的模式也在消费者心中树立了小米科技的良好形象。

（三）借力营销，构建一体化购物平台

首先，在行业中被称为"雷布斯"的雷军通过"模仿"乔布斯苹果发布会等"苹果"模式来吸引眼球，达到了很好的宣传效果。同时，雷军在清楚解读"苹果"模式的基础上加以创新，创造出自有的商业模式。

其次，雷军借助微博、社区等网络手段与用户形成一种交流，同时保持每天更新微博状态和参与社区谈论，利用自己的粉丝量很好的对小米科技进行宣传。小米科技也善于借助网络的力量听取群众意见，让群众参与其系统设计与测试，摸准顾客的使用习惯和生活方式，把一个冷冰冰的通信工具打造成具有生命力的小米手机。小米公司通过客户热情参与的营销模式，铸就了小米公司今日的成功。

此外，小米科技开创的基于新浪微博构建的一站式购物模式有着很好的影响力。由

于小米团队是先做系统后做手机，在做手机之前已经拥有百万客户，小米科技则充分利用了这些潜在客户市场。目前，常见的社会化电商模式，如蘑菇街、美丽说等，往往要让用户跳转到第三方电商网站才能完成交易。而此次小米科技基于微博全新的社会化网购模式，让网友可以在新浪微博平台直接完成预订、下单、支付购买等所有环节，从而实现一站式购物。这样便捷的网络销售服务，进一步强化了小米科技的网络服务理念。

（四）饥饿营销，保持产品生命力

小米公司通过采取饥饿营销的策略频频制造强烈的社会反应，吸引社会连续关注，从而带动小米手机的销售，这是小米公司的又一新颖之处。面对一款物美价廉、让人望眼欲穿的高端智能手机，却只能网上预订，想必再怎么能忍的用户都只有快速输入自己的银行密码和收货地址了。小米公司通过借力新颖营销策略，成功地效仿了苹果公司的营销手段，在国产手机企业中掀起饥饿营销的新浪潮。雷军在小米手机新品发布会前，通过高调参与新浪微访谈和极客公园等活动，宣传小米手机的众多亮点，并通过多类手机话题与微博用户互动，极大地吸引了广大“发烧友”的眼球。小米公司在其产品发布之后，又组织了参与微博互动送手机等活动，持续制造话题，引导目标群体持续关注小米，使其关注度节节攀升，将饥饿营销模式用到极致。

饥饿营销帮助小米科技形成了适度紧俏的市场，使得用户对于小米手机的期待性不断延续，也引发了用户对于下一代小米手机的激烈讨论。小米科技利用饥饿营销带来的讨论，不断收集市场用户的反馈信息，开发并完善下一代小米手机，保证了其在用户心中的满意度，从而延续了小米手机的生命力。

四、小米科技模式创新的未来

（一）小米的“硬件+软件+网络服务”模式创新

小米科技的不论是开发免费的 MIUI 系统和米聊，还是做高配置、高性能、低价格的小米手机，这些产品并没有为小米科技带来太多的商业利润，其目的都是在积累众多的互联网用户终端市场。对于小米科技的发展模式可以归结如下：

（1）通过米聊，MIUI 等系统的使用而产生的黏性，让用户适应对于其系统和软件的使用，并得到用户的反馈信息，完善和更新米聊、MIUI 等系统，积累用户市场。

（2）延续米聊、MIUI 等系统使用产生的黏性，通过小米手机及硬件的高性价比优势吸引发烧友用户进行产品体验，通过高效营销策略快速吸引用户，不惜一切代价做大用户数量，为做互联网服务积累互联网端口市场。

（3）当用户和互联网端口达到一定数量级别的时候，在此基础上开始做互联网以及应用商店，通过移动互联网赚钱。移动互联网是未来趋势，大家都会使用移动互联网，消费者关心哪一款手机速度最快，体验最佳。小米手机在这一块已经具有先入为主的优势。

MIUI 系统、米聊和小米手机的成功只是小米科技实施战略的第一步，小米科技真正的创新之处在于开创了一条用互联网的方式做手机的模式。作为小米科技的掌舵人，雷军曾表示，小米科技打造的是“硬件+软件+网络服务”的闭环生态模式。

显然，小米科技已经不只是传统意义上的智能手机公司，或者不仅仅只是智能手机公司。对于小米科技来说，小米手机已经不是传统意义上手机的角色，而是跟随互联网信息时代潮流的信息传递和接受的载体。在互联网信息时代的大背景下，信息流和网络服务才是创造价值的根本动力，小米科技准确地看到了这一具有前瞻性的发展趋势，同时也开创了一条用互联网的方式做手机的模式，设定了 “硬件+软件+网络服务”的闭环生态模式的目标。

为了实现“硬件+软件+网络服务”的闭环生态模式，小米手机充当了互联网信息端口的新时代角色。因而小米科技的初步发展一直都在为打造 “硬件+软件+网络服务”的闭环生态模式而蓄势。用 MIUI 系统、米聊获得用户的使用黏性，为开发新的系统和软件积累经验，同时为小米手机发布蓄势；用小米手机作为进行网络服务的信息端口，为网络服务的实施奠定“端口”基础；用小米社区作为进行网络服务的起始平台，同时也作为信息反馈、收集并沟通的平台，兼有营销的功能。

小米科技打破传统，基于互联网信息的大时代背景，开启了一种全新的互联网生态模式和产业链。在这个模式和产业链中，利用网络实现了完全信息化，为未来实现建构“硬件 + 软件 + 网络服务”的闭环生态模式奠定基础。

（二）生态模式未来价值网

1. 网络端口多样化——价值载体

雷军对于小米科技做硬件用一句话表达，“硬件对于小米科技，只要保持微亏或者不亏就好，软件和网络服务才是小米科技的盈利点”。雷军的话表明，硬件在小米科技的网络闭环生态模式中充当着网络端口的角色，是网络用户接受网络服务的入口，是小米科技整个产业链上的价值载体。

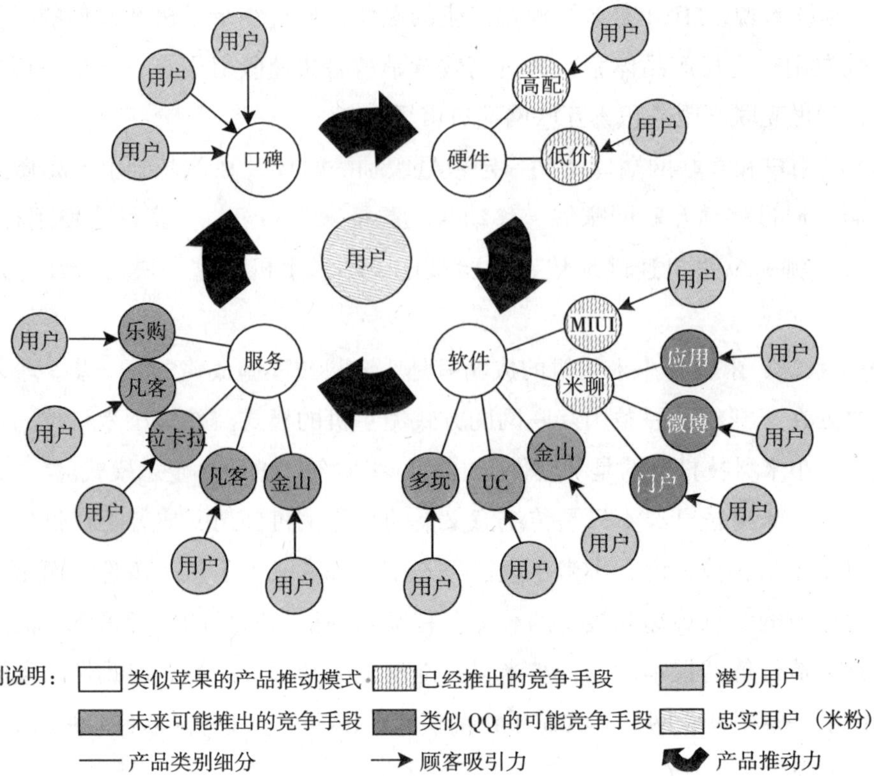

图 4-22　小米科技发展模式图

随着小米手机的迅速成功，引起了众多网络公司的密切关注。因为看到小米科技从市场中拿到这么一大块“肉”，没有人会不动心。2012 年，360 公司开始加入竞争，开始发售特供机。面对这样的竞争，小米科技表示，智能手机市场的活跃程度在于创新，小米科技已经在尽力缩短新一代手机的面世时间，将继续为用户服务。

图 4-23　小米手机和 360 特供机竞争

资料来源：infzm.com.

除了小米手机成功之外，小米团队也意识到，互联网接入端口作为价值载体的重要程度。在接下来的互联网服务竞争中，谁拥有更多的"互联网接入端口"，谁就具有更好的市场和发言权。于是，小米科技进一步进行硬件市场的拓展。2013 年 9 月 5 日，小米科技在北京国家会议中心举办发布会，推出一款全新 47 英寸 3D 智能电视，该电视采用了铝合金前面板和超薄机身设计，机身最薄处为 2 厘米，最厚处 4.8 厘米，超窄边框仅为 8.4 毫米，并且提供红、橙、蓝、绿、紫和银六种机身颜色，将于 2013 年 9 月 16 日推出工程机，而正式版则到 2013 年 10 月中旬开卖，售价仅为 2999 元。电视作为当下每家必备的电器，是未来发展网络服务最为重要的接入端口之一，因此小米科技抓住机会开始在智能电视市场竞争。同时，电视的大屏幕输入和简单操作也为小米科技拓展了用户基础。与此同时，小米还与中国网络电视合作，推出了小米盒子。小米盒子是一款高清互联网电视盒，迄今为止是小米手机最发烧的配件。用户可通过小米盒子在电视上免费观看网络电影、电视剧，同时能将小米手机、iPhone、iPad、电脑内的照片和视频通过 WiFi 投射到电视上。小米盒子拥有丰富的内容资源及应用，系统软件每周更新。

至此，小米科技成功地将网络接入端口扩张到了智能手机、智能电视、智能电视盒三个方面，其良好的市场反应也映射着小米科技在网络服务接入端口的初步成功。

2. 软件拓展化——价值驱动

对于小米科技来说，软件是价值的驱动力，网络服务需要依靠软件来推广和驱动。

米聊作为小米科技的首款软件，引发了语音、图片交流沟通软件的热潮。虽然，米聊最终没能取得很大成功，但是微信的成功验证了小米科技利用软件作为价值驱动的定位是正确的。腾讯将微信推广之后，进行的价值业务是利用微信进行手机支付。作为时下最为广泛应用的交流沟通软件，进行手机支付的便捷功能必定可以巩固更多的用户，同时能够为腾讯带来可观的收入。

我们从小米电视的角度分析软件的价值驱动。HCR 分析师张本厚倾向于"游戏才是小米电视的核心"，他对中国家电网说，小米电视的宣传语中有一句"它是顶配的 Android 游戏机"，张本厚认为，小米对其电视产品规格、视频的宣传，都是为了这一句话铺路，"这才是小米在电视维度真正的杀招儿"。"目前，互联网市场，真正盈利的最主要就是两个产品，一个是广告，一个是游戏。在中国，游戏更是互联网企业盈利的核心法宝。与其他智能电视发布时给出一些制作粗糙的'体感游戏'或者简单移植的平板小游戏不同，小米在游戏商店里，准备了较多质量较高的大型游戏，这也与小米对于其电视产品游戏性能的强调交相呼应，同时也是其对于其用户定位'年轻人的第一台电视'的一个精准阐述。而这部分内容，与小米已经搭建完善的系统内支付体系，也是小米电视构建其家庭娱乐中心的野心所在，在这一点上，与 Xbox One 有着相似之处。"

值得人们关注的是，对于小米科技将要进入游戏软件研发的推测得到了验证。2013年8月，小米科技联合创始人林斌在微博中宣布，谷歌全球副总裁、安卓系统的主要负责人 Hugo Barra 加盟小米科技，出任副总裁一职。虽然，当前小米科技在软件市场并不那么活跃，但是 Hugo Barra 的加盟让我们有理由相信，未来小米科技将活跃在安卓软件的市场上，并通过软件拓展来不断实现网络闭环的生态模式。

3. 网络服务完善化——价值终端

2013 年，小米科技的业务结构进行了首次变化，电商事业部成为小米科技 MIUI、米聊、小米手机三大主要业务之后的第四个业务部门，由其副总裁黎万强担任负责人。黎万强认为，亚马逊的胜利源于一套用户感知系统。通过亚马逊网络，用户评价、用户购买状况，确定某款产品受欢迎程度，最终定义产品、确定供货量。基于这套“用户感知系统”，亚马逊打败传统商超，成为互联网时代最大的传奇。因而，对于同样想成为闭环网络公司的小米科技来说，新增电商事业部对于小米科技是一项很重大的举措，对小米科技有着重大的影响和意义。

在新增电商事业部之前，小米科技主要通过与其他电商渠道进行合作来实现小米手机的配送。但是这样流程存在弱点：小米科技无法保证小米手机及时到达客户手中，客户对于产品的信息无法很好地得到反馈，同时难以成本的控制等。黎万强表示：小米的理想流程是：小米下单，采购零部件，生产，物流系统分发至仓储中心，如风达配送到用户手中。这需要一个前提条件，即从用户下单到送达用户时间大幅缩短。戴尔的时间不超过 1 个月，智能手机厂商的整个时间必须更短。而实现这样理想流程的必备过程就是进行营销和物流的整合，新增电商事业部也就成为了小米科技的选择。小米电商系统如同亚马逊，本质是对用户需求的把握并通过反馈信息服务用户，这套系统包括 MIUI 论坛，基于“xiaomi.com”的预购系统，以及微博、论坛等新媒体平台。通过 MIUI 论坛，发烧友可以随时跟踪小米手机的开发过程，提出对产品的修改意见，确认正确的意见会被小米开发团队采纳。建立电商事业部系统后，小米科技能够加强对于营销、物流等方面的资源的整合和控制，形成纵向一体化，更好地控制成本。

小米科技增开电商事业部，意味着其正式开始进行网络服务的进程。之前，小米社区作为小米科技唯一的官方社区为用户提供服务，解决用户对于产品的相关问题和收集反馈信息，把握用户需求。现在增开电商事业部表明小米科技将为用户“购买、物流、客服”的整个流程服务。

小米科技一步步实施“硬件+软件+网络服务”的闭环生态模式的目标，也明确了小米科技利用网络服务通过软件和广告进行盈利。小米科技用一种创新的模式来进行布局，为打造一条互联网行业全产业链而规划，最终形成基于网络的闭环生态模式。

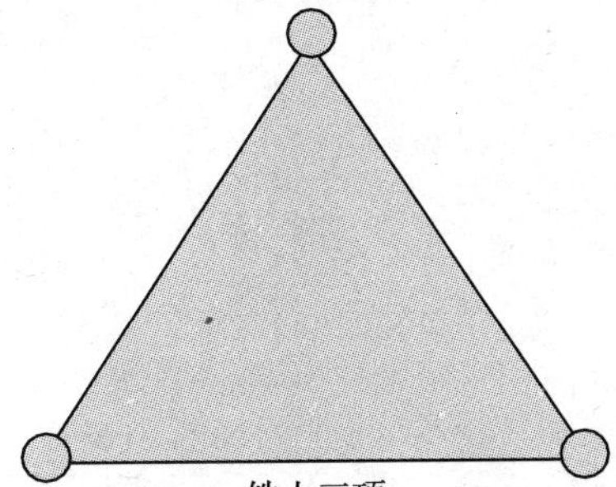

图 4–24 “软件+硬件+互联网服务”模式

（三）生态模式的未来合作网

1. 供应链战略合作，协同效应

小米的快速成长除了其独特的营销策略外，还在于其对成本控制。在成本控制中，小米的掌控方式主要体现在对于供应链的控制，在于小米科技能够很好地对供应商资源、信息进行整合，与供应商形成协作网络。

小米科技的高速成长还得益于其良好的外部网络能力。小米拥有众多外包生产商供应商和客户，这些良好的外部网络关系给小米科技带来的收益十分明显。

在这种复杂的外部网络协作关系当中，小米科技始终将自己置身于一个企业网络的核心位置。整个企业网络都以小米科技和它的小米手机为中心，一切在这个企业网络中进行的协作和职能分工都是为这个中心而服务。众多的生产商、供应商和合约定制商最终都为小米手机的生产制造做出了贡献，同时也为小米科技的高速发展带来了正面影响。

从战略成本管理的层面上看，企业成本的发生与其价值活动有着共生的关系，所有的成本都能够分摊到每一项价值活动之中。价值链分析的核心是分析企业各项活动成本，进而与竞争对手的各项活动成本进行比较，看其是否具有竞争优势，从而采取相应的竞争战略。从某种程度上说，一个公司的竞争力取决于能否管理好自己的价值链。在价值链管理的基础上结合成本动因分析，是消除成本竞争劣势并创造成本优势的一个最有效的途径。

通过与供应商的密切合作或整合，寻找使双方都能降低成本的机会，实现有效的低价采购，对于小米科技而言，物料成本在成本结构中比重很大，通过与供应方及电信运营商建立长期的战略合作关系，提高自身议价能力，实现采购成本的降低和销售市场份额的增加，进而实现低成本战略。

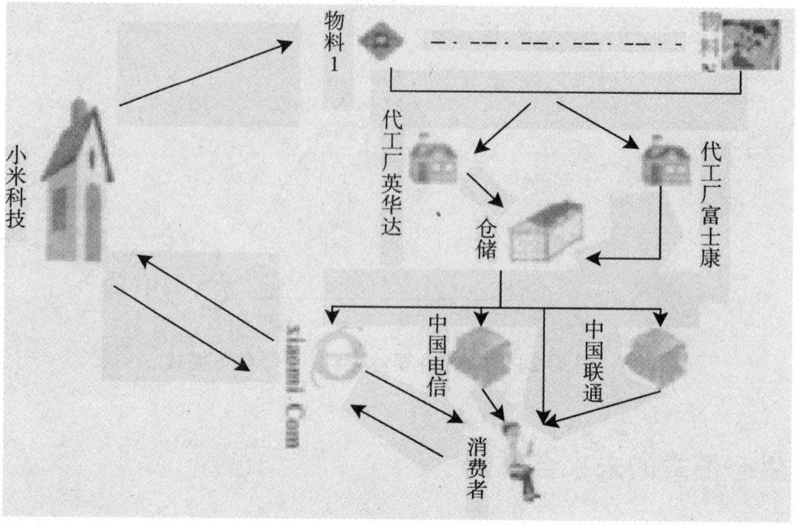

图 4-25　小米科技供应资源整合

2. 产品研发战略合作，形成竞争力

2013 年，中国互联网电视领域重量级战略合作项目之中，小米科技此前推出的小米盒子将正式接入由未来电视运营的中国互联网电视集成播控平台。其中，节目集成与播控、EPG 管理系统、客户端管理系统、用户管理系统、计费认证系统等将全部由未来电视统一管理，小米盒子将借由中国互联网电视集成播控平台为广大消费者提供相应互联网电视服务。未来电视负责人表示，此次双方携手合作基于对于互联网电视产业的一致看好，以及对于用户体验极致追求的共同理念。未来电视具备专业的平台和内容运营能力，可管可控的集成播放平台、海量的节目内容储备，更有着中央电视台蛇年春晚、2014 年世界杯等独家资源，这些均将为消费者带来更加优质的互联网电视体验。

小米科技创始人兼 CEO 雷军也在发言中表示，依托中央电视台与中国网络电视台资源，未来电视在品牌、内容方面的优势无可比拟，专业化运营团队对于消费者需求有着更好的把控能力。小米科技此次联手未来电视，将为消费者带来全新视听感受。

与此同时，小米科技与电视大户创维公司也取得战略合作。从产业发展的角度，创维十分欢迎有实力的、新面孔的企业，一起把智能电视的市场做大。尤其像小米这样的企业，它们具有创新意识，富有激情，是一个新产业。“我们从没认为小米与创维是竞争关系，甚至把小米当作是一起分享这一庞大市场的伙伴，相互学习、相互借鉴，共同为消费者提供一个美妙的客厅娱乐产品。”同时，雷军表示，“也不排除两者在未来深度合作，毕竟创维在这个行业有着 25 年的研发、制造和渠道建设经验，两者若能强强联合，倒不失为一个极具创想的战略发展模式”。

后　记

《中国企业信息化管理案例》终于要出版了，虽然它并不是一部学术专著，但它的完成却花费了将近两年的时间。究其原因主要是中国企业信息化处于快速变化时期，不少内容刚刚写完就很快普及了，其价值性大打折扣。虽然如此，我们仍然感到整本案例从形式到内容都还有改进空间。在全书的写作过程中，陈云钦、焦海龙、范妙云和姚晓莲为全书提供最初的版本。在此基础上，夏秋雨、何德慧、王帅彬、施小瑜对案例进行了完善，并补充了小米、聚美优品、乐视网、苏宁等案例。具体工作如下：夏秋雨对宝钢、海尔集团、聚美优品、神话集团、腾讯的资料进行收集及整理；何德慧对中国重汽、阿里巴巴、大同煤矿、亚马逊河长安汽车的资料进行收集及整理；施小瑜对传化集团、乐视网、苏宁、中国石化和中国移动的资料进行收集及整理；王帅彬对联想、普利特、小米、一汽大众和中兴通讯的资料进行收集及整理。本书的第一章“企业信息化管理现状与趋势”由陈芬和彭玥合作完成，夏秋雨参与修改工作。全书是由周小虎负责整体结构策划和案例的筛选，并对案例进行点评。陈芬和周小虎对案例的内容，特别是有关技术方面的内容进行了审核。在写作过程中，我们团队还参考和引用了苏明芳《长安汽车：汽车制造业企业信息化绩效评价体系研究》、朱玉军《中国重汽：中国重汽集团信息化问题研究》、工业信息化典型案例《浙江传化物流基地以信息化打造公路港，带动物流业升级》和《中国石化物资采购电子商务系统》等内容，在此一并表示感谢。本书能够得以最终出版更要感谢经济管理出版社杨世伟总编、陈力主任的关心和指导，特别感谢杨国强责编，正是他辛勤的劳动和认真负责的态度使得本书更加完善。

周小虎

2014 年 3 月于南京孝陵卫

中国管理案例研究中心简介

案例分析方法亦称个案分析方法或典型分析方法，是对有代表性的事物(现象) 进行周密且仔细的研究，从而获得总体认识的一种科学分析方法，这种方法在社会科学研究中具有广泛的应用。近些年，我国管理学研究和教学中大量采用案例分析方法，极大地促进了我国管理学研究水平和中国企业管理实践现代化水平的提高。

为了进一步繁荣管理学的案例研究，推进中国管理理论和实践的发展，由中国企业管理研究会发起，依托中国社会科学院工业经济研究所、《中国工业经济》杂志社、《经济管理》杂志社、经济管理出版社等研究出版机构的学术资源，成立中国管理案例研究中心。

中国管理案例研究中心以“根植中国管理实践、繁荣管理案例研究”为宗旨，以我国丰富的企业管理、政府管理、社会管理实践为研究对象，深入开展高水平的管理案例研究，积极拓展与国内外知名学府等组织的合作，构建中国管理案例研究的信息交流平台，为我国管理案例研究的繁荣和中国管理的发展贡献力量。

中国管理案例研究中心将专注于中国管理案例研究、案例开发和案例库建设；依托《中国工业经济》杂志、《经济管理》杂志等学术期刊公开发表管理案例研究论文；依托经济管理出版社出版系列管理案例研究文库；积极与电视等图像媒体合作推出中国经济管理案例系列专题纪录片；建立多元化的信息发布渠道，在网络信息发布平台上建立案例快速订阅和应用通道，面向政府、企业和大专院校提供案例服务，推动案例价值最大化。

2013 年 7 月